고대
아테네
민주주의

고대 아테네 민주주의

최초 민주주의의 실험과 도전, 그리고 이상

초판 1쇄 발행   2025년 11월 7일

–

지은이   손병석
펴낸이   이방원
책임편집   정우경   **책임디자인**   양혜진
기획   김명희·박준성   **마케팅**   최성수   **경영지원**   이병은

–

펴낸곳   세창출판사

신고번호   제1990–000013호   주소   03736 서울특별시 서대문구 경기대로 58 경기빌딩 602호
전화   02-723-8660   팩스   02-720-4579   이메일   edit@sechangpub.co.kr   홈페이지   http://www.sechangpub.co.kr
블로그   blog.naver.com/scpc1992   페이스북   fb.me/Sechangofficial   인스타그램   @sechang_official

–

ISBN   979-11-6684-450-8 93300

이 저서는 2020년 대한민국 교육부와 한국연구재단의 지원을 받아 수행된 연구임(NRF-2020S1A4040190)

최초 민주주의의
실험과 도전, 그리고 이상

고대
아테네
민주주의

손병석 지음

세창출판사

책머리에

오늘날 '민주주의'는 전 세계적으로 가장 보편적이고 도덕적으로 정당한 정치 체제로 여겨진다. 자유와 평등, 법치, 인권과 같은 보편적 가치는 모두 민주주의의 이름 아래 추앙받고, 민주주의는 인류가 이룩한 가장 고귀한 이상처럼 간주된다. 그래서 지구상의 많은 국가와 민족이 한결같이 민주주의를 표방하며 민주주의에 대한 헌신과 충성심을 맹세한다. 이제 민주주의는 마치 정체에 관한 단일 국제 표준처럼 사용된다고 해도 과언이 아니다. 그러나 우리가 찬양하고 신뢰하는 민주주의는 과연 현실 속에서 실재하는가? 이 물음에 대답하는 일은 불편하다. 21세기의 민주주의는 중대한 위기를 맞고 있는 것으로 보이기 때문이다. 즉 오늘날의 민주주의는 그 이름과 가치, 제도의 형식은 유지하지만, 실제로는 불평등이 확대되고 배타적이며, 포퓰리즘과 극단주의가 팽배하고, 제국주의적인 권력 행사가 그 근간을 위협하는 양태를 보여 주고 있다.

오늘날 세계 곳곳에서 민주주의는 점점 그 가치와 이상을 잃어 가고 있다. 스티븐 레비츠키와 대니얼 지블랫이 『어떻게 민주주의는 무너지는가』에서 경고하듯, 민주주의는 더 이상 총칼과 쿠데타에 의해 무너지지 않는다. 그 대신 민주적인 투표에 의해 선출된 지도자가 법과 제도를 악용해 권력을 사유화하고 반대자를 공격하며 언론을 길들이고 인권을 무시하면서 민주적 가치를 존중하지 않고 있다. 민주주의의 수호자가 민주주의의 잠재적 파괴자가 될 수 있다는 역설이 지금 민주주의의 현실이 되어 가고 있다. 한국 또한 민주주의의 위기를 생생하게 목격했다. 과거 시민의 희생을 통해 이룩한 한국의 민주주의 역시 '2024년 대한민국 비상계엄'이 말해 주듯이 언제든지 무너질 수 있다는 사실을 경험했기 때문이다. 이는 민주적인 투표에 의해 선출된 권력이 헌정 질서를 전복할 실질적 위협이 되었다는 점에서 충격적이지 않을 수 없다.

이 책을 집필하게 된 필자의 문제의식도 같은 맥락에 있다. 첫째, 오늘날 민주주의는 그 의미가 너무 자명하고 그 이상이 너무 숭고한 것처럼 찬양되고 있다. 민주주의는 더 이상 논쟁의 대상이 아니라, 도덕적 절대 선 또는 종교적 믿음처럼 기능하며, 오히려 비판을 불허하는 '신화'로 자리 잡았다. 둘째, 그러나 민주주의에 대한 찬양과 헌신의 이면에서, 현실 민주주의는 극도로 위선적인 가치이자 정부 형태로 변질되고 있다. 즉 민주주의라는 이름으로 시민의 자유와 인권이 제한되고, 전쟁이 정당화되며, 권력은 점점 더 소수에게 집중되고 있다.

이 책에서 나는 오늘날 민주주의의 이상과 현실 사이 간극에서 발생하는 문제점과 그 답을 찾기 위해 '민주주의(demokratia)'라는 말을 최초로 사용한 '최초의 민주주의', 즉 고대 아테네 민주주의에 관한 고찰을 시도하였다. 그것은 무엇보다 역사상 처음으로 아테네 시민이 민주주의가 항상 불안정하고 위험한 정부 형태라는 것을 인식하면서도 자유와 평등을 실현하고자 가장 숭고한 실험을 시도했기 때문이다. 그리고 그들은 우리가 당연하게 여기는 자유와 평등, 법치, 공공선, 그리고 주권재민의 원리를 피와 땀으로 성취하였다. 이런 점에서 이 책의 목표는 단순히 고대 아테네 민주주의의 역사를 탐구하거나 제도적 구조를 살펴보는 데 있지 않다. 그보다는 2,500년 전 아테네 시민들이 민주주의의 위기 속에서 마주했던 실패와 성공, 희망과 좌절, 그리고 지도자와 대중의 긴장 등과 같은 철학적, 정치적 딜레마들을 고찰하는 작업이다. 그래서 최초의 민주주의에 대한 역사, 철학, 문화 그리고 인물에 관한 고찰을 통해 민주주의는 한 번에 완성되어 끝나는 것이 아니라, 지속해서 싸워 지켜내야 하는 실험이자 이상이라는 점을 되새기는 기회를 가졌으면 하는 바람이다. 이 책이 고대의 실험과 그 이상을 오늘의 민주주의 위기 속에서 다시 사유하게 만드는 출발점이 되었으면 한다.

이 책이 나오기까지 많은 분들의 도움이 컸다. 작금의 녹록지 않은 출판 상황에서 출간을 맡아 주신 세창출판사의 이방원 사장님과 김명희 이사님께 감사드린다. 처음부터 끝까지 원고를 꼼꼼하게 읽고 좋은 제목을 제안하고 교정해 주신 정우경 편집자께 감사드린다. 또한 출판을 위한 가교 역할을 해 주신 조규형 교수님께 감사드린다. 특히 고대 그리스 민주주의에 대한 각별한 관심을 갖고 원고를 검토해 주신 김경현 교수님께 깊은 감사를 드린다. 무엇보다 폭염에 건강을 챙겨 주며 끝까지 원고를 완성할 수 있도록 격려해 준 아내에게 사랑을 전한다.

2025년 10월
손 병 석

차례

일러두기

1. 그리스어의 한글 표기는 국립국어원 용례를 따르고, 용례가 없는 경우 일반적으로 알려진 표기를 따랐다.

2. 출처 표기에서 일부 문헌은 약어로 표기하였다.

   Alk.: Platon, *Alkibiades.*

   Ap.: Platon, *Apologia Sokratous.*

   Ath. Pol.: Aristoteles, *Athēnaiōn Politeia.*

   BP: Ploutarchos, *Bioi Paralleloi.*

   De Soph. Elen.: Aristoteles, *De Sophistics Elenchis.*

   EN: Aristoteles, *Ethica Nicomachea.*

   Hist.: Thoukydides, *History of the Peloponnesian War.*

   IG: *Inscriptiones Graecae*, Berlin, 1893.

   Pol.: Aristoteles, *Politica.*

   Prot.: Platon, *Protagoras.*

3. 본문에 인용한 번역은 아래의 책을 참고하였으며 필요한 경우 일부 수정을 가하였다.

   투퀴디데스, 『펠로폰네소스 전쟁사』, 천병희 역, 숲, 2002.

   플라톤, 『국가·政體』, 박종현 역주, 서광사, 2005.

   호메로스, 『일리아스』, 천병희 역, 단국대학교 출판부, 1996.

들어가며

'최초의 민주주의' 아테네에서 배우는 민주주의의 현재와 미래

1. 왜 지금, 민주주의를 다시 돌아봐야 하는가?

본 저술은 수식어 민주주의 또는 하이픈(-) 민주주의에 의해 굴절화, 분절화 그리고 독단화된 민주주의의 본래적 의미를 '최초의 민주주의'라고 말해지는 '고대 아테네 민주주의'를 통해 이해하는 것을 목적으로 삼는다. 현대의 대의제 민주주의는 기본적으로 공화정이지 실상은 민주주의라고 말하기 어렵다. 적어도 미국 민주주의를 놓고 볼 때 미국 건국의 아버지라 말해지는 매디슨(J. Madison)이나 해밀턴(A. Hamilton)과 같은 연방주의자들의 기본적인 입장은 분명 민주주의가 아닌 공화정을 미국 헌법을 통해 구현하기를 원했기 때문이다.[1] 정확히 말하면 근대 미국 민주주의는 고대 아테네 민주주의가 구현했던 직접민주주의를 반대하면서 탄생한 간접민주주의, 즉 대의제 민주주의이다. 이렇듯 민주주의 본

---

1   A. 해밀턴 외(2019), 특히 연방주의자 1번, 63번.

래의 이념과 가치가 실질적으로 현대의 다양한 수식어 민주주의의 정치 제도나 법에 구현되어 있지 않음에도 오늘날 지구상의 많은 나라가 민주주의라는 이름을 달고 민주주의 국가임을 표방하고 있다. 그러나 공화 민주주의를 비롯한 자유 민주주의, 인민 민주주의, 사회 민주주의 그리고 기독교 민주주의 등과 같은 소위 수식어 민주주의가 누구를, 무엇을 위해 특정 가치를 강조하는 민주주의인지는 생각해 볼 필요가 있다. 그러면 과연 우리는 다양한 민주주의 종류 중에서 어떤 민주주의를 통해서 시민 모두의 공동 이익과 행복을 실현할 질 높은 민주주의를 구현할 수 있을까? 이 물음에 대한 적확한 답을 찾기 위해서는, '아름다운 미인'에서 '아름다운'이란 형용사가 불필요하듯이, 군더더기 수식어에 의해 오염되지 않은 민주주의 그 자체(per se)의 의미와 목적을 이해하는 것이 필요하다.

본 저술은 상술한 연구 목적을 '최초의 민주주의'가 태동되고 실현되었던 기원전 8세기부터 4세기까지의 아테네 민주주의에 대한 철학적, 역사적, 정치적 그리고 문학적인 작품들의 고찰을 통해 이루고자 한다. 물론 고대 아테네 민주주의가 완벽한 민주주의 모델은 될 수 없다. 민주주의 최초의 씨앗은 아테네 폴리스에서 뿌려졌지만 아테네 민주주의는 결코 완성된 민주주의가 아니었기 때문이다. 더군다나 오늘날 메갈로폴리스(megalopolis)라고 불리는 달라진 정치, 경제, 그리고 사회, 문화적 상황에서 그 적실성과 효율성을 담보하기는 더욱 어렵다. 그러나 이러한 차이에도 불구하고 대의제 민주주의 역시 명목상 대의자들이 자신들을 뽑아 준 유권자 시민들을 대신해서 정부와 권력자의 독단적 통치에 대한 견제를 통해 시민 모두의 자유와 평등을 실현하는 것을 핵심적 목표로 삼는다면 그것은 고대 아테네 민주주의 이상(ideal)과 맞닿아 있다고 볼 수 있다. 이런 관점에서 고대 아테네 민주주의는 우리의 민주주의를 보다 완성된 형태의 민주주의로 만들어 가기 위한 하나의 '원형 (paradeigma)'이자 준거점이 될 수 있을 것이다.

　그러나 최초의 민주주의에 대한 이해는 생각보다 녹록지 않다. 무엇보다 근현대인의 고대 아테네 민주주의에 대한 평가나 이해가 두 개의 지나친 관점에서 잘못된 '신화 만들기(mythmaking)'를 진행해 왔기 때문이다. 하나의 관점은 고대 아테네 민주주의를 지나치게 이상적인 모델로 평가하는 것이고, 다른 하나의 관점은 극단적인 부정적 평가이다. 전자의 지나친 이상주의적 관점은 현대의 대의제 민주주의하에서 나타나는 자본과 권력의 유착이나 시민의 탈정치화 내지 무관심의 문제, 한계를 극복하기 위한 대안으로 아테네 참여 민주주의를 그 유토피아적 모델로 생각한다. 후자의 지나친 부정적 평가는, 한편으로는 고대 아테네 민주주의를 비이성적이고 무책임한 다중(多衆)의 직접 통치에 따른 '다수의 폭정'이자 '우중(愚衆)정치(ochlocracy)'로 규정하며, 다른 한편으로는 시민들의 직접적인 참여 정치는 현대의 코스모폴리스와 같은 광대한 영토, 많은 인구 그리고 복잡한 정치, 경제적인 상황에는 적용되기 어렵고 비효율적이라는 점을 강조한다.

　고대 아테네 민주주의에 대한 이러한 두 관점은 실상 똑같은 오류를 범하는 것으로 볼 수 있다. 첫 번째 관점은 지나치게 고대 아테네 민주주의를 이상화함으로써 고대 아테네 민주주의 역시 당시의 여러 사상가들에 의해 많은 문제점과 약점을 가진 불완전하며 그릇된 정체로 비판받았던 사실을 간과하고 있다. 두 번째 관점은 현대의 대의제 민주주의의 우월성을 강조하면서 아테네 민주주의의 어두운 측면만을 지나치게 부각시키고 있다. 특히 부정적 입장과 관련해서는 메디슨과 같은 연방주의자들이 고대 아테네 직접 민주주의에 대한 거부감을 강하게 피력한 것이 고려되어야 한다. 메디슨이나 해밀턴은 『연방주의자들 논설집(*The*

Federalists Papers)』에서 고대 그리스 민주주의를 "통제할 수 없는 군중"에 의해 운영되는 "사나운 민주주의"로 표현하면서 고대 아테네 민주주의에 대해 강한 혐오 내지 부정적 입장을 피력한다.[2] 그 주된 이유는 이성에 의한 공동선의 추구보다는 가난한 자들의 감정에 의해 계급적 내지 당파적 욕망을 실현하기 위한 우중폭정이 이루어질 수 있다는 우려이다. 미국 민주주의의 찬양자인 토크빌(A. de Tocqueville) 역시 고대 아테네 참여 민주정에 대한 강한 거부감을 보이기는 마찬가지다. 그는 아테네 민주주의가 무질서하고 부자들에 대한 빈자의 재산 약탈이 이루어진 부정의한 민주주의임을 재확인하면서 고대 그리스 민주주의에 관한 책들을 모두 불태우고 싶다[3]고까지 말한다.

상술한 두 가지 관점은 고대 아테네 민주주의에 대한 보다 온전한 이해를 어렵게 만드는 측면이 있다. 그것은 고대 아테네 민주주의의 한쪽 면만을 지나치게 강조하거나 부각한다는 점에서다. 본 연구가 고대 그리스인의 눈을 통해 최초의 민주주의인 고대 아테네 민주주의를 이해하고자 하는 이유도 여기에 있다. 그것은 무엇보다 우리의 가치와 기준을 갖고 고대 아테네 민주주의를 평가하려는 것은 마치 프로크루스테스(Prokroustēs)적인 재단(裁斷)이 될 수 있으며, 따라서 시대착오적인 오류를 범하는 것이 될 수 있기 때문이다. 이런 이유로 본 저술은 고대 아테네 민주주의와 현대의 대의제 민주주의의 직접적인 비교나 대화를 시도하지는 않는다. 그보다는 200년 이상 역사적으로 존재했던 최초의 민주주의의 경험적인 여정에서 보인 지난(至難)한 이론적 또는 실천적 싸움을 다각적이며 총체적인 관점에서 충실하게 조명하는 것을 목표로 삼는

---

2   A. Hamilton(1904), vol. 2, 22, Federalist Paper No. 10.

3   A. de Tocqueville(2002), A. 토크빌(2002), 1.2.9.

다. 요컨대 본 저술은 어느 한쪽에 치우치지 않은 공정한 눈을 갖고 고대 아테네 민주주의의 성공과 실패를 들여다볼 것이다. 이러한 작업은 최초의 민주주의에 대한 환상이나 어리석음을 무조건 변호하고자 하는 것도 아니고, 또는 민주주의 자체의 부단한 진화적 발전을 가능케 했던 강점들을 간과하는 어떤 오류도 범하지 않는 것이다.

물론 그리스인들의 눈을 통해 최초의 민주주의의 실체를 파악하고자 하는 본 연구가 현대 민주주의 또는 우리의 민주주의를 좀 더 건강하게 만들어 가기 위한 관심이나 열망과 결코 분리된 것은 아니다. 오늘날 지구상의 많은 국가가 민주주의를 바람직한 목표를 이루기 위한 동력으로 삼고 민주주의 국가임을 주창한다. 그러나 유럽과 미국의 정치지형도는 이와는 사뭇 다른 양상을 보인다. 그것은 '민주주의가 죽어 가고 있다'는 민주주의의 위기 담론이다.[4] 무엇보다 합법적인 민주주의 선거제도를 통해 민주주의라는 옷을 걸친 새로운 유형의 독재자가 출현하고 있다. 민주주의의 길을 걷고 있는 여러 나라에서 사회적 불평등과 정치적, 상업적 여론조작을 통한 텔레포퓰리즘(telepopulism)이나 비디오크라시(videocracy)가 진행되는 현상도 이러한 민주주의의 위기를 증폭시키고 있다. 이와 동시에 인공지능(AI) 같은 신기술이 민주주의를 전 세계적으로 발전시킬 수 있는 가능성을 열어 준다고 기대되지만, AI가 만들어 내거나 조작한 가짜 뉴스가 민주주의를 위협할 수 있다는 위험한 전망 또한 함께 제기되고 있다.

그러면 시중에 회자되는 말처럼 우리의 민주주의는 안녕한가? 우리는 건강한 민주주의를 구현하고 있는가? 2023년 『이코노미스트』 발표에서 대한민국의 '민주주의 지수'는 167개 국가 중 22위를 차지하였다. 과거

---

4   이와 관련해서는 S. 레비츠키, D. 지블랫(2018) 참조.

에 비해 민주주의 지수가 상승하고는 있지만 여전히 정치 문화와 정치 참여에서는 저조한 평가를 받고 있다. 우리는 군부독재 정권을 쓰러뜨리고 길지 않은 기간에 민주주의를 세웠지만, 아직도 불안정하고 견고하지 못한 민주주의를 갖고 있음을 목격하고 경험하였다. 그리고 촛불 시위를 통해 다시 민주주의 이후의 민주주의, 즉 시민 참여를 통한 광장 민주주의의 가능성도 새롭게 경험하고 확인하였다. 그러나 포스트 광장 민주주의가 어떻게 대의제 민주주의 속으로 스며들 수 있는지, 달리 말해 어떻게 시민 촛불의 에너지가 현실적으로 작동하는 대의 민주주의의 정치 제도와 법에 적용될 수 있는지는 새롭게 고민해야 할 과제로 남는다. 그리고 우리는 민주주의란 무엇인가에 대한 물음을 던지면서 민주주의를 실현하기 위한 진지한 성찰이 필요한 시점에 있다. 그것은 특히 2024년 12월 3일에 믿기 어려운 대통령 비상계엄 조치를 경험하면서 우리의 민주주의가 언제든지 무너질 수 있다는 위기를 목격하였기 때문이다.

본 연구의 근저에 자리잡은 기본적인 문제의식은 다음과 같은 주요한 물음들과 관련된다. 그것은 '민주주의란 무엇인가?', '과연 민주주의는 우리의 자유와 평등 그리고 행복을 실현할 수 있는 바람직한 이념이자 정체가 될 수 있을까?', '민주주의는 혹시나 민주주의의 적들에 의해서가 아니라 태생적으로 그 자신의 내재적 모순에 의해 사라지지는 않을까?' 하는 물음들이다. 그리고 이러한 물음들에 대한 가능한 모범 답을 과거 2,500년 전 아테네에서 꽃핀 최초의 민주주의에 관한 연구를 통해 찾고자 한다. 그래서 아직 혼란스럽고 문제가 많은 것으로 보이는 민주주의가 과연 우리의 미래를 밝혀 줄 희망의 정체로 계속 평가될 수 있을지 그 근거를 찾고자 한다. 그런데 한 가지 이상한 점이 있다. 그것은 고대의 아테네 민주주의가 당대 많은 지식인에 의해 문제가 많은 그릇된 정체로 평가되었다는 불편한 사실이다. 그렇다면 문제가 많았던, 흠 있는 최초의 민주주의로부터 현재 우리의 민주주의의 위기를 극복하고 안전하게 순항시킬 수 있는 지혜나 통찰력을 배울 수 있을까? 역설적이게도 당대 지식인들에 의해 비판받았던 고대 아테네 참여 민주주의의 문제들과, 그러한 문제들을 극복하려 했던 아테네 시민들의 지혜를 알게 되면 그것은 현재 위기에 처한 우리의 민주주의를 구할 소중한 지적 자원이 될 수 있다.

'멀리 되돌아볼수록 더 먼 미래를 내다볼 수 있다'라는 말처럼 아테네 민주주의에 관한 본 연구는 과거 최초의 민주주의에 관한 골동품 연구가 아니다. 본 연구는 우리의 민주주의가 나아가야 할 올바른 전망과 방향성을 고대 그리스인들의 민주주의에 대한 고민과 지혜를 통해 얻고자 하며, 또 이런 이유로 시의적절하면서도 의미 있는 작업이 될 것으로 믿는다.

2. 도전과 응전의 시선으로 바라보는
   아테네 민주주의

본 저술이 목표로 하는 고대 아테네 민주주의 자체에 대한 이해를 위해 기본적으로 잡은 개념적 틀은 아테네 민주주의를 '도전과 응전'이라는 역동적이며 경쟁적인 구도를 통해 이해하는 것이다. 이것은 아테네 민주주의의 핵심적 가치와 원리에 대한 비판이나 공격이 어떻게 시도되었고 또 이에 맞서 아테네 민주주의를 옹호하기 위한 반론이 어떻게 이루어졌는지를 살펴 접근하는 것이다. 중요한 것은 아테네 민주주의에 대한 도전과 응전을 우리가 아닌 그들의 관점에서 구성해 내는 것이다.

즉 아테네 민주주의의 흥망성쇠를 경험하면서 그 당시를 호흡했던 그리스 철학자나 역사가 또는 비극, 희극 작가의 눈에 비친 민주주의 자체에 대한 평가를 검토하는 것이다. 이것은 아테네 민주주의를 두려움과 의혹의 눈길로 바라봤던 반(反)민주적인 비판자들의 공격에 맞서 아테네 민주정이 어떻게 옹호될 수 있는지를 그 당시 그리스인들의 견해를 통해 살펴보는 것이다. 이러한 작업은 비판자들과 옹호자들의 주요 철학 작품과 역사서, 비극, 희극 작품 그리고 정치 연설문에 대한 종합적인 분석을 통해 가능한 답변을 재구성하는 일이 될 것이다.

상술한 목표를 달성하기 위한 본 연구의 접근 방법은 크게 세 가지이다. (1) 첫 번째 방법은 아테네 민주주의가 추구하는 이념과 가치에 대한 철학적 근거를 밝히는 것이다. 즉 고대 아테네 참여 민주주의의 핵심적 원리가 되는 '자유'와 '평등' 그리고 '다수 통치 원리'가 어떤 이유에서 주장되었고, 그것이 어떤 철학적 근거를 통해 확보될 수 있는지를 밝히는 것이다. 또한 아테네 민주정의 주요한 정치 지도자들의 리더십에 대한 도덕적 또는 정치적 평가도 이루어질 것이다. (2) 두 번째 방법은 아테네 민주정의 핵심적 가치나 원리가 당시의 정치 기구와 제도 그리고 법적 조치들에 어떻게 적용되어 구현되었는지를 고찰하는 것이다. 이것은 당시의 아테네 민주주의를 운영하기 위한 핵심적인 정치 기구인 민회(ekklesia)와 법정(dikasterion) 그리고 평의회(boulē)의 운영 방식을 검토하는 작업이다. 다음으로 아테네 민주정의 원칙과 이념을 유지하기 위해 존재했던 다양한 법적 조치들에 관한 실증주의적인 검토 작업이 이루어진다. 그래서 아테네 민주주의가 추구하는 자유와 평등 그리고 시민 자치라는 목표가 구체적으로 어떤 메커니즘을 통해 실현되었는지를 파악할 것이다. (3) 앞의 두 가지 목적을 달성하기 위한 세 번째 방법으로 본 연구는 다양한 분야의 문헌들을 통한 학제 간 연구를 시도할 것이다. 이것은 철학, 문학, 역사학, 정치학 그리고 수사학과 관련된 여러 분야의 문헌들을 통한 입체적 접근이 이루어짐을 의미한다. 지금까지의 고대 아테네 민주주의에 관한 연구는 각 학문의 분과적 접근이 이루어짐으로써 실상 최초의 민주주의에 대한 전체적인 지형도를 보기가 어려운 점이 있었다. 그래서 당시의 그리스 철학자들이 보는 민주주의관이, 역사가나 비극 작가 또는 희극 작가들이 보는 민주주의와 동일하지 않거나 심지어 상반된 경우 어느 것이 아테네 민주주의의 실체에 가까운지 알기 어려운 점이 있었다. 따라서 아테네 민주주의에 대한 보다 객관적인 이해와 평가를 위해서는 이들 견해들에 대한 상호 비교나 비판적인 재구성 작업이 필요하다. 이러한 연구를 위해 플라톤과 아리스토텔레스와 같은 철학자들의 작품뿐만 아니라 투키디데스의 전쟁사, 고대 그리스 3대 비극 작가 아이스킬로스, 소포클레스, 에우리피데스와 희극 작가 아리스토파네스의 작품들, 그리고 데모스테네스와 같은 주요 정치가의 연설문이 검토될 것이다.

3. 이 책에서 다루는 이야기들: 7가지 질문

상술한 연구 목적을 달성하기 위해 본 연구는 고대 아테네 민주주의와 관련된 일곱 개의 주요 질문형 테제를 선택하였다. 이 7개의 질문은 '최초의 참여 민주주의'에 대해 던져진 가장 공격적이고 비판적인 테제라고 말할 수 있다. 즉 이 물음들은 고대 아테네 민주주의의 반대자들이나 비판자들에 의해 제기된 가장 도전적인 아포리아들이다. 고대 아테네 민주주의를 향해 던져진 7개의 도전적 물음의 내용이 무엇이고 그것에 대한 응전이 어떻게 제시되었는지 간단하게 설명하면 다음과 같다.

본 저술의 1장에서 다루어질 첫 번째 물음은 '민주주의는 어디로부터 왔는가?'이다. 이 물음을 통해 고대 아테네 참여 민주주의의 태동과 진화적 발전이 어떻게 이루어졌는지를 살펴본다. 이것은 아테네 민주주의가 어떤 가치와 이념적 목표를 갖고 전개되었는지를 밝히는 것이다. 이를 위해 최초의 민주주의가 탄생할 수 있었던 기원전 8세기 전후의 시대적 상황을 자유와 평등 그리고 정의 관념에 초점을 맞추어 살펴본다. 특히 호메로스의 『일리아스(Ilias)』나 헤시오도스의 『일과 날들(Erga kai Hemerai)』에 나타난 자유와 평등에 대한 시민의 열망과 정의 실현 욕구가 이후 민주주의의 출현을 위한 중요한 동력으로 작용했음을 밝힐 것이다. 이러한 접근은 기존 민주주의의 탄생을 솔론에 중심을 두고 기술한 것에서 나아가 민주주의의 탄생 근거를 한 단계 더 근본적인 차원에서 고찰하는 작업이라는 점에서 중요한 의미가 있다.

이러한 작업 이후에 아테네 민주주의의 발전 과정에서 주요한 역할을 한 것으로 평가되는 솔론과 클레이스테네스 그리고 에피알테스의 개혁을 살펴볼 것이다. 이 세 개혁 기간은 데모스에 의한 통치권이 확보되는 시기이며, 그래서 최초의 민주주의의 탄생과 형성 과정을 이해하기 위해서는 세 개혁의 내용과 특성에 대한 충실한 이해가 필요하다. 세 개의 개혁과 더불어 기원전 508년 시민 혁명도 중요하게 살펴볼 것이다. 이 시민 혁명에 관한 고찰이 필요한 이유는 특히 클레이스테네스의 민주주의적인 실질적 개혁이 아테네 시민의 스파르타군에 대한 혁명적 저항이 없었다면 가능하지 않았기 때문이다. 이러한 연구를 통해 무엇보다 최초의 민주주의가 특출하고 천재적인 입법가나 정치가의 시혜로 하루아침에 완성된 정체가 아님이 밝혀질 것이다. 즉 최초의 민주주의의 발전이 솔론이나 클레이스테네스와 같은 개혁적 내지 진보적인 입법가나 정치가에 의해 추진되고 진행된 점이 부정될 순 없지만, 그러한 개혁의 근본적인 추동력은 아테네 시민의 자유와 평등에 대한 바람이나 열망에서 찾아야 한다는 것이다. 요컨대 최초의 민주주의는 단순히 누군가에 의해 '주어진 민주주의'가 아니라 부자유와 불평등에 대항해서 자유와 평등을 쟁취하기 위한 데모스의 '자생적 민주주의'로서 이해될 수 있다.

본 저술의 2장에서는 '아테네 참여 민주주의의 철학적 근거는 어디에 있는가?'의 물음을 통해 자유와 평등 그리고 시민-데모스 통치 원리의 정당성이 어떻게 확보될 수 있는지를 살펴본다. 이에 관한 연구는 두 부분으로 나누어 진행되었다. 첫 번째 부분은 아테네 민주주의의 근본적 가치이자 원리가 되는 '자유(eleutheria)'와 '평등(to ison)' 개념을 살펴보았다. 이를 위해 아리스토텔레스의 민주주의적인 자유관에 관한 언급과 그리스 비극 작품에 나타난 아테네 민주주의의 자유에 대한 강조를 살펴보았다. 특히 고대 아테네인의 자유가 적극적 자유뿐만 아니라 소극적 자유도 인정하였음을 밝히고자 하였다. 평등과 관련해서는 아테네 민주주의가 추구한 산술적 정의 원리에 따른 평등관이 덕에 따른 능력 인정과 어떻게 조화될 수 있는지를 살펴보았다.

두 번째 부분은 아테네 시민 데모스의 통치 원리를 근거 지우는 철학적 논변들을 고찰하였다. 이를 위해 대표적으로 프로타고라스의 민주주의를 위한 '위대한 연설'과 아리스토텔레스의 '집합적 지혜론'을 살펴보았다. 프로타고라스의 민주주의 옹호를 위한 철학적 견해는 그의 상대주의적 인식론에 근거한 '인간 만물 척도설'과 두 가지 '정치적 덕'인 정의(dikē)와 수치심(aidōs)에 주목하여 살펴보았다. 그래서 그가 인간의 행복을 실현할 수 있는 공동체를 민주주의적 폴리스로 제시했다는 것의 의미를 밝히고자 하였다. 아리스토텔레스의 민주주의의 우월성에 관한 이론적 논변 역시 중요하게 분석하였다. 당대의 많은 지식인들이 반민주적인 논변들을 제시하고 있지만 정작 민주주의를 위한 이론적 논변이 상대적으로 부재한 상황에서 아리스토텔레스의 집합적 지혜론에 근거한 친민주적인 논변은 중요한 이론적 가치를 가지므로 이에 관한 검토가 필요하다.

본 저술의 3장은 '고대 아테네 민주주의는 시끄러운 소리의 정치인가?'라는 물음에서 시작한다. 이에 아테네 민주주의의 핵심적 가치로 말해지는 동등하게 말할 자유, 즉 이세고리아(isegoria)와 파레시아(parrhesia)에 대한 비판을 소개하고 그러한 비판의 타당성을 고찰한다. 먼저 이세고리아와 파레시아에 대한 비판을 살펴본다. 이를 위해 희극 작가 아리스토파네스의 『벌(Sphekes)』과 『기사(Hippes)』에 나타난 파레시아의 문제점을 검토한다. 또한 이세고리아와 파레시아에 대해 부정적 입장을 견지한 소크라테스와 플라톤의 견해를 대화편 『고르기아스(Gorgias)』와 『국가(Politeia)』편을 통해 살펴보았다.

이러한 이세고리아와 파레시아에 대한 부정적 평가에 맞서, 아테네 민주주의의 말할 자유가 어떻게 옹호될 수 있는지를 살펴본다. 이를 위해 본 연구는 데모스의 '소리(thorybos) 정치'의 주요한 특성을 살펴보았다. 그래서 아테네 시민들의 토뤼보스, 즉 환호나 야유 또는 박수와 같은 집단적 행위 양태들은 단순히 토론을 방해하는 간섭이나 참견이 아니라 공적 결정에 도달하기 위한 다수 시민의 집단적 의견 표출 방식으로 이해되어야 함을 밝혔다. 즉 아테네 시민들에게 토뤼보스적인 말의 자유로운 표현 방식은 시민 참여의 실질적인 구현을 위한 '질서 있는 혼란'이며, 데모스가 웅변가와 소통하는 비공식적이지만 적절한 토론의 방식으로 이해될 수 있다.

본 저술의 4장에서는 '고대 아테네 민주주의는 책임 정치를 구현했는가?'라는 물음을 통해 아테네 민주정을 '책임성'의 관점에서 고찰한다.

아테네 민주정은 데모스가 최고 권력을 가지며, 따라서 민회와 법정에서 "데모스가 결정하는 것(edoxe tōi dēmōi)"은 최종적인 권위를 갖는다. 문제는 최고의 막강한 권력을 가진 데모스가 민회와 법정에서 그들이 내린 판단과 결정에 대해 책임을 지는가 하는 것이다. 이것은 아테네 민주주의가 데모스와 최고 공직자의 책임의 정치를 구현하기 위한 제도적, 법정 자구책을 갖고 있었는가의 물음이 된다.

본 연구는 데모스와 정치 지도자의 책임성 문제를 세 부분으로 나누어 살펴본다. 첫 번째 부분에서는 아테네 민주정과 책임 문화의 관계성을 살펴본다. 먼저 헤로도토스와 아이스킬로스의 보고에 따른 아테네 민주주의의 책임성 구현 정신을 살펴본다. 다음으로 아리스토파네스와 플라톤의 아테네 민주정의 무책임성에 대한 비판적 견해를 살펴본다. 두 번째 부분은 아테네 민주정의 책임성 구현을 세 개의 주요 정치 기구, 즉 민회와 법정 그리고 평의회의 운영 메커니즘을 통해 고찰한다. 특히 추첨에 의한 시민 참여 방식의 책임성 의미와 법정에서의 시민배심원 선서의 책임성 의미를 살펴본다. 세 번째 부분에서는 아테네 민주정의 책임성 구현을 위한 정치적 또는 법적 기제를 고찰한다. 이 부분에 관한 검토는 중요한데, 아테네 민주정이 법과 제도를 통해 막강한 권력을 지닌 데모스와 최고 정치가의 권력 남용을 방지하려는 자구책을 갖추었음을 확인할 수 있기 때문이다. 다음과 같은 5가지 조치들이 집중 검토되었다. (1) 오스트라키스모스(ostrakismos): 도편추방법은 개인적인 정치적 야망이 강한 정치인이 아테네 민주정에 중대한 위협을 가할 가능성이 높은 것으로 판단될 경우 10년 동안 추방하는 제도이다. (2) 도키마시아(dokimasia): 공직자에 임명하기 전에 임무 수행에 관한 법적인 자격 여부를 심사하는 제도이다. (3) 에이산겔리아(eisangelia): 장군이나 행정관과 같은 공직자의 국가에 대한 반역 행위나 종교적, 정치적 부정 행위에 대해 그 책임을 묻는 탄핵 조치이다. (4) 에우튀나(euthyna): 공금의 전용이나 남용, 공직 수행 활동에서의 뇌물수수에 대한 책임을 묻는 조치이다. (5) 그라페(graphē), 특히 그라페 파라노몬(graphē paranomon): 그라페는 다양한 분야에서의 불법 행위를 범한 공직자에 대한 법적 조치이며, 그라페 파라노몬은 다양한 법적 기소에서의 무분별하고 무책임한 고발 행위를 방지하기 위한 처벌 조치이다.

본 저술의 5장에서 제기되는 물음은 '고대 아테네 민주정은 우중정체인가?'이며, 고대 아테네 민주주의에 대한 가장 강력한 비판이 되는 '아테네 시민의 정치적 판단 능력의 문제'를 고찰한다. 소크라테스와 플라톤도 그렇고 당대 여러 지식인들이 아테네 민주주의를 비판한 핵심은 아테네 민주정이 무지하고 감정에 치우친 우중들의 정체라는 것이다. 본 연구는 아테네 민주정과 우중통치의 상관성에 관한 문제를 밝히기 위해, 첫 번째 장에서 플라톤의 아테네 민주정에 대한 부정적인 평가를 살펴본다. 그래서 플라톤이 어떤 근거로 아테네 민주정을 우중통치로 신랄하게 비판하는지를 밝힌다. 두 번째 장에서는 데모스의 정치적 판단 능력 함양을 위한 아테네 비극 문화의 교육적 의미를 고찰한다. 이를 위해 몇 편의 비극 작품 검토를 통해 아테네 시민들의 정치적 판단 능력 함양을 위한 아테네 민주정의 시민 교육을 살펴본다. 마지막 장에서는 데모스의 정치적 판단 능력이 아테네 민주정의 진행 과정에서 실질적으로 어떤 결과로 나타났는지를 역사적 사례를 통해 평가한다. 특히 우중통치의 대표적인 사례로 말해지는 두 가지, 즉 아르기누사이 해전에 관련된 장군들 재판과 소크라테스의 재판을 통해 고찰할 것이다. 이 두 사례는 아테네 민주정사에서 데모스의 어리석은 집단적 판단을 보여 주는 대표적인 사례로 거론된다는 점에서 이에 관한 심도 있는 분석이 필요하다. 이러한 분석을 통해 과연 데모스의 판단이 무지한 데모스에 의한 광기적이며 비합리적인 판단이었는지 그 실체적 진실을 규명한다.

본 저술의 6장은 '고대 아테네 민주주의는 어떤 유형의 민주주의인가?'라는 물음 아래 아테네 민주정이 조화의 정치를 실현했는지를 데모스, 즉 아테네 시민과 정치 지도자의 역학 관계를 통해 고찰한다. 이러한 작업을 위해 데모스와 정치 지도자의 관계성에 따라 아테네 민주정을 세 가지 유형의 민주주의로 구분하여 고찰한다. 페리클레스 유형 민주주의, 알키비아데스 유형 민주주의, 그리고 니키아스 유형 민주주의가 그것이다. 이러한 세 유형의 민주정에 대한 고찰은 두 가지 주요한 기준을 갖고 접근된다. 하나는 정치적 리더십의 역량 기준이고 다른 하나는 도덕적 측면에서의 덕 역량 기준이다. 그래서 이곳에서는 올바른 민주정의 모델은 정치적 리더십과 덕 리더십이 조화될 때 작동함을 밝힐 것이다.

첫 번째 유형인 '페리클레스 민주주의'에 관한 고찰은 페리클레스의 정치적 리더십과 도덕적 성품의 관점에서 진행된다. 정치적 지도력에 관한 고찰은 투키디데스의 『펠로폰네소스 전쟁사』에서의 보고가 주된 검토 대상이 된다. 페리클레스의 성품과 덕에 관한 평가는 아리스토텔레스와 플루타르코스의 보고를 참조한다. 이러한 검토를 통해 페리클레스 유형 민주주의는 데모스와 정치 지도자의 협치를 통한 호모노이아(homonoia), 즉 '일치된 마음'이 실현된 '질 높은' 민주주의 모델임을 밝힐 것이다.

다음 두 번째 민주주의 유형으로 '알키비아데스 민주주의'를 고찰한다. 먼저 투키디데스가 『펠로폰네소스 전쟁사』에서 보고하는, 시켈리아 원정을 둘러싼 민회에서의 알키비아데스의 연설을 분석한다. 이러한 검토는 무엇보다 시켈리아 원정이 제기된 당시의 정치, 현실적 배경, 그리고 시켈리아 원정을 주창한 알키비아데스의 목적과 진의를 밝히는 작업이 될 것이다. 알키비아데스의 도덕적 성품은 플라톤 대화편 『알키비아데스 I(*Alkibiades I*)』을 통해 고찰한다. 대화편 『알키비아데스』를 분석하여 최종적으로 알키비아데스가 정의와 절제와 같은 자기 인식의 영혼의 덕을 소유하지 못하였으며, 그래서 폴리스를 통치할 만한 정치가의 역량과 덕을 갖추고 있지 못함을 밝힐 것이다. 결론적으로 알키비아데스형 민주주의는 정치적 야망과 탐욕에 눈이 먼 정치가와 오만한 데모스의 잘못된 결합에 의한 질 낮은 민주주의 유형임이 밝혀질 것이다.

세 번째 민주주의 모델로 '니키아스 민주주의'를 검토한다. 먼저 투키디데스가 『펠로폰네소스 전쟁사』에서 보고하고 있는 니키아스에 관한 언급을 분석한다. 시켈리아 원정에 관한 검토는 다시 두 부분으로 나누어 진행된다. 한 부분은 민회에서의 시켈리아 원정을 둘러싼 니키아스의 두 번의 연설이고, 다른 부분은 시켈리아 출정 이후 비극적인 최후를 맞이할 때까지의 군사 지휘관으로서 니키아스의 판단과 활동이다. 그래서 전체적으로 민회에서의 니키아스의 소극적인 태도와 시켈리아에서의 무능한 장군의 역할에 대한 비판적 평가가 이루어진다. 다음으로 니키아스의 에토스와 그의 덕성에 관한 검토를 플라톤 대화편 『라케스(*Laches*)』편과 『국가』편을 통해 살펴본다. 그래서 니키아스의 용기관이 어떤 문제점을 갖고 있었는지를 밝힌다. 이러한 검토를 통해 니키아스 유형 민주주의는 참된 리더십이 부재한 질 낮은 민주주의 유형임이 제시될 것이다.

상술한 3가지 형태의 민주주의는 아테네 민주주의사에 하나의 민주주의가 아닌 다양한 종류의 민주주의 형태가 있었음을 보여 준다. 그리고 아테네 민주정이 공동선을 실현하는 질 높은 최적화된 민주주의 형태이기 위한 필요충분조건이 무엇인지를 생각하게 해 준다. 본 연구는 아테네 민주정의 성공과 실패가 공동선과 정의에 정향된 시민 의식과 최고 정치 지도자 리더십의 조화로운 결합에 달려 있음을 밝힐 것이다.

상술한 6개의 도전적인 물음들에 대한 고찰을 통해 본 연구는 결론 부분에서 최초의 민주주의인 고대 아테네 민주주의가 우리에게 제시하는 민주주의의 의미가 무엇인가를 성찰할 것이다. 처칠에 따르면 '민주주의는 최악의 정체이지만, 역사상 존재했던 다른 형태의 정체보다는 더 나은 정체이다'. 민주주의는 완벽한 정체는 아니지만 과거의 전제주의적 독재 형태의 여러 정체들보다는 우리가 믿을 수 있는 정체라는 것이다. 그러면 우리가 믿고 의존할 수 있는 민주주의의 강점은 어디에 있을까? 이 물음에 대한 가능한 답을 '역사상 최초로 등장해서 200년 이상 지속되었던 아테네 민주주의'를 통해 짚어 볼 것이다. 이것은 6장까지 논의되었던 민주주의의 핵심적 의미를 바탕으로 현재의 민주주의 위기를 지혜롭게 극복할 수 있는 현재적 적실성을 모색하는 일이 될 것이다.

1장

민주주의는
어디로부터 왔는가?

민주주의는 어디로부터 왔는가? 이 물음에 대해서는
일반적으로 고대 아테네에서 민주주의가 시작된 것으로 알려졌지만,[5]
실상 고대 아테네 민주주의가 정확하게 언제부터 시작되었는가에 대
한 학자들의 의견은 일치하지 않는다.[6] 무엇보다 demokratia라는 용어
의 정확한 사용 시기를 특정하기 어렵기 때문이다.[7] 이것은 우리에게 주
어진 최초의 민주주의에 대한 역사적 자료가 제한되어 있고, 그 자료 또

---

5   고대 아테네 민주주의에 관한 대표적인 연구자로서는 덴마크의 한센과 미국의 오버를 들 수
     있다. 대표적인 작품으로 다음을 참조할 것. M. H. Hansen(1992), J. Ober(1989). 이 밖에도 K.
     A. Raaflaub et. al.(2007).

6   이에 관한 상세한 논의는 P. Cartledge(2007), 155-169 참조할 것.

7   demokratia의 명시적인 문헌학적 근거는 투키디데스의 『펠로폰네소스 전쟁사』 속 페리클레
     스의 '추도연설사'이다(II.37.1). 이곳에서 페리클레스는 아테네 정체가 "소수가 아닌 다수를
     위하기 때문에 그 이름이 민주정(demokratia)이라고 불리운다"라고 말한다. 이전의 민주정에
     관한 전거는 헤로도토스가 『역사』에서 말하는 최선 정체 논쟁에서 제시되는 오타네스의 민주
     정에 관한 언급이다. 오타네스가 지지하는 정체로서의 민주정은 데모크라티아가 아니라 이
     소노미아(isonomia)로 말해진다(Herodotos, *Historiai*, III.80-83).

한 단편적이며 부정확한 데서 기인한다. 그렇지만 한 가지 분명한 사실은 아테네 민주주의가 어느 날 갑자기 어떤 한 천재나 혁명가인 고대 그리스인에 의해 발명되거나 만들어진 것이 아니라는 점이다. 달리 말해 아테네 민주주의는 러시아 혁명이나 프랑스 혁명처럼 탁월한 혁명가의 지도하에 급진적인 정치적 격변을 통해 등장한 것이 아니다. 이것은 최초의 민주주의를 그리스 신화에 등장하는 초월적인 능력을 소유한 어떤 영웅이 하루아침에 완성한 것으로 이해해서는 곤란함을 의미한다. 최초의 민주주의는 기원전 6세기와 5세기, 아니 그 이전의 아테네 정체가 직면한 정치적, 경제적, 사회적, 또는 국제적인 차원의 다양한 '도전'에 대해 아테네 시민이 '응전'하는 역사적 실험과 지난(至難)한 진화적 과정을 거쳐 완성된 것으로 이해해야 하기 때문이다.[8]

  본 저술의 1장에서는 최초의 민주주의라고 말할 수 있는 아테네 민주주의의 탄생과 전개 과정을 고찰한다. 일반적으로 최초의 민주주의에 관한 고찰은 기원전 6세기와 5세기의 세 개의 주요한 역사적 개혁에 초점이 맞추어져 진행된다. 솔론(Solōn)의 개혁과 클레이스테네스(Kleisthenēs)의 개혁 그리고 에피알테스(Ephialtēs)의 개혁이 그것이다. 그러나 나는 최초의 민주주의의 탄생은 솔론의 개혁이 있기 훨씬 전인 기원전 8세기와 7세기에서 찾아야 한다고 생각한다. 역사적인 문헌이 빈약하지만 솔론이나 클레이스테네스의 민주주의 이전의 민주주의, 즉 원시 민주주의가 존재했다는 것이다. 본 연구는 이러한 원시 민주주의 또는 근원적 민주주의를 호메로스와 헤시오도스의 문헌을 통해 살펴볼 것이다. 이후에 계속해서 기원전 8세기와 7세기의 그리스인의 자유나 평등 또는 정의에 관한 시민 정신이 솔론과 클레이스테네스 그리고 에피알테

---

8 J. Ober(2007), 83, J. Ober(2003), 1-5 참조.

스의 개혁을 통해 어떻게 구현되고 완성되었는지를 고찰할 것이다.

1. 최초의 민주주의의 이념적 기원

1) 기원전 8세기와 7세기의 원시 민주주의

일반적으로 최초의 민주주의로 말해지는 아테네 민주주의는 기원전 6세기 솔론의 개혁과 클레이스테네스의 개혁을 통해 진행된 것으로 말해진다. 뒤에서 자세히 설명하겠지만 민주주의의 핵심적 특징이 되는 민회(ekklesia)나 시민 법정(dikasterion) 또는 평의회(boulē)와 같은 정치적, 법적 기구나 제도가 솔론과 같은 입법가나 클레이스테네스와 같은 정치가에 의해 만들어졌기 때문이다. 이러한 평가는 최초의 민주주의의 탄생이나 시원과 관련해서 잘못된 평가는 아니지만 민주주의의 기원을 설명할 수 있는 충분조건으로 보기는 어려운 점이 있다. 민주주의를 제도나 법이 아닌 시민성이나 이데올로기의 측면에서 보면 민주주의의 시작은 그 이전 시기에서 찾을 수 있기 때문이다. 다시 말해 평등주의나 말의 자유, 귀족이나 참주에 대한 저항 정신, 강한 공동체 의식과 같은 민주주의의 주요한 특성들을 갖고 보면 최초의 민주주의의 역사는 수 세기 이전으로 거슬러 올라갈 필요가 있다. 즉 솔론과 클레이스테네스의 민주주의 이전의 민주주의, 달리 말해 '원시 민주주의' 또는 '근원적 민주주의'가 먼저 이해되어야만 최초의 민주주의의 탄생에 관한 보다 충분한 설명이 가능하다는 것이다. 물론 기원전 8세기나 7세기의 불충분한 자료에 나타난 근거들을 통해 6세기나 5세기의 아테네 민주주의가 필연적으로 탄생했다고 보아야 한다는 것은 아니다. 그러나 앞서 강조한 것처럼 아테네 민주주의라는 최초의 민주주의가 솔론이나 클레이스테네스 또는 페리클레스와 같은 천재적인 입법가나 혁명적인 정치가에 의해 진공 속에서 갑자기 이 세상에 등장하였고 완성되었다고 보는 것은 올바른 이해가 아니다. 민주주의의 이념적 기원은 솔론 이전 시기인 기원전 8세기나 7세기의 문헌들 속에서도 찾을 수 있기 때문이다. 뒤에서 살펴보겠지만 호메로스(Homeros)나 헤시오도스(Hesiodos)와 같은 작가들의 기원전 8세기나 7세기의 문헌들 속에서도 왕이나 귀족 또는 참주와 같은 권력자에 의해 발생한 불평등이나 부자유에 대한 시민들의 강한 불만과 저항 정신이 존재했다.[9] 그리고 이러한 권력자들과 데모스 사이의 충돌과 갈등으로 인한 사회적, 정치적 위기와 혼란이 심화되고 증폭되었고, 이것을 해결하기 위한 시도가 솔론이나 클레이스테네스에 의한 일련의 민주주의적 개혁을 통해 이루어졌다고 보는 것이 더욱 적절한 이해가 될 것이다. 즉 불평등과 부자유를 벗어나기 위한 6세기 이전부터의 데모스의 강한 공동체 의식이나 정체성이 민주주의의 출현을 위한 중요한 전제조건으로 또는 이후의 민주주의의 진화를 가능케 한 동력으로 작용했다는 점이 간과되어서는 안 된다. 아래에서 나는 8세기와 7세기의 두 주요한 시인, 즉 호메로스와 헤시오도스의 작품을 분석하면서 민주주의의 탄생을 위한 중요한 시원적 특성들을 밝힐 것이다.

(1) 호메로스의 『일리아스』에 나타난 자유와 평등 관념

호메로스의 서사시 『일리아스』와 『오디세이아』는 기원전 8세기 말 또는 7세기 초의 그리스인의 세계를 보여 준다. 무엇보다 호메로스의 서사시 『일리아스』는 기본적으로 귀족주의적인 영웅 중심의 이야기를 그리고 있다. 호메로스는 트로이 전쟁 속 아킬레우스나 헥토르와 같은 엘

---

9 K. A. Raaflaub, R. W. Wallace(2007), 22-48 참조할 것.

리트 영웅들의 '명예 중심적인(philotimos)' 경쟁과 승리를 이야기를 이끌어 가는 중요한 모티브로 삼고 있기 때문이다. 호메로스 세계에서 영웅들의 최고 목표는 "항상 최고가 되고 다른 사람들 사이에서 탁월해지는 것"[10]이다. 따라서 『일리아스』에서 전투의 중요한 결과는 엘리트 영웅 전사들 간의 결투에 의해 판가름 나며, 일반 병사들은 전투의 결과에 거의 영향을 미치지 않는 단순한 추종자로 묘사되는 경우가 많다. 호메로스는 위대한 영웅들만이 전투를 결정하고 적을 물리치거나 폴리스와 시민들을 구할 수 있는 것으로 묘사하고 있다.

그러나 호메로스의 서사시에서 주목해야 할 두 가지 중요한 민주주의적인 특성이 있다. 하나는 전쟁을 위한 중요한 결정이 엘리트 장군뿐만 아니라 '데모스 병사들(laoi)'의 동의와 설득에 의한 공동의 결정으로 이루어졌다는 것이다. 다른 하나는 전투 수행 방식으로 호플리테스 팔랑크스(hoplites palanxs), 즉 '중무장 보병 밀집대형' 전투 방식을 사용했다는 것이다. 첫 번째 특성과 관련해서 호메로스는 전투 결정을 위한 장군과 병사들의 전체 집회가 중요함을 기술한다. 호메로스 사회에서 일반적으로 집회는 하나의 정당화된 관습으로서 전투 승인, 전리품 배분, 갈등 문제 해결과 같은 '공공 문제(demion)'[11]에 대한 토론이 필요할 때마다 소집되고 문제를 결정하는 중요한 기능을 한다.[12] 다시 말해 일반적으로 집회는 군사 지휘관이든 평민 평사든 모든 시민이 공유하는 '공동의 영역(koinon)'이다. 이곳에서 군 지도자들은 연설하고 병사들은 집단적 목소리로 자신들의 의견을 표출한다. 이런 점에서 장군과 병사들의 공동

---

10   Homeros, *Ilias*, VI.208.

11   Homeros, *Od.*, II.32, 44.

12   K. A. Raaflaub(1997a), 642-643.

집회는 구성원 모두를 위한 통합의 상징으로 이해할 수 있다.

그런데 호메로스의 『일리아스』에서 묘사되고 있는 공동 집회는 언뜻 엘리트 영웅들의 일방적인 결정에 의해 이루어지는 것으로 보일 수 있다. 무엇보다 회의는 아가멤논이나 오디세우스와 같은 총지휘관이나 장군에 의해 소집되며, 얼마든지 이들에 의해 전체 병사들의 의견이 쉽게 조작되어 미리 정해진 결론에 이르도록 맞추어질 수 있다. 회의에서 '왕(basileus)'이나 최고 지휘관만이 연설을 할 수 있다는 것도 이를 뒷받침한다. 『일리아스』 2권 142-154행에서 기술되고 있는 '임시 회의 장면'에서 일반 병사들은 찬성 또는 불만을 외치거나 '발로 투표'하는 방식으로 자신들의 집단적인 의견을 제한적으로 표현한다. 그리고 지휘관들은 종종 그러한 병사들의 의사 표현을 무시하고 회의를 해산하고 자신이 원하는 대로 행동하는 것처럼 보인다.

그러나 표면에 드러난 회의의 형식을 넘어 회의의 내용을 좀 더 들여다보면 실상은 다를 수 있다. 즉 『일리아스』에서의 다양한 장면과 사건의 진행 과정, 그리고 회의에서 한 발언을 자세히 살펴보면 종종 다른 현실이 드러난다.[13] 집회에서 일단 호메로스의 지도자들은 '제우스를 대신하여 법을 수호하는 사람들'[14]로서 공동체에서 높은 권위를 지닌다. 정의와 신이 승인한 관습법의 수호자인 제우스와 테미스(Themis), 즉 법이 집회를 감시하기 때문이다. 그런데 간과해서는 안 될 점은 총지휘관이 모인 군중이나 병사들에게 일방적인 복종이나 순종을 요구하는 것이 아니라는 점이다. 지휘관은 모인 병사들을 설득하기 위한 의식적인 연설을 시도해야 한다. peithomai라는 말은 병사들이 '순종하다'의 의미

13　K. A. Raaflaub(1997b), 1-27 참조.

14　Homeros, *Ilias*, I.238-239, II.205-206, IX.98-99 참조.

가 아니라 '설득되다'라는 의미이다. 따라서 군 지휘관이 전쟁에서 승리하기 위해서는 집회에 모인 병사들을 설득할 수 있는 연설 능력이 중요하다.[15] 마크 그리피스(M. Griffith)가 말하는 것처럼[16] "그리스인의 도덕적, 정치적 어휘에는 '복종'이나 '종속'을 뜻하는 단어가 거의 없었다." 복종과 맹목적인 순종은 라오이, 즉 평민 병사들의 전형적인 모습이 아니다. 따라서 전쟁이나 전투를 위한 결정은 아고라(agora)와 같은 공동 집회에서 장군이나 지휘관에 의한 일방적인 결정과 명령이 아닌 설득과 동의를 통한 공동의 결정 과정에 의해 진행되는 것으로 이해할 필요가 있다.[17]

아가멤논의 사례에서도 알 수 있듯이[18] 전투 결정을 위한 전체 집회에서 장군이나 지휘관이 병사나 다른 지휘관의 동의와 조언을 무시하고 자신의 계획을 실행하고자 한다면 그 결과는 심각할 수 있다. 오디세우스는 "민중의 거친 목소리가 나를 강박했다(chalepē d' eche dēmou phēmis)"[19] 라고 말하는데, 이것은 집회의 병사들이 상당한 힘을 가지고 있음을 시사한다. 따라서 왕이나 귀족과 같은 군 지휘관이 평민 병사들을 설득하

---

15 K. A. Raaflaub, R. W. Wallace(2007), 28.

16 M. Griffith(1998), 25-26.

17 이와 관련해서 호메로스의 『일리아스』 18권에는 재판 과정에서 데모스의 집단적 의견이 중요한 결정을 하고 있음을 묘사하는 흥미로운 장면이 있다. 이것은 아킬레우스의 방패에 멋있게 그려진 아고라에서의 재판 묘사 장면이다. 장면은 살인 사건의 보상을 둘러싼 피해자 측과 가해자 측의 의견이 불일치한 상황이다. 그래서 양측은 이 문제의 해결을 위해 중재자를 찾아왔고 양측의 입장을 지지하는 군중이 각기 소리를 지르고 있다. 여기서 중요한 점이 발견되는데 그것은 공정한 판결을 내린 자에게 황금 두 탈레트를 준다는 것이고, 이것은 아고라에 모인 군중에 의해 결정되는 것으로 보인다는 점이다. 이것은 사법 정의와 관련해서 이후 아테네 법정에서 이루어지는 재판 과정의 배심원이 일반 시민들로 구성되었다는 것과 그 맥을 같이한다(Ilias, XVIII.497-508).

18 Homeros, Ilias, 1-2권 참조.

19 Homeros, Od., XIV.239.

기 위해서는 그들의 전투에서의 공적이 담보되지 않으면 안 된다. 이것
은 왕의 지휘관의 지위나 '명예(timē)'는 공동체에 대한 기여나 공적이 담
보되지 않으면 데모스 병사들로부터 계속해서 도전을 받을 수 있음을
의미한다. 만약에 공동체에 대한 가치나 공적이 없으면 그들은 가혹한
비판과 불명예를 겪을 수밖에 없다.[20] 호메로스 사회는 기본적으로 필
로티모스(philotimos), 즉 '명예를 추구하는' '전사 윤리'가 중요시되는 사
회로서 공동체에 대한 합당한 기여나 가치가 병사들에 의해 인정되어야
한다. 이에 관한 단적인 예를 『일리아스』에서 두 명의 장군인 사르페돈
과 글라우코스 사이 다음과 같은 대화를 통해 알 수 있다.

◇◇◇

글라우코스여, 대체 무엇 때문에 우리 두 사람은 뤼키아에서 자리와 고
기와 가득 찬 술잔으로 남다른 존경을 받으며, 모든 사람들이 우리를 신
처럼 우러러보는가? … 그러니 우리는 지금 마땅히 뤼키아인들의 선두
대열 속에 서서 치열한 전투 속으로 뛰어들어야 할 것이오. 그래야만 단
단히 무장한 뤼키아인들 중에 누군가가 이렇게 말할 것이오. "과연 뤼키
아 땅을 통치하는 우리 왕들은 불명예스러운 자들이 아니구나. … 저렇
게 뤼키아인들의 선두 대열에서 싸우고 있으니 말이다." 친구여, 만일
우리가 이 싸움을 피함으로써 영원히 늙지도 죽지도 않을 운명이라면
야, 나 자신도 선두 대열에서 싸우지 않을 것이며 또 남자의 명예를 높
여 주는 싸움터로 그대를 내보내지도 않을 것이오. 허나 인간으로서는
면할 수도 피할 수도 없는 무수한 죽음의 운명이 여전히 우리를 위협하
고 있으니 자, 나갑시다. 우리가 적에게 명예를 주든, 아니면 적이 우리

---

20   K. A. Raaflaub(1997a), 632.

에게 주든.[21]

◇◇◇

위 인용문에서 그리스군의 장군인 사르페돈은 자신들의 지위와 명예가 전투에서 선두에 서서 가장 용맹하게 싸워 전공을 보이는 것에 달려 있다고 말한다. 자신들이 왕으로서 누리는 고기와 와인과 같은 모든 특권이 바로 전투에서의 공적을 인정받았기 때문에 가능했던 것이다. 이렇듯 호메로스의 『일리아스』에서 이상적인 바실레우스, 즉 왕은 잔인한 통치자나 착취자가 아니라 '백성의 목자'여야 한다. 그의 티메(timē)는 데모스의 인정 여부에 크게 의존하는 것이며, 그것은 글라우코스가 말하듯이 전투의 선두에 서서 병사들을 이끌 수 있는 용맹함을 보이는 것이다. 이처럼 호메로스 사회에서 집회의 결정은 왕이나 군 지휘관에 의해서만 일방적으로 이루어지는 것이 아니라 일반 병사들에 대한 설득과 그들의 동의에 의해 공동으로 이루어지는 것을 알 수 있다. 그리고 군 지휘관이나 장군과 같은 지도자들의 평민 병사에 대한 설득은 무엇보다 리더로서의 공적이나 전공이 발휘될 때 가능함을 알 수 있다.

그러면 일반 병사들이 왕이나 군 지휘관의 설득과 동의의 중요한 대상이 되는 이유는 무엇인가? 그것은 평민 병사들이 전쟁을 승리로 이끌 용맹함을 발휘할 수 있기 때문이다. 이것은 리더의 티메가 전쟁에서의 용기를 발휘한 공적에 근거한 것이듯이 병사들의 평등한 전리품 분배 주장 역시 그들의 전투에서의 용맹함에 근거해야 함을 의미한다. 이와 관련해 호메로스의 『일리아스』 2권에서 전리품 분배상 평등 관념과 관련하여 주목할 부분이 있다. 그것은 트로이 전쟁이 누구를 위한 전쟁인가를 물으면서 공적에 따른 평등한 분배를 요구하는 테르시테스

---

21 Homeros, *Ilias*, XII.310-328.

(Thersites)라는 평범한 한 병사의 연설이다.[22]

『일리아스』2권 211행부터 240행에 걸쳐 소개되고 있는 테르시테스의 연설은 엘리트가 아닌 데모스를 대변하는 한 병사의 연설로서 평등한 분배를 원하는 말의 자유를 의미한다는 점에서 민주주의의 상징적인 특징을 보여 준다. 그런 점에서 테르시테스의 연설 전문은 모두 소개할 만한 가치가 있다.

∞∞

그는 큰소리로 아가멤논을 비난했다. "아트레우스의 아들이여, 무엇이 모자라서 불만이시오? 그대의 막사들은 청동으로 가득 차 있고, 그대의 막사들에는 우리 아카이아인들이 도시를 함락할 적마다 고르고 골라 맨 먼저 그대에게 바친 여인들이 많이 있지 않소! 그대는 혹시 말을 길들이는 트로이인들 중에 누군가가 나나 다른 아카이아인이 사로잡아 온 아들의 몸값으로 일리오스에서 황금을 가져오기를 바라는 것이오? 아니면 그대 혼자서 붙들어 놓고 사랑을 즐기기 위하여 젊은 여인을 원하는 것이오? 허나 아카이아인들의 아들들을 불행으로 인도한다는 것은 그들의 지휘자가 된 자에게는 어울리지 않는 일이오. 이 겁쟁이들이여, 못나고 수치스러운 자들이여, 그대들은 아카이아의 계집들이지 이미 아카이아의 사나이들이 아니오. 자, 우리도 그에게 도움이 되는지 안 되는지 알도록, 저 양반은 이곳 트로이 땅에서 명예의 선물들이나 실컷 탐식하도록 내버려두고 우리는 함선들을 타고 고향으로 떠나도록 합시다."[23]

∞∞

위 인용문에서 테르시테스의 비판은 두 부분으로 나눌 수 있다. 첫 번

---

22 테르시테스 관련 이하 부분은 손병석(2013), 50-59에서 재인용했음을 밝힌다.

23 Homeros, *Ilias*, II. 211-240.

째 부분은 아가멤논에 대한 비난이다. 그것은 무엇보다 '아가멤논이 그리스군의 훌륭한 지도자의 자격을 가지고 있지 않다'는 항변이다. 테르시테스는 아가멤논과 아킬레우스의 불화로 인해 그리스군의 엄청난 희생과 피해가 있었음을 지적한다. 그리고 이러한 트로이와의 9년간의 전쟁은 자신과 같은 보통의 그리스 병사들을 위한 전쟁이 아님을 역설한다. 사실상 트로이와의 전쟁은 메넬라오스와 그 형인 아가멤논의 체면, 달리 표현해 '얼굴 세워 주기' 전쟁이라고 말할 수 있다. 헬레네의 남편이자 아가멤논의 동생인 메넬라오스와 트로이의 왕자 파리스는 각기 헬레네의 존재를 자신들의 위신 세우기 내지 명예 회복의 문제로 간주한다. 파리스는 헬레네를 취함으로써 그리스 전체에 자신의 영웅적인 용맹함을 알리는 명예를 얻게 되고, 반대로 헬레네를 빼앗긴 메넬라오스와 그 형제는 명예를 잃게 되는 것이다. 한쪽은 얼굴을 들 수 있지만 다른 쪽은 얼굴을 아예 들 수가 없게 되고 마는 것이다. 그렇기 때문에 아가멤논이 지금의 전쟁은 헬레네를 부정의하게 빼앗아 간 트로이에 대한 응전이라는 면에서 정의로운 전쟁임을 주장하지만, 테르시테스와 같은 일개 병사에게 그것은 어디까지나 트로이로부터 "아트레우스의 아들 아가멤논과 메넬라오스의 명예를 찾아 주고자"[24] 하는 전쟁에 불과한 것이다. 테르시테스가 트로이와의 전쟁이 왕과 귀족들을 위한 전쟁이지, 자신과 같은 평범한 병사의 권리와 이익을 위한 전쟁이 아니라고 항변하는 이유가 여기에 있다. 목숨을 내걸고 피 흘리며 싸운 전쟁에서의 성과물 내지 노획물은 모두 왕과 귀족들의 독차지가 되었기 때문이다.

두 번째 비판은 동료 병사들에게로 향해 있다. 그것은 그리스군의 병사들이 전쟁에 공헌하고 있음에도 불구하고 아무런 보상도 요구하지 않

---

24 Homeros, *Ilias*, V.552-553, I.159-160.

는 것에 대한 자각과 분노를 환기시키는 연설이다. 테르시테스가 보기에 동료 병사들은 전쟁에서 어떠한 보상도 주어지지 않음에도 목숨을 내걸고 싸우고만 있다. 고래 싸움에 새우 등 터지는 격으로 한편으로는 아가멤논과 아킬레우스 사이에서, 다른 한편으로는 트로이와의 싸움에서 희생물이 되고 있는 것이다. 그래서 테르시테스는 동료 병사들이 노예처럼 복종만 하는 것을 질책하면서 그러한 태도를 '계집'에 비유한다. 사내라면 아가멤논과 같은 몇몇 왕들의 전리품 차지를 위한 전쟁에 창을 내려놓고 정당한 몫을 받기 위한 요구를 하든지, 그렇지 않으면 고향으로 돌아가든지 해야 한다는 것이다. 이러한 이유로 테르시테스는 자신과 같은 병사들이 전쟁에 기여하는지 아닌지를 확인하기 위해서라도 당장 전투를 중지하고 각자의 조국으로 귀환할 것을 역설한다. 이러한 테르시테스의 분노에[25] 찬 연설은 당시의 사회·정치적 환경 속에서 어떤 의미를 가졌다고 볼 수 있을까?

무엇보다 테르시테스의 분노의 연설은 처음으로 인류 역사상 평등에 관한 관념(idea of equality)을 보여 준다.[26] 다시 말해 테르시테스의 연설은 전쟁에서 소외받은 보통 병사들의 '불평등'에 대한 울분과 분노가 반영된 주장이라 말할 수 있다. 그의 분노는 트로이와의 전쟁에서 자신과 같은 병사가 왕과 귀족 못지않게 기여함에도 불구하고 노획물의 분배에 있어서 정당한 대우를 받지 못한 것에 대한 항변이다. 『일리아스』 작품 전체를 통해 알 수 있는 것처럼 실상 트로이와의 전쟁은 몇몇 영웅들의

---

25 테르시테스의 분노는 호메로스 영웅 시대의 분노의 위계질서를 보여 준다. 아가멤논이나 아킬레우스 또는 오디세우스와 같은 왕과 귀족의 분노는 영웅 시대의 공동체에서 공적 권위를 갖는 것으로 승인되고 그 영향력이 인정될 수 있음에 반해, 테르시테스와 같은 하층 계급의 분노는 아직까지 공동체에서 승인되기 어려운 형태의 감정이다. 이에 관한 상세한 논의는 손병석(2013), 29-78 참조할 것.

26 S. Stuurman(2004), 171-189 참조.

무용담만으로 이루어진 것은 아니다. 뒤에서 자세히 설명하겠지만 트로이 전쟁에서의 주된 전투 방식은 중무장 보병 밀집방진 형태이고, 이 전투 방식은 전쟁에 참여한 수십, 수만 명 병사들의 용맹스러움에 의해 가능하다. 따라서 그리스군의 승리는 왕과 귀족뿐만 아니라 데모스 병사 모두의 생사를 건 공동의 용기 덕분이다. 이런 이유로 테르시테스는 자신과 같은 일개 병졸을 포함한 전쟁에서의 공적에 따른 '분배적 정의'의 실현을 요구하는 것이다. 아킬레우스가 아가멤논을 향해 가치에 따른 공정한 분배가 이루어져야 함을 역설하듯이,[27] 테르시테스는 마찬가지 논리를 왕과 귀족들을 향해 주장하는 셈이다. 이는 아리스토텔레스가 주장하는 '가치에 따른(kat' axian)' 분배적 정의의 원리[28]가 자신과 같은 하층 병사들에게도 적용되어야 함을 역설하는 것으로 볼 수 있다. 테르시테스는 전쟁의 승리가 병사들의 밀집대형 전투력에 의존하고 있기 때문에 그에 상응한 몫이 주어져야 함을 주장하는 것이다. 지휘관이 없는 군대는 오합지졸이 될 수 있지만, 반대로 군대가 없는 지휘관 역시 존재 의미가 없기 때문이다.[29] 이런 점에서 테르시테스는 영웅 시대의 소위 자유 언론에 기초한 민주주의적인 평등을 주창한 선구자라 말할 수 있다. 테르시테스에 관한 언급이 『일리아스』에서 이후에 더 이상 발견되고 있지는 않지만, 그의 평등을 향한 자유 언론의 연설은 이후의 민주주의적인 가치와 이념 형성에 중요한 정치적인 의미를 담고 있다.

호메로스의 작품에서 민주주의의 근원적 특성을 보여 주는 중요한 다른 한 가지는 전투 방식과 관련된다. 『일리아스』 편에서의 아카이아군

---

27 Homeros, *Ilias*, IX.315-322.

28 Aristoteles, *NE*, 1131a10 이하 참조.

29 H. van Wees(1994), 1-18 참조.

과 트로이군 사이의 전쟁이 기본적으로 데모스 병사들의 집단 전투 방식에 크게 의존하기 때문이다. 그리고 이러한 병사들의 집단 전투 방식은 무엇보다 공적에 따른 정의와 평등 관념을 강화하는 중요한 근거로 작용한다. 그러면 어떤 전투 방식이 데모스의 정치적 영향력을 확보하는 근거가 되었는가? 앞으로 자세히 설명하겠지만 '중무장 보병 밀집대형' 전투 방식이 그것이다. 이 전투 방식은 호메로스 시기와 이후의 아테네 민주주의 역사에서 데모스의 정치적 권한과 입지를 강화하는 중요한 힘으로 작용하였다.[30] 전투의 승리가 전적으로 아킬레우스와 헥토르와 같은 영웅들 사이의 일 대 일 전투에만 의존한 것이 아니라 일반 병사의 집단적 밀집대형 전투 방식에도 크게 의존하고 있었기 때문이다.[31] 그러면 병사들이 전쟁에서 주체적 의식을 느끼며 행위한 중무장 보병 밀집 전투 방식은 구체적으로 어떤 특성을 가진 전술 형태인가?

호메로스가 명시적으로 병사들의 '중무장 보병 밀집대형' 전투 방식을 언급하는 것으로 보이지는 않는다. 그럼에도 호메로스 시기의 주된 전투 방식이 '중무장 보병 밀집대형'인 것은 분명하다. 트로이 전쟁에서 라오이, 즉 일반 병사들에게 의존한 집단적 전투 방식이 이루어졌다는 것은 『일리아스』의 다음과 같은 구절에서 확인된다.

◇◇◇

강력한 대열들이 버티고 서니, 설사 아레스나 백성들을 부추기는 아테네가 그 속에 들어간다 하더라도 그들을 얕잡아 보지는 못했으리라. 선발된 장수들이 트로이인들과 고귀한 헥토르를 기다리며 창에는 창을 맞

---

30 호플리테스 팔랑크스 전투 방식은 공동체 결속의 이상과 관행에 주목할 만한 영향을 미쳤는데, 그 근거는 호메로스에게서 찾을 수 있지만, 그 이전의 오랜 과정을 거쳐 개발된 것으로 보인다. 이와 관련해서는 K. A. Raaflaub(1997c), 26-31 참조할 것.

31 K. A. Raaflaub(1997c), 27-28 참조.

대고 방패에는 방패를 포개 놓고 있었으니 말이다. 그리하여 방패는 방패를, 투구는 투구를, 사람은 사람을 밀었다. … 그만큼 그들은 촘촘히 붙어 서 있었다.[32]

◇◇◇

위 인용문에서 아카이아인들은 트로이군에 맞서 싸우기 위한 밀집방진 전투 방식을 구성하고 있음을 알 수 있다. 병사들은 '촘촘하게 붙어 방패와 방패를, 창과 창을 맞대고 밀었다'는 표현들은 모두 밀집방진 전투 방식을 표현한다. 이러한 중무장 보병 밀집방진 전투 방식은 『일리아스』의 여러 곳에서 발견된다.[33] '트로이인들이 떼를 지어 앞으로 나아가자' '아르고스인들도 떼를 지어 버티고 서니'와 같은 표현들은 분명 밀집방진 전투 방식을 표현하고 있는 것으로 볼 수 있다.[34] 또한 '아르고스의 전사자 수는 훨씬 적었고, 항상 타이트한 대형을 유지하며 싸우기 위해 다시 뭉쳤으며, 친구가 친구를 학살하지 않도록 방어했다'[35]라는 말 역시 밀집방진 전투 방식을 표현한 것으로 볼 수 있다.

상술한 표현들은 중무장 보병 밀집방진 전투 방식을 이해할 수 있게 해 준다. 즉 병사들의 집단 전투 형태는 중무장병들이 서로 간에 어깨와 어깨, 방패와 방패를 맞대고 촘촘하게 종대와 열을 갖춘 형태를 유지한다.[36] 이러한 전투 구조를 갖춘 상태에서 방패로 막으면서 창이나 단검으로 적군을 찌르는 전면적인 백병전 전투라고 이해할 수 있다. 전투

---

32 Homeros, *Ilias*, XIII.125-123.

33 Homeros, *Ilias*, XIII.136, XV.306, 312.

34 Homeros, *Ilias*, XV.305-312.

35 Homeros, *Ilias*, XVII.363-365.

36 중무장 보병 밀집방진 전투 방식에 관한 상세한 설명은 V. D. Hanson(1988), 68-69, 152-159, K. A. Raaflaub(2007), 34-36, 문혜경(2017), 7-38 참조할 것.

에서 무엇보다 중요한 것은 집단 '밀치기(othismos)' 싸움에서 밀리지 않는 것이다. 만약에 어느 한쪽이 밀리게 되면 병사들이 쓰러지게 되고 결국 밀집대형은 무너지게 된다. 따라서 중무장 밀집대형의 맨 앞 열 중무장 보병들이 상대의 밀치기에 의해 쓰러지지 않는 것이 중요하다. 상대진영의 집단 밀치기에 밀리지 않고 대오를 유지할 수 있는가에 따라 자신의 옆 열과 후미 열에 배치된 전우의 생사가 갈리기 때문이다. 그래서 데모스 병사들은 이러한 밀집방진 전투 경험을 통해 동료와의 결속력이 중요함을 의식하게 되고 그들과의 집단적 평등함을 강하게 느끼게 된다.[37]

호메로스의 『일리아스』에서는 이러한 집단 밀집방진 전투 방식에 참여하는 병사들의 용기와 긍지를 엿볼 수 있다. 예로 『일리아스』 16권에서 아킬레우스를 대신해서 싸우는 파트로클로스 옆에는 2,500명의 뮈르미돈인 병사들이 최고의 전투력을 보여 준다. 여기서 뮈르뮈돈 병사들은 굶주린 늑대로 비유되는데, 영웅에게 적용되는 전형적인 야생 짐승 비유를 수많은 전사에게 적용하고 있다.[38] 이처럼 트로이 전쟁에서 데모스 병사들은 누구도 단순히 소모품이 아닌 것으로 묘사된다. "우리 모두 잘 싸우고 있으니까", "모두들 할 일이 있다", "아주 허약한 자들이라도 뭉치면 용감해지는 법이거늘"과 같은 표현들은[39] 일개 병사들도 함께 힘을 합치면 가장 용감한 자와도 능히 싸울 수 있다는 용맹의 표현들이다. 이러한 표현들은 이들이 트로이 전쟁에서 승리를 위한 책임감과 자부심을 느끼며 집단 전투에 참여했음을 알 수 있게 한다.

---

37 문혜경(2017), 28.

38 Homeros, *Ilias*, XVI.156-167.

39 Homeros, *Ilias*, XIII.223, 236-237, XII.269-271.

여기서 중요한 점은 중무장 보병 밀집방진 전투 방식 도입이 병사들의 정치적 영향력을 강화하는 결과를 가져왔다는 것이다. 이것은 아리스토텔레스의 다음과 같은 말에서도 확인된다.

∞∞

그리스에서 왕정 폐지 후 최초로 생겨난 정체는 전사들로 구성되었는데, 처음에는 기병으로 구성되었다. 전쟁에서의 힘과 우위는 당시에는 기병대에 달려 있었기 때문이다. 보병은 전투 대형 없이는 무용지물인데, 예전에는 이 방면의 경험도, 부대를 배치하는 규칙도 없어서 군대의 힘은 기병대에 달려 있었다. 그러나 국가 규모가 커지기 시작하고 중무장 보병들이 더 득세하면서 국정에 참여하는 시민의 수도 늘어났다.[40]

∞∞

위에서 아리스토텔레스가 말하는 것처럼 폴리스가 형성된 초창기에는 말을 소유할 수 있는 힘을 가진 왕이나 귀족이 전쟁의 주력군이었다. 전쟁의 승패가 기병대에 의존하였기 때문이다. 그러나 전쟁이 집단 전투 방식으로 변화된 이후에는 중무장 보병의 힘이 중요하게 되었다. 중무장 보병 밀집대형 전투 방식은 계속해서 진화했고 그래서 시민의 정치적 영향력을 강화하는 데 기여했다. 이것은 아레테(aretē), 즉 탁월함이 더 이상 왕이나 귀족과 같은 엘리트만 독점할 수 있는 것이 아님을 의미한다. 데모스 시민 역시 집단 전투 방식을 통해 공적을 세울 수 있었고, 그래서 그들의 아레테를 인정받을 수 있었기 때문이다. 최고의 중무장 보병 전사들은 신분과 계급에 관계없이 아리스토스(aristos), 즉 최고의 시민으로 인정받을 기회를 갖게 되었다.[41] 그리고 앞서 살펴본 것처럼 호

---

40 Aristoteles, *Pol.*, 1297b16-24.

41 K. A. Raaflaub, R. W. Wallace(2007), 35.

메로스의 『일리아스』에서는 중무장 보병 전사들이 자신들의 공적을 인정받고 그에 따라 평등한 전리품을 분배받는 것을 알 수 있다.[42]

상술한 것처럼 호메로스에게는 그의 엘리트 영웅들에 대한 선호가 있음에도 불구하고 집회나 전투에서 데모스 병사들의 역할은 중요한 것으로 묘사된다. 데모스 병사들의 평등이나 자유가 아직까지 법이나 제도에 의해 공식화되거나 확인되지는 않았지만, 그들의 평등주의의 기본 형태는 귀족들의 권위와 계급적 위계질서 속에서도 미약하나마 반영되어 있다.[43] 앞서 언급한 테르시테스 같은 보잘것없는 평범한 병사도 군중이 모인 집회에 나와 아가멤논이나 오디세우스 같은 왕과 귀족에게 자신의 의견을 힘 있게 외치고 있는 것이 그 좋은 예이다. 이렇듯 호메로스 사회에서 평민 병사들의 사회적, 정치적 지위는 낮더라도 그들의 자유와 평등에 대한 열망은 무시할 수 없는 힘으로 작용한다.

(2) 헤시오도스의 『일과 날들』에서의 정의관

호메로스와 함께 원시 민주주의의 이념적 특성을 알 수 있는 자료는 헤시오도스의 시이다. 그는 기원전 7, 8세기에 활동한 인물로 서양 지성사에서 정의(正義)의 문제에 대해 가장 최초의 의식적인 사유를 시도한 시인으로 평가할 수 있다. 그의 대표작은 왕이나 귀족의 부정의와 부당한 착취에 대해 날카롭게 비판한 『일과 날들』이다.[44] 이 시에서 헤시오도스는 동생인 페르세스(Perses)에게 재산에 대한 탐욕을 부리지 말고 노동을 통해 삶을 풍요롭게 만들 것을 충고한다. 헤시오도스는 아버지로

---

42 Homeros, *Ilias*, I.123-129, IX.330-336, XI.685-705 참조.

43 K. A. Raaflaub, R. W. Wallace(2007), 32.

44 헤시오도스의 『일과 날들』에 관한 상세한 설명은 P. Millett(1984), 84-115, V. D. Hanson (1995), 3장 참조할 것.

부터 동생과 함께 유산을 나누어 받았지만, 동생이 자신의 재산을 모두 탕진하고 다시 형의 재산을 더 달라는 소송을 걸었기 때문이다. 문제는 공정하게 판결해야 할 재판관들마저 동생에게 모두 매수되어 헤시오도스에게 불리한 판결을 한다는 것이다.[45] 재판에서 불리하면서도 억울한 상황에 부닥쳤을 경우 어떻게 해야 할까? 자력구제(self-help)가 어렵고, 탐욕을 부리는 자를 처벌하기 위한 법 역시 이미 부정의한 자의 편에 서 있을 때 정의의 실현은 어떻게 가능할까?

  헤시오도스는 『일과 날들』에서 제우스 신을 정의의 수호자로 제시한다. 제우스 신은 무소불위의 힘을 갖고 있으므로 올바르지 못한 자를 벌 주고 정의를 실현해 줄 것으로 믿기 때문이다. 정의를 수호하기 위해 제우스 신은 삼만 명의 감시자들을 인간 세계에 내려보내 누가 부정의함과 오만함을 보이는지를 감시한다.[46] 그래서 제우스 신은 정의를 어기는 자들을 가차 없이 벼락으로 응징한다. 그래서 헤시오도스는 제우스가 분노해서 동생에게 벼락을 때리기 전에 정신 차리고 자신의 땀과 노력으로 성실하게 농사에 전념할 것을 충고한다.[47] 다시 말해 농부가 1년 동안 성실하게 땀 흘려 농사를 지어서 안락한 삶을 살 수 있는 것처럼 남의 것을 탐하지 말고 자신의 노동을 통해 재산을 모아야 한다고 조언한다. 그렇지 않으면 이미 인간의 오만과 탐욕을 징벌하여 앞서 4번의 시기에 걸쳐 인간종을 벌준 제우스의 처벌이 있을 것이라고 경고한다.

◈◈◈

  오! 페르세스야, 너는 이 점을 명심하고 정의(dikē)에 귀 기울이고 오만함

---

45 Hesiodos, *Erga kai Hemerai*, 35-39.

46 Hesiodos, *Erga kai Hemerai*, 253-254.

47 Hesiodos, *Erga kai Hemerai*, 27-34, 285-315, 342-352 참조.

(hybris)을 삼가라. 크로노스의 아드님은 인간들에게 그런 법을 주셨기 때문이다. 물고기들과 짐승들과 날개 달린 새들은 그들 사이에 정의가 없어 그분께서 서로 잡아먹게 하셨으나, 인간에게는 많은 것 중 가장 최고의 좋은 것이 되는 정의를 주셨다. 왜냐하면 누가 옳은 것을 알고 말하면 멀리 보시는 제우스께서는 그에게 복을 주시기 때문이다. 그러나 누가 거짓 맹세를 하여 일부러 거짓 증언을 하고 정의를 해치고자 하면 그는 구제할 길 없이 미망에 빠질 것이며 그의 집안은 장차 더욱 희미해질 것이고, 반면에 정직하게 맹세한 자의 집안은 장차 더욱더 번창할 것이다.[48]

∞∞

위 인용문에서 헤시오도스는 제우스가 인간에게 준 "많은 것 중 최고(pollon ariste)"의 선물이 정의라고 말한다. 헤시오도스에게 제우스는 신상필벌(信賞必罰)의 원칙을 갖고 악한 자를 벌주고 착한 자를 부정의함으로부터 구해 줄 수 있는 정의의 수호자이자 보루이다. 그래서 헤시오도스는 인간 세계에 정의를 나누어 주는 정의의 판결자를 제우스로 상정하고 제우스가 인간 세계의 정의를 실현해 주기를 기원한다. 헤시오도스의 『일과 날들』에서 무엇보다 원시 민주주의의 특성을 찾을 수 있는 근거는 왕이나 귀족의 부조리와 착취에 대한 그의 신랄한 비판이다. 아래의 시는 헤시오도스의 시민 저항 의식을 알 수 있게 한다.

∞∞

나 이제 왕들에게 이야기 하나 하겠소. … 뇌물을 먹은 자들이 굽은 판결로 시비를 가려 자기들이 택한 곳으로 정의를 끌고 가면 성난 웅성거림이 이는 법이오. 그러면 정의는 울면서 그들의 도시와 나라들로 따라

---

48 Hesiodos, *Erga kai Hemerai*, 275-285.

가 안개를 입은 채, 자신을 내쫓고 공정하게 나누어 주지 않은 자들에게 재앙을 가져다주지요. 이방인들과 토박이들에게 공정한 판결을 내리고 의로운 것에서 조금도 벗어나지 않는 자들은 도시가 번창하고 백성들이 그 안에서 꽃이 만발하지요. … 허나 폭행과 사악과 무자비한 행동에 전 념하는 자들에게는 크로노스의 아들인 멀리 보시는 제우스께서 벌을 내 리지요. 못된 짓을 행하고 방자한 짓을 꾀하는 단 한 명의 나쁜 사람 때 문에 때로는 온 도시가 함께 고통받게 되지요. … 올림포스의 주인이신 제우스의 뜻에 따라, 또 어떤 때는 크로노스의 아들께서 그들의 큰 군세 나 성벽을 파괴하시거나 바다에서 그들의 함선들을 응징하시지요. 오오 왕들이여, 그대들도 그대들의 이러한 재판에 유념하시라! … 이 점을 명 심하시어, 뇌물을 먹는 왕들이여, 판결을 바르게 하시고, 굽은 판결일랑 아예 잊어버리시오![49]

◈◈◈

위 인용문에서 알 수 있듯이 『일과 날들』은 독립적이고 근면한 농부가 부정의하고 탐욕스러운 왕이나 귀족에게 대항하는 이미지를 제시한다. 헤시오도스는 명시적으로 "뇌물을 먹는 왕(dōrophagos basileus)"에게 그의 바르지 못한 판결로 인해 결과적으로 나라 전체에 재앙이 있게 된다고 경고한다. 정의의 신인 제우스가 왕들의 군세나 성벽, 그리고 바다의 함 선들을 모두 파괴하는 응징을 내릴 것이기 때문이다. 그래서 헤시오도 스는 왕들이 제우스의 분노를 두려워할 줄 알면서 부정의한 판결을 하 지 않는 '염치'를 가지도록 촉구한다. 헤시오도스는 정의의 수호자로 제 우스를 제시하면서 더 이상 재판과 같은 공적 영역에서의 부조리와 착 취가 용납되어서는 안 됨을 경고하는 것이다. 이러한 점들을 고려할 때

---

49 Hesiodos, *Erga kai Hemerai*, 202-264.

헤시오도스의 『일과 날들』은 데모스인 농부의 부정의와 부자유에 대한 강한 저항 정신을 반영한 시라고 볼 수 있다.

지금까지 살펴본 것처럼 호메로스와 헤시오도스 시기의 데모스는 법과 제도에 의해 자유와 평등이 보장되지는 않았지만 민주주의 이념에 대한 강한 열망과 의지를 갖고 있었음을 알 수 있다. 호메로스의 시에서는 왕과 귀족들의 부당한 억압과 불평등에 대한 평민 병사들의 자유와 평등을 향한 열망을 알 수 있었다. 마찬가지로 헤시오도스의 시에서도 농부의 자유 의식과 정의 실현의 욕구를 확인할 수 있었다. 이것은 아테네 민주주의가 좀 더 체계화된 정체로 진행되기 훨씬 이전부터 데모스 시민들의 평등주의(egalitarianism) 이념이 폭넓게 공유되고 있었음을 의미한다.[50] 그리고 이러한 왕이나 귀족의 지배질서에 복종하기를 거부하는 광범위한 개인의 평등주의적 또는 자유주의적 요소가 이후의 아테네 민주주의 발전을 위한 중요한 필요조건이 되었음을 부정하기 어렵다.

2. 고대 아테네 민주주의의 태동과 발전: 세 번의 개혁과 한 번의 혁명

솔론부터 에피알테스까지의 개혁 기간은 말 그대로 데모스에 의한 통치권(kratos)이 확보되는 시기라고 말할 수 있다. 즉 솔론의 에우노미아 (eunomia, 좋은 질서)적 민주주의를 시작으로 해서 클레이스테네스의 이소노미아(isonomia, 법 앞의 평등)적 민주주의를 거쳐 에피알테스의 테테스

---

50 초기 민주주의의 범헬레니즘적 평등주의에 관한 설명은 I. Morris(1996), 19-48, E. W. Robinson(1997), 65-72, J.-P. Vernant(1982), 49-68 참조할 것.

(thetes)[51]적 민주주의에 의해 그 수립이 완성되는 과정이다. 따라서 최초의 민주주의의 탄생과 형성 과정에 대한 이해를 위해서는 솔론부터 에피알테스까지의 개혁에 대한 충실한 이해가 필요하다.

본 연구에서 필자가 솔론과 클레이스테네스 그리고 에피알테스의 개혁을 고찰하면서 중요하게 밝히고자 한 것이 있다. 그것은 최초의 민주주의가 결코 솔론이나 클레이스테네스와 같은 탁월하면서도 천재적인 입법가나 정치가에 의한 위로부터 아래로의(top-down) 일방적인 개혁에 의해 진행되고 완성된 것이 아니라는 사실이다. 앞서 살펴본 것처럼 솔론부터 에피알테스까지의 일련의 민주주의적 개혁은 그 이전 호메로스와 헤시오도스 시기의 데모스의 자유와 평등 그리고 정의 실현의 의지와 열망이라는 초기 민주주의의 잠재적 특성이 정치적, 경제적인 영역에 반영된 것으로 볼 수 있기 때문이다. 같은 맥락에서 솔론의 개혁은 실상 당시의 귀족과 신흥 부자 계급의 억압과 부조리에 대한 소작인인 하층 계급의 불만과 저항을 해결하려는 중재자의 역할로서 이해될 필요가 있다. 마찬가지로 클레이스테네스의 민주주의적 개혁 역시 개혁 이전에 '아테네 시민의 혁명'에 의해 가능했다는 점이 중요하게 고려되어야 한다. 아테네 시민이 스파르타 왕 클레오메네스 1세에 대항해서 그의 군대를 아테네에서 철수하도록 만든 저항과 투쟁이 있었기 때문에 비로소 클레이스테네스의 개혁이 이루어질 수 있었기 때문이다. 마찬가지로 아테네 민주주의를 확립한 것으로 평가되는 에피알테스의 개혁 역시 아테네 하층 계급인 테테스 계급의 페르시아 전쟁에서의 혁혁한 공적이나 기여가 개혁의 동기가 된 것으로 이해할 수 있다.

이것은 최초의 민주주의에 대한 이해가 정치 제도나 법적인 개혁의

---

51 아테네 시민 분류에서 최하위에 속하는 노동자 계급을 일컫는다.

관점보다는 폴리테스(politēs), 즉 시민성(citizenship), 좀 더 풀어 말하면 자유와 평등 그리고 데모스의 통치라는 아테네 민주주의 이념에 대한 아테네 시민의 의식적 열정과 헌신 그리고 자부심의 관점에서 이루어져야 함을 의미한다. 요컨대 최초의 민주주의의 완성 과정은 자유와 평등이라는 민주주의의 가치와 이상에 대한 데모스의 불명료한 가능태적 의식이 점차 명료하게 현실태적으로 구현되는 과정으로 이해할 수 있다.

1) 솔론의 개혁

솔론(기원전 640-기원전 561)은 일반적으로 아테네 민주주의의 건국의 아버지라고 말해진다. 즉 아테네 민주주의의 초석을 놓은 입법가이다. 솔론은 클레이스테네스와 에피알테스의 개혁을 거쳐 페리클레스에 의한 아테네 민주주의의 절정기까지 이르는 데 기반이 되는 법적 또는 제도적 개혁을 단행했기 때문이다. 그래서 랄프라웁(K. A. Raaflaub)은 솔론의 이 시기를 아테네 정체의 민주주의화의 과정을 강력하게 추동한 "첫 번째 파열 순간(first moment of rupture)"이라고 부른다.[52] 솔론의 개혁에 관한 역사적 자료의 부정확함과 불충분함에도 불구하고 우리는 그의 개혁에 관한 중요한 전거를 솔론 자신이 쓴 시와 아리스토텔레스의 『아테네 정체』 그리고 플루타르코스의 『솔론의 일생』을 통해 알 수 있다.

아리스토텔레스에 따르면 솔론은 기원전 594년 아르콘(archōn), 즉 최고 정무관을 맡도록 절대적인 권한이 주어졌다.[53] 그는 당시의 아테네 사회가 처한 중대한 사회적, 경제적 위기를 해결하는 임무를 부여받은 것이다. 그것은 무엇보다 귀족과 부자 그리고 가난한 자들 사이의 심각

---

52 K. A. Raaflaub(2007), 16.

53 Aristoteles, *Ath. Pol.*, 5.2.

한 계급 갈등을 중재하여 증대하는 사회적 위기를 해결하는 것이었다. 그런데 어떤 이유에서 솔론이 그러한 계급적 갈등을 해소하여 사회의 안정을 회복할 수 있도록 아르콘으로 임명되었는가에 대해서는 다음과 같은 몇 가지 중요한 이유가 작용한 것으로 보인다.

먼저 전통적으로 정치적 특권을 차지한 귀족들과 당시에 상업이나 광업으로 막대한 부를 축적한 신흥 부자들, 그리고 소작농과 같은 가난한 자들이 각자 솔론을 자신들의 이익을 대변해 줄 수 있는 적임자로 믿었기 때문이다. 귀족들이 솔론을 아르콘으로 임명한 데는 사회적 혼란으로 인한 참주의 등장에 대한 두려움이 강하게 작용한 것으로 보인다. 즉 전통적으로 정치적 특권과 대토지를 소유한 귀족들은 참주가 가난한 자들의 도움을 받아 자신들의 기득권을 빼앗을지 모른다는 강한 두려움을 갖고 있었다. 이미 앞서 퀼론(Kylon)이 참주가 되고자 시도한 적이 있었기 때문이다.

상공업이나 해운업으로 부를 축적한 신흥 부자들 역시 경제력에 비례한 정치적 지위가 주어지지 않은 것에 불만을 느끼고 있었다. 무엇보다도 아레이오스 파고스(Areios pagos) 회의체가 귀족들에 의해 장악되어 운영되었고, 아르콘과 같은 정치적 관직 역시 귀족들만 맡을 수 있었던 것에 대한 불만이 컸다. 이렇듯 귀족과 신흥 부자들은 각자 솔론을 자신들의 두려움과 불만을 해결할 수 있는 적임자로 간주한 것 같다. 귀족들은 솔론의 출신 성분이 귀족이라는 점에, 부자들은 그가 상업이나 수공업에 대한 이해를 가진 중산층이라는 점에 매력을 느꼈을 것이다. 가난한 자들 역시 솔론의 아버지가 한때 부유했었지만, 그의 재산을 궁핍한 사람들을 위해 썼기 때문에 솔론이 자신들에게 동정심을 갖고 그들을 위한 법적 개혁을 추진할 것으로 기대했을 것이다. 이처럼 솔론은 귀족 집안 출신이면서도 과도한 부를 소유하지 않았기 때문에 귀족들이나 부자들 또는 가난한 자들 모두의 신뢰를 받았던 것으로 보인다.

더불어 솔론의 정치적 또는 군사적 측면에서의 탁월성도 그의 장점으로 작용했던 것 같다. 솔론은 살라미스를 아테네의 식민지로 만드는 과정에서 용기 있는 행동을 보여 주었기 때문이다. 이 밖에도 솔론의 지적이며 도덕적인 역량 역시 그를 폴리스의 안정을 위한 조정자로 만든 요인이 되었다. 그는 당시 그리스의 7현인(sophos) 중 한 명으로 인정될 정도로 지혜롭고 훌륭한 성품의 소유자였다. 헤로도토스가 보고하는 바에 따르면 리디아의 왕 크로이소스(Kroisos)가 자신의 부와 권력을 자랑하기 위해 솔론을 초청한 바 있다.[54] 상술한 이유로 해서 솔론은 귀족과 부자 그리고 가난한 자들의 이해관계를 조정할 수 있는, 온건하면서도 공정한 아르콘으로서의 임무를 수행할 중재자로 선택된 것으로 볼 수 있다.

그러면 솔론의 어떤 개혁적 조치가 후대의 입법가들이나 정치인들에 의해 복귀해야 할 '선조의 정치 체제(patrios politeia)'로 말해지는 것일까? 솔론이 어떤 개혁을 완수했기에 그를 아테네 민주주의의 문을 연 입법가로 평가하는 것일까? 솔론의 중요한 개혁으로 크게 세 가지를 말할 수 있다. 첫째는 세이삭테이아(seisachtheia), 즉 채무 말소 정책이고, 둘째는 신분이나 혈통이 아닌 경제적 기준에 따라 아테네 시민 전체를 4계급으로 분류한 것, 셋째는 데모스의 민회와 법정에의 정치적 참여 권한 부여와 400인 불레(boulē), 즉 평의회를 창설하고 사법 제도를 개편한 것이다.[55]

솔론의 첫 번째 개혁은 '세이삭테이아(seisachtheia)', 즉 '채무 말소 정책'

---

54 Herodotos, *Historiai*, I. 29-89.

55 솔론의 개혁과 관련한 일반적인 설명은 R. W. Wallace(2007), 49-82 참조. 그 밖에 W. 포레스트(2001), 179-218 참조할 것.

으로 말해지는 경제 개혁 조치이다. 세이삭테이아는 '빚을 털어 버린다 (chreon apokope)'는 의미를 가지며, 솔론의 대표적인 개혁 조치이다. 정확하게 어떤 이유에서 그런 것인지는 알기 어렵지만 많은 농민이 부채를 갚지 못해 노예가 되거나 빚을 피해 해외로 도피하는 현상이 발생하였다. 심지어 빚을 갚지 못해 자식이 노예로 팔려 모국의 언어를 잊어버리고 사는 처지가 되었다. 부자들의 토지를 경영하는 이러한 예속농을 헥테모로이(hektemoroi), 즉 1/6세인(稅人)이라고 불렀는데, 이들은 토지 생산물의 1/6을 지대로 토지 소유주에게 바치는 하층민에 속한다. 이와 관련해서 아리스토텔레스는 다음과 같이 보고하고 있다.

◇◇◇

오랫동안 부자와 군중들의 사이가 좋지 못했다. … 그리고 가난한 사람들은 자신은 물론 아이들과 아내가 부자들 밑에서 일을 했고 '피보호인' 1/6세인으로 불렸다. 이 같은 임대료로 부자들의 토지를 경작했기 때문이다. 이때 모든 땅은 소수의 손에 있었다. 만일 지대를 납부하지 못하면 자신과 아이들이 예속된다. … 많은 사람들이 소수를 위해 예속 노동을 하고 있었으므로, 민중들이 부자들에게 대항했다. 분열이 심화되고 오랫동안 서로 반목하게 되자, 함께 중재자 겸 아르콘으로 솔론을 뽑았고 정치 체제를 그에게 일임했다.[56]

◇◇◇

솔론은 헥테모로이가 지대를 내지 못해 노예가 되는 상황을 더 이상 방치할 수 없었고, 그래서 이들의 빚을 모두 말소하도록 하는 정책을 실시하여 이들을 자유인이 되도록 만들었다. 솔론은 다음과 같이 말한다.

---

56 Aristoteles, *Ath. Pol.*, 2-5.

◇◇◇

그리고 나는 노예로 팔려 간 많은 아테네인들을 ―일부는 정당하고 일
부는 그렇지 않은― 신이 세운 조국 아테네로 데려왔다. 빚에 쪼들려 어
쩔 수 없이 고향을 떠나 아티카 언어를 쓰지 않는 곳으로 가서, 여기저기
방황하는 사람들, 또한 이 땅에서도 비루한 노역에 처하여 주인의 눈치
를 보며 불안에 떠는 사람들을 자유인으로 만들었다. 나는 이러한 일들
을 힘과 정의를 함께 결합해서 약속한 대로 이루었다. 나는 비천한 사람
이나 덕 있는 사람이나 똑같이 그들에게 각각 맞게 법을 제정하였다.[57]

◇◇◇

위 인용문을 통해 알 수 있듯이 솔론은 세이삭테이아, 즉 부채 말소를
통해 점증하는 스타시스(stasis), 즉 내란의 가능성을 제거하였다. 부자 지
주들에 대한 헥테모로이의 불만과 저항으로 사회 변혁이 발생할 수 있
었기 때문이다. 또한 강제로 외국으로 팔려 간 데모스를 다시 아티카로
돌아오게 하였다. 솔론은 토지에 박힌 '저당석(horos)'을 제거하여 가난한
소작인들을 토지로부터 자유롭게 하였다.[58] 그는 데모스에게 그에 적합
한 몫(geras)을 주었다.

◇◇◇

나는 민중에게 충분한 은혜를 베풀었다. 명예를 줄이지도 않았고 과도
하게 주지도 않았다. 힘이 있고 돈이 있는 사람들 그들도 아무런 불이익
을 당하지 않도록 하였다. 나는 양편 모두를 위해 강한 방패를 들고 서서
어느 편도 부당한 승리를 거두지 않도록 하였다.[59]

◇◇◇

---

57   Solon, F36.1-19.
58   Solon, F36.5-7, Aristoteles, *Ath. Pol.*, 12.4.
59   Solon, F5, Aristoteles, *Ath. Pol.*, 11.2-12.1.

두 번째 개혁은 정치적 개혁으로서 기존의 출생 신분에 따른 시민 계급 구분을 경제적 능력에 따라 4계급으로 분류했다는 것이다.[60] 솔론 이전의 아테네 인구는 부유한 귀족 계급인 에우파트리다이(eupatridai), 가난한 헥테모로이, 자유 농부, 장인, 상인, 노예, 외국인 등 다양한 혼합으로 구성되어 있었다. 솔론은 이러한 아테네 인구 구성을 출생 신분이 아닌 경제적인 기준(timema)에 따라 4계급, 즉 펜타코시오메딤노이(pentakosiomedimnoi), 히페이스(hippeis), 제우기타이(zeugitai), 그리고 테테스(thetes) 계급으로 나눈 것이다. 펜타코시오메딤노이는 곡물과 기름 등 생산물 500메딤노이 이상의 경제 능력을 갖는 부자들이고, 히페이스, 즉 기사 계급은 300메딤노이의 수입을 가진, 일반적으로 말을 소유한 계급이다. 따라서 전쟁에서 히페이스는 기병으로 참전하였다. 제우기타이는 200메딤노이의 경제 능력을 가진 중무장 보병에 해당된다. 마지막으로 200 이하의 수입을 가진 테테스 계층이다. 솔론의 4계급 시민 편성은 기존의 혈통보다는 경제적이며 군사적인 능력을 더 중요하게 평가하는 것이다. 이것은 기존의 좋은 혈통(euprateia)에 속하는 귀족 계급의 통치에서 부와 군사적 지위에 근거한 일종의 금권적(timocratic) 정체로의 변화를 의미한다.[61] 즉 귀족 계급의 권한이 상대적으로 축소되고, 부를 소유한 부자들의 정치적 권한이 향상됨을 의미한다.[62]

그런데 솔론의 경제적 기준에 따른 시민 분류가 어떤 이유에서 사회적 안정을 위한 개혁이 된다고 볼 수 있을까? 그것은 세이삭테이아가 소작농들의 이익을 향상시킨 개혁이었다면, 4계급 분류는 경제적으로 부

---

60 Aristoteles, *Ath. Pol.*, 7.3

61 R. W. Wallace(2007), 61.

62 R. W. Wallace(2007), 60-61, M. Ostwald(1996), 49-61, 특히 56-57.

유한 자들의 정치적 영향력을 증대시켰다는 점에서 그 이유를 찾을 수 있다. 즉 귀족이 차지한 정치적 권력을 신흥 부자들도 소유할 수 있는 길이 마련된 것이다. 솔론 이전 시대에 정치 권력은 아레이오스 파고스를 장악한 귀족들만의 차지였다. 상업이나 수공업을 통해 새롭게 많은 부를 축적한 신흥 부자들은 그들의 출생 신분이 귀족과는 다르기 때문에 아르콘과 같은 행정관직에서 제외되었다. 부가 아무리 크더라도 부자들은 고상한 출생 신분이 아니었기 때문이다. 솔론은 전체 시민을 신분이 아니라 경제적 능력에 따라 구분하고 상층의 펜타코시오메딤노이와 히페이스와 같은 경제적인 능력을 갖춘 부자 시민에게도 정치적 관직이 주어질 수 있도록 문을 열어 준 것이다. 그런데 이러한 솔론의 4계급 편성은 아테네 민주주의와 관련해서 중요한 정치적 의미를 갖는다. 이와 관련해서 마틴 오스트발트(M. Ostwald)는 다음과 같이 말하고 있다.

∞∞

솔론이 시민을 소위 네 가지 '재산 계급'으로 나누었을 때, 그는 등급별 자격 시스템을 설정하지 않았다. 그의 목적은 국가가 각 시민 그룹에 기대할 수 있는 서비스의 정도를 결정하는 것이었다. 공공 서비스에 대한 공공 급여가 없었기 때문이다. 단지 최고 계급만 ⋯ 재무관으로 봉사할 수 있고 ⋯, 최하 계급은 민회와 법정 모임에 출석하고 투표하는 데만 요청될 수 있었다. ⋯ 아테네인들의 '재산 계급'을 뜻하는 '텔로스(telos)'는 세금 납부와 같은 공적 의무의 이행을 나타내는 동사 텔레오(teleo)에서 유래한 것이다. 따라서 특정 계급에 속한다는 것은 '권리'가 아니라 ⋯ 공동체가 구성원에게 거는 기대를 의미했다.[63]

∞∞

---

63 M. Ostwald(1996), 56-57.

오스트발트의 주장에 따르면 솔론이 경제적인 능력에 따른 4계급을 도입한 것은 각 계급의 권리를 강화하기 위한 것이 아니라 정체의 공적인 업무에 대한 봉사를 강화하기 위한 것이다. 그래서 가장 낮은 계급인 테테스도 공공 업무에 봉사할 의무가 있는데 민회와 시민 법정에 출석해서 투표할 책임이 그것이다. 이런 방식으로 솔론은 부자든 가난한 자든 모든 아테네인들이 시민으로서의 공적 책임을 갖도록 하는 것에 역점을 두었다. 솔론은 그의 정치적 개혁을 통해 '모든 사람들이 승리하기를(nikesein pantas anthropous)'[64] 원했다.

마지막으로 솔론의 개혁이 중요한 이유는 시민 계급 분류에서 중갑보병에 속하는 제우기타이와 가난한 테테스 계급도 민회와 법정에 참여할 수 있도록 한 것이다.[65] 아테네 시민 모두가 민회와 법정에 참여할 수 있는 권한을 갖게 된 것은 중요한 의미를 갖는다. 무엇보다 민회에서 발언할 자격을 출생이나 부 또는 관직에 따라서가 아닌 50세가 넘는 시민 누구에게나 부여했다는 것이 중요하다.[66] 그것은 데모스가 더 이상 전통적인 강자인 귀족들에게 종속된 존재가 아니라 오히려 그 반대로 힘 있고 부자인 귀족들이 데모스로 구성된 민회에 요청해야 함을 의미하기 때문이다.[67] 테테스에게 시민 법정에 참여할 수 있는 권한과 동시에 형벌에 대한 상소권을 인정한 것도 같은 차원에서 이해할 수 있다. 그것은 아레이오스 파고스를 장악한 귀족들의 민중에 대한 부당한 형벌에 이의를 제기해서 상소심 재판이 이루어질 수 있도록 하는 제도라는 점에서 중요한 의미를 가진다.

---

64 Solon, F5.36 참조.

65 Aristoteles, *Ath. Pol.*, 7.3.

66 R. W. Wallace(2007), 66.

67 R. W. Wallace(2007), 63.

솔론의 정치적 개혁에서 데모스의 정치적 위상의 상승은 400인 회의의 자격을 4계급 분류에서 제우기타이까지 확장한 것에서도 알 수 있다. 400인 회의는 민회에 상정할 안건을 사전에 심의하는 기구로서 기존의 전통적인 귀족 엘리트들이 민회를 지배하는 것을 막기 위한 조치로 볼 수 있다.[68] 이 밖에도 『아테네 정체(Athenaion Politeia)』의 보고에 따르면 솔론은 데모스가 40개의 아르콘직 중 9명을 추첨으로 뽑도록 하였다. 솔론의 이러한 개혁은 귀족들의 정치적 야망이나 귀족주의적인 전통을 약화시키는 것으로 작용하였다.[69] 또한 아리스토텔레스의 보고에 따르면[70] 솔론은 기원전 594년 이후로 관직자들이 그들의 임기 후에 데모스에 의해 '감사를 받도록(euthynein)' 하였다.

솔론 개혁의 의미와 평가

그러면 최초의 민주주의의 기원과 관련해서 솔론 개혁이 차지하는 의미와 위상에 대한 평가는 어떻게 내려질 수 있을까? 일단 솔론의 입법개혁은 고대 그리스인들이 중요하게 생각하는 시대정신, 즉 델포이 신탁에 새겨진 '지나치지 말라(meden agan)'는 중용의 정신에 기반한 민주주의적인 유형의 특성을 갖는다고 볼 수 있다. 이것은 아리스토텔레스의 다음과 같은 평가를 통해서도 뒷받침된다.

◇◇◇

솔론에 대해서 어떤 사람들은 그가 훌륭한 입법자라고 생각한다. 왜냐하면 그가 지나친 과두정을 철폐했다는 것, 인민의 노예 상태를 끝냈다

---

68 Aristoteles, *Ath. Pol.*, 8.4, 21.3.

69 R. W. Wallace(2007), 62.

70 Aristoteles, *Pol.*, 1274a15-17, 1281b32-34.

는 것, 정치 체제를 잘 혼합함으로써 전래의 아테네 민주정을 확립했다는 것 때문이다. 즉 아레이오스 파고스 위원회는 과두정적인 요소이고, 관직자를 선출하는 관행은 귀족정적인 요소이며, 배심법정 제도는 민주정적인 요소를 가지기 때문이라는 것이다.[71]

∞∞

아리스토텔레스의 이러한 판단은 적절한 것으로 생각되는데, 솔론의 개혁은 한편으로는 기존의 오만한 전통적인 귀족들의 권력을 부와 군사적인 봉사에 따라 모든 아테네 시민들에게도 주었기 때문이다. 부자와 기사 계급뿐만 아니라 제우기타이와 테테스 계급에까지 민회와 법정(eliaia)에 참여할 권한을 준 것도 같은 맥락에 있다. 그러나 다른 한편으로 솔론은 귀족주의자들의 기존 정치적, 경제적 권한 역시 인정하였다. 그것은 부채 탕감을 통해 하층 민중 계급의 요구를 수용하면서도 이소모이리아(isomoiria), 즉 땅의 동등한 분배 요구는 받아들이지 않았기 때문이다.[72] 아레이오스 파고스와 같은 귀족주의적인 회의체의 정치적 권한을 그대로 인정한 것도 마찬가지이다. 솔론은 중재자로서 한편으로는 데모스와 새로운 신흥 부자 그리고 구 귀족주의자들의 이익을 실현해주면서, 다른 한편으로는 그들의 지나친 요구를 제한하였다. 그는 온건주의자였지 극단주의자가 아니었다.

이러한 이유로 솔론 개혁에 대한 학자들의 평가는 다르다. 예를 들어 로즈(P. Rhodes)와 같은 학자는 "솔론은 개혁 이후 일부 가난한 사람들의 삶을 더 어렵게 만들었을지도 모른다"라고 비판한다.[73] 솔론의 개혁 이

---

71 Aristoteles, *Pol.*, 1273b36-1274a1.

72 Solon, F34, Aristoteles, *Ath. Pol.*, 12.3.

73 P. J. Rhodes(1981), 127.

후 몇 년 동안 귀족들 사이의 다툼과 데모스와 귀족의 경쟁이 더 심해졌다는 것도 사실이다.[74] 이런 점에서 사회적 갈등의 중재자로서 솔론의 중대한 개혁은 결과적으로는 어느 계급도 만족시키지 못한 것으로 보인다. 하층 농민들은 토지의 재분배를 요구했으나 받아들여지지 않은 것에 불만을 가졌기 때문이다. 귀족들 역시 부자들을 아르콘직에 임명할 수 있도록 한 것에 불만을 가졌다. 테테스와 제우기타이에게 민회와 법정에 참여할 수 있는 정치적 권한을 준 것도 귀족들의 불만을 샀다. 그래서 머레이(O. Murray)와 같은 학자는 솔론의 개혁이 그 사회에 비해 너무 앞서 있었던 것으로 평가한다.[75] 솔론은 그 시대에 앞선 생각을 하고 있었고, 심리적으로 사람들은 그가 그들에게 부여하고자 한 권력을 사용할 준비가 되어 있지 않았다는 것이다.

그러면 정말로 솔론 시대의 데모스는 시대에 앞선 솔론의 개혁을 인식하지 못했고, 그래서 그것을 구체적으로 실천할 준비가 되어 있지 않았던 것으로 보아야 할까? 아테네 시민들은 아직 민주주의의 주체로서의 시민의식이 있지 않았고, 그래서 솔론과 같은 탁월한 입법가의 보호와 인도에 더 의존해야만 하는 것이었을까? 솔론 시대의 아테네인들은 마치 어린 자식이 모든 것을 아는 아버지의 인도를 받는 것이 필요하듯이 아직까지 세습 귀족이나 엘리트에 의존해야만 하는 자유롭지 못한 존재였을까?

이러한 물음들에 관련해 우리는 기원전 509년 솔론의 개혁 이전 고대 아테네 폴리스 사회에 이미 평등주의와 자존감과 같은 민주주의적 관념

---

74 Herodotos, *Historiai*, I.59.3, Aristoteles, *Ath. Pol.*, 13.4-5, Ploutarchos, *Sol.*, 13.1-2, P. J. Rhodes(1981), 179, G. Anderson(2003), 24-32 참조.

75 O. Murray(1993), 200.

이 존재했음을 간과해서는 안 된다. 이것은 솔론이 아테네 시민들에게 자유나 평등에 대한 관념을 교육하기 전에 이미 아테네인들이 폴리스적 동물로서의 정치적 의식을 갖고 있었음을 의미한다. 앞에서 살펴본 것처럼 솔론 이전 기원전 8세기경의 호메로스의 『일리아스』나 헤시오도스의 『일과 날들』은 이미 왕과 귀족의 전제적 횡포와 불평등에 대한 데모스 병사나 농민들의 강한 분노와 저항 의식을 보여 주었기 때문이다. 특히 호메로스의 『일리아스』 2권에서 테르시테스와 같은 병사가 트로이 전쟁이 누구를 위한 전쟁인가를 물으면서 자신과 같은 평민 병사의 공적에 따른 평등한 몫을 주장하고 있는 것도 이를 뒷받침한다.[76] 무엇보다 아테네인들은 이웃 정체인 스파르타인들이 이미 토지를 재분배하고 새로운 법을 통해 민중을 권력의 주체로 세웠던 것도 알고 있었다.[77] 이러한 자료들을 고려할 때 아테네인들은 이미 자유와 평등 그리고 정의에 관한 관념을 갖고 있었고, 그것을 실현하기 위한 정치적 의식으로 무장하고 있었음을 알 수 있다. 솔론은 이러한 평등한 토지분배를 요구하는 극단적인 민중의 요구와 이를 거부하는 귀족들의 억압이 충돌할 경우 폴리스가 위험한 상황으로 치달을 수 있다는 위기감에서 양쪽의 입장을 중재하려 시도했다고 볼 수 있다. 즉 그의 임무는 극단적인 파쟁을 방지하기 위한 개혁적 입법을 통해 데모스와 귀족들 사이를 중재하여 정체의 안정을 확보하는 것이었다.

그렇다면 솔론의 개혁으로 아테네 시민들이 상당한 정도의 정치적 권력을 갖게 되었다면 그들은 이후에 왜 자신들에게 주어진 권력을 더 많이 활용하지 않았을까? 아테네 데모스는 민회와 법정에의 정치적 권한

---

76 Homeros, *Ilias*, II. 211-240 참조.

77 K. A. Raaflaub, R. W. Wallace(2007), 36-46 참조.

을 가지고도 왜 솔론의 개혁을 본격적인 민주주의로 발전시키지 못했을까? 두 가지 이유를 생각해 볼 수 있다. 첫째는 귀족들이 여전히 부와 권력을 유지하고, 유력한 정치가에게 계속 영향력을 발휘하고 있었다. 아리스토텔레스의 보고[78]에 따르면 기원전 593년 이후의 정치는 다양한 정치 집단 간의 갈등, 특히 귀족 엘리트들 사이의 권력 경쟁이나 집정관직을 둘러싼 갈등이 더 심해졌다. 귀족들은 권력을 나누어 주는 것을 여전히 꺼렸으며, 제우기타이와 테테스 계급이 관직에서 배제된 것도 이를 방증한다. 둘째, 솔론의 개혁에 의해 아테네 농민들이 정치적, 사법적 권력을 확보했지만, 그들의 일상적인 삶의 터는 민회나 법정이 아니라 밭이었다는 사실이다. 아리스토텔레스가 말했듯이 아테네 시민의 대부분은 소작농이었고, 그들은 너무 바빠서 정치 회의에 참석할 수 없었다.[79] 정치적 문제가 생계에 영향을 미치지 않는 한, 대부분의 아테네인은 생업에 종사했다. 아테네 데모스는 자유와 평등 그리고 데모스의 주권이라는 민주주의 이념을 아직은 온전히 실현하기 어려운 상황에 있었다.

일반적으로 역사상의 혁명이나 개혁이 그렇듯이 솔론은 귀족 중심적인 구질서를 완전히 깨뜨리지는 못했다. 이런 점에서 솔론의 중재와 균형 시도는 완전히 성공하지 못했다. 아직 가난한 농민과 테테스 계급이 그들의 자유와 평등을 실질적으로 구현할 역량을 맘껏 발휘하도록 문을 열어 주었다고는 볼 수 없기 때문이다. 솔론이 열어 준 민주주의의 문은 극단적으로 치닫는 계급 갈등으로 인한 내분을 막고 사회적 안정을 이룰 정도로만 열린 것으로 볼 수 있다. 솔론의 개혁이 정착되기 위해서는 시간이 더 필요했다.

---

78 Aristoteles, *Ath. Pol.*, 13.

79 Aristoteles, *Pol.*, 1319a20-38.

그러나 이러한 한계에도 불구하고 솔론의 개혁이 평가 절하될 수는 없다. 귀족과 부자 그리고 가난한 소작농들이 솔론에게 중재자로서의 아르콘직을 맡기고자 했던 본래의 목적은 실현된 것으로 볼 수 있기 때문이다. 솔론의 개혁은 계급 간의 스타시스(stasis), 즉 파쟁으로 인한 사회적 혼란과 폴리스의 파멸을 방지함으로써 에우노미아(eunomia), 즉 '좋은 질서'를 확립하는 데 기여한 것으로 평가할 수 있다. 또한 무엇보다 솔론이 아테네 민주주의의 건국의 아버지로 말해질 수 있는 중요한 이유가 있다. 그것은 바로 기존 무소불위의 귀족 특권을 약화시키면서 제우기타이와 테테스와 같은 아테네 하층 민중이 서서히 정치적 영역에서, 아직까지 미약하지만, 폴리스의 주체가 될 가능성을 마련해 주었다는 사실이다. 솔론이 열어 준 그 문을 통해 최초의 민주주의는 서서히 그 행진을 시작할 수 있게 되었다.

페이시스트라토스의 참주정 시기

클레이스테네스의 개혁을 살펴보기 전에 간단하게 페이시스트라토스 (Peisistratos)의 참주 통치 시기를 설명하는 것이 필요할 듯하다. 솔론이 열어 준 민주주의의 길이 순탄하게 클레이스테네스의 개혁으로 이어지지 않았기 때문이다. 아테네 데모스는 민주주의의 길이 아닌 폭정으로 가는 길을 선택했다. 그들은 민주정체를 포기하고 페이시스트라토스를 지지했다. 아리스토텔레스에 따르면 아테네에서는 페이시스트라토스가 평원에 거주하는 자들에 맞서 파쟁을 일으켰는데, 이것은 인민의 신망과 지지를 받았기 때문이다. 이 모든 것은 데모스가 부자에 대한 증오심 때문에 그를 신뢰한 것에서 기인한다.[80] 페이시스트라토스가 "데모스에

---

80 Aristoteles, *Pol.*, 1305a20-25.

가장 호의적(demotikotatos)"이었기 때문이다.[81]

솔론 역시 데모스가 페이시스트라토스를 지지하는 현상을 보고 아테네 데모스에게 "위대한 사람들로부터 도시는 파괴되고, 무지로 인해 데모스는 한 명의 통치자의 노예로 전락한다"[82]라고 경고한다. 솔론은 결국 페이시스트라토스가 권력을 잡게 되자 그 책임이 신에게 있는 것이 아니라 데모스 자신에게 있다고 비난한다. 데모스는 자신들에게 혀로 아첨하는 자의 말만 믿고 어리석게 스스로 노예가 되었기 때문이다.[83]

이렇듯 솔론이 열어 준 민주주의의 길은 순탄하지 않았다. 결국 아테네 정체는 페이시스트라토스와 그의 아들들에 의한 참주정의 시기를 겪어야만 했기 때문이다. 페이시스트라토스는 기원전 561/560년에 참주로 등장하였고, 그의 지배가 이루어지던 동안에 아테네 민주주의의 실질적인 발전이 있었던 것으로 보기는 어렵다. 페이시스트라토스에 의한 전제적 통치는 아테네 시민들의 정치적 참여를 직간접적으로 막았기 때문이다. 그런데 페이시스트라토스의 참주적 통치하에서 두 가지 흥미로운 점이 발견된다.

첫째, 비록 페이시스트라토스가 폭군이었지만, 사료들은 그가 "모든 것을 법에 따라 통치했다"라고 강조한다.[84] 즉 참주정하에서도 솔론의 개혁에 의해 이루어진 민회와 시민 법정의 기능과 역할이 폐지되지 않고 유지되었기 때문이다. 어떤 측면에서 페이시스트라토스의 참주정은 상대적으로 귀족과 부자를 견제함으로써 그들의 세력을 약화시킨 것으로 볼 수 있다. 예를 들어 지방 법정 순회제가 지방에서 귀족의 권한을

---

81 Aristoteles, *Ath. Pol.*, 14.1.

82 Solon, F9.3-4.

83 Solon, F11.

84 Aristoteles, *Ath. Pol.*, 16.8, Herodotos, *Historiai*, I.59.6, Thoukydides, *Hist.*, VI.54.5-6.

1장 _ 민주주의는 어디로부터 왔는가?

약화시킨 경우다. 둘째, 페이시스트라토스는 '범아테네 축제', '대디오니소스 축제'와 같은 아테네의 다양한 종교 축제 개최를 장려하였다. 그리고 그의 이러한 축제 개최가 아테네 시민의 단합과 아테네에 대한 충성심을 함양하는 데 기여한 것으로 볼 수 있다. 물론 페이시스트라토스의 종교, 문화적인 진흥 정책은 시민의 정치에 대한 무관심을 조장하기 위한 반민주적인 목적이 있었다. 그러나 역설적이게도 그의 대대적인 종교 문화 축제 정책은 아테네 시민의 정치적 동물로서의 자각을 불러일으키고 민주주의적인 이념과 가치의 중요성을 의식하게 만드는 계기가 되었다. 마지막으로 페이시스트라토스는 특히 일반 아테네인들의 경제적 복지에 관심을 가졌는데, 예를 들어 농사를 돕기 위해 대출을 해 주는 것이다.[85] 물론 아리스토텔레스가 냉소적으로 언급하는 것처럼 페이시스트라토스가 얼마만큼 진정성을 갖고 농민들의 복지와 번영을 위했는지는 단정하기 어렵다. 폭군이 백성들이 시골에서 농사를 잘 지을 수 있도록 도와준 것이 어디까지나 정치와 같은 공적인 일에 무관심해지도록 하기 위한 전략일 수 있기 때문이다. 그러나 결과적으로 아티카의 농민들이 편안하게 농사를 지을 수 있었던 것은 사실이다. 그리고 이것이 고전 아테네에서 그의 참주정이 황금의 "크로노스 시대(Kronos bios)"[86]로 칭송받게 되는 이유일 것이다.

상술한 것을 고려할 때 페이시스트라토스에 의한 참주정 시기가 민주주의의 퇴보로 보일 수 있지만 거시적인 차원에서 보면 아테네 민주주의는 그 발전을 중지한 것으로 보기 어렵다. 다른 관점에서 보면 페이시스트라토스에 의한 참주정하에서도 아테네 폴리스는 나름대로 민주주

---

85 Aristoteles, *Ath. Pol.*, 16.2-3.

86 Aristoteles, *Ath. Pol.*, 16.7.

의가 발전하기 위한 내적인 역량을 축적한 것으로 볼 여지가 있기 때문이다.

2) 클레이스테네스의 개혁

일반적으로 클레이스테네스는 아테네 민주주의를 확립한 '위대한 인물'로 말해진다. 앞서 언급한 것처럼 솔론의 에우노미아적 개혁은 귀족과 하층민, 양쪽 모두의 요구를 실현하지 못한 한계를 갖는다. 특히 아테네 농민 계급인 제우기타이와 하층 계급인 테테스가 민회와 법정에 참여할 수 있는 형식상의 권한을 갖게는 되었지만, 그들이 실질적인 정치적 영향력을 가진 것으로 보기는 어렵기 때문이다. 무엇보다 아르콘이라는 최고 행정관직은 여전히 상위의 두 계급, 즉 펜타코시오메딤노이와 히페이스에게만 주어졌다는 사실도 이를 뒷받침한다. 클레이스테네스의 개혁이 솔론의 개혁보다 최초의 민주주의 확립에 실질적으로 기여했다고 평가할 수 있는 이유이다. 클레이스테네스의 개혁에 의해 비로소 제우기타이와 테테스 계급의 정치적 참정권 행사가 인정되었기 때문이다. 이런 점에서 클레이스테네스는 아테네 정체가 데모스에 의한 통치가 이루어질 수 있는 실질적인 기반을 제공했다고 평가할 수 있다. 그러면 클레이스테네스의 민주주의적 개혁의 구체적인 내용은 무엇인가?

첫 번째로 기원전 508/507년에 아테네 시민 혁명이 성공한 후 클레이스테네스가 귀국하여 처음으로 시행한 개혁이 바로 아테네 행정구를 개편한 것이다.[87] 즉 퓔레(phyle, 부족) 개편이 그것이다. 이것은 지역 차원에서 완전히 새로운 시민 조직을 구성하는 것이었다. 즉 클레이스테네스는

---

87   Herodotos, *Historiai*, VI.131.

기존의 4개 부족을 10개 부족으로 개편하였다. 중요한 것은 10개 부족의 구성에서 기존의 '씨족(genos)' 중심으로 구성된 프라트리아(phratria)가 아니라 데모스(demos, deme)가 기본적인 행정 단위가 된 것이다. 아티카 전체 지역을 적어도 100개가 넘는 행정구인 데모스로 나누어 새롭게 재편하였다. 데메(deme)는 상위 단위인 트뤼티스(tryttys)에 편성된다. 트뤼티스는 말 그대로 셋을 의미하며, 크게 세 지역, 즉 도시 지역(asty), 해안 지역(paralia) 그리고 내륙 지역(mesogaia)의 트뤼티스로 구성되어 하나의 퓔레를 이루게 된다.[88] 이렇게 해서 10개의 퓔레가 있게 되며, 각 퓔레는 추첨으로 3개의 트뤼티스를 배분받아 이루어진다. 이렇게 해서 아티카 전역이 10개의 퓔레와 30개의 트뤼티스와 139개의 데메로 조직화된 것이다.[89]

행정 구역 개편이 중요한 의미가 있는 이유는 이것이 아테네 시민권을 새롭게 규정하기 때문이다. 즉 이제는 귀족이 강한 영향력을 갖고 있었던 기존의 혈통 중심적인 프라트리아가 아니라 지역 중심의 데모스가 시민권의 기준이 된 것이다.[90] 아테네 시민권이 기존의 아버지의 혈통이 아니라 소속 데모스를 따르게 되었다. 예를 들어 본명+부친명에서 본명+부친명+데모스명으로 부르게 된 것이다.[91] 이러한 퓔레 개편을 통해 클레이스테네스는 세습 엘리트의 승계에 유리한 혈연 중심의 낡은 사회 질서를 새로운 시민 중심의 사회 질서로 대체하고자 하였다. 그래서 시민들에게 더 높은 수준의 정치적 평등과 기회를 제공하고자 하였

---

88 Aristoteles, *Ath. Pol.*, 21.4, T. N. Mitchell(2015), 39-41 참조.

89 R. Osborne(2010), 39-63 참조, G. E. M. de Ste. Croix(2005), 144.

90 클레이스테네스의 행정 구역 개편과 관련된 상세한 논의는 J. Ober(2008), 134-155, R. Osborne(2010), ch. 3, 양병우(1976), 15-17 참조.

91 Aristoteles, *Ath. Pol.*, 21.4, R. Wallace(2007), 76-77.

다. 데메는 지역 단위였지만 한번 획득한 회원 자격은 거주지에 관계없이 유지되었으며 남성 후손에게 물려주었다. 각 데메는 각자 고유한 정치 구조를 가지고 있었다. 예를 들어 데메의 장과 다른 관직자들을 선출하고, 공식적인 조사 절차(euthyna)를 통해 책임을 물을 수 있는 전체 민회가 있었다. 클레이스테네스는 또한 데메 구성원들의 결속력을 높이기 위해 새로운 종교 종파를 설립했으며, 이러한 종파와 관련된 사제직은 모든 시민에게 개방되었고 사제는 제비뽑기로 선출되었다. 이것은 결과적으로 귀족의 지역 통제권을 약화시키게 되었다.[92]

그런데 이러한 클레이스테네스의 행정 구역 개편이 누구를 위한 개편인가 하는 물음이 제기될 수 있다. 이와 관련하여 학자들은 클레이스테네스의 필레 개편에 자신과 알크마이온 가문에게 유리하도록 개편한 정치적 의도가 숨겨져 있다고 말하기도 한다.[93] 엔클레이브(Enclave)라고 하는 특이구와 같은 지역은 실상 그러한 해석을 뒷받침하는 것으로 보이기도 한다. 그러나 클레이스테네스에 대한 연구가 진행됨에 따라 그의 개혁이 단적으로 자신과 알크마이온가의 이익을 위한 것이라기보다는 전체적으로 아테네 시민을 위한 공정한 개혁이라는 해석이 지배적이다.[94] 즉 오늘날의 게리맨더링(gerrymandering)[95]과 같은 것으로 보기는 어

---

92 T. N. Mitchell(2015), 40.

93 대표적으로 워커를 들 수 있다. E. M. Walker(1926), 143.

94 M. Ostwald(1988), 321-325. 이에 관한 설명은 류연승(2005), 5-6 참조할 것.

95 게리맨더링은 특정 후보자의 당선을 유리하게 하거나 특정 정당이 더 많은 의석을 확보하도록 선거구를 지리적인 구역과 다르게 기형적인 모양으로 분할하는 것을 말한다. 1812년 미국 매사추세츠주 주지사였던 엘브리지 게리는 자기 정당에 유리하도록 선거구를 분할하였는데, 그 모양이 마치 전설상의 괴물 샐러맨더(Salamander)와 비슷하여 이를 게리(Gerry)의 이름과 합하여 게리맨더(Gerry-mander)라고 불렀고, 이후 이와 같이 선거구를 획정하는 것을 게리맨더링이라고 부르게 되었다.

렵다는 것이다. 학자들 사이의 논란이 있지만, 아테네 시민 혁명을 고려할 때 클레이스테네스의 행정 구역 개편이 자신의 사적 이익이라는 목적을 갖고 이루어졌다고 보기는 어려울 것 같다. 특정 데모스에 대한 조작을 통해 알크마이온 가문의 이익을 취했다고 보기 어렵다는 것이다. 오히려 이러한 개혁 이후에 알크마이온 가문의 영향력이 떨어진 것도 설명하기 어렵다.

그런데 클레이스테네스의 퓔레 개혁이 갖는 부정할 수 없는 중요한 의미가 있다. 그것은 그의 데메를 통한 행정 구역 개편이 이후 아테네 민주주의를 실질적인 성공으로 이끈 중요한 동력이 되었다는 사실이다. 즉 데메에 근거한 10부족 재편 제도는 모든 지역 사회에 참여형 지방 정치와 공동체 생활 방식을 통해 풀뿌리 민주주의가 정착될 수 있도록 해 주었다. 지리적, 사회적으로 다양한 계층과 직업을 대변하는 데메들을 공공 역량으로 결합할 수 있는 비슷한 규모의 지역 구역을 만들려고 했기 때문이다. 아리스토텔레스에 따르면 클레이스테네스의 행정 구역 개편은 모든 지역에서 각 부족에 동등한 지분을 부여하여 시민이 함께 섞이도록 하는 것이 목적이다. 아리스토텔레스는 혼합의 주된 이유를 오래된 계파를 해체하고 더 많은 시민이 정치 체제에 참여할 수 있도록 하기 위한 것이라고 말한다.[96] 아리스토텔레스의 말을 고려할 때 결국 클레이스테네스는 계급 문제와 귀족들의 파벌 경쟁을 중심으로 한 낡은 충성심을 넘어 지리적, 사회적 다양성을 가진 시민들로 구성된 새로운 시민단을 만들어 새로운 통합을 이루고자 한 것으로 볼 수 있다. 그는 지리적으로 아무리 멀리 떨어져 있더라도 모든 아테네인들을 새로운 정치 구조로 끌어들여 모든 시민의 정치 참여 기회를 확대하고자 했

---

96   Aristoteles, *Pol.*, 1319b20-28.

다. 즉 그는 데메를 통한 민주적 세포를 만들어 지역 귀족의 지배를 완화하고 일반 시민에게 권한을 부여하며 평등에 기초한 자치 정신을 심어 주었다.[97]

클레이스테네스의 데메를 통한 행정 개편은 또 다른 관점에서 아테네 민주정체에 대한 충성심과 수호에 중요한 의미를 갖는 것으로 볼 수 있다. 그것은 각 부족에 군대 모집의 역할을 부여함으로써 대내외적인 공격에 대한 대항력을 조직적으로 갖출 수 있게 해 주었다는 것이다. 즉 각 부족은 보병 연대와 기병대 편대를 구성할 수 있었고, 또한 자체 지휘관(전략가)을 선출하여 필요한 경우 이것을 제공할 책임이 있었다. 이렇게 하면 국가 인력을 최대한 활용하고 다양한 지역적 배경을 가진 병사들을 주요 부대에 모아 선출된 지휘관 아래에 배치하는 군사 조직이 탄생하게 된다. 이러한 각 부족별 군사 조직은 분명히 통합 효과를 가져오고 군대 내 지역 분열과 사회적 긴장의 위험을 줄일 수 있다.[98]

클레이스테네스의 두 번째 중요한 개혁으로 500인 평의회의 새 구성을 들 수 있다. 500인 평의회는 이전 솔론의 400인 평의회를 대체하는 새로운 평의회이다. 500인 평의회는 각 부족을 대표하는 데메에서 선출된 50명의 위원들로 구성되었고, 이들은 평의회에서 동등한 대표성을 부여받았다. 그리고 각 데메는 그 규모에 비례해서 의석수를 할당받았다. 500인 평의회는 운영의 효율성을 높이기 위해 운영위원회를 설치하였는데, 운영위원회는 평의회를 소집하고 회의를 주재하며, 의제를 설정하고 사업 관리를 총괄하는 일을 맡았다. 운영위원회는 각 부족의 대표 50명으로 구성되었고 이들은 프뤼타네이스(prytaneis)라는 직함으로

---

97   T. N. Mitchell(2015), 41-42.

98   T. N. Mitchell(2015), 42.

불리었다. 이들은 1년 중 10분의 1을 돌아가며 봉사하였고, 의장은 추첨으로 정했고 임기는 하루였다. 운영위원들은 아고라 근처의 톨로스(tholos)라는 특별한 건물에서 거주하며 일했다.[99]

평의회는 중요한 권력 수단을 통제하고 광범위한 행정, 심의, 사법 기능을 담당하는 핵심적 통치 기구가 되도록 설계되었다. 즉 평의회는 전체 민회의 의제를 설정하고 민회에 상정된 모든 사안에 대해 사전 검토를 하는 포괄적인 조사 기능을 수행했다. 평의회의 '사전 심의(probouleuma)'를 거치지 않고는 민회에서 법령을 제정할 수 없었다. 즉 민회에서 논의되고 토론될 수 있는 사안들은 평의회 운영위원회의 프로불레우마를 거쳐 제기된 것들이다.

클레이스테네스의 500인 평의회는 솔론의 400인 평의회보다 시민들의 실질적이고 평등한 통치권을 보장했다는 점에서 아테네 민주주의 정신에 걸맞은 기구라고 평가할 수 있다. 무엇보다 클레이스테네스의 평의회는 전국의 모든 데메를 대표할 수 있는 포괄적인 조직이라는 점에서 데메 개혁으로 도입된 풀뿌리 민주주의의 전형적인 예를 보여 준다. 즉 평의회 구조가 위원회 전체와 의장단 모두에서 지리적, 사회적 혼합을 보장한다는 점에서 포용적이었다. 또한 평의회는 여러 측면에서 평등주의적이었는데 그것은 민주적으로 선출되고 균등하게 대표되는 정치 기구의 첫 사례로 알려진 각 지역 공동체에 비례에 따라 대표성을 부여했기 때문이다.[100] 각 부족에 평의회 내에서 동등한 대표성을 부여하고, 부족 대표단 간에 평등하게 돌아가면서 운영위원회 지도부를 맡은 것도 마찬가지이다. 회원의 임기는 1년이었으며 재선거는 한 번만 허용

---

99   T. N. Mitchell(2015), 42.

100   T. N. Mitchell(2015), 43.

되어 민주적 평등의 주요 특징으로 제시한 통치와 지배의 원칙에 따라 빠른 교체와 폭넓은 접근이 가능했다. 회원 자격에 대한 규칙도 폭넓은 접근을 선호한 것으로 보인다. 알려진 유일한 자격 요건은 30세 이상이고 인격이 선량해야 한다는 것이었다.[101] 500인 평의회는 민회의 권한을 빼앗을 정도의 강력한 견제 역할을 한 것으로 보기는 어렵고 어디까지나 민회의 보조 역할 기구로 볼 수 있다.[102]

다음으로 '도편추방제(ostrakismos)'를 들 수 있다.[103] 오스트라키스모스는 플루타르코스의 『아리스테이데스전』과 아리스토텔레스의 『아테네 정체』를 통해 보고된다. 이 책의 4장에서 자세히 살펴보겠지만 도편추방제는 매년 1번 1월쯤 500인 평의회에서 시민들에게 도편추방제를 시행할 필요가 있는지를 묻는다. 여기서 부결되면 도편추방제 안건은 시행되지 않는다. 그 반대로 도편추방제를 시행하는 것으로 결정이 되면 그해 4월 초 봄에 투표가 실시된다. 시차를 둠으로써 아티카 전역에 도편추방제 실시에 관한 의견이 공유될 수 있도록 한 것 같다. 투표는 아고라에서 실시되고, 통제 구역을 설정한다. 전체 10개 퓔레의 시민들이 들어가서 투표할 수 있도록 10개의 문이 만들어져 개방된다. 이러한 과정은 9명의 아르콘과 평의회 위원들의 감독하에 이루어진다. 이들은 문으로 들어오는 각 데모스 시민들의 신원을 확인한다. 이렇게 해서 적어도 6천 표 이상 투표가 이루어지면 이 중 최다 득표자를 10년 동안 추방하는 것으로 결정된다. 추방자는 10일 안에 아테네를 떠나야 한다. 그러

---

101 T. N. Mitchell(2015), 43.

102 T. N. Mitchell(2015), 43.

103 도편추방법과 관련된 설명은 Aristoteles, *Ath. Pol.*, 22.2, *Pol.*, 1284a18-23, 1284b15-16, 1302b15-20, Thoukydides, *Hist.*, VIII.73, D. Kagan(1961), 393-401, G. E. M. de Ste. Croix(2004), 180-214, S. Forsdyke(2005), 144-204 참조할 것.

나 추방자의 재산이 몰수되는 것은 아니고 재산 소유는 그대로 인정되며 추방에서 돌아오게 되면 즉각적으로 재산을 사용할 권리와 시민권이 인정된다. 마지막 오스트라키스모스는 기원전 417-415년에 시행된 것으로 알려지며, 총 9건의 도편추방 시행 증거가 있다.[104]

도편추방제의 순기능과 역기능은 무엇인가? 오스트라키스모스는 어떤 점에서 아테네 민주주의의 발전을 위한 순기능으로 작용했고, 어떤 이유에서 그 폐해가 발생하여 폐지되었는가? 간단하게 말하면 도편추방 제도의 본래적인 목적이 참주의 등장을 방지하는 것에 있었고, 이 점에서는 순기능을 담보했다고 볼 수 있다. 즉 이 제도는 아테네 정체와 법 수호에 위협을 가할 수 있는 막강한 권력을 가진 개인을 제거함으로써 공공의 안전을 담보하기 위한 사전 조치이다. 아리스토텔레스는 도편추방제는 일종의 정치적 정의가 있는 민주주의의 적절한 수단이라고 말한다.[105] 그는 개인에게 국가나 통치 권력에 비해 지나치게 큰 권력을 부여하는 우월성은 선동으로 이어져 어떤 형태의 과두정치나 독재를 초래할 가능성이 있다고 믿었다. 따라서 오스트라키스모스는 아테네 민주주의가 심각한 정치적, 사회적 격변을 겪지 않도록 도와준 민주주의의 안전판으로서 순기능을 행한 것으로 볼 수 있다.

혼히 도편추방제는 아테네 민주주의의 우중통치의 극단적인 사례로 인용되고는 한다. 분명 아테네 민주정 후기로 갈수록 도편추방제가 타락한 정치인들의 정적을 제거하기 위한 수단으로 전락해서 순기능보다 역기능이 커진 것도 사실이다. 그래서 현대인에게 도편추방제는 법치를 심각하게 침해하고 개인의 권리를 심각하게 부정하는 등 남용과 조작이

---

104 T. N. Mitchell(2015), 45-46.

105 Aristoteles, *Pol.*, 1284a18-23, 1284b15-16, 1302b15-20 참조할 것.

가능한 조잡한 정치적 장치로 여겨지곤 한다. 그러나 앞서 솔론 개혁 이후에도, 계속해서 구귀족이나 부자 엘리트들 사이의 충돌이나 권력 싸움을 통한 권력 쟁취가 진행되었음을 고려할 필요가 있다. 솔론 이후에 페이시스트라토스의 참주정이 존재했었고, 계속해서 클레이스테네스와 이사고라스(Isagoras)의 권력 싸움이 있었다. 뒤에서 살펴보겠지만 클레이스테네스는 아테네 시민의 성공적인 혁명적 행위에 의해 권력을 가질 수 있었고, 그래서 이후에 아테네 정체와 아테네 시민을 향한 위협에 대응할 새로운 해결책을 모색했을 것이다. 그래서 아테네 정체의 안정을 확보할 수 있는 일종의 비상 조치로서 도편추방제를 추진했을 것이다. 실상 이러한 국가나 헌법 수호를 위한 비상 조치는 현대의 헌법 국가에서도 볼 수 있다. 계엄령과 다양한 형태의 비상 권한은 행정부가 정상적인 법적 절차를 무시하고 국가 안보를 보호하기 위해 신속하게 행동할 수 있도록 헌법상의 기본권을 유예하는 현대의 일반적인, 그러나 특수한 상황에서만 예외적으로 인정되는 비상 조치이다. 그 명분은 국민의 안전이 최고의 법이라는 것이다. 다만 도편추방제가 현대의 비상 조치와 다른 점은 그것이 긴급 조치가 아닌 상시적인 법적 권한이었다는 점이다. 달리 말해 그 권한이 의회나 행정부가 아닌 국민에게 부여되었다는 점이 긴급 조치와 다른 중요한 특징이다. 따라서 도편추방제는 아테네 시민들이 자유와 법을 지키기 위해 파벌과 권력에 굶주린 자들에게 전하는, 그들을 끊임없이 지켜보고 있다는 계속적인 경고이다. 그리고 이런 이유로 아테네 민주주의사에서 그 어떤 강력한 권력을 가진 자도 데모스의 힘보다 더 강한 권력을 휘두른 것으로 보기 어렵다.

클레이스테네스 개혁의 의미와 평가

상술한 것들을 종합할 때 클레이스테네스는 아테네 민주주의 역사에서 중요한 위치를 차지한다고 볼 수 있다. 솔론처럼 자신의 견해와 개혁의 목적을 밝힌 글을 남기지는 않았지만, 일반적으로 그에 대한 평가는 공통점이 있다. 예를 들어 헤로도토스는 아테네에서 민주 정부를 수립한 사람이 클레이스테네스였다고 말한다.[106] 또한 아리스토텔레스는 클레이스테네스의 헌법이 솔론의 헌법보다 "더 민주적(demotikotera)"이라고 평가한다.[107] 이런 점에서 클레이스테네스는 아테네 민주주의 정치사에서 중요한 전환점을 갖게 한 인물로 평가될 수 있다. 물론 클레이스테네스가 그리스 민주주의의 최종 형태를 만든 것은 아니며, 그래서 그를 민주주의의 발명가나 발견자로 간주할 수도 없다. 아테네 민주주의는 2세기에 걸쳐 클레이스테네스 이전과 이후의 일련의 혁명적인 변화나 개혁을 겪으며 민주주의의 완성을 위한 원칙과 구조를 확립하려는 끊임없는 진화를 계속했기 때문이다. 하지만 클레이스테네스는 그리스를 민주정으로 이끈 정치가 중 단연 선구적인 위치를 차지한다. 그에 앞서 솔론이 아테네 정체에서 데모스의 정치적 평등과 그들의 정치적 참여를 확장시킨 것은 부정할 수 없는 사실이다. 그러나 솔론 시기에도 여전히 정치 권력은 출생과 부를 따라야 했고, 따라서 정체의 최고 통치권은 귀족 계급에 제한되어야 한다는 엘리트적 관념이 여전히 남아 있었다.[108]

그런데 미첼(T. N. Mitchell)이 말하는 것처럼,[109] 이를 뛰어넘어 특권층 소수가 아닌 시민 전체가 정치 권력과 정치 과정을 직접 통제할 권리를

---

106 Herodotos, *Historiai*, VI.131.

107 Aristoteles, *Ath. Pol.*, 22.1. 19세기의 조지 그로테 역시 클레이스테네스의 개혁을 '아테네 최초의 민주주의, 즉 자유롭고 평등한 시민으로 구성된 주권 국민에 대한 웅장하고 새로운 사상'이라고 극찬한다(T. N. Mitchell, 2015, 47 재인용).

108 T. N. Mitchell(2015), 48.

109 T. N. Mitchell(2015), 48.

가져야 한다는 정치적 이상에 대한 결정적인 이념적 도약을 시도한 인물은 클레이스테네스였다.[110] 앞서 살펴본 것처럼 데메에 기반한 새로운 행정 구역 개편은 기존의 혈연이나 부에 기반한 귀족 중심의 통치권을 데모스의 통치로 이행하게 만든 중요한 개혁으로 평가할 수 있기 때문이다. 특히 추첨에 의한 민회와 법정 그리고 평의회라는 아테네 정체의 핵심적인 정치 기구에 시민 모두가 평등하게 참여하여 공적 책임을 수행할 수 있는 기회를 제공했다는 점에서 그렇다. 그래서 모든 수준의 정치 생활에 대한 모든 시민의 참여 확대와 시민의 상호 작용과 협력을 통한 정치적 결속 및 평등한 정치 의식을 강화시키는 결과를 가져왔다. 즉 클레이스테네스는 정교하게 구상되고 잘 통합된 행정 구역 개편을 통해 모든 시민의 동등한 정치적 참여 기회를 확대함으로써 보다 안정적이고 효과적인 '데모스의 통치'라는 데모크라티아[111] 정부 형태를 확립했다.[112]

그런데 여기서 우리는 한 가지 의문을 갖게 된다. 그것은 클레이스테네스가 아테네 데모스를 위한 급진적인 개혁을 단행했고, 그래서 아테네 민주주의를 완성하는 데 혁혁한 기여를 했음에도 불구하고 왜 그가 그러한 개혁을 했는지에 대한 상세한 역사적 자료를 찾기 어렵다는 것

---

110 미첼의 주장에 따르면 "클레이스테네스의 개혁은 때때로 제기되는 것처럼 대중의 정서에 대한 성급한 기회주의적 대응이 아니었다. 클레이스테네스의 개혁은 포괄적이고 혁신적이며 변혁적인 것이었고, 클레이스테네스 자신과 주변 사람들의 신중한 생각과 계획의 산물인 것으로 보아야 한다"(T. N. Mitchell, 2015, 48).

111 demokratia란 용어가 처음 사용되는 문헌은 헤로도토스, 『역사』, VI.43이다. 데모스의 통치의 의미로서의 demokratia는 투키디데스, 『펠로폰네소스 전쟁사』, II.37에서 처음 사용되었다. demokratia와 관련된 설명은 E. M. Harris(1992), 157-167 참조할 것.

112 T. N. Mitchell(2015), 48. 클레이스테네스 개혁의 의미에 관한 분석은 J. Ober(2005), ch. 2, J. Ober(2008), ch. 4 참조할 것.

이다.

　이러한 의문은 다음과 같은 후속적인 물음을 던지게 한다. 즉 클레이스테네스의 일련의 민주주의적인 제도적 개편은 아테네 데모스에 대한 인간적인 동정심에서 비롯한 것인가, 아니면 그는 권모술수의 모략가로서 단지 데모스를 이용해서 자신의 정치적 이익을 극대화하고자 한 정치꾼에 불과한가? 이러한 물음은 그의 개혁의 동기나 목적이 참된 민주주의를 구현하기 위한 것이었는지 아니면 어떤 다른 정치적 압력에 의한 결과였는지의 문제이며 이에 관한 고찰이 필요하다.[113]

　이러한 물음들과 관련해서 본 연구자는 기원전 508/507년에 있었던 아테네 시민 혁명이 중요하게 고려되어야 한다고 생각한다. 이것은 클레이스테네스의 민주주의적인 일련의 개혁 조치가 그의 데모스에 대한 자비로운 '온정주의(paternalism)'에서 이루어진 것이 아니라 어디까지나 아테네 시민의 적극적인 실천에 의해 획득된 것으로 보아야 한다는 문제의식에서 비롯한다.

3) 기원전 508/507년의 아테네 시민 혁명

　상술한 물음에 대한 답을 찾기 위해서는 클레이스테네스가 아르콘, 즉 최고 정무관으로서 그의 민주적인 개혁을 단행하기 전의 정치적 상황을 살펴보는 것이 필요하다. 무엇보다 먼저 짚고 넘어가야 할 사실은 페이시스트라토스와 그 아들 히피아스의 참주정을 몰락시킨 것은 클레이스테네스가 아니라는 사실이다. 다시 말해 페이시스트라토스와 히피아스의 참주정은 어디까지나 당시의 귀족주의자인 이사고라스와 그를

113　클레이스테네스의 개혁에 관한 학자들의 논쟁은 K. A. Raaflaub et. al.(2007), ch. 3, 5 참조할 것.

지지한 스파르타의 클레오메네스 1세 왕에 의해 무너졌다. 문제는 참주정이 전복된 후의 상황이다. 스파르타의 지원에 의해 참주정이 종식된 후 아테네는 다시 귀족들 간의 권력 싸움이 진행되었다. 대표적으로 이사고라스와 알크마이온 가문의 클레이스테네스 사이의 정쟁이 그것이다. 이사고라스는 과두주의자였고, 클레이스테네스는 데모스의 지지를 얻어 이사고라스를 제압하고자 하였다. 클레이스테네스는 이사고라스에 비해 상대적으로 열세에 있었고, 이를 만회하기 위해 데모스의 지지가 필요하였던 것이다. 이에 이사고라스는 스파르타 왕 클레오메네스 1세에게 원군을 요청하여 클레이스테네스의 민주주의적 개혁을 저지하고자 하였다. 결국 클레오메네스왕이 스파르타군을 이끌고 아테네로 와서 이사고라스가 권력을 차지하도록 도와주었다. 그래서 클레이스테네스와 그 추종자들은 아테네에서 한동안 추방되어 해외에 체류하는 신세가 되었다.

그런데 여기서 중요한 하나의 사건이 발생하게 된다. 그것은 이사고라스의 요청에 응해 클레오메네스왕이 아테네로 진입하여 프닉스(pnyx)에 모여 회의를 하고 있었던 아테네 시민들을 해산시키고자 한 데서 비롯한다. 여기서 예상치 못한 사건이 발생하게 되는데, 그것은 해산을 강요하는 클레오메네스왕과 이사고라스에게 아테네 시민들이 집단적으로 반발한 것이다. 이에 위협을 느낀 클레오메네스왕과 군대는 아크로폴리스로 피신한다. 그래서 스파르타군은 성난 아테네 시민들에게 이틀 동안 포위된다. 물과 음식을 공급받지 못하고 감금된 상태에 처한 클레오메네스왕은 결국 3일째 되는 날 아테네 시민에게 항복하고 무조건적인 철수를 약속한다. 기원전 508/507년에 있었던 이날의 사건은 불충분하지만, 그러나 하나의 역사적 사실로서 역사가 헤로도토스와 아리스토텔레스에 의해 다음과 같이 보고되고 있다.

◇◇◇

클레오메네스가 사절을 보내 클레이스테네스와 저주받은 자들의 추방
을 요구하자, 클레이스테네스는 혼자 떠났다. 그럼에도 불구하고 클레
오메네스는 많지 않은 병력을 거느리고 아테네에 나타나 이사고라스가
지목한 아테네의 700가족을 저주받은 자들이라 하여 추방했다. 그러고
나서 그는 의회를 해산하려 했고, 300명의 이사고라스 지지자들에게 그
기능을 맡기려 했다. 그러나 의회가 저항하며 명령에 따르려 하지 않자
클레오메네스와 이사고라스와 그의 당파가 아크로폴리스를 점령했다.
그러자 나머지 아테네인들이 합심하여 이틀 동안 그들을 포위 공격했
다. 그리고 3일째 되던 날 휴전 협정이 이루어져 그들 가운데 라케다이
몬인들은 모두 나라를 떠나는 것이 허용되었다.[114]

◇◇◇

참주가 타도되자 참주의 친구인 테이산드로스의 아들 이사고라스와 알
크마이온 가문의 클레이스테네스가 서로 대립하였다. 클레이스테네스
는 조직 면에서 열등했기 때문에 민중을 내세워 정부를 대중의 손에 넘
겼다. 이사고라스는 열세에 몰리자 다시 자신의 친구였던 스파르타의
클레오메네스를 불러 신의 저주에 관한 문제를 거론하도록 사주하였다.
알크마이온 가문은 신의 저주를 받은 것으로 생각되었기 때문이다. 클
레이스테네스는 은밀히 도피하였고 클레오메네스는 소수의 군대를 거
느리고 와서 반대 측 아테네인 700가구를 추방하였다. 이와 함께 의회를
해체하고 이사고라스와 그 친구 300명에게 정체의 주도권을 넘기려 하
였다. 의회가 이에 저항하고 민중이 결집하자 클레오메네스와 이사고라
스 측 사람들은 아크로폴리스로 피신하였다. 민중은 이틀 동안 그곳을

---

114 Herodotos, *Historiai*, V.66-73.

포위하였다. 사흘 만에 클레오메네스와 그 일당을 풀어 주는 한편 클레이스테네스와 망명객들을 돌아오게 하였다.[115]

∞∞

상술한 헤로도토스와 아리스토텔레스의 간단한 보고만으로 3일 동안 있었던 일련의 사건 전말을 정확하게 이해하기는 어렵다. 무엇보다 아테네 시민의 이러한 혁명적 저항이 특정 지도자의 계획과 명령 없이 수행될 수 있었는지 의문스럽다. 다시 말해 아테네인의 집단 행위가 클레이스테네스의 지도력에 의해 이루어진 성공이 아닌가 하는 것이다. 우리에게 전해지는 자료에 따르면 분명한 점은 아테네 시민이 클레오메네스 군대를 아크로폴리스에 포위한 시점에 클레이스테네스는 아테네가 아니라 해외에 도피 중이었다는 사실이다. 그렇다면 아테네 시민은 자발적으로 한마음을 갖고 스파르타군에 맞서 싸워 이긴 것이다.

이런 이유로 역사학자 오버(J. Ober)는 기원전 508/507년의 아테네인의 저항은 최초의 민주주의 전개 과정에서 중요한 한 획을 긋는 역사적 혁명이라고 주장한다. 그래서 그는 최초의 민주주의는 기원전 508/507년에 있었던 아테네 시민 혁명에서부터 시작된 것으로 보아야 함을 주장한다.[116] 이러한 아테네 시민 혁명을 고려할 때 우리는 클레이스테네스의 데모스를 위한 민주주의적인 혁신적 개혁이 저절로 이루어진 것이 아님을 알 수 있다. 즉 이사고라스와 스파르타 왕 클레오메네스의 공격에 아테네 시민이 굴복하였다면 해외에 망명 중이었던 클레이스테네스가 다시 아테네로 돌아와서 민주주의적인 일련의 개혁을 단행하기 어려웠을 것이다. 이것은 클레이스테네스의 개혁이 그의 데모스에 대한 관

---

115 Aristoteles, *Ath. Pol.*, 20-22.1.

116 J. Ober(2007), 86.

대한 자비의 정신에서 시혜적으로 주어진 것이 아님을 의미한다. 데모스는 최초의 민주주의를 만들어 가는 데 있어서 단순히 수동적으로 방관자의 입장에 있었던 것이 아니라 적극적으로 싸워 쟁취하였기 때문이다. 또 이런 이유로 오버가 말하는 것처럼 특정의 지도자 없이 순수하게 아테네 시민의 집단적 실천에 의해 성공한 혁명이라는 점에서 프랑스 혁명이나 러시아 혁명보다 더 위대한 시민 혁명이라 말할 수 있다.

4) 에피알테스 개혁

아테네 민주주의사에서 데모스가 실질적인 최고 권력을 갖도록 해 준 인물은 에피알테스이다. 이와 관련해서 플루타르코스는 다음과 같이 말한다.

◇◇◇

민중은 모든 통제에서 벗어났다. ⋯ 에피알테스의 주도에 따라 그들은 몇 가지 사안을 제외한 아레이오스 파고스 의회의 모든 권한을 박탈했다.[117]

◇◇◇

기원전 462/461년 에피알테스의 개혁에 의해 테테스 계층과 같은 아테네 시민의 다수를 차지하는 데모스가 귀족이나 부자들과 더불어 동등한 정치적 힘을 갖게 되었다. 데모크라티아가 '데모스에 의한 지배'라는 말에 충실한 정체로서 작동되기 시작한 것이다. 이것은 크세노폰의 작품으로 불리우나 학자들에 따르면 실상은 크세노폰이 아니라 소위 '늙은 과두주의자(Old Oligarch)'가 쓴 것으로 간주되는 『아테네 정체』에서의 다음과 같은 언급에서 분명하게 알 수 있다.

---

117 Ploutarchos, *Kimon*, 15.2, Aristoteles, *Pol.*, 1274a7-8.

무엇보다 아테네에서는 빈자와 민중이 고귀한 태생의 사람이나 부자보다 더 많이 가지는 것이 옳다고 생각한다. 이는 민중이 배를 움직이고 폴리스에 힘을 가져오는 사람들이기 때문이다. 폴리스의 힘을 지키는 것은 중무장 보병, 고귀한 자, 유능한 시민이 아니라 배의 선장, 지휘관, 500인장, 갑판장, 조선공들이다. 그래서 모든 이가 추첨이나 거수로 뽑는 모든 직책에 참정권을 가지는 것이 당연한 것으로 생각되며, 시민 누구나 원하는 대로 생각을 자유로이 말할 수 있는 것이 정당한 것으로 간주된다.[118]

그러면 이렇게 테테스 계층이 아테네 민주주의 최고의 정치적 힘을 갖게 된 이유는 무엇인가? 그것은 에피알테스가 테테스 계급에 준 선물인가? 아니면 테테스 계급의 아테네 민주주의 기여에 대한 당연한 보상인가? 실상 솔론에 의한 4계급 분류의 정치적 혜택은 부자 계급에게 돌아간 것으로 볼 수 있다. 기존의 최고 관직인 아르콘이 귀족만 차지할 수 있는 것에서 부자들도 허용되었기 때문이다. 제3계급과 4계급에 속하는 제우기타이와 테테스는 민회와 법정에 참여할 수는 있었지만 그들에게 정치 관직에 대한 자격까지 주어진 것은 아니었다. 이후의 클레이스테네스 개혁은 정치 관직 진출을 제우기타이에게까지 허용되도록 만들었다는 점에서 정치적 개혁의 의미가 있다고 볼 수 있다. 솔론과 클레이스테네스의 개혁을 통해 정치적 참정권이 실현된 것은 어디까지나 자영농이나 중장보병에 해당되는 호플리테스 계층이었다고 말할 수 있다. 그러나 아직까지 아테네 최하층 계급인 테테스에게까지 정치적 권

---

118 Ps. Xenophon, *Ath. Pol.*, 1.2.

력의 동등성이 인정된 것은 아니었다. 에피알테스의 개혁은 바로 4계급에 해당되는 다수의 테테스 계급에게 민회와 법원에서의 정치적인 발의권과 심의 결정권까지 주었다는 점에서 명실공히 데모스에 의한 통치, 즉 데모크라티아의 수립을 가능하게 만들었다고 볼 수 있다.[119]

그런데 이러한 테테스 계급에 의한 정치적 권력의 행사는 저절로 주어진 것으로 보기 어렵다. 그것은 무엇보다 기원전 480년 페르시아와 아테네 사이 살라미스 해전에서의 테테스의 혁혁한 승리에의 기여에 의해 쟁취된 것으로 보는 것이 정확한 설명이 될 수 있기 때문이다. 실상 아테네 정체는 해군이 주축이 되었다기보다는 육군이 주된 군대의 힘을 장악하고 있었다. 그런데 기원전 492년 페르시아 침략 이후 아테네는 폴리스 방어 전략을 육군에서 해군으로 돌리게 되었다. 아테네는 종래 육군이 주축이 되는 호플리테스 팔랑크스, 즉 '중장병 밀집대형' 전투 방식인 군사 체제를 이루고 있었으나 페르시아 전쟁으로 육군보다는 해군 중심 체제로 바꿀 필요가 커진 것이다. 무엇보다 해군을 증강하기 위해서는 함대가 필요했고, 삼단노선(trieres)을 시급하게 건조해야만 했다. 마침 기원전 483년 라우레이온(Laureion) 은광에서 벌어들인 수익금이 발생하였다. 이에 테미스토클레스가 은광 수익금을 100-200척의 삼단노선 건조에 쓰기 위한 법안을 제안하고, 그의 설득에 의해 아테네는 해군 증강 정책을 펼칠 수 있었다.[120] 문제는 삼단노선의 노를 저을 수 있는 인력이었다. 보통 1척의 삼단노선의 노를 젓기 위해서는 170명의 노잡이들이 필요했고, 그 밖의 상비군 30명까지 해서 총 200명의 인원이 필요

---

119 김정수(1979), 143-210 참조.

120 Herodotos, *Historiai*, VII.144.1, Aristoteles, *Ath. Pol.*, 22.7, Ploutarchos, *Themistokles*, 4.1-2, J. Ober(2003), 27-28.

했다. 100척의 삼단노선을 운항하기 위해서는 약 20,000명의 인원이 필요한 것이다. 이것은 아테네 민주주의에서 다수를 점하는 테테스 계층의 손을 필요로 할 수밖에 없었다. 대략 아테네 성인 남성 시민을 30,000명으로 잡는다면 200척의 삼단노선을 출항하기 위해서는 테테스 계층뿐만 아니라 더 나아가 외국인과 노예까지 노 젓는 사람으로 충원을 해야 하는 상황이었다.[121]

상술한 것에 근거할 때 결국 기원전 480년 아테네가 살라미스 해전에서 페르시아군을 대파한 것은 테테스 계급의 일치된 헌신이 있었기 때문에 가능한 일이었다. 그리고 이러한 테테스 계급의 공적(功績)이 민회와 법정에서 최고의 정치력으로 이어지도록 만든 것이 에피알테스의 개혁이라고 말할 수 있다. 기원전 461년에 이루어진 에피알테스의 개혁은 바로 테테스가 주도적인 영향력을 차지하는 민회와 시민 법정이 아레이오스 파고스 회의로부터 정체에 관한 최종적인 결정권을 위임받도록 한 것이다. 이것은 기존의 아레이오스 파고스 회의를 장악했던 귀족과 부자들의 영향력과 특권이 축소됨을 의미한다. 그래서 민회와 시민 법정의 주인이 되는 아테네 시민 데모스가 아테네 정체의 정책 결정과 의사 결정의 실질적인 집단으로 등장하게 된다. 즉 아테네의 다수를 차지하는 계층인 상공업인과 소토지 소유자, 무토지 농민이나 노동자가 민회와 시민 법정의 주도적 집단이 된 것이다. 요컨대 에피알테스의 개혁에 의해 데모스에 의한 통치라는 민주주의 본래의 의미가 실질적으로 완성되는 단계에 이르렀다고 말할 수 있다.

---

121 Herodotos, *Historiai*, VII.184, VIII.17, A. H. M. Jones(1957), 8-9, 문혜경(2016), 112, 116-117.

2장

아테네 참여 민주주의의
철학적 근거는 어디에 있는가?

본 저술의 2부에서는 아테네 참여 민주주의가 추구한 이념과 가치가 무엇이고, 그것이 어떻게 정당화될 수 있는지에 관한 철학적 근거를 고찰한다. 이에 관한 연구는 두 부분으로 나누어 진행된다. 첫 번째 부분에서는 아테네 민주주의의 근본적 가치이자 원리가 되는 '자유(eleutheria)'와 '평등(to ison)' 개념을 살펴보았다. 특히 자유와 관련해서 두 가지 문제를 밝히고자 하였다. 하나는 아테네인의 자유는 공적인 의미의 적극적 자유만 존재하고 개인과 관련된 소극적 자유는 존재하지 않았다는 비판이다. 다른 하나는 개인이 원하는 대로 행하고자 하는 소위 '마음대로 자유'에 대한 반민주주의 진영의 비판 정당성 문제이다. 두 번째 부분에서는 데모스의 통치 원리에 대한 철학적 근거를 살펴본다. 이를 위해 프로타고라스와 아리스토텔레스의 민주주의에 관한 철학적 논변들을 고찰한다. 프로타고라스의 민주주의 옹호론은 그의 '인간 만물 척도설'과 '상대주의적 인식론' 그리고 '민주주의를 위한 위대한 연설' 부분에 대한 분석을 통해 제시된다. 아리스토텔레스의 민주주의에 관한 긍정적 평가는 특히『정치학』3권 11장에 기술된, 데모스의 정치적 판단의 우월성을 근거 지우는 '집합적 지혜 논변'을 분석하여 밝힌다.

1. 자유와 평등

1) 자유(eleutheria)

아테네 참여 민주주의가 표방한 핵심적 가치는 '자유'이다. 아테네 민주주의가 자유를 기본적 목표로 추구했다는 것은 아이스킬로스(Aischylos)의 비극 작품『페르시아인들(Persiai)』에서 잘 나타난다. 이 작품은 아테네 민주주의가 추구하는 정신과 이념이 무엇인지를 이해할 수 있게 해 주는 중요한 전거가 된다. 이 작품은 살라미스 해전에서의 페르시아와 아테네 해군 사이의 전투를 배경으로 하고 있다는 점에서 기본적으로 역사극이자 정치극이라고 말할 수 있다. 아이스킬로스는 이 작품에서 페르시아인의 입을 통해서 아테네 시민과 아테네 민주주의에 대해 말한다. 작품의 핵심적 주제는 자유로서 페르시아인들이 그리스와의 전쟁에서 패하게 된 원인이 그리스 아테네인들의 자유 정신 추구에 근거한 시민과 폴리스의 일체감에 있다고 말한다. 페르시아 왕인 크세르크세스는 페르시아 병사들을 자신의 노예로 생각하지만, 아테네의 병사들은 신과 조국 그리고 가정의 자유를 지키려는 용기로 모두가 하나가 되어 싸운다는 것이다.

이 작품에서 페르시아의 여왕 아토스는 "누가 그들을 지휘하는가, 그 큰 무리의 목자는 누구인가"[122]라고 묻는다. 보고자는 "그 누구의 노예

---

122 Aischylos, *Persiai*, 241.

도 신하도 아닙니다"라고 답한다. 그리스 아테네인들은 페르시아에서처럼 절대적인 힘을 가진 한 명의 왕에 의해 움직이지 않는다는 것이다. 아테네 시민들은 한 사람, 한 사람이 주인인 자유인으로서 페르시아와 싸웠다. 그러나 페르시아는 목자와 그를 따르는 무리라는 표현에서 알 수 있듯이 노예 사회이다. 페르시아에 대한 그리스의 승리는 노예 국가에 대한 자유 국가의 승리인 것이다. 살라미스 해전은 아테네 민주주의와 시민들의 자유를 쟁취하기 위한 투쟁이었다.

∞∞∞

오, 그리스의 아들들이여, 앞으로 나아가자. 그대의 조국을 해방시켜라. 그대의 자식들, 아내들, 아버지들의 신들의 성전들, 그대 선조들의 무덤을 해방시켜라. 그대의 이 모든 것을 위해 싸워라.[123]

∞∞∞

상술한 것처럼 아테네 민주주의가 추구한 핵심적 가치는 자유이다. 아테네 민주정의 자유 시민과 페르시아 전제적 정체의 노예의 구분은 이소크라테스(Isokrates)의 다음과 같은 말에 잘 표현되어 있다.

∞∞∞

(페르시아의 높은 지위에 있는 사람들조차도 – 아마도 교육을 잘 받았고 통치에 익숙한) 평등이나 공동의 이익, 정체에 대한 충성심에 따라 삶을 살아 본 적이 없다. ⋯ 그들의 존재 전체는 어떤 사람에 대한 무례함과 다른 사람에 대한 비굴함으로 구성되어 있다. ⋯ 그들은 부유하기 때문에 자신의 몸을 아끼지만, 한 사람의 권력에 종속되어 있기 때문에 영혼은 비참하고 굽실거리는 두려움의 상태에 놓여 있다. ⋯ 필멸의 인간 앞에 무릎을 꿇고 그를 신처럼 대하며, 신을 인간보다 더 가볍게 생각한다.[124]

∞∞∞

---

123 Aischylos, *Persiai*, 402-404.

앞의 인용문을 통해 우리는 페르시아의 교육이 정치적 평등이나 자유를 중요한 가치로 간주하지 않았음을 알 수 있다. 페르시아의 교육을 잘 받은 상류 계급 역시 '정체에 대한 헌신이나 공동 이익을(oude koinōs oude politikōs)' 중요한 가치로 간주하지 않았기 때문이다. 그 주된 원인은 페르시아의 정치, 사회적 구조에서 자유가 아니라 복종을 강조하고 있기 때문이다. 그래서 페르시아인들은 죽을 수밖에 없는 한 인간을 신처럼 섬기면서 그의 권력에 복종하기 때문에 그들의 영혼은 굴종과 두려움과 비참함의 상태에 있다.

아테네 민주주의가 추구한 이념과 가치가 자유의 실현에 있다는 사실은 에우리피데스의 비극 작품 『탄원하는 여인들(Hiketides)』에서도 확인된다. 이 작품에서 아테네 정체의 왕인 테세우스는 테베의 전령에게 다음과 같이 말한다.

◇◇◇

이방인이여, 자네는 첫머리부터 틀린 말을 하는군. 여기서 독재자를 찾다니 말일세. 폴리스는 어느 한 사람의 지배를 받는 것이 아니라 자유로운 것이네. 시민들이 매년 번갈아 가며 통치하는 것이네. 우리는 부자라고 해서 특권을 주지 않으며, 가난한 사람도 똑같은 권리를 가진다네.[125]

◇◇◇

인용문에서 알 수 있듯이 아테네 정체는 일인에 의한 통치 체제가 아니라 자유인들의 정체라는 점에서 민주정체이다. 이 정체에서는 자유가 기준이 되기 때문에 부자나 가난한 자나 평등하게 번갈아 가며 통치한다. 그런데 테세우스왕의 언급에 따르면 자유는 또한 평등한 통치에의

---

124 Isokrates, *Panegyricus*, 151.

125 Euripides, *Hiketides*, 403-408.

자격을 근거 지우는 가치로서 제시되고 있음을 알 수 있다. 즉 통치에의 자격이 부나 신분이 아니라 자유라는 가치에 의해 규정되는 것이다. 이와 관련해서 아리스토텔레스는 민주정체의 자유 원칙을 다음과 같이 두 종류로 구분하여 정의한다.

∞∞

민주정이 전제하는 원리는 자유다. 일반적인 견해에 따르면 자유는 민주정에서만 누릴 수 있으며, 모든 민주정체가 추구하는 목표는 자유를 누리는 것이다. 자유의 한 가지 원칙은 모두가 번갈아 가며 지배하고 지배받는 것이다. … 다른 징표는 원하는 대로 사는 것이다. 원하는 대로 살지 못하는 것은 노예의 삶과 같기 때문이다. 이것이 민주주의의 두 번째 원칙이며, 이것에 의해 어느 누구로부터도 지배받지 않는 것이 가장 좋지만, 그게 안 되면 교대로 통치하고 통치받는다는 것이 도출된다. 이것이 평등에 따른 자유에 기여하는 두 번째 방식이다.[126]

∞∞

위 인용문에서 아리스토텔레스는 민주정이 '전제(hythesis)'하는 기본적인 가치가 자유에 있음을 분명히 한다. 아리스토텔레스에 따르면 민주정의 자유는 다시 두 종류로 구분된다. 첫 번째 종류의 자유는 '교대로 지배하고 지배받는 것(to en merei archesthai kai archein)'이고, 두 번째 자유는 '누구든지 원하는 대로 사는 것(en de to zēn ōs bouletai tis)'이다. 전자인 교대로의 통치 참여로서의 자유 개념은 평등한 정치적 참정권과 관련되고, 후자인 '원하는 대로 사는 삶'의 자유 개념은 자유인을 노예와 구분해 주는 증표가 된다. 아리스토텔레스의 이러한 자유의 두 종류는 뱅자맹 콩스탕(B. Constant)이나 이사야 벌린(I. Berlin)이 말하는 '적극적 자유(positive

---

126 Aristoteles, *Pol.*, 1317a40-b16.

liberty)'와 '소극적 자유(negative liberty)' 개념에 대응하는 것으로 볼 수 있다.[127] 즉 전자의 교대로의 통치 참여와 관련된 자유는 적극적 자유로, 후자의 원하는 대로 사는 자유 개념은 외적인 간섭이나 방해가 없는 개인의 소극적 자유 개념으로 이해할 수 있다. 요컨대 평등한 참정권과 관련된 자유는 정치적 자유로, 원하는 대로 사는 삶과 관련된 자유는 개인적 자유로 이해된다.

그런데 이러한 자유의 두 가지 개념과 관련해서 뱅자맹 콩스탕은[128] 고대 민주주의의 자유 개념은 정치적 자유만 존재하지 개인의 사적인 자유는 존재하지 않았던 것으로 말한다. 즉 고대 시민들에게 주어진 자유는 개인의 자유라기보다는 집단적 자유이다. 프랑스 역사가 퓌스텔 드쿨랑주(F. de Coulanges)는 더 나아가 "고대인들은 사적인 삶에서의 자유나 교육에서의 자유 또는 종교적 자유를 알지도 못했다"라고 강하게 말한다.[129] 그러면 콩스탕이나 드쿨랑주가 주장하는 것처럼 아테네 민주주의에서는 정치적 자유만 인정되고, 개인의 자유는 존재하지 않았을까? 즉 고대인의 자유는 민회나 법정에 참여해서 투표하고 말할 수 있는 정치적 자유만 인정되었고, 개인의 말할 자유나 사적 소유와 같은 외적인 간섭이나 강제가 없는 소극적 자유는 인정되지 않았는가 하는 것이다. 그러나 드쿨랑주와 같은 학자의 고대 아테네 민주주의의 자유에 대한 비판은 정확한 이해에서 비롯한 것으로 보기 어렵다. 물론 아테네 민

---

127 I. Berlin(1969), xl-xli.

128 B. Constant(1988), 308-328. 콩스탕이 개인의 자유가 아니라 집단적 자유만 존재한 것으로 보는 국가는 아테네라기보다는 스파르타와 로마 공화정이다. 아테네 정체는 상대적으로 상업이 활성화한 정체로서 부분적으로 개인의 자유가 존재했던 예외적인 정체로 본다. 그러나 콩스탕은 기본적으로 아테네 정체 역시 국가의 통제로부터 완전히 자유롭게 개인의 자유와 권리가 보호된 것으로 보지는 않는다.

129 F. de Coulanges(2001), 187.

주주의가 시민 자치 원리에 근거한 참여 민주주의라는 점에서 공적인 일에 참여하거나 투표할 권리, 정치적 문제에 관해 자유롭게 말할 권리로서의 적극적 자유의 의미가 강한 것은 부정하기 어렵다. 그러나 아테네 시민들이 추구하고 향유한 자유에서 정치적 자유로서의 적극적 자유만 인정되고 개인의 자유로운 삶의 방식으로서의 소극적 자유가 부정되었다고 보기는 어렵다. 이것은 투키디데스가 보고하는 유명한 페리클레스의 추도사 연설문에서 알 수 있다.

◇◇◇

우리는 공적인 것과 관련된 정치 생활에서 자유롭고 일상 생활에서도 마찬가지입니다. 우리는 서로 시기하고 감시하기보다는 이웃이 하고 싶은 일을 해도 화내지 않습니다. … 사생활에서 우리는 자유롭고 참을성이 많지만 공적인 것에서는 법을 준수합니다. 그것은 법에 대한 경외심 때문입니다. … 또한 우리는 일이 끝나고 나면 우리 마음을 위해 온갖 휴식을 취할 수 있습니다. 사시사철 여러 가지 경연 대회와 축제가 정기적으로 열리고 우리의 가정은 아름답게 꾸며져 있어 날마다 우리를 즐겁게 하고 근심을 쫓아 주기 때문입니다.[130]

◇◇◇

위 연설에서 페리클레스는 아테네인들이 정치적인 문제와 같은 '공적인 일(to koinon)'에서도 자유롭게 참여하고, 개인적인 영역에서도 원하는 것을 할 수 있는 자유가 있음을 강조한다. 즉 아테네 정체에서도 개인의 소극적 자유를 인정한다. 이것은 이웃이 하고자 하는 것을 즐겨도 그것에 대해 분노하거나 시기하지 않는다는 언급에서도 알 수 있다. 이 말은 달리 말해 아테네 시민들에게 정부의 공권력에 의한 간섭이나 침해가 이

---

130 Thoukydides, *Hist.*, II.37.2-38.1.

루어지지 않는 개인의 사적인 자유가 인정되고 있음을 의미한다. 아테네 시민이라면 누구나 개인의 자유를 누릴 자격이 있고 동료들의 존경을 받을 자격이 있기 때문에 자신이 원하는 대로 살았다고 해서 누구도 화를 내거나 불만을 품어서는 안 된다. 그것은 개인의 자유로운 선택이 아테네 민주주의의 중요한 가치임을 말해 준다. 즉 페리클레스는 타인의 통념이나 사회적 규범 또는 관습에 의한 개인 감시나 제약에서 벗어나 자유롭게 살기를 열망하는 개인적인 자유가 아테네 정체의 소중한 가치임을 찬양한다. 개인의 사적 자유는 정당한 법적 절차 없이 부당한 침해가 이루어질 수 없도록 법에 의해 보호되는 것이다. 노예와 다르게 자신이 좋아하는 것을 즐기고 갖고자 하는 바람은 인간의 기본적인 본성이기 때문이다. 그리고 페리클레스는 이러한 개인적인 소위 소극적 자유가 아테네 민주주의에서 평등하게 존중받을 수 있음을 강조하고 있다.

아테네 민주정에서 개인의 자유에 대한 찬양은 시켈리아 원정에서 아테네 장군인 니키아스가 그리스 병사들의 사기를 높이기 위해 아테네 민주정의 개인의 자유를 다음과 같이 상기시키고 있다는 것에서도 단적으로 알 수 있다.

∞◇∞

그(니키아스)는 그들에게 가장 자유로운 조국, 그리고 누구의 명령도 받지 않고 아테네에서 자신만의 삶을 살 수 있는 모든 사람의 능력을 상기시켜 주었다.[131]

∞◇∞

상술한 것처럼 고대 아테네인은 생각한 것보다 다양한 자유관을 보여 주고 있다. 그래서 앞서 콩스탕이나 드쿨랑주와 같은 현대 학자들이 주

---

131 Thoukydides, *Hist.*, VII.69.

장하는 것과 달리 아테네 민주정체에서는 정치적 자유뿐만 아니라 개인적 자유와 같은 소극적 자유도 인정한 것으로 볼 수 있다. 그런데 여기서 한 가지 물음이 제기될 수 있는데 그것은 '개인의 마음대로 자유와 같은 소극적 자유를 아테네 민주주의가 추구한 이상적 가치로 볼 수 있는가' 하는 것이다. 잘 알려진 것처럼 플라톤은 『국가』 편에서 아테네 민주정체의 자유 개념, 특히 원하는 대로 사는 자유관에 대해 다음과 같이 신랄하게 비판한다.

◇◇◇

첫째, 이들은 자유로우며, 이 나라는 자유와 말의 자유로 가득 차 있어서, 이 나라에는 자기가 하고자 하는 바를 마음대로 할 수 있는 자유 (exousia)가 있지 않겠는가? … 적어도 마음대로 할 수 있는 자유가 있는 나라에서는 각자가 어떤 형태로든 제 마음에 드는 자신의 삶의 개인적인 대책을 마련할 게 명백하니. … 민주정체는 … 무정부 상태의 즐겁고 다채로운 정체이며, 평등한 사람들에게도 평등하지 않은 사람들에게도 똑같이 일종의 평등을 배분해 주는 정체인 걸로 보이네.[132]

◇◇◇

위 인용문에서 알 수 있듯이 플라톤은 아테네 정체가 자유와 모든 것을 말할 수 있는 것으로 가득 찼다고 말한다. 특히 아테네 민주정체에서는 자신이 원하는 대로 마음대로 즐기는 자유가 만연하고 있다고 비판한다.[133] 그래서 플라톤의 비판에 따르면 민주정의 인간은 그의 영혼이 욕구적인 부분에 의해 장악된 사람이며 이러한 사람은 결국 오만함을 교양 있는 것으로, 사치를 관대함으로, 몰염치를 용기로 그리고 무법적

---

132 Platon, *Politeia*, 557b-558c.

133 Platon, *Politeia*, 560e.

인 것을 자유와 동일시한다.[134] 플라톤이 보기에 결국 민주정적인 "지나친 자유(eleutheria agan)" 또는 "극단적 자유(akrotatē eleutheria)"는 "어떠한 질서와 필연성도 없는" 비이성적인 무원칙이 지배하는 혼돈의 상태로 귀결된다.[135]

아리스토텔레스 역시 같은 맥락에서 민주정의 원하는 대로 사는 자유에 대해 부정적이다. 그에 따르면 원하는 대로 살지 않는 것을 노예로 보아서는 안 된다. 그래서 그는 "정체의 통치에 따라 사는 것을 노예가 되는 것으로 생각해서는 안 된다. 왜냐하면 그것이 그들의 구원이 되기 때문이다"라고 말한다.[136] 요컨대 플라톤과 아리스토텔레스에 따르면 참된 자유는 '마음대로 자유'가 아니라 '이성과 법에 따라 사는 것'이다. 이런 점에서 플라톤과 아리스토텔레스는 아테네 시민들의 개인적인 마음대로 사는 자유에 대해 부정적인 입장을 가졌다고 볼 수 있다.[137] 물론 플라톤이 반민주적인 철학적 입장을 갖고 있었고, 아리스토텔레스 역시 강한 친민주적인 입장을 갖고 있지 않았기 때문에 아테네 시민들의 마음대로 자유에 대해 긍정적인 평가를 하지 않았을 수 있다. 그런데 이러한 플라톤과 아리스토텔레스의 아테네 민주정의 원하는 대로 사는 자유관에 대한 비판과 관련해서 한 가지 물음을 가질 수 있다. 그것은 '아테네 민주주의가 개인의 무제한적인 자유를 이상적인 가치로 실제로 추구했는가' 하는 것이다. 이와 관련해서 투키디데스의 페리클레스 추도사 연설의 다음 부분을 분석할 필요가 있다.

---

134 Platon, *Politeia*, 560e-561a.

135 Platon, *Politeia*, 561c-d, 564a.

136 Aristoteles, *Pol.*, 1310a35-36.

137 W. Newmann(1887-1902), vol. 4, 411, E. Barker(1906), 355, E. Barker(1946), 234.

◇◇◇

우리는 집안일뿐 아니라 폴리스의 일에 대해서도 신경을 씁니다. 자신의 일에 매여 있는 자들도 폴리스와 관련된 일들을 부족함 없이 알고 있습니다. 공적인 일에 참여하지 않는 자들을 무관심한 자가 아니라 무용한 자로 여기고 있는 것도 우리 아테네인뿐입니다. … 오히려 여러분은 매일 이 폴리스의 힘을 날마다 보면서 그것을 사랑하는 자가 되어야 합니다. 그리고 여러분께 이 폴리스가 위대하게 여겨지신다면 다음과 같은 점을 마음에 새기셔야 합니다. 과감하고, 해야 할 바를 알며, 행동에서 부끄러움을 아는 사람들이 그것을 획득한 것입니다. 그리고 그들은 그들의 시도가 실패로 돌아갔을 때에도, 폴리스가 자신들의 탁월함을 빼앗아 갔다고 여기기보다는, 가장 고귀한 봉사를 폴리스에 바쳤다고 여긴 사람들이었습니다.[138]

◇◇◇

위 인용문에서 페리클레스는 개인적인 일에 관심을 두는 사람도 폴리스와 관련된 공적인 일에 대해 잘 알고 있다고 말한다. 그리고 페리클레스는 개인적인 일에만 몰두하는 사람을 이디오스(idios)라고 표현하면서 그러한 사람은 조용히 사는 사람이 아니라 '쓸모없는(achreion)' 사람이라고 평가한다. 따라서 페리클레스에 따르면 공적인 일에 관심을 갖고 행위하는 사람이 사인(私人)으로서 개인적인 삶을 사는 사람보다 더 중요하다. 왜냐하면 폴리스를 지키기 위한 전쟁에 참여해서 용기를 보여 준 사람들은 "나쁜 것을 좋은 것으로 덮고, 그들이 사생활에서 끼친 해악보다 더 많은 선행을 공동체를 위해 베풀었기 때문이다."[139] 즉 페리클레

---

138 Thoukydides, *Hist.*, II.40.2-43.1.

139 Thoukydides, *Hist.*, II.42.3.

스에 따르면 아테네 정체를 위해 죽은 자들이야말로 참된 의미의 아테네 시민이다.

이런 관점에서 페리클레스는 개인의 자유로운 삶보다는 폴리스를 위한 공적인 활동에 참여한 사람을 더 높게 평가한다. 물론 앞서 인용한 페리클레스 추도사에서 알 수 있듯이 페리클레스가 아테네 민주정체에서 개인의 자유로운 삶을 부정하지 않은 것도 사실이다. 개인의 사적인 삶은 아테네 정체의 소중한 가치로서 결코 부정되지 않는다. 그러나 앞의 인용문에서 페리클레스는 아테네 정체가 처한 펠로폰네소스 전쟁 상황에서 개인의 자유가 폴리스 국가의 자유 안에서만 존재하고 향유될 수 있음을 인식시키고자 한다. 페리클레스가 보기에 인간은 본성상 개인의 이익과 쾌락을 더 중요시하기 마련이고 아테네 시민들 역시 마음대로 자유를 통해 이러한 개인주의를 추구하려는 경향이 강하다. 이런 상황에서 공적인 시민의식은 약화될 수밖에 없다. 페리클레스가 아테네 시민의 개인주의적인 자유의 지나친 추구를 아테네 정체의 안전과 평화에 방해되는 것으로 보고 공적인 것의 우위성을 강조하는 이유가 여기에 있다. 6장에서 자세히 살펴보겠지만 투키디데스가 『펠로폰네소스 전쟁사』에서 페리클레스와 알키비아데스를 상반되게 평가하는 이유도 이와 무관하지 않다. 투키디데스가 보기에 페리클레스는 공선사후(公先私後)의 정치력을 보여 주었지만, 알키비아데스는 자신의 이익과 쾌락을 더 우선시하는 정치를 행했기 때문이다. 투키디데스 역시 아테네 시민들의 지나친 개인주의적 자유 추구는 결과적으로 아테네 정체를 약화시킨다고 보는 것이다.

마지막으로 고대 아테네 시민의 자유관과 관련해 간과해서는 안 될 중요한 점이 있다. 그것은 아테네 민주정체의 자유 원칙이 기본적으로 현대의 자유 개념과 다른 시대적 배경을 갖고 등장하였다는 사실이다.

무엇보다 아리스토텔레스가 민주정의 두 번째 자유 원리, 즉 '누구나 원하는 대로 사는 삶으로서의 자유'를 노예적인 삶과 대비시켜 말하는 것을 이해할 필요가 있다. 아리스토텔레스에 따르면 "자유인은 자기 자신을 위해 존재하지만, 노예는 타인을 위해 존재한다."[140] 이것은 마음대로 원하는 자유에 대한 구분이 기본적으로 노예와 구분되어 제시되고 있음을 의미한다.[141] 앞서 살펴본 것처럼 솔론 개혁의 주된 정치적, 사회적 이유는 소작인이 빚을 갚지 못해 부자유스러운 예속인이 되었기 때문이다. 이후에도 아테네 시민들은 페이시스트라토스의 참주정하에서 자유롭지 못한 상태의 정치적 경험을 겪었다. 그리고 클레이스테네스의 정치 개혁 중 도편추방법이 시행된 것도 참주와 같은 권력자의 횡포나 억압에서 자유롭기 위한 목적이 강하다. 우리가 역사적 맥락을 통해 고대 아테네 시민의 자유 관념을 이해해야 하는 이유이다.

2) 평등(to ison)

자유와 함께 아테네 민주주의를 규정짓는 핵심적 가치는 평등이다. 평등은 아테네 시민들이 오랜 기간 지배권을 차지했던 군주제나 귀족주의 또는 과두주의자들과의 투쟁에서 사용한 중요한 이념적 슬로건이었다.[142] 이처럼 수 세기 동안 군주제와 귀족정과 같은 정치 체제가 지

---

140 Aristoteles, *Metaphysica*, 982b26.

141 모든 시민의 자유와 평등을 기치로 내걸었던 아테네 참여 민주정에서 어떻게 비인간적인 노예제가 존재했는지에 관한 비판이 제기될 수 있다. 이런 관점에서 참여 민주주의의 이상적인 모델로 평가되는 아테네 민주주의 역시 잔인한 노예제를 기반으로 한 일종의 허구적인 유토피아라 비판이 가능하다. 따라서 고대 그리스 민주주의 사회에서 노예제가 존재했다는 것은 분명 불편한 역사적 사실이며 아이러니가 아닐 수 없다. 이와 관련해서 플라톤과 아리스토텔레스의 노예관에 대한 상세한 비판적 논의는 손병석(2019), 85-127 참조할 것.

142 K. A. Raaflaub(1996), 139.

배적이었던 그리스의 많은 폴리스들 중에서 아테네에서 특히 평등을 기치로 삼아 민주주의가 실현된 것은 놀랍고 혁명적인 성과가 아닐 수 없다. 평등은 고대 아테네 민주주의자들이 사용했던 슬로건에서 두드러지게 나타났으며, 특히 과두 정체와의 투쟁에서 중요한 이념적 기반으로 작용하였다. 아테네 시민들이 평등에 관한 기본적인 관념을 공유했다는 점은 평등과 관련된 희랍어 iso와 결합된 다양한 표현들을 통해서도 알 수 있다. 이소노미아(isonomia) 즉 법 앞의 평등, 이세고리아(isegoria) 즉 평등하게 말할 자유, 이소크라티아(isokratia) 즉 평등한 통치, 그리고 이소고니아(isogonia) 즉 출생의 평등과 같은 용어들이 여기에 해당된다. 먼저 출생에서의 평등함은 플라톤의 『메넥세노스(*Menexenos*)』 속 다음과 같은 언급을 통해 알 수 있다.

◇◇◇

우리들의 정치 체제의 근원은 출생의 평등함에서 비롯된 것입니다. 실제 다른 나라들은 온갖 종류의 평등하지 않은 인간들로 이루어져 있고 그 결과 그들의 정치 체제 또한 평등하지 않은 정치 체제, 즉 참주제와 과두제로 되어 있습니다. 그리하여 그들은 서로에 대해 어떤 사람은 노예로 또 어떤 사람은 주인으로 여기면서 살아가고 있습니다. 그러나 우리들과 우리 동포들은 모두 한 어머니가 낳은 형제들이므로 우리는 서로에 대해 노예들이니 주인들이니 하는 것을 가당치 않게 생각하고 있습니다. 오히려 본성에 따른 태생상의 평등(isogonia)은 우리로 하여금 법률에 따른 법적 평등(isonomia)을 추구하도록 강제하고 있고, 덕(aretē)과 실천지(phronēsis)에서 나오는 명성 이외의 다른 어떤 것 때문에 서로에게 복종하는 그런 일이 없게끔 만들어 놓습니다.[143]

◇◇◇

---

143 Platon, *Menexenos*, 238e-239a.

앞의 인용문에서 플라톤은 풍자적이지만 아테네인들이 오토흐토논(autochthonon), 즉 한 어머니에게서 나온 형제들이라는 '출생에서의 평등(he ex isou genesis)'에 관한 신화를 진지하게 받아들였음을 보고한다. 그래서 아테네 민주정체의 근원이 이소고니아, 즉 태생상의 평등에 있고, 그래서 아테네 시민 모두가 법률에 따른 이소노미아, 즉 법적 평등을 추구할 수 있다고 말한다. 아테네 민주정체를 참주정이나 과두정과 기본적으로 다른 정치 체제로 구분할 수 있는 기준이 바로 이러한 출생상의 평등과 법적 평등이라고 말할 수 있다. 이처럼 이소노미아, 즉 법 앞의 평등에 관한 아테네인들의 믿음은 페리클레스 추도사 연설에서도 발견된다.

◇◇◇

우리의 정체는 이웃 나라들의 제도를 모방한 것이 아닙니다. 우리는 남을 모방하기보다 남에게 본이 되고 있습니다. 그리고 소수가 아닌 다수를 위한 것이기 때문에 그것의 이름은 민주정이라 불립니다. 시민들 사이의 사적인 분쟁을 해결할 때는 법 앞에 만인이 평등합니다.[144]

◇◇◇

위 인용문에서 페리클레스는 우선 아테네 정체가 타 국가들의 본이 됨을 강조한다. 그리고 처음으로 명시적으로 아테네 정체가 소수가 아닌 다수를 위한 정체이기 때문에 dēmokratia, 즉 민주정이라고 불리운다고 말한다. 그리고 아테네 민주정이 법에 따른 평등의 원리를 채택하고 있음을 말한다. 즉 민주정은 다수를 위한 정체로서 모두가 법 앞에 평등하다는 이소노미아의 정신에 따른 평등을 강조한다. 헤로도토스 역시 『역사』 속 어느 정체가 더 나은 정체인가를 둘러싼 논쟁에서 민주정

---

144 Thoukydides, *Hist.*, II.37.

의 정체성을 이소노미아에서 찾고 있다.[145]

상술한 것처럼 평등은 아테네 민주주의를 규정하는 핵심적 가치이자 원리가 된다고 말할 수 있다. 그런데 아테네 민주주의가 목표로 삼은 평등이 구체적으로 어떤 원리에 근거한 것인지를 물을 수 있다. 이와 관련해서 민주주의적 평등 원리에 관한 아리스토텔레스의 언급이 도움이 된다. 아리스토텔레스는 『정치학(*Politika*)』에서 "(민주정적으로 통치되는) 폴리스는 무엇보다도 평등을 추구하는 것으로 여겨진다"[146]라고 말한다. 아리스토텔레스에 따르면 민주주의 평등 원리는 비례적 평등이 아닌 산술적 평등을 추구한다. 즉 과두주의자들은 부를, 귀족주의자들은 덕을 가치로 삼고 그에 따른 '기하학적 비례(geometrikē analogia)' 평등을 주장한다. 이와 달리 민주주의자들은 자유라는 가치에 따라 모두가 평등함을 주장한다. 따라서 민주정적인 '정의(to dikaion)'는 부나 덕이 아니라 자유에 따른 평등한 분배이다. 즉 "평등에 따른 자유(eleutheria he kata to ison)"[147]가 아테네 민주정의 평등 원리이다. 이러한 민주정의 산술적 평등에 따른 정의 원리에 근거해서 민주정에서는 모든 시민의 동등한 정치적 참정권이 인정된다. '교대로 통치하고 통치받음'의 자유 원칙이 그것이다. 모두가 돌아가며 통치하고 통치받음의 모토는 아테네 민주주의가 모든 시민에게 대부분의 공직에 출마할 자격을 부여하고, 그러한 정치적 참정권이 재산이나 신분 자격이 아닌 추첨에 의해 이루어진다는 것에서 알 수 있다. 장군직과 같은 예외적인 경우만 제외하고 말이다. 법정의 주요 재판 역시 추첨에 의해 뽑힌 시민배심원단에 의해 판결되었다. 민회에서

---

145 Herodotos, *Historiai*, III.80.6.

146 Aristoteles, *Pol.*, 1284a19-20.

147 Aristoteles, *Pol.*, 1317b16-17.

시민의 심의와 결정은 최종적이며 최고의 권위를 갖는다.[148]

그런데 여기서 민주정의 평등 원리와 관련하여 한 가지 물음이 제기될 수 있다. 그것은 '아테네 민주정을 아리스토텔레스가 말한 것처럼 단적으로 산술적인 평등관에 근거한 것으로만 볼 수 있는가' 하는 물음이다. 즉 '데모스에 의한 통치는 산술적 정의에 따른 평등에만 기반하고 가치에 따른(kat' axian) 비례적 정의에 기반한 불평등은 인정하지 않았는가' 하는 것이다. 이와 관련해서 아테네 민주주의가 공적(desert)에 따른 불평등을 배제하지 않았다는 사실에 주목할 필요가 있다. 이것은 앞에서 인용한 플라톤 『메넥세노스』 후반부에서 민주정은 기본적으로 '본성에 따른 태생상의 평등과 그에 기반한 법적 평등을 필연적으로 추구하지만' "덕과 실천지"에서 뛰어난 능력을 가진 사람은 그에 상응하는 명성과 가치를 부여한다는 것을 통해 알 수 있다. 또한 투키디데스가 보고하는 페리클레스의 장례식 추도사 연설문에서도 가치에 따른 비례적 평등이 인정되고 있음을 알 수 있다. 페리클레스는 두 번째 연설문에서 다음과 같이 말하고 있다.

∞∞

반면 공적인 일들에 관해서는 자격에 따라, 각자가 평가되는 대로, 추첨이 아닌 탁월함에 의해서 자리가 주어집니다. 그리고 누군가가 폴리스에 뭔가 좋은 일을 할 능력이 있다면, 가난에 따른 신분의 미미함으로 인해 제약받는 일도 없습니다.[149]

∞∞

앞서 말한 것처럼 페리클레스는 아테네 민주정이 다수를 위한 정체로

---

148 Aristoteles, *Pol.*, 1317b18-1318a3.

149 Thoukydides, *Hist.*, II.37.1.

서 모두가 법 앞에 평등하다는 이소노미아의 정신에 따른 평등을 강조한다. 그런데 앞의 인용문을 통해 알 수 있는 것처럼 페리클레스는 '공직(axiōma)'과 관련해서는 '탁월성(aretē)'이 공직이 주어지는 중요한 자격 조건임을 강조한다. 이렇게 보면 아테네 민주정은 산술적인 평등 원리에만 의존한 것으로 보기 어렵다. 정체의 주요 관직, 예를 들어 경험이나 기술이 필요한 장군직과 같은 군사적인 전문 지식이 요구되는 경우에는 추첨이 아니라 선출에 의해 공직이 주어지기 때문이다.[150] 즉 정체의 중요한 공직에서는 탁월함과 같은 가치에 따른 불평등한 비례적 정의가 중시된다. 그렇다면 아테네 민주주의의 평등관은 실상 부자나 귀족을 제외한 가난한 자들만의 평등관으로 보기 어렵다. 즉 아테네 민주주의가 추구한 평등은 실상 가난한 자들만을 위한 평등이 아니라 부자나 귀족을 포함한 모든 아테네 시민들을 위한 평등관으로 보아야 한다. 요컨대 아테네 민주주의가 추구한 평등은 가난한 자든 부유한 자든 모든 시민이 정치적 권력에의 평등한 참여권을 주장한 것으로 이해될 수 있다.

2. 다수 통치의 철학적 원리

앞에서 아테네 민주주의의 핵심적 원리이자 가치가 되는 자유와 평등에 관해 살펴보았다. 잘 알려진 것처럼 아테네 민주주의는 '추첨(klērōsis)' 방식을 통해 아테네 시민 모두의 정치적 참여를 실현하고자 하였다. 이러한 추첨에 의한 시민 자치(self-rule) 원리는 현대의 '투표'에 의한 대의제 민주주의와는 확연하게 구분되는 정치적 삶의 방식이다. 아테네 민

---

150 Aristoteles, *Pol.*, 1317b21-22 참조.

주정에서 '공적인 일(to koinon)'에 관심을 두지 않고 자신의 개인적인 일에만 몰두하는 사람은 이디오테스(idiōtēs)[151]라고 불리운다. 아테네 민주정에서 폴리테스(politēs), 즉 시민이란 공적인 일에 참여하는 사람이지 이디오테스, 즉 사적인 인간은 아니다. 따라서 아테네인들은 민회와 법정에 참여하지 않는 행위는 사인의 행위로서 이것은 자신을 '타인의 의지'에 맡기는 것과 같다고 간주한다. 즉 민회와 법정에 적극적으로 참여하지 않는 행위는 자신의 운명을 타인의 활동에 맡기는 것으로서 마치 자기 자신을 노예로 간주하는 것과 같은 행위가 된다. 따라서 아테네 민주정은 이소노미아, 즉 법 앞의 평등 원리와 이세고리아, 즉 '동등하게 말할 수 있는 원리'에 따라 민회와 법정에 참여할 수 있는 정치적 참정권을 동등하게 인정하는 정체이다. 이소노미아와 이세고리아가 아테네 민주주의와 갖는 순기능과 역기능의 함수 관계는 3장의 '소리의 정치' 부분에서 상세하게 고찰될 것이다. 본 장에서는 아테네 민주주의가 표방하는 데모스의 통치 원리가 무엇이고, 그것이 어떻게 정당화될 수 있는지에 관한 철학적 근거를 프로타고라스와 아리스토텔레스를 중심으로 고찰한다.

1) 프로타고라스의 인간 본성 평등론

아테네 민주주의의 핵심적 원리가 되는 시민 모두의 직접적인 정치 참여와 자연적 평등성에 대한 철학적 정당성 내지 옹호를 주창한 사람은 기원전 5세기의 대표적인 소피스트인 프로타고라스(Protagoras, 기원전 490-기원전 420)이다. 프로타고라스는 플라톤과 소크라테스에 대항해서 아테네 민주주의를 옹호하는 입장을 플라톤 대화편 『테아이테토

---

151 이 말은 시간이 지나면서 idiot, 즉 바보의 의미를 갖는다.

스(*Theaitetos*)』편과 『프로타고라스』 편에서 제시한다. '인간 만물 척도설 (Homo-mensura)'과 '덕의 교육 가능성'에 근거한 프로타고라스의 민주주의 변호가 그것이다.[152] 프로타고라스의 아테네 민주정에 대한 우호적인 입장은 아테네 민주정의 황금기를 실현한 당대 최고의 정치가인 페리클레스와의 밀접한 관계를 통해서도 뒷받침된다. 인간 본성의 평등성에 근거한 프로타고라스의 아테네 민주주의를 위한 철학적 정당성이 어떻게 제시되고 있는지를 먼저 그의 인식론을 통해 간단하게 설명하면 아래와 같다.

(1) 인간 만물 척도설과 공동의 의견(to koine doxa)[153]

프로타고라스는 다수 시민의 정치적 판단 능력에 대해 강한 신뢰를 가진 것으로 보인다. 그러한 낙관주의적인 생각은 그의 인식론적 테제인 소위 '인간 만물 척도설'과 밀접한 관련성을 가진 것으로 볼 수 있다. 프로타고라스의 인간 만물 척도설은 "인간이 만물의 척도로서 그러한 것에 대해서는 그러한 것의, 그렇지 않은 것에 대해서는 그렇지 않다는 것의 척도(panton chrematon metron anthropon einai, ton men onton, os esti, ton de me onton, os ouk estin)"[154]라는 것이다. 자연-대상 중심주의가 아닌 인간 중심주의를 선언하는 이 말은 그러나 생각하는 것보다 이해하기 어려운 문제를 담고 있다.

무엇보다 '인간(anthrōpos)'이 척도가 되는 대상으로서의 '모든 것들(panta chremata)'을 자연계로만 볼지 아니면 가치와 관련된 윤리적인 것까지 포

---

152 E. Barker(1918), 152, E. M. Wood, N. Wood(1978), 129.

153 이하 프로타고라스 부분은 손병석(2003), 54-63에서 재인용했음을 밝힌다.

154 Platon, *Theaitetos*, 151e1-152a4, *Kratylos*, 385e4-386a4, Aristoteles, *Metaphysica*, 1062b13.

함해서 볼지 명확하지 않다. 그러나 인간 척도설에서 중요하게 지적되어야 할 것은 프로타고라스의 주된 관심이 초경험적이거나 초감각적인 대상에 있지 않다는 것이다.[155] 바람 자체의 성질이 뜨거운 것인지 찬 것인지, 옳고 그름의 절대적인 본질이 있는지 없는지의 문제는 그가 알고자 한 바가 아니다. 인간이 척도가 될 수 있는 것은 어디까지나 경험 가능한 영역과 관련해서만 가능하다는 것이 그의 기본적인 인식론적 태도이기 때문이다. 이런 이유로 신의 존재성 여부와 같은 문제는 그에게 있어서 '있다' 혹은 '없다'를 단적으로 말할 수 없는 것이다. 이것은 인간 생명의 유한성과 인식론적인 여러 외적인 방해로 해서 우리의 경험적 판단을 넘어선 문제이기 때문이다.[156] 이렇듯 프로타고라스에게 인간의 판단은 어디까지나 경험적 대상에 국한되지, 경험을 넘어선 영역까지 그 지향점을 두는 것은 아니다. 요컨대 인간은 어디까지나 감각적 경험에 대한 인식 내지 판단의 주체라는 것이다. 그러면 프로타고라스가 주장하는 경험적 대상에 대한 판단의 주체로서의 인간에게 적합한 자연적 앎은 무엇인가?

프로타고라스에 따르면 그것은 '판단' 내지 '의견'으로 번역될 수 있는 독사(doxa)다. 독사는 유동적이며 가변적인 감각적 경험계에서 우리가 가질 수 있는 최선의 앎의 형태다. 그에게 있어서 인간은 파르메니데스가 말하는 부동의 필연적인 '존재(eon)'로서의 '일자(一者, hen)'에 대한 절대적이며 확실한 지식을 가질 수 없기 때문이다.[157] 이런 이유로 인간의 감각적, 경험적인 대상에 대한 인식은 판단하는 주체에 따라 상이할 수

---

155 DK29A29, DK80B4, B7, Aristoteles, *Metaphysica*, 998a.

156 Platon, *Theaitetos*, 162d4-e2, DK80B4.

157 DK28B1, B7, B8.

밖에 없다는 것이 프로타고라스의 생각이다. 그래서 그는 "두 상반된 독사(antidoxa, antilogos)"를 모두 참이라고 인정한다(Ara einai ampho).[158] 예를 들어 건강한 자와 아픈 자의 꿀에 대한 판단은 그들 각각의 몸의 상태가 다름으로 인해 '꿀은 달다'와 '꿀은 쓰다'로 각각 다르게 말해질 수밖에 없다. 이런 이유로 건강한 자의 판단만이 맞고, 그 반면에 환자의 판단은 틀린 것으로 평가될 수는 없다. 몸의 자연적인 조화 상태가 깨진 환자에게 참된 판단은 '꿀맛은 쓰다'이며, 이것이 정상적인 판단으로 간주되어야 한다는 것이 프로타고라스의 생각이기 때문이다.[159] "각각의 것이 나에게 나타나는 바, 그것들은 나에게 그러한 것이고, 다른 편으로 그것들이 너에게 나타나는 바, 그것들은 너에게만 그러한 것이다"[160]라는 프로타고라스의 말은 이러한 판단에 있어서의 상대성을 단적으로 말해 준다.

그러면 여기서 우리는 환자의 판단을 건강한 자의 판단과 동등한 것으로 간주해야만 할까? 과연 우리는 미친 자의 환상도 실재하는 것으로 받아들여야만 할까? 만약에 여기서 프로타고라스가 모든 판단의 진리치를 등가(等價)로 보았다면, 우리는 아테네 시민들이 프로타고라스의 덕에 관한 판단을 배워야 할 이유를 찾기 힘들 것 같다. 또한 극단적인 주관주의자 내지 상대주의자라는 플라톤의 비판 역시 정당화될 수 있을 것이다.[161] 이러한 물음들에 대한 프로타고라스의 대답은 판단들 중에도 '더 나은(ameinon)' 것과 그렇지 못한 것이 있을 수 있다는 것이다. 즉 독사들은 그 '유용성(to christon)'에 있어 다르기 때문에 모든 판단이 같지

---

158 Aristoteles, *Metaphysica*, 1009a.

159 Platon, *Theaitetos*, 159b2-e5, 166c4.

160 Platon, *Theaitetos*, 152a6-8.

161 Platon, *Theaitetos*, 169d-171d.

는 않다. 건강한 자의 판단이 건강하지 못한 자의 판단보다 나은데, 이는 몸의 자연적인 상태가 몸의 조화가 깨진 환자의 상태보다 낫기 때문이다. 그리고 의사는 바로 환자의 이러한 부조화된 몸의 상태를 약을 가지고 더 나은 상태로 만들어 주는 자이다.

프로타고라스에 따르면 현자는 다만 약 대신에 '말(logoi)'을 통해 사람들의 정신에 영향을 줌으로써 병든 의견을 좀 더 낫고 건강한 의견으로 이끌어 주는 자이다. 마찬가지로 폴리스의 문제에 관해서도 현자는 나쁜 것이 아니라 좋은 것이 폴리스에 더 정의롭게 보이도록 만든다.[162] 이처럼 현자는 개인과 폴리스가 더 나은 의견을 가지도록 변화를 일으켜 주는 역할을 하는 자이다. 그러나 이때 모든 사람들에게 또는 모든 폴리스에 절대적으로 확실한 윤리적 판단이 존재하는 것은 아니다. 개개의 사람마다 처한 상태가 다를 수 있고, 각 폴리스마다 다른 전통과 문화를 가질 수밖에 없기 때문이다. 이런 이유로 프로타고라스에 따르면 각 폴리스에서 정의롭고 아름다운 것이라 생각된 것은 비록 그것들이 폴리스에 '해로운 것들'이라 할지라도, 그 폴리스가 그렇게 믿는 한, 그 폴리스에는 "정의롭고 훌륭한 것들(dikaia kai kala)"이 된다. 왜냐하면 한 폴리스가 그렇다고 믿는 한 그 폴리스에 정의롭고 훌륭하게 보이는 것이 그 폴리스에는 실제로 정의롭고 훌륭한 것이기 때문이다.[163]

그러면 이러한 프로타고라스의 독사론이 아테네 민주주의와 관련해서 지니는 정치 현실적 의미는 무엇일까? 그것은 민회에 참석한 자유 시민들은 그들 각자가 자유롭게 전쟁이나 평화를 지지할 수 있고, 또 법정에서 원고와 피고는 각각 상반된 의견을 동등하게 옹호할 수 있다는 것

---

162 Platon, *Theaitetos*, 166d4-167d2.

163 Platon, *Theaitetos*, 167c, 172b, 177d.

이다. 폴리스의 공적인 것들에 대한 판단의 주체는 소수의 전문가들만이 아닌 독사적 앎의 능력을 가진 다수의 시민들도 될 수 있다. 그리고 이러한 시민들의 판단은 그들이 서 있는 '지점(epipedo)'에 따라 동일한 사건에 대해 정반대의 의견이 주장될 수 있음이 인정되어야 한다. 상반된 판단이나 의견은 각각 타당성이 있으며, 그렇기 때문에 어느 한 시민의 주장만이 절대적인 진리를 담고 있는 의견으로 채택되어서는 안 된다. 그러면 다양한 의견들이 존재하는 공적인 토론에서 어떻게 정책 결정을 위한 의견이 탄생할 수 있을까?

이 문제에 대해 이미 프로타고라스는 유용성과 관련하여 더 나은 독사의 존재를 인정함으로써 공적인 토론에 있어서 더 나은 정치적 판단의 존재 가능성을 마련해 놓고 있다. 특히 "공동의 의견(to koine doxan)"이란 말을 사용함으로써 프로타고라스는 폴리스의 공동선을 실현하기 위해 더 정의롭고 유용한 의견이 일종의 공적 합리성을 담보한 공론(公論)으로 채택될 수 있음을 결코 부정하지 않는다. 그에 따르면 '공동의 의견'이란 다수 시민들의 집단적 판단으로서 '정의'나 '경건함'과 같은 그 자체의 본성을 갖지 않은 문제들과 관련해서 그 당시에 잠정적으로 채택된 공적 의견이다.[164] 달리 말해 '공동의 의견'이란 정책 결정과 관련된 공적인 토론에서 시민들의 다양한 의견의 동동성이 부정되지 않으면서도 폴리스 전체의 이익을 위해 더 나은 의견에 동의하는, 독사들 사이의 합의 가능성을 함의한 말이다. 이런 점에서 프로타고라스의 공동의 의견은 공동선의 실현을 그 목적으로 삼는 중요한 표현이라 말할 수 있다.

그러나 문제는 '현실적으로 공동선과 개인의 이익 간의 조화가 완벽

---

164 Platon, *Theaitetos*, 172b2-6.

하게 실현될 수 있는가' 하는 것이다. 프로타고라스는 양자의 이익이 완벽하게 조화될 수 있다고 본 것 같지 않다. 프로타고라스의 독사론에서도 개인의 판단은 공동의 의견에 이르기 위한 전제 조건으로 앞서 존중되어야 한다. 이는 공동선을 표방하는 법이나 공적 규범 역시 어디까지나 개인들이 자신들의 이익을 보장받을 수 있는 한에서 동의하기로 합의한 공통의 의견의 외화된 형태이기 때문이다.[165] 이것은 곧 개인의 이익이 보장되지 않는 한 '법(nomos)'과 같은 '공동 의견'의 외적 형태는 언제든지 폐기되거나 변경될 수 있음을 의미한다. 결국 프로타고라스적인 의미에서 공동선은 어디까지나 폴리스 구성원 개개인의 이익과 일치되어야 하며, 그래서 폴리스에 좋은 일을 행하는 것은 곧 항상 자기 자신에게 좋은 것으로 판단되어야 한다. 프로타고라스의 독사론이 기본적으로 당시의 그리스 민주정을 정당화할 철학적 근거가 된다고 볼 수 있는 이유가 이것이다.

(2) 인간 본성 평등과 민주주의 신화

앞서 살펴본 프로타고라스의 상대주의적 인식론은 그의 인간본성론 및 민주주의 옹호의 철학적 근거와 밀접한 관계를 갖는다. 모든 사람이 각자 판단의 주체가 될 수 있고, 그래서 각자가 생각한 독사, 즉 의견이 상대적으로 참일 수 있다는 주장은 기본적으로 인간 본성의 평등성과 같은 맥락에서 주장된다고 볼 수 있기 때문이다. 우리는 프로타고라스의 인간 본성의 자연적 평등성과 모든 시민의 정치적 참정권의 인정에 관한 철학적 견해를 플라톤 대화편 『프로타고라스』편을 통해 알 수 있다. 특히 소크라테스의 아테네 민주주의 원리에 대한 두 가지 반론과 그

---

165 Platon, *Theaitetos*, 167c, Aristoteles, *De Soph. Elen.*, 173a 참조.

에 대한 프로타고라스의 답변 내용을 통해 그 이해를 얻을 수 있다.

플라톤 대화편『프로타고라스』편에서 프로타고라스는 소크라테스와 함께 '덕의 교육 가능성'에 관한 논제를 갖고 논쟁을 벌인다. 프로타고라스는 특히 폴리티케 테크네(politikē technē), 즉 정치적 기술의 교육 가능성을 주장하면서 개인적인 일뿐만 아니라 공적인 것에 관해 잘 숙고할 수 있는 능력을 가르칠 수 있다고 역설한다. 이에 대해 소크라테스는 다음과 같은 두 가지 반론을 정면으로 제기한다.[166]

그 하나는 아테네 민주정의 관행과 관련된 것이고, 다른 하나는 개인적인 차원에서의 정치적 기술의 교육 불가능성이다. 전자의 반론과 관련해서 아테네인들은 건축이나 조선(造船)과 같은 '테크네의 영역'에서는 그 분야의 전문가의 조언을 중요시한다. 그런데 폴리스를 다스리는 것과 관련한 조언을 구할 경우에는 아테네 시민 누구나가 잘 판단할 수 있는 전문가적 능력을 가진 훌륭한 '조언자(symboulos)'라고 생각한다는 것이다. 후자의 반론은 페리클레스와 같은 당대의 내로라하는 훌륭한 정치가도 자신의 자식에게 정치적 기술을 교수(教授)하는 데 실패했다는 것과 관련된다. 소크라테스가 보기에 이러한 두 가지 경우는 정치적 기술이 가르쳐질 수 없음을 입증하는 것으로서 프로타고라스의 주장에 정면 배치되는 것이다. 그러면 프로타고라스는 이러한 반론들에 어떻게 대응하고 있을까? 프로타고라스는 자신의 정치적 기술의 교육 가능성 주장을 포기하든가, 아니면 아테네 민주정이 잘못되었음을 지적해야 하는 딜레마에 처한 것으로 보인다. 그러나 그는 이러한 난관에 대해『프로타고라스』319a-328d에서 '신화(mythos)'와 '이성적 설명(logos)' 방식을 통해 답변을 시도한다.

---

166 Platon, *Prot.*, 319b-329c.

먼저 신화적 설명 방식은 인간의 탄생과 문명의 발전에 관한 설명을 통해 제시된다. 프로타고라스에 따르면 인간을 제외한 가사적(可死的)인 모든 피조물들은 생존을 위한 각각의 '능력(dynamis)'을 에피메테우스 (Epimetheus) 신으로부터 나누어 받게 된다. 그러나 인간종은 에피메테우스의 부주의로 이러한 '생존(soteria)'의 수단을 받지 못하게 된다. 이에 '인간에 대한 사랑(philanthrōpia)'을 가진 프로메테우스(Prometheus) 신이 불과 기술적 지혜를 인간에게 선물로 갖다주어, 인간은 "생존을 위한 지혜를 (ten men oun peri ton bion sophian)"[167] 갖추게 된다. 그러나 인간은 이 단계에서 음식이나 옷과 같은 생존을 위한 수단을 마련할 수는 있었어도, 아직까지 고립적이며 분산된 삶의 형태를 영위했기 때문에 사나운 짐승의 공격을 당해 낼 수는 없었다. 이에 인간들은 맹수와 같은 외부의 공격을 막기 위해 함께 모여 폴리스를 건설함으로써 그 생존을 유지하고자 한다. 그러나 이러한 공동적 삶의 형태 속에서도 인간은 다시 새로운 문제에 봉착하게 되는데, 그것은 인간 서로 간에 불의를 범하게 된 것이다.[168] 이는 조화롭게 함께 모여 살 수 있는 '정치적 기술'이 아직까지 결여되어 있었기 때문이다. 인간은 처음부터 온전한 의미에서의 아리스토텔레스가 말하는 폴리티콘 조온(politikon zōon), 즉 공동체적 동물은 아니었던 것이다. 그래서 인간들은 다시 흩어지기 시작했고 결국 멸종의 위기에 처하게 된다.

이때 제우스는 인간이 멸종될 것을 두려워하여 헤르메스로 하여금 인간들에게 '정치적 덕(politike aretē)'으로서의 '염치(aidōs)'와 '정의(dikē)'를 가져다주도록 명하게 된다. 이 두 '정치적 지혜'만이 폴리스 내에 '질서

---

167 Platon, *Prot.*, 321c3-322a2, 321d.

168 Platon, *Prot.*, 322a8-b8.

(kosmos)'와 인간들 사이의 통합을 가능케 하는 '친애(philia)'가 존재하도록 할 수 있기 때문이다.[169] 그런데 여기서 우리의 관심을 끄는 것은 이 두 정치적 덕의 분배 방식과 관련하여 제우스의 진의를 분명하게 알고자 하는 헤르메스의 질문 내용이다. 그것은 '염치'와 '정의' 이 두 정치적 기술들을 의술 분야의 의사에게 주는 것과 같이 일반적으로 기술 분야에서 소수의 전문가에게만 분배해야 하는지, 아니면 예외 없이 모든 사람들에게 분배해 주어야 하는지의 문제다. 관련된 인용문은 다음과 같다.

∞

인간은 함께 모여 살게 되었을 때 시민 기술을 가지고 있지 못해서 서로에게 부정의하게 처신했고, 결국 다시 흩어져서는 죽게 되었지요. 그래서 제우스는 인간 종족 전체가 멸종하나 않을까 두려워 헤르메스를 보내서 인간에게 염치와 정의를 가져다주게 하지요. 나라의 질서와 우정의 결속으로 그들이 함께 살 수 있도록 말이지요. 헤르메스는 제우스에게 어떤 방식으로 인간에게 정의와 염치를 줄지를 묻지요. '기술들이 분배된 방식대로 이것들도 분배할까요? … 많은 일반인들에게 의술을 가진 한 사람으로 충분하고, 다른 전문 기술자들도 그렇습니다. 정의와 염치도 그런 식으로 인간에게 줄까요, 아니면 모두에게 분배할까요?' 제우스는 '모두에게 분배해서 모두가 나누어 갖게 하시오. 다른 기술들처럼 소수만이 가지면 나라가 생길 수 없기 때문이오. 그리고 염치와 정의를 나누어 가질 수 없는 자들은 나라의 질병으로 간주하여 내 이름으로 사형에 처하는 법을 만드시오.[170]

∞

---

169 Platon, *Prot.*, 322c2-3.

170 Platon, *Prot.*, 322b-d.

이 인용문에서 헤르메스는 정의와 염치의 분배 방식에 관해 오해가 없도록 분명하게 알고자 한다. 그것은 '정치적 덕을 소수에게 주어야 하는지 아니면 인간 모두에게 주어야 하는지'에 관한 것이다. 이에 관해 제우스는 헤르메스에게 예외 없이 인간 모두에게 줄 것을 명한다. 정의와 염치를 의술과 같은 기술 분야에서 소수의 뛰어난 의사에게 분배하는 방식으로 줄 때 공동체가 존립할 수 없기 때문이다. 그래서 제우스는 이 두 정치적 덕을 분배받는 데 참여하기를 거부하거나 꺼리는 자는 공동체의 암적인 존재와 같으므로 자신의 이름으로 처단하는 법을 만들도록 엄명한다.

상술한 것처럼 제우스 신화를 통해 우리는 프로타고라스가 정의와 염치 같은 정치적 기술이나 덕을 폴리스의 중요한 존립 원리로 간주함을 알 수 있다. 염치는 인간의 내적인 규제 원리이고, 정의는 인간 상호 간의 외적인 규제 원리라고 말할 수 있다. 이 두 덕은 인간을 야만 상태가 아닌 문명 속에서 살아갈 수 있게 해 주는 중요한 공동체적 원리이다. 그리고 그는 이러한 정치적 덕들을 인간이라면 누구나가 가지고 있으므로 기술적 탁월함과 관련된 토론에서는 그 분야의 소수 전문가가 말할 권리를 가지지만, 폴리스와 관련된 공적인 토론에서는 누구나가 정의감에 기초하여 전문가로서 조언할 권리를 갖는다고 말한다. 그러나 여기서 제기될 수 있는 물음은 '만약에 정치적 기술이 처음부터 모든 사람에게 분유되어 있다면, 이것을 따로 배울 필요가 없고, 이것은 정치적 기술이 가르쳐질 수 없음을 의미하는 것으로 이해되어야 하지 않는가?' 하는 것이다.

우리는 여기서 프로타고라스가 모든 인간이 정치적 덕의 몫을 갖는다고 말할 때, 이 말이 정치적 덕의 자동적인 획득을 의미하는 것은 아님에 유의해야 할 것 같다. 이것은 같은 책 323c의 정치적 덕은 '자연적으로(physei)' 또는 '자동적으로(apo tou automatou)' 가지게 되는 것이 아니라, 그것을 획득한 사람들의 '가르침(didakton)'과 '돌봄(epimeleia)'에 의해 얻어지는 것이라는 말에서 분명하게 알 수 있다. 그리고 이러한 언급 뒤에 이어지는 프로타고라스의 '처벌(to kolazein)'론과 일련의 아테네 교육 과정에 관한 그의 자세한 설명은 한마디로 '바로잡음(euthunai)'을 목적으로 한 정치적 덕의 교육 가능성을 뒷받침하려는 시도로 볼 수 있다.[171]

이것은 마치 말을 배울 수 있는 잠재적 가능성을 인간은 누구나 갖고 태어나지만 완전한 언어 사용을 위해서는 교사를 비롯한 다른 사람들의 지속적인 가르침에 의한 훈련과 연습이 필요하다는 것과 같은 맥락에서 이해될 수 있다. 그러나 이러한 정치적 기술의 교육 가능성에 관한 그의 설명에도 불구하고, 여전히 남는 문제는 '그렇다면 페리클레스와 같은 탁월한 정치적 기술의 전문가가 어떻게 그 자식에게는 이러한 기술을 전수하지 못했는가' 하는 것이다. 분명 전문가에 의해 그 기술이 수련생에게 가르쳐질 수 있는 테크네 분야에서는 자식들로 하여금 모든 것을 배우게 하면서도 그것보다 더 중요한 폴리스의 존립 원리가 되는 정치적 기술을 그 부모가 가르치지 않았을 리는 만무하기 때문이다.

이 문제는 소크라테스가 이미 앞에서 제기한 두 번째 반론에 해당된다. 이에 대한 프로타고라스의 답변은 간단히 말해 사람마다의 '소질(physis)'이 다르다는 것이다. 그 단적인 예로 아버지가 훌륭한 플루트 연주가라고 해서 그 자식이 플루트 연주에 관한 탁월한 소질을 갖고 태어나는 것은 아닌 것과 같다.[172] 이는 형편없는 플루트 연주가로부터 장차 훌륭한 연주가가 될 자식이 태어날 수도 있음을 의미한다. 이와 마찬가

---

171 Platon, *Prot.*, 323d-326e.

172 Platon, *Prot.*, 327b-c.

지로 아버지가 훌륭한 정치가라고 해서 그 아들이 반드시 탁월한 정치적 기술을 갖고 태어나는 것은 아니다. 정치적 기술에 관한 최선의 교육이 자식에게 이루어지더라도 그 아이의 소질이 다른 데 있게 되면 정치적 기술을 탁월하게 발휘하지 못할 수 있기 때문이다. 물론 이러한 소질의 차이성을 통한 프로타고라스의 답변은 소질 결정론으로 이해될 수 있고, 이는 정치적 기술의 교육 가능성을 무효화시킴으로써 프로타고라스 자신의 주장에 모순되는 것으로 해석될 여지가 있다. 그러나 이때의 소질이 어디까지나 잠재적인 성향이며, 이것의 완전한 실현은 소피스트와 같은 덕의 교사가 가르쳐야 한다는 프로타고라스의 말을 고려할 때[173] 소질에 대한 강조가 '소질 결정론'으로 해석되어서는 안 될 것 같다.

그러면 어떤 이유에서 프로타고라스의 제우스 신화가 민주주의의 정당화의 근거로서 중요한가? 인간 본성에 있어서의 평등성과 민주주의의 연관성을 보여 준다는 점에서 그렇다. 다시 말해 제우스 신화에 따르면 인간은 aidos라는 염치와 dikē라는 정의의 덕을 누구나가 공히 갖고 태어난다는 점에서 평등하다. 정치적 인간이 될 수 있는 선천적 가능성을 동등하게 갖고 태어났다는 점에서 인간은 모두 평등하다는 것이다. 그런데 이러한 인간 본성상의 정치적 덕 내지 시민 덕의 평등한 소유는 그것이 현실태적으로 잘 발휘되기 위한 일련의 조건을 필요로 한다. 그것은 후천적인 요소들로서 프로타고라스는 이것을 일련의 가정과 학교, 그리고 국가의 법에 의해 주어지는 교육 과정으로 설명한다. 즉 처음에는 가정에서 유아기의 교육이 있어야 하고, 이후에는 국가에 의한 학교 교육과 사회 교육이 필요하다는 것이다.

여기서 우리는 프로타고라스가 제우스 신화에서 말한 인간 본성으로

---

173 Platon, *Prot.*, 328b-c.

내재화된 염치와 정의를 현실적으로 완성할 수 있는 정치 체제가 어떤 것인가를 물을 수 있다. 이와 관련하여 프로타고라스는 인간 본성이 실현될 수 있는, 인간 본성에 걸맞은 정치 체제를 바로 민주정으로 주장한다. 즉 프로타고라스에 따르면 민주정체만이 가능태적인 측면에서 인간 본성의 평등성을 인정하고 그것을 현실태적으로 발휘할 수 있는 최대한의 기회를 주고자 하는 정체이다. 이와 달리 귀족정은 혈통상의 우월상을 근거로 특수한 귀족에게만 정치적 참정권을 부여하고, 과두정은 일정한 부를 충족시킨 자에 한에서만 정치적 참정권을 인정한다. 요컨대 프로타고라스의 제우스 신화가 민주주의를 향한 위대한 연설일 수 있는 이유는 그것이 인간 본성상의 평등성을 인정하고 인간의 가능태적 역량을 구현할 수 있는 적합한 정체를 민주정으로 간주했기 때문이다. 이런 점에서 프로타고라스의 인간 만물 척도론 주장은 기존의 '신중심주의(theocentrism)' 패러다임을 대체한 혁명적 주장으로 평가될 수 있다. 그리고 인간이 중심이 되는 세상에서 그러한 인간의 행복을 실현할 수 있는 공동체를 민주주의적 폴리스로 제시했다는 것은 그 의미가 결코 작지 않다.

2) 아리스토텔레스의 다수의 집합적 지혜론

앞에서 살펴본 것처럼 플라톤의 아테네 민주정에 대한 신랄한 공격은 데모스의 이성적인 판단 능력의 결여에서 그 이유를 찾을 수 있다. 그런데 만약 데모스가 지적인 측면에서 정치적 판단 능력을 갖추고 있다면, 플라톤의 아테네 민주정에 대한 비판은 그 장력을 잃게 될 것이다. 그렇다면 아테네 민주정이 우중의 정체라는 플라톤의 신랄한 비판에 맞서 데모스의 정치적 판단이 합리적인 숙고를 통해 내려진다는 이론적 논변이 제시될 수 있을까? 이 물음에 대해 우리는 아리스토텔레스 데모스의

'집합적 지혜(collective wisdom)' 논변에 주목할 필요가 있다.[174]

앞서 살펴본 것처럼 민주주의를 옹호하는 최초의 철학적 근거를 제시한 사상가는 프로타고라스라고 말할 수 있다. 그런데 아테네 민주주의의 핵심적 원리가 되는 '데모스의 통치'에 관한 체계적이며 이론적인 차원의 철학적 논변은 아리스토텔레스가 제시한다고 말할 수 있다. 특히 데모스의 정치적 판단 능력의 우월성에 관한 다중의 집합적 지혜론이 그것이다. 아리스토텔레스는 『정치학』 3권에서 민주정의 타 정체에 대한 우월성이 무엇인가에 대한 물음을 제기하고 그것에 대한 답을 집합적 지혜론을 통해 제시한다. 그 핵심은 "다수는 개인적으로는 훌륭한 자(spoudaios anēr)가 아니지만 함께 모임으로써, 즉 각자로서가 아니라 집단적으로서 소수의 뛰어난 자들보다도 더 나을 수가 있다"[175]라는 것이다. 즉 일반 시민의 정치적 지혜가 소수의 정치적 판단과 동등하거나 더 나을 수 있다는 것이다. 이처럼 정치적 판단을 위한 지혜가 다수 시민에게 존재한다는 그의 주장은 분명 민주주의를 옹호하는 철학적 근거를 제공한다는 점에서 주목할 필요가 있다. 아리스토텔레스는 이러한 집합적 지혜론에 대해 세 가지 비유를 들어 그것의 정당성을 설명한다. 향연과 예술 작품, 그리고 그림 비유가 그것이다.

◇◇◇

(다중의 집합적 판단의 우월성은) 마치 많은 사람들이 추렴해서 마련한 식사가 한 사람이 베푼 식사보다 더 훌륭할 수 있는 것과 같다. 왜냐하면 다중(多衆)을 구성하는 개인들 각각은 덕과 실천지(phronēsis)의 어떤 부분(morion)들을 가지고 있어 그들이 함께 뭉치는 경우에는 많은 다리와 많

---

174 이하 집합적 지혜론에 관한 기술은 손병석(2019), 311-331에서 부분적으로 선택하여 재인용했음을 밝힌다.

175 Aristoteles, *Pol.*, 1281a40-b2.

은 손 그리고 많은 감각들을 가진 한 사람이 되는 것처럼 그들은 품성 (ēthē)과 지성(dianoia)에 있어서도 마찬가지로 그렇게 될 것이기 때문이다. 이런 이유로 다중은 음악이나 혹은 시와 같은 작품들을 더 잘 판단한다. 왜냐하면 그들 중의 다른 자들은 어떤 다른 부분을 판단하고, 그렇게 그들 모두가 모든 것을 판단할 수 있기 때문이다. 그러나 아름다운 것들이 아름답지 않은 것과 구별된다고 말해지고 또 기술에 의해 그려진 그림이 실물과 구별된다고 말해지듯이 훌륭한 사람들을 다중 속의 개별적인 사람과 구별하는 것은 개별적으로 흩어져 있는 것들을 하나로 합침에 의해서이다. 이는 만약에 개별적인 것으로 흩어져 있다면, 여기에 있는 사람의 눈이 그림 속에 그려진 눈보다 더 아름답고 또 어떤 다른 부분은 다른 것보다 아름답기 때문이다.[176]

◇◇◇

위 인용문에서 아리스토텔레스는 식사의 예를 통해 한 접대주가 제공한 식사보다 공동으로 추렴하여 차린 식사가 더 나을 수 있듯이, 개인이 가지고 있는 개별적인 덕이나 실천지의 총화가 소수의 훌륭한 자가 가진 덕과 실천지를 능가할 수 있다고 말한다. 그다음 예술 작품의 예는 다중이 시나 음악과 같은 예술 작품을 판단하는 데 있어서도 "좀 더 폭넓게 평가할 수 있는 자"[177]로서 소수의 전문가보다 더 나을 수 있다는 것이다. 그리고 마지막으로 그림의 비유를 통해서는 개별적인 다양한 요소들이 전체적으로 조화롭게 결합되어야 함이 강조된다. 만약에 상이한 요소들이 하나의 그림 속에서 조화롭게 통일되어 있지 못할 경우, 그것이 모방하고 있는 실제의 개별적인 것보다 아름답지 못하게 된다.

---

176 Aristoteles, *Pol.*, 1281b2-15.

177 R. Pianka(1995), 118.

이와 같이 아리스토텔레스는 향연과 예술 작품의 평가라는 두 예를 통해서 다중의 개별성보다는 전체성을 강조한다. 또한 그림의 비유를 통해서는 다중의 전체성이 유기체적이며 역동적인 과정을 통해 집합적 조화 혹은 통일성을 확보해야 함을 강조하고 있다. 중요한 점은 일인의 탁월한 자 또는 소수의 훌륭한 자들과 비교되는 대상이 데모스 개인이 아니라 어디까지나 데모스 전체라는 것이다. 즉 데모스의 집합적 지혜의 우월성은 어디까지나 집합적 또는 집단적으로서의 데모스를 조건으로 하지 개별적인 데모스를 의미하는 것이 아니다. 따라서 집합적인 단위로서의 데모스가 소유한 덕과 실천지가 소수의 훌륭한 자의 덕이나 실천지보다 못하지 않거나 오히려 그것을 능가할 수 있다는 것이다. 또한 데모스가 각자 부분적으로 소유한 덕과 실천지 역시 그것이 조화롭게 모이지 않는다면 소기의 목적을 달성하기 어렵다. 그러므로 데모스 전체가 조화롭게 결합하여 마치 한 사람의 다중이 되지 않는다면 데모스의 판단은 소수의 훌륭한 자들의 판단보다 더 올바르게 내려질 수 없다.[178]

아리스토텔레스가 상술한 세 가지 비유를 통해 말하고자 하는 중요한 점은 특출나게 뛰어나지 않은 보통의 다중이 지혜로운 집단으로서 올바른 정치적 판단을 내릴 수 있다는 것이다. 그리고 아리스토텔레스는 그것이 단순히 다중의 수적인 많음이 아니라 숙고적 판단에 의해 가능하다고 본다. 데모스의 숙고적 판단은 각자의 지식, 경험에 의한 다양한 정보들을 전체적으로 조화롭게 합산하는 것을 의미한다. 이렇게 해서 데모스는 민회에서 정치적인 문제와 관련해 소수의 훌륭한 자들의 정치적 판단보다 포괄적이며 좀 더 나은 판단을 내릴 수 있다. 이것은 민주

---

178 세 비유에 관한 상세한 설명은 손병석(2019), 312-315 참조할 것.

정체가 가문이 좋은 '최선자들(hoi aristoi)'이나 부유한 '소수의 사람들(hoi oligoi)'에 의해 통치되는 귀족정이나 과두정보다도 그 상대적 우월성을 확보할 수 있음을 의미한다.[179] 즉 아테네 민주정의 공적 기구인 민회나 법정에서 데모스는 집단적으로는 소수의 엘리트보다 더 나은 정치적 내지 사법적 판단을 내릴 수 있다는 것이다.

아리스토텔레스가 제시하는 다중의 집합적 지혜의 두 번째 논증은 『정치학』 3권 15장에서의 물음, 즉 '법에 의한 판단이 어려울 경우 한 사람 또는 모두의 통치 중 누구의 것이 더 우월한가'와 관련된다.

◇◇◇

> 법이 온전하게 혹은 잘 결정할 수 없는 그런 것들에 대해서는 최선의 한 사람이 통치해야 하는가 아니면 모든 사람들이 통치해야만 하는가? 현재 그런 것처럼 시민 전체가 함께 모여서 판결을 내리고, 심의하고 결정을 하는데 이러한 결정들은 모두 개별적인 것들과 관련되어 있기 때문이다. 개별적으로 취해질 때 그들 중 어떤 한 사람의 기여는 아마도 최선의 사람과 비교해서 더 열등할 것임이 분명하다. 그러나 폴리스는 많은 사람으로 구성되고 이것은 마치 많은 사람들이 이바지한 잔치가 단순하게 한 사람이 차린 잔치보다 더 나은 것과 같다. 이러한 이유로 다중도 어떤 한 개인보다 많은 것들을 더 잘 판단할 수 있는 것이다.[180]

◇◇◇

위 인용문에서 아리스토텔레스는 법이 그 보편성으로 인해 "판단할 수 없거나 혹은 올바르게 판단할 수 없는 경우에 일인의 최선자 혹은 모든 사람들 중에서 누가 더 나은 판단자인가"[181]를 묻는다. 그리고 데모

---

179 E. Barker(1906), 350, M. P. Nichols(1992), 66.

180 Aristoteles, *Pol.*, 1286a27-33.

스가 개별적으로 판단할 경우에는 최선자의 판단보다는 못하지만, 집단적으로 이루어지는 판단은 더 낫다고 말한다. 이곳에서 아리스토텔레스는 아테네 민주정의 심의기구인 민회를 염두에 둔 것으로 볼 수 있다. "함께 모여 듣고 심의하고 결정한다"[182]라는 말을 통해 알 수 있다. 물론 아리스토텔레스가 최선의 일인의 통치를 절대적으로 부정한다고 보기는 어렵다. 그래서 그는 만약에 다른 사람들과 비교할 수 없을 정도의 덕과 통치 능력을 가진 마치 '인간들 중의 신'과 같은 최선의 일인자가 있을 경우에 그에 대해 법을 입법하려는 것은 우스운 일이라고 말한다. 왜냐하면, 이러한 자는 그 자신이 법이기 때문이다.[183]

그러나 아리스토텔레스에 따르면 일인의 최선자의 통치는 크게 3가지 문제점을 가진다. 첫째, 최선자에 의한 일인의 통치는 기본적으로 자유롭고 평등한 자들로 구성된 시민 공동체의 '시민 통치(politikē archē)' 원리와 맞지 않는다. 시민들 사이 정치 권력에의 교대로의 참여를 긍정적으로 평가하는[184] 아리스토텔레스의 입장에서는 "자유롭고 평등한 자들이 모든 것에 대해 권위를 가지지 않는 것은 유익한 것도 아니며 또 정의도 아니다."[185] 둘째로 일인의 영원한 통치에 대한 아리스토텔레스의 부정적인 견해는 한 사람이 모든 것에 대해 정확하게 아는 것이 불가능하다는 언급에서도 확인된다. 그에 따르면 두 개의 눈, 두 개의 귀, 두 개의 손 그리고 두 발을 가진 일인 왕은 다중과 비교해서 매우 제한된 인식 능력을 가지고 있다. 그래서 왕은 자신의 친구나 혹은 자신의 정체를

---

181 Aristoteles, *Pol.*, 1286a24-25.

182 Aristoteles, *Pol.*, 1286a25-26.

183 Aristoteles, *Pol.*, 1284a13-14.

184 Aristoteles, *Pol.*, 1277b7-9, 1317b2-3.

185 Aristoteles, *Pol.*, 1288a1-2.

지지하는 추종자들의 눈과 귀의 도움을 받지 않으면 자신의 권력을 유지하기 어렵다.[186] 셋째는 일인의 최선자 역시 자신의 성품을 규정하는 욕구나 감정으로부터 완전히 자유로울 수 없다는 것이다. 비록 감정이 전혀 없는 이성의 화신으로서의 왕을 상상할 수 있을지라도 현실적으로 그러한 종류의 인간은 불가능하다. 육체를 가진 인간이 감정을 지니지 않을 수는 없기 때문이다.[187] 플라톤과 달리 아리스토텔레스는 일인 또는 최선자들의 영원한 지배를 단순히 불필요한 것이 아니라 분명한 단점을 가지고 있는 것으로 보고 있다.[188] 이는 그의 다음과 같은 진술 속에서 확인된다.

○○○

사람이 통치를 해야 한다고 말하는 것은 하나의 짐승을 덧붙이는 것과 같다. 왜냐하면 사람의 욕망(epithymia)은 짐승의 그것과 유사하며, 또 기개(thymos)는 심지어 최선자들까지 타락시키기 때문이다.[189]

○○○

그러면 아리스토텔레스는 데모스의 정치적 참여를 어디까지 인정해야 한다고 보는 것일까? 데모스의 정치적 판단 능력이 아테네 민주정의 발전에 구체적으로 어떤 방식으로 기여할 수 있다고 보는 것인가? 이러한 물음들과 관련해서 아리스토텔레스는 혼합 이론을 통해 데모스의 정치적 참여를 다음과 같이 긍정적으로 평가한다.

---

186 Aristoteles, *Pol.*, 1287b8-35.

187 Aristoteles, *Pol.*, 1286b22-28, 1287a25-40.

188 디오게네스 라에르티우스에 따르면 아리스토텔레스는 『왕정에 관하여』라는 소실된 책에서 왕이 해야만 할 일은 참된 철학자의 조언을 듣고 받아들이는 것이라고 주장하였다고 한다 (Diogenes Laertius, V.22, A. H. Chroust, 1968, 16-22 참조).

189 Aristoteles, *Pol.*, 1287a30-32.

따라서 다중을 심의적 기능(bouleunesthai)과 사법적 기능(krinein)에 참여시키는 것이 남는다. 이런 이유로 솔론과 다른 입법자들은 행정 관리들을 선출(archairesia)하고 또 그들을 감사(eithuna)하는 기능을 부여하였으나 개별적으로 통치하는 권한은 주지 않았다. 왜냐하면 그들 모두는 함께 모였을 때 충분한 판별력을(ikanēn aisthēsin) 가지고 있고, 그래서 더 훌륭한 자들과 합침으로써 폴리스를 이롭게 할 수 있기 때문이다. 이는 마치 순수하지 못한 음식이 순수한 음식과 혼합됨으로써 적은 양의 순수한 음식보다 전체적으로 더 큰 유용함(chrēsimōteran)을 줄 수 있는 것과 같다. 그러나 분리된 개별적인 다중은 판단함에 있어서 불완전하다(atelēs).[190]

위 인용문에서 아리스토텔레스는 시민들 중의 자유인인 다중이 어떤 것에 대해 권위를 가져야만 하는지를 검토하면서 소위 혼합 이론을 제안한다. 아리스토텔레스에 따르면 다중을 '최고의 행정관직(megistē archē)'에 앉히는 것은 위험한 일인데, 이는 그들이 지니고 있는 부정의라든지 무분별이 그들로 하여금 '불의를 행하게 하거나(adikein)' 또는 '잘못을 범하게(hamartanein)' 할 수 있는 가능성을 아주 배제할 수 없기 때문이다. 그러나 다른 한편으로 그는 다중을 정치 권력으로부터 완전히 배제시키는 것 역시 폴리스를 적으로 가득 차게 함으로써 크나큰 위험을 초래할 수 있다고 본다. 그래서 그는 폴리스의 안정을 중시하면서 올바른 해결책으로 다중을 집단적인 제도에 참여케 할 것을 주장한다. 즉 그는 다중이 최고의 관직을 차지하지 않는다는 전제하에서 다중의 '심의권'과 '사법권'을 인정하는 것이 필요하다고 본다. 요컨대 아리스토텔레스는 한

---

190 Aristoteles, *Pol.*, 1281b31-38.

편으로는 다중의 정치 참여를 제한하면서도 다른 한편으로는 다중의 심의적 기능과 사법적 기능에의 참여를 허용하면서 이른바 다중과 소수의 훌륭한 자들 사이의 권력 분립이 이루어진 혼합 형태를 지지한다고 말할 수 있다. 앞의 인용문에서 아리스토텔레스는 데모스와 훌륭한 자의 혼합에 의해 이루어지는 통치 형태가 좋은 것임을 음식의 예를 통해 주장한다. 즉 순전히 적은 양의 단일한 음식보다는 다른 종류의 음식과 함께 혼합된 음식이 몸에 더 큰 유익함을 줄 수 있다. 이런 방식처럼 소수의 훌륭한 자들과 함께 다수의 시민이 혼합된 통치 형태가 정체의 공동 이익에 부합할 수 있다는 것이다. 그래서 혼합된 통치 방식에서 데모스는 한편으로 행정의 통치자들을 선출하고 또 선출된 통치자들이 그들의 임기 동안에 폴리스와 시민들의 행복 증진에 얼마만큼 기여했는지를 감사(監査)하는 역할에, 다른 한편으로 소수의 훌륭한 자들은 행정관직을 맡는 역할로 각각 분화되어 각자의 역량을 발휘할 수 있다.

데모스의 집합적 지혜론의 네 번째 논증은 정치적 판단과 타락 가능성의 관계성을 통해 제시된다. 즉 다중이 개인보다 더 나쁜 판단자가 되지 않을 수 있는데, 그 이유는 다중이 한 사람이나 소수보다 덜 타락하기 때문이다. 아리스토텔레스는 잔치 비유를 다시 들면서 그것을 다음과 같이 보충하여 말하고 있다.

◇◇◇

더욱이 많은 양이 한결 더 쉽게 타락하지 않는데, 마치 더 많은 양의 물이 그런 것처럼 다수가 소수보다 한결 더 쉽게 타락하지 않는다. 성냄이나 이와 같은 종류의 어떤 다른 감정에 의해 압도될 때 한 개인의 판단은 필연적으로 타락하지만, 그 반면에 이와 동일한 상황에서 모든 사람을 동시에 성내게 하고 잘못을 저지르게 만드는 것은 곤란한 일이다.[191]

◇◇◇

이 인용문에서 아리스토텔레스는 앞서 든 잔치 비유를 통해 데모스의 집합적 판단의 우월성을 인정한 후에 또 다른 비유를 들어 그 우월성을 변호한다. 물의 비유가 그것이다. 그에 따르면 적은 양의 물보다는 많은 양의 물이 덜 오염이 되는 것처럼 다중은 소수의 뛰어난 자들보다도 덜 타락한다는 것이다. 요컨대 그는 다중의 집단적 광기에 대한 플라톤의 견해를 공유하지 않는 것으로 생각된다.[192] 반대로 그는 일인의 최선자라도 보통 그의 분노라든지 다른 감정에 의해 잘못 판단할 수 있는 반면에 다중 모두가 함께 분노하거나 실수를 하기는 어려운 것으로 보고 있다. 결론적으로 아리스토텔레스는 데모스의 집합적 판단의 우월성이 최선의 일인의 판단과 비교해서도 유효할 수 있고 따라서 민주정의 왕정에 대한 상대적 우월성이 가능하다고 본다.

중요한 점은 물의 비유가 데모스의 도덕적인 순수성의 의미에만 한정되지 않는다는 것이다. 아리스토텔레스가 보기에 도덕적인 타락은 이성보다 감정에 따른 것이며, 이것은 곧 정치적 판단에 영향을 준다고 이해될 수 있기 때문이다. 그렇다면 데모스가 소수보다 도덕적인 타락이 덜하다는 말은 데모스가 감정보다 이성에 따른 정치적 판단을 더 잘한다는 것으로 이해될 수 있다. 즉 도덕적인 순수성의 문제는 곧 인식적인 차원에서의 정치적 판단과 밀접한 관계를 갖는다. 아리스토텔레스의 이러한 평가는 우리 현대인에게 이상하게 들릴 수 있다. 현대의 군중은 집단적인 군중 심리에 의해 건전한 판단을 하지 못할 가능성에 노출되어 있다고 말해지기 때문이다. 즉 다중은 개인이나 소수보다 더 집단 심리에 휩쓸려 이성보다 감정에 따른 판단을 하는 경향이 강하다고 여겨진

191　Aristoteles, *Pol.*, 1286a31-36.

192　Platon, *Politeia*, 429b-c, 538d-539a, 561b-c, *Gorgias*, 456b-c 참조.

다. 그러나 아리스토텔레스는 데모스의 집단 이익 추구로 인한 공동선의 저해에 대해 큰 걱정을 하지 않는 것으로 보인다. 그는 데모스가 한 사람이나 소수보다 분노와 같은 감정에 휩싸여 잘못된 판단을 하지 않을 것이라고 믿기 때문이다.

지금까지 살펴본 아리스토텔레스의 데모스 통치 원리의 정당성의 근거는 집합적 지혜론에 있다. 즉 집합적 지혜론에 따르면 데모스는 개별적으로는 약하지만 함께 모임으로써 정치적 프로네시스를 발휘할 수 있다. 그래서 다수의 시민은 소수와 같거나 오히려 더 나은 정치적 판단과 결정을 내릴 수 있다. 플라톤과 달리 아리스토텔레스는 정치적 판단 능력이 배타적으로 특별한 한 개인이나 소수에게 주어져야 한다는 주장에 반대하는 것이다. 또한 데모스의 정치적 판단 능력의 우월성은 데모스의 도덕적 차원의 우월성에 의해서도 뒷받침된다. 앞서 살펴본 물의 비유에서 알 수 있는 것처럼 다수가 소수보다 덜 타락하기 때문이다. 도덕적인 타락은 이성보다 감정에 의한 비합리적 판단에 의해 이루어진다. 결국 아리스토텔레스에 따르면 데모스의 통치는 도덕적인 차원과 인식론적인 차원에서 소수보다 강점을 갖고 있다는 점에 근거해서 정당화된다고 볼 수 있다.

그런데 아리스토텔레스에 따르면 데모스의 집합적 지혜에 근거한 정치적 참정권은 무조건적으로 인정되어서는 안 되고 제한적으로 인정될 필요가 있다. 이것은 무엇보다 데모스가 소유한 정치적 지혜가 '입법적 프로네시스'가 아니라 어디까지나 심의하고 판결할 수 있는 '정치적 프로네시스'이기 때문이다. 입법적 프로네시스는 정체의 전체 구조를 입법하거나 기획할 수 있는 전문 지식이나 경험을 갖춘 훌륭한 자에게 있다.[193] 이와 달리 데모스는 입법적 프로네시스를 발휘할 수 있는 장군직이나 최고의 행정관직을 뽑고 그들을 감사할 수 있는 정도의 정치적 지혜를 갖고 있다. 이러한 이유로 아리스토텔레스는 소수의 탁월한 자와 이성적인 다수 시민의 협치가 이루어지는 '혼합주의적 민주정'을 지지한다고 볼 수 있다.

그런데 문제는 다중과 소수의 훌륭한 자들의 혼합 통치와 관련해서 몇 가지 아포리아가 발생할 수 있다는 것이다.[194] 첫 번째 아포리아는 '어떻게 통치 기술에 대해 정확하게 알지 못하는 데모스가 최고의 통치자를 선출할 수 있고 또 판결할 수 있는 특별한 판단 능력을 가질 수 있는가?' 하는 것이다. 환자를 올바르게 치료할 수 있는 적임자는 그 환자의 병에 대해 의학적인 지식을 가지고 있는 '의사(iatros)'라는 것이 이러한 반론의 한 예이다. 즉 어떤 한 의사의 치료 능력을 올바르게 판단할 수 있는 사람이 전문가인 다른 의사이듯이 다른 분야의 전문가들 역시 그 분야의 전문가들에 의해 더 잘 판단될 수 있다는 것이다.[195] 이러한 반론에 대해 아리스토텔레스는 의사와 비전문가의 구별이 그리 엄격한 것이 아님을 지적하고 있다. 달리 말해 아리스토텔레스에 따르면 의사라는 말은 '전문의(dēmiourgos)'뿐만 아니라 치료를 '총지휘하는 전문의(architektonikos)', 그리고 의술에 대한 '일반적인 교육을 받은 자(pepaideumenos)'와 같은 아마추어까지 포함한다.[196] 그렇다면 아리스토텔레스는 일반적인 앎을 가진 교양 있는 아마추어 역시 의술에 관한 판단자로 본다고 말할 수 있다.[197] 이는 곧 아리스토텔레스가 통치술에 관한 어느 정도의 일반적인 앎을 가지고 있는 데모스 역시 경험을 통해 그들

---

193 Aristoteles, *EN*, 1141b24-29.

194 이하의 아포리아와 관련된 기술은 손병석(2019), 320-324에서 재인용했음을 밝힌다.

195 Aristoteles, *Pol.*, 1281b40-1282a3.

196 Aristoteles, *Pol.*, 1282a3-5, *EN*, 1094b28-1095a2 참조.

197 M. P. Nichols(1992), 69.

의 통치자를 선출하고 감사할 정도의 판단 능력은 가지고 있다고 보고 있음을 의미한다.

그러나 이러한 답변에 대해 다시 기하학에 대한 앎을 가진 자가 다른 기하학자를 더 잘 판단하고, 또 배의 선장을 뽑는 경우에도 선주가 더 잘 판단할 수 있듯이, 데모스의 의견이 전문가의 의견보다 더 큰 가치를 가지는 것으로 간주되어서는 안 된다는 반론이 계속해서 제기될 수 있다.[198] 아리스토텔레스는 이러한 반론에 대해 『정치학』 3권 11장 1282a14-23행에서 두 가지 논거를 들어 응답한다. 하나는 '노예와 같은 (andrapodōdes)' 품성을 갖고 있지 않은 다중으로 구성된 경우 이들이 내린 판단은 소수의 아는 자들의 판단보다 더 낫거나 또는 더 못하지 않다는 것이다. 다른 하나는 소위 '사용자 이론(user's theory)'인데, 이는 어떤 제작물과 관련하여 제작자만이 그것에 대한 판단을 내릴 수 있는 유일한 사람 혹은 최선의 판단자가 아니라는 것이다. 예를 들어 집주인은 집에 대해서는 그 집을 만든 건축가보다 더 나은 판단자가 될 수 있고, 배의 키에 관해서는 그것을 만든 목수보다 그것을 사용하는 조타수가 나은 판단자가 될 수 있다. 마찬가지로 향연에 차려진 식사에 대해서는 그것을 만든 요리사보다도 그것을 먹는 사람들이 각각 더 훌륭한 판단자가 될 수 있다는 것이다. 요컨대 아리스토텔레스는 데모스 역시 회계나 군사적인 것에 관한 전문적인 지식을 가지고 있지 않더라도 이에 관한 각각의 감사나 판단을 올바르게 행할 수 있음을 인정한다. 이는 데모스 역시 자신들과 관계된 윤리적이고 정치적인 문제의 결정에 있어 그러한 결정이 초래할 결과에 의해 직접적으로 영향을 받는 당사자이므로 올바른 판단이 요구되는 과정 속에서 조화를 이루기 위해 신중히 노력하기 때

---

198 Aristoteles, *Pol.*, 1282a7-12.

문인 것으로 이해할 수 있다. 달리 말해 "신발을 신고 있는 자가 그 신발이 발의 어디를 찌르는지를 가장 잘 알 수 있는 것"[199]처럼 다중은 자신과 또 자신들이 지지하는 정체로서의 민주정에 '유익(sympheron)'한 것이 무엇인지를 알고 있으며, 따라서 이것을 성취하기 위해 어떻게 뭉쳐야 하는지도 잘 이해하고 있다는 것이다.[200]

이와 관련된 다른 하나의 반론은 '어떻게 자질이 뛰어나지 못한 자(phaulos)들이 훌륭한 자(epieikēs)들보다 공동체의 운명과 관련되는 매우 중요한 문제에 대해 최종적인 결정권을 가질 수 있는가' 하는 것이다.[201] 통치자의 임무에 대한 감사나 그들의 선출과 같은 일은 폴리스의 가장 중요한 일이라 할 수 있다. 그런데 이러한 권한을 다중에게 위임한다는 것은 어리석은 일이 아닌가 하는 반론이다. 이에 대해 아리스토텔레스는 『정치학』 3권 11장 1282a32-41행에서 다중의 집합 이론을 통해 대응하고 있다. 다시 말해 그는 이러한 문제의 결정에 있어 다중은 개별적인 '평의회의 구성원(ho bouleutēs)' 혹은 '법정의 구성원(ho dikastēs)' 혹은 '민회의 구성원(ho ekklēsiastēs)'으로서가 아니라 법정 혹은 평의회 혹은 민회의 다중으로 어디까지나 함께 집단적으로 활동하여 결정하기 때문에 이러한 판단이 올바를 수 있음을 주장한다.[202] 우리는 아리스토텔레스가 이 부분에서 자신의 민주정에 대한 비판적인 거리를 유지하기 위해 이러한 반론들을 어느 정도 수용할 수 있었음에도 불구하고 끝까지 양보하지 않고 변호하는 것들을 본다. 이에 그에게서 민주주의의 이론적 옹호자

---

199 W. Newmann(1887-1902), vol. 1, 258.

200 J. Hare(1986), 37-49, 특히 38-39.

201 Aristoteles, *Pol.*, 1282a25-29.

202 Aristoteles, *Pol.*, 1282a32-41.

인 프로타고라스의 모습을 떠올리게 된다.[203] 이러한 민주정에 대한 그의 모든 변호적 자세는 우리로 하여금 그가 다중의 심의적 그리고 사법적인 판단 능력을 인정하고 있고 또 그렇기 때문에 이와 관련된 정치 권력의 분배가 데모스에게 정당하게 주어져야 함을 지지하고 있다는 믿음을 가지게 한다.

지금까지 살펴본 데모스의 통치 원리의 정당성에 관한 아리스토텔레스의 집합적 지혜론이 함의하는 민주주의적 의미는 다음과 같이 정리할 수 있다.

먼저, 데모스의 통치의 정당성은 시민의 이성적인 정치적 판단 능력에 근거한다. 사려 있는 시민은 정치적 참정권을 통해 민주 시민으로서의 역량을 발휘할 수 있다는 것이다. 따라서 데모스의 정치적 삶의 참여는 소수의 훌륭한 자와의 협치를 통해 민주정체의 공동선을 실현하는 데 중요한 역할을 한다. 결과적으로 데모스의 통치는 전체적인 정치적 평등을 담보함으로써 정체의 안정과 발전에 기여한다.

다음으로 데모스의 집합적 지혜의 발휘 과정이 무엇보다 기계적인 합산이 아니라 다양하고 상반된 의견이나 견해가 대화와 설득을 통해 조정되고 융합되는 과정이라는 점이 중요하다. 즉 최종 결정은 공개적인 토론과 숙의를 거쳐 이루어지며, 여러 발언자들이 제시한 다양한 주장을 모두 고려하기 때문에 단순한 축적보다는 동화(同化) 과정에 가깝

---

203 Platon, *Prot.*, 319d 계속 참조. 프로타고라스는 건축이나 조선과 같은 기술과 관련된 문제에 있어서는 다중이 아닌 이 분야의 전문가인 조선공이나 건축가의 판단이 절대적인 권위를 가지는 것으로 인정한다. 그러나 아리스토텔레스는 이러한 기술 분야에 있어서도 다중의 판단이 전문가의 판단보다 못하지 않거나 더 나을 수 있다고 본다. 그래서 카치마네스는 아리스토텔레스가 프로타고라스보다 더 급진적인 의견을 가지고 있다고 평가한다. K. S. Katsimanes(1982), vol. 3, 367.

다.[204] 중요한 점은 시민 모두가 합리성을 갖춘 평등한 동료 시민으로서 '합리적인 의견에 설득되고(toi logoi peitharkein)', 그래서 자신의 견해를 바꿀 수 있는 개방성을 보여 주어야 한다는 것이다. 요컨대 데모스의 통치 원리가 민주적인 방식으로 작동되기 위해서는 시민 상호 간의 평등성 및 합리적인 의견이나 주장을 존중하고 받아들일 수 있는 개방성과 포용성이 중요하다. 이러한 모든 것을 근거 지우는 척도는 시민 모두의 이익과 행복 그리고 정체의 안정이다. 아리스토텔레스는 시민 모두가 '같은 의견(homognōmonein)'과 '결정(prohairesis)' 그리고 그것을 '실천함(prattein)'에 의해 폴리스의 호모노이아(homonoia), 즉 '한마음'이 실현될 수 있음을 다음과 같이 강조한다.

◇◇◇

시민이 무엇이 이익인지에 관해 같은 의견을 갖고 그것을 공동으로 선택하며 공동으로 결정한 것을 행할 때 그것을 한마음을 가진 폴리스라고 말한다.[205]

◇◇◇

이상의 논의를 종합할 때 아리스토텔레스는 '자유롭고 평등한' 시민들로 구성된 정치 공동체에서는 데모스의 정치적 참정권이 민주정의 호모노이아를 실현하는 데 중요한 순기능을 담보하는 것으로 평가한다. 특히 아리스토텔레스의 집합적 지혜론은 아테네 민주정이 추구한 데모스의 통치가 정당화될 중요한 철학적 근거를 제공한다고 볼 수 있다. 아리스토텔레스의 집합적 지혜론에 따르면 데모스는 정치적 프로네시스를 소유하고 있고 그래서 높은 수준의 합리성과 도덕적 우월성을 담보하고

---

204 G. Tsouni(2019), 290-292.

205 Aristoteles, *EN*, 1167a26-28.

있기 때문이다. 중요한 점은 아리스토텔레스가 데모스의 통치의 정당성을 정치적 프로네시스와 같은 덕의 힘에 의해 인정하고 있다는 것이다. 요컨대 아리스토텔레스에게 있어서 민주정의 발전과 시민의 덕은 밀접한 비례 관계에 있다.[206] 민주주의의 발전이 시민의 덕의 힘에 정초해 있다는 아리스토텔레스의 기본적인 생각은 우리에게 과연 현대의 대의제 민주주의가 얼마만큼 시민의 덕 교육에 관심을 가지고 있는지를 되돌아보게 한다.[207]

---

206 아리스토텔레스의 민주정에 대한 기술에서 나타나 있는 여러 형태의 민주정에 대한 상이한 평가는 그의 아레테(aretē), 즉 덕 이론에 따라 이루어지는 것으로 볼 수 있다. 그래서 그는 정치적 실천지와 같은 덕을 제한적이나마 가지고 있는 데모스가 통치하는 온건 민주정에 대해서는 긍정적인 평가를, 그렇지 않고 덕을 결여하거나 가지고 있지 않은 것으로 간주되는 다중들이 지배하는 극단적 민주정에 대해서는 부정적인 평가를 내린다고 말할 수 있다. 데모스의 덕과 민주정의 관계에 관한 상세한 논의는 손병석(2001), 84-94 참조.

207 손병석(2019), 336.

3장

고대 아테네 민주주의는
시끄러운(thorybos) 소리의 정치인가?

　　본 저술의 3장에서는 아테네 민주주의의 핵심적 가치
로 말해지는 이세고리아(isēgoria)와 파레시아(parrhēsia) 즉 '말의 자유(the
freedom of speech)'의 의미와 그에 대한 부정적인 평가와 긍정적인 평가
를 고찰한다. 이세고리아는 '동등하게 말할 수 있는 자유'이며, 파레시
아는 '모든 것을 말할 수 있는 자유'를 의미한다. 즉 이세고리아와 파레
시아는 아테네 민주정이 추구하는 '사상과 언론의 자유'를 구현하기 위
한 핵심적 모토가 된다. 무엇보다 이 두 용어는 아테네 민주정의 핵심적
정치 기구인 민회와 법정의 실질상의 운영 원리가 된다는 점에서 중요
하다. 이것은 데모스테네스(Demosthenes)가 보고하는 것처럼 아테네 시
민이 모인 에클레시아, 즉 민회가 "누가 말하기를 원하는가?(tis agoreuein
bouletai)"[208]라는 말로 시작된다는 것을 통해서도 알 수 있다.

　그러나 말할 자유로서의 이세고리아와 파레시아가 아테네 민주정

---

208 Demosthenes, *De Corona*, 170, Aischines, *Kata Timarchou*, 23.

의 발전에 순기능으로 작용했는지, 아니면 그 반대로 아테네 민주정을 타락시킨 원인이 되는 역기능으로 작용했는지는 좀 더 면밀한 검토가 필요하다. 아테네 민주정에 대한 비판적 입장을 견지하는 당대의 철학자나 역사가들은 이세고리아나 파레시아는 본질적으로 토뤼보스(thorybos), 즉 단순한 '시끄러운 소리(noise)'에 불과하다고 비판하고 있기 때문이다. 즉 이들의 비판에 따르면 이세고리아나 파레시아는 데모스가 아무 생각 없이 떠오르는 대로 아무 말이나 하는 비이성적이며 감정에 치우친 말의 자유에 불과하다. 이와 반대로 아테네 민주정을 옹호하는 사람들은 동등하게 말할 자유는 시민들 사이의 진정성에 근거한 올바른 말[正言]의 자유이며, 이러한 거침없는 비판적 발언에 의해 아테네 민주정이 발전할 수 있었다고 본다. 이세고리아와 파레시아가 이성적인 숙고를 가능하게 한 참된 말의 자유로 작동했는지, 아니면 단지 '다중(多衆, hoi polloi)'의 의미 없는 요란한 말에 불과한 것인지는 아테네 민주주의의 실체를 파악하기 위한 중요한 문제로 볼 수 있다.

본 3장에서는 위에서 제기된 물음과 관련해서, 먼저 아테네 민주주의의 핵심적 모토로 주창되는 말의 자유로서의 이세고리아와 파레시아의 의미를 짚어 본다. 다음으로 아테네 민주주의의 말의 자유에 대한 부정적 입장을 먼저 살펴본 후 이어서 이에 맞서 말할 자유가 어떻게 옹호될 수 있는지를 고찰한다.

1. 말의 자유로서의
이세고리아와 파레시아

아테네 민주정이 약 200년간에 걸쳐 존재할 수 있었던 힘의 근원은 무엇인가? 이 물음에 대한 답변 중의 하나는 바로 아테네 민주정이 다른 정체와 달리 말의 자유가 최대로 허용되었다는 것이다. 즉 아테네 민주정의 자생적 진화는 말의 자유를 통한 비판과 그 비판의 수용으로써 가능했다. 아테네 민주주의 역사는 이러한 말의 자유에 근거한 자체 비판을 수용할 때 흥했고, 그렇지 않고 자유로운 비판을 제한할 때 쇠락했다.

'말의 자유'는 고대 아테네 민주정에서 개인의 자유 중 "가장 가치 있는(most treasured)"[209] 자유로 간주된다. 또한 아테네인들은 말의 자유를 "민주주의의 초석(a cornerstone of democracy)"[210]으로 간주하였다. 아테네 민주정에서 이러한 말의 자유를 구현한 것이 이세고리아[211]와 파레시아[212]이다. 따라서 이세고리아와 파레시아는 아테네 민주정이 표방하는 핵심적 가치이자 아테네 시민들의 삶의 방식을 규정짓는 보편적 이념이 된다. 그래서 현대의 잘 알려진 역사가 한센(M. H. Hansen)은 "말의 자유는 가장 중요한 개인 권리로서 이러한 이상을 아테네 민주정에서 한 번 더 발견하게 된다"[213]라고 말한다.

실제로 고대의 여러 자료가 이를 입증한다. 예를 들어 아테네 민주정에 비판적이었던 플라톤은 『국가』 편에서 "그리스의 어떤 다른 곳에서

---

209 M. H. Hansen(1992), 77.

210 K. A. Raaflaub(2004), 276.

211 isēgoria에 관한 논의는 G. T. Griffith(1966), 115-138, A. Saxonhouse(2006), 85-100, J. D. Lewis(1971), 129-140, Y. Nakategawa(1988), 257-275, I. Sluiter, R. M. Rosen(eds.)(2004), 특히 197-220, K. A. Raaflaub(2004), 89-102 참조할 것.

212 parrhēsia에 관한 논의는 M. Foucault(1983), D. Konstan(2012), 174-208, A. Momigliano (1973), 252-263, J. Ober(2004), 21-43, H. Baltussen, P. J. Davis(2015), 1-17 참조할 것.

213 M. H. Hansen(1992), 77.

보다도 아테네에서 말의 자유가 더 있었다"[214]라고 말한다. 또한 비극 작가 에우리피데스는 『히폴리투스(*Hippolytos*)』에서 파이드라를 통해 그의 자식들이 "영광스러운 아테네에서 자유인으로서, 말의 자유를 누리면서 행복하게 살기를"[215] 원한다고 말한다. 이런 점에서 아테네 민주주의는 실상 "말에 의존한 정체(politeia en logois)"[216]이자, "말이 곧 권력(speech was power)"[217]인 정체라고 말할 수 있다.

먼저 말의 자유를 표현하는 isegoria는 말 그대로 '동등하게(ison)' '말하는(agoreo)' 것을 의미한다. 따라서 이세고리아는 말의 평등, 다시 말해 아테네 민주정의 주요 정치 기구인 민회에서 모든 아테네 시민들이 동등하게 말할 기회를 의미한다. 이런 점에서 이세고리아는 정치적인 맥락에서 좀 더 중요하게 사용되는 개념이며, 자유보다는 평등에 좀 더 큰 의미를 갖는다. 즉 20세 이상의 아테네 남성 시민이라면 누구나가 민회의 단상(bema)에 올라 동료 시민들 앞에서 자유롭게 자신의 의견을 제시할 기회를 얻는다. 이세고리아를 통한 평등하게 말할 자유는 매달 열리는 민회가 "누가 말하기를 원하는가"[218]와 같은 간단한 물음에서 시작된다는 점에서도 단적으로 알 수 있다. 에우리피데스 역시 자신의 비극 작품 『탄원하는 여인들』에서 다음과 같이 기술한다. "이것이 바로 자유다. 누가 폴리스에 유익한 안건을 갖고 있어 공론에 부치기를 원하는가?"[219]

말의 자유는 폴리스의 운명과 관련된 중요한 사안이 될 수도 있고 그

214　Platon, *Politeia*, 557b.

215　Euripides, *Hippolytos*, 421-424.

216　Demosthenes, *Peri tēs Parapresbeias*, 184.

217　J. Roisman(2004), 261.

218　Demosthenes, *De Corona*, 170, Aischines, *Kata Timarchou*, 23.

219　Euripides, *Hiketides*, 438-439.

보다 작은 이슈와 관련된 의견일 수도 있다. 아테네 민회의 운영과 절차가 대략 한 달에 2번 정도 열리고, 말하는 자의 수와 말하는 시간의 제한이 없는 것을 고려하면 시민 누구나가 마음만 먹으면 언제든지 말할 기회를 가졌다고 볼 수 있다. 그래서 헤로도토스는 이세고리아를 민주주의와 동의어로 사용한다.[220] 그가 왕정이나 귀족정 또는 과두정과 다른 민주정의 핵심적 특성을 이소노미아 대신에 이세고리아로 선택한 것은 의도적인 것으로 보이며 이런 점에서 주목할 만하다. 기원전 4세기의 연설가 데모스테네스는 아테네 시민들이 "이세고리아의 삶을 선택하였다(met' isēgorias zēn hēirēmenois)"[221]라고 말한다. 4세기의 연설가 아이스키네스 역시 민주정과 과두정을 구분하면서 과두정에서는 '힘 있는 자만이 대중에게 연설하지만, 민주정에서는 시민이면 그에게 옳은 것으로 보일 때 누구나가 말할 수 있다'라고 말한다.[222]

상술한 것을 종합할 때 이세고리아는 아테네 민주정이 데모스에 의한 통치가 이루어지도록 한 핵심적 개념이 된다고 말할 수 있다. 이세고리아는 아테네 성년 남자 시민이라면 누구든지 민회에 참석해서 동등하게 말할 수 있는 정치적 자유를 의미하기 때문이다. 아테네 시민들에게 말할 기회를 금지하는 것은 마치 오늘날 국회의원이 의회에서 말하는 것을 금지하는 것처럼 생각할 수 없는 일이다.

parrhēsia는 '모든 것(pan)'을 '말할 수 있는(agoreo)' 자유를 의미한다. 그런데 파레시아는 이세고리아보다 좀 더 구체적인 말의 자유를 의미한다. 무엇보다 파레시아는 '진리 또는 진실에 따라 말하는 것'을 의미한

---

220 Herodotos, *Historiai*, V.78, Ps. Xenophon, *Ath. Pol.*, 1.12.

221 Demosthenes, *Peri tēs Rodiōn eleutherias*, 18.

222 Aischines, *Kata Ktēsiphōntos*, 220.

다. 다시 말해 파레시아는 거리낌 없이 모든 것을 솔직하게 비판적으로 말하는 것, 즉 '직언(直言, frank speech)'의 의미를 갖는다. 요컨대 파레시아의 핵심적 사상은 '비판'과 '진실 말하기'이다. 파레시아는 말하는 자가 자신의 말에 대한 책임을 져야 하는 위험 속에서도 자신이 올바르거나 참되다고 믿는 것을 청중에게 진실성을 갖고 용감하게 말하는 것이다.[223] 요컨대 파레시아는 듣는 자의 행위나 생각을 지도하고 바로잡고자 하는 진지한 말이다. 이와 관련해서 아리스토텔레스가 『아테네 정체』에서[224] 보고하는 농부의 파레시아적인 예를 들 수 있다. 어느 날 참주 페이시스트라토스가 농촌을 지나다가 들에서 일하는 농부를 만나게 된다. 그런데 농부는 돌만을 캐고 있었다. 그래서 그가 왜 그런가를 물었을 때 농부는 땅의 돌을 캐는 것이 아니라 피와 재를 파는 것이라고 답한다. 참주정하에서의 과도한 세금 납부로 인한 고통을 과감하게 참주에게 직언한 것이다. 이에 페이시스트라토스는 농부의 세금을 면제시켜 주었다고 한다. 이런 점에서 파레시아는 비판적인 발언으로서 직언이나 정언의 의미를 갖는다. 기원전 4세기의 연설가 아이스키네스 역시 기원전 343년 자신의 변론에서 자신의 생명을 구하기 위해 배심원들에게 진실만을 말하는 파레시아스테스(pharesiastes)가 되는 것을 선택했다고 말한다.[225] 즉 자신의 솔직한 말에 대한 책임을 결과적으로 져야 하므로 처벌의 위험이 있지만 과감하게 할 말을 하겠다는 태도인 것이다.

　파레시아의 주요한 또 다른 의미는 공개적으로 자신의 정치적 견해를 표현하는 것이다. 데모스테네스는 『세 번째 올륀토스 지원 연설』에

---

223 J. Ober(1989), 296, R. K. Balot(2004), 233, V. R. Marlein(2004), 279, H. M. Roisman(2004), 94, M. Foucault(1983), 8, S. Monoson(1994), 174.

224 Aristoteles, *Ath. Pol.*, 16.6.

225 Aischines, *Peri tēs Parapresbeias*, 70.

서 자신의 말이 폴리스의 운명을 발전시키려는 진리와 진정성에 근거한 것이므로 아테네 시민들이 그에 대해 관용을 보일 것을 요청한다.[226] 그는 또한 아테네 민주주의의 이상이 '진리를 말하는 것에 의존하는 말의 자유를 저지해서는 안 됨'을 역설한다. 소크라테스에 따르면 파레시아는 말해야만 하는 것과 말해서는 안 될 것을 모두 솔직하게 공개적으로 말하는 것을 의미한다. 그래서 파레시아의 본질은 모든 것을 말할 수 있는 자유이다. 그것은 부끄러움과 같은 어떤 것에 의해서도 제한되지 않고 자유롭게 말하는 것이다. 즉 말에 대한 책임의 두려움으로부터의 자유이다. 그래서 '파레시아적인 말하기(parresiazesthai)'는 법을 어기는 것에 대한 두려움으로부터 자유를 함축한다. 이소크라테스는 『판아테나이쿠스(Panathenaicus)』에서 '파레시아적인 충동에 따라 말할 것이며 그래서 어떤 부정의한 것에 대해서도 침묵하지 않고 말할 것'[227]이라고 역설한다. 이러한 이유로 이소크라테스는 아테네인들이 모든 주제에 대해 파레시아를 허용하지 않는 것에 대해서 비판한다.

정리하면 아테네 민회에서 모든 시민들은 민회에 참석해서 모두가 동등하게 말할 수 있는 이세고리아와 모든 것을 솔직하게 말할 수 있는 파레시아적인 정치적 자유를 향유하였다. 이세고리아는 모든 시민에게 동등한 말할 기회를 부여했고, 파레시아는 말할 자유의 실질적인 자유를 연설자에게 인정하였다. 그래서 데모스테네스는 파레시아를 민회에서 연설자의 단상의 특권으로 기술한다. 파레시아는 말하는 자가 자신의 생각을 온전히 솔직하게 말할 수 있는 자유를 주었다. 아테네 민주정에서 이세고리아는 파레시아를 가능하게 했고, 파레시아는 이세고리아에

---

226 Demosthenes, *Olynthiakos*, III.3.

227 Isokrates, *Panathenaicus*, 12.96.

의해 가능하게 된 비판적 말하기의 자유이다.

아테네 민주정에서 이세고리아와 파레시아의 이러한 상호 작용은 공적 정책 결정에서 이상적인 숙고적 민주주의를 가능하게 한 것으로 볼 수 있다. 이세고리아는 아테네 시민들을 수동적인 존재가 아니라 능동적인 참여자로 만드는 교육의 장소이기도 하였다. 투키디데스가 페리클레스를 통해 말한 것이 단적으로 이를 웅변한다. 그것은 '토론은 행위에 방해가 되는 것이 아니라 어떤 지혜로운 행위를 하기 위한 불가피한 사전 준비'로 보아야 한다는 것이다.[228]

2. 말의 자유와 관련된 아포리아와 그에 대한 답변

앞서 살펴본 것처럼 이세고리아와 파레시아는 아테네 시민들의 정치적 자유를 실현한 긍정적인 의미가 있다. 그런데 말의 자유가 정말로 아테네 민주주의의 이념과 이상을 실질적으로 실현한 가치였는지에 대해서는 몇 가지 아포리아가 제기된다. 이러한 물음은 크게 세 가지로 정리할 수 있다. 첫째, 이세고리아와 파레시아는 아테네 민주정에서만 인정되었는가? 둘째, 이세고리아와 파레시아는 아테네 민주주의의 이상을 실현하는 순기능으로만 작용했는가? 그리고 마지막으로 '민회에서의 데모스의 토뤼보스, 즉 시끄러운 소리나 환호, 야유를 어떻게 평가할 수 있는가' 하는 것이다.

---

228 Thoukydides, *Hist.*, II.40.2.

1) 이세고리아와 파레시아는 아테네 민주정에서만 인정되었는가?

첫 번째 물음, 즉 '이세고리아나 파레시아는 다른 정체에서는 찾을 수 없고 아테네 민주정에서만 인정된 자유인가'와 관련해서는 단적으로 긍정적인 답을 주기는 어렵다. 즉 말의 자유가 아테네 민주정에서만 허용된 가치라고 보기 어렵다는 것이다. 앞서 아리스토텔레스가 인용한 참주와 농부의 예에서 알 수 있는 것처럼 참주정에서도 파레시아적인 말이 가능했기 때문이다. 다시 말해 과감하게 비판적인 직언을 할 수 있는 파레시아적인 말의 자유는 민주정뿐만 아니라 참주정이나 왕정과 같은 정체에서도 가능했다. 그러나 농부가 자신에게 묻는 상대방이 참주인 것을 알았을 때도 과감하게 말할 수 있었는지는 의심스럽다. 더군다나 우리가 알고 있는 한에서 아테네 민주정을 제외하고 최고의 정책 결정 기구인 민회나 법정에서 시민 모두가 동등하게 말할 기회를 얻고 주요 사안에 대한 파레시아적인 발언을 한 전거를 찾기는 어렵다. 즉 폴리스의 공적 기구인 민회와 법정에서 시민이라면 누구든지 자유롭게 모든 것에 대해 솔직하게 비판적인 말을 할 수 있는 자유는 아테네 민주정과 같은 정체에서만 가능한 것으로 볼 수 있다. 이런 이유로 데모스테네스가 아테네와 스파르타의 유일한 차이점이 말의 자유에 있다고 말하는 것이다. 즉 아테네에서는 스파르타를 칭찬하고 아테네를 비난할 수 있지만, 스파르타에서는 오로지 스파르타만 칭찬할 수 있다는 것이다.[229]

2) 이세고리아와 파레시아는 아테네 민주주의의 이상을 실현하는 순기능으로 작용했는가?

다음으로 말의 자유와 관련해서 제기될 수 있는 물음은 파레시아나

---

229 Demosthenes, *Kata Leptinou*, 106.

이세고리아가 아테네 민주정의 발전에 순기능으로 작용했는가 하는 것이다. 이러한 물음은 한 가지 이상한 사실에 의해 제기된다. 그것은 말의 자유가, 한편으로는 아테네 민주정의 핵심적 가치로 말해지면서도, 다른 한편으로는 에우리피데스를 제외한 당시의 자료나 출처에서 자유 언론에 대한 찬양이나 긍정적 언급이 발견되지 않는다는 것이다. 이처럼 당시의, 특히 기원전 5세기의 보고자들의 자유 언론에 대한 애매한 태도는 과연 이세고리아와 파레시아가 아테네 민주정의 이상을 실현하는 긍정적인 개념으로 자리매김했는지 의구심을 갖게 한다. 이에 대한 좀 더 분명한 해명을 위해 먼저 이세고리아와 파레시아에 대한 부정적인 평가를 살펴보도록 하겠다.

이세고리아와 파레시아에 대한 부정적 평가가 일군의 반민주주의자들에 의해 제기된다. 이러한 비판은 말의 자유를 진정성을 가진 공동선을 향한 올바른 발언이자 참된 의견으로 볼 수 없다는 부정적 인식에서 비롯한다. 이러한 비판은 연설자와 듣는 청중 모두에 대한 비판으로 향한다. 비판의 이유는 연설자가 파레시아적인 말의 자유를 남용하여 폴리스를 위한 연설이 아니라 자신의 사적 이익을 충족하는 데에 힘쓴다는 것이다. 마찬가지로 민회에 참석한 청중인 시민들 역시 자신들이 듣고 싶은 말만 듣고 진실을 말하는 비판적인 연설에 대해서는 야유를 보낸다는 이유에서 비판을 받는다. 요컨대 비판의 핵심은 연설자의 파레시아가 데모스의 쾌락과 욕망을 겨냥해서 자신의 사적인 이익을 추구하는 일종의 기만술이자 아첨술이라는 데 있다.

아테네 민주정의 말의 자유에 대한 이러한 부정적 평가는 다양한 전거에 의해 확인된다. 먼저 희극 작가 아리스토파네스(Aristophanes)는 그의 작품 『벌(Sphekes)』에서 아테네 민주정의 시민 법정에서의 말의 자유의 문제점을 풍자한다. 주된 내용은 병적으로 재판에 참석하기를 좋아하는 아버지 필로클레온(Philokleon)과 그의 병을 고치려는 아들 브델뤼클레온(Bdelykleon)의 이야기이다. 이 작품이 아테네 민주정의 자유 언론과 관련해서 중요한 이유는 당시의 아테네 시민들이 법정에서 자신들의 권력을 마음대로 휘두른다고 생각하지만 그것은 환상이며, 실은 대중 선동가(demagōgos)의 수사술에 속아 이용만 당한다는 점을 희화적으로 풍자하고 있기 때문이다. 아리스토파네스의 또 다른 작품『기사(Hippes)』편은 올바른 소리를 의미하는 파레시아가 단지 노쇠한 주인 데모스의 호감을 얻어 내기 위한 대중 기만술 또는 아첨술로 전락하는 문제점을 지적한다. 좀 더 말하면 집주인 데모스가 그의 하인 파플라고니아인(클레온)의 아첨과 속임수에 의해 농락당하고 지배당하는 것을 비판하는 작품이다. 이 두 작품에서 아리스토파네스는 아테네 민주정의 민회와 법정에서 인정되는 말의 자유가 단지 데모스의 욕망을 실현해 주기 위한 가짜 대중 선동가나 정치인들의 아첨술로 악용되고 있음을 비판한다.[230]

파레시아나 이세고리아가 아테네 민주정의 발전에 순기능의 역할보다는 역기능으로 작용했다는 비판은 플라톤에 의해서도 제기된다. 수사술(rhetorikē)을 주제로 삼고 있는 대화편『고르기아스(Gorgias)』에서 플라톤은 수사술 내지 웅변술을 단지 대중 선동가나 사악한 정치인이 대중의 욕망과 쾌락을 이용하여 자신의 이익과 권력을 획득하기 위한 아첨술 내지 사기술로 규정한다. 심지어 민회에서 '누가 국가의 의사'가 되어야 하는지를 놓고 수사술에 능한 웅변가와 의술의 전문가인 의사가 경쟁을 한다면 말 잘하는 웅변가가 승리하여 국가의 의사가 되는 결정이 내

---

230 아리스토파네스 희극에 나타난 현실 비판의 철학적 의미에 관한 연구는 류재국(2018) 논문 참조할 것.

려질 것이라고 조롱한다.[231] 그래서 플라톤은 아테네 민주정은 "말로만 가득 찬 정체"[232]이며, 민회와 법정에서의 자유로운 말하기는 단지 소란스러운 군중의 비이성적인 소리에 불과하다고 비판한다. 이세고리아와 파레시아는 단지 어리석은 다중이 아테네 민회에서 생각 없이 표현하는 환호나 박수 또는 야유의 자유에 불과하다는 것이다. 늙은 과두주의자 위(僞) 크세노폰 역시 『아테네 정체』에서 모든 시민들에게 이세고리아가 허용된 것을 비판한다. 그의 비판에 따르면 "모든 사람이 추첨이나 거수로 뽑는 모든 직책에 참정권을 가지는 것이 당연한 것으로 생각되며, 시민 누구나 원하는 대로 생각을 자유롭게 말할 수 있는 것이 정당한 것으로 간주된다."[233]

이 밖에도 말의 자유가 단순히 데모스와 대중 선동가의 욕망과 쾌락을 실현하기 위한 수단에 불과하다는 비판은 다른 전거에 의해서도 확인된다. 먼저 비극 작가 에우리피데스는 그의 작품 『탄원하는 여인들』에서 아테네 민주정의 말의 자유에 의해 기만과 사회적 전복이 가능함을 비판한다.

◇◇◇

왜냐하면 나를 보낸 도시에서는 군중이 아니라 단 한 사람에 의해 통치권이 행사되며, 허튼소리로 우롱하여 순전히 제 이익을 위해 도시를 때로는 이리로, 때로는 저리로 끌고 다니는 자는 아무도 없으니까요. 그런 자는 당장은 달콤하고 인기가 있겠지만 나중에는 해코지를 하게 되는데, 그때는 다시 남들을 모함하여 제 허물을 감추고 소추를 피해 가지요.

---

231 Platon, *Gorgias*, 456b-c.

232 Platon, *Politeia*, 557b.

233 Ps. Xenophon, *Ath. Pol.*, 2.

그리고 제대로 연설도 할 줄 모르는 주제에 백성들이 어떻게 도시를 바르게 다스릴 수 있겠어요? 지식이란 단기간이 아니라 오랜 경험에서 얻어지는 것이지요. 설사 가난한 농부가 멍청한 바보는 아니라 하더라도 일에 쫓기다 보면 정치에 주의를 기울일 수가 없지요. 전에는 아무것도 아니었던 못난 자가 존경을 독차지하고 웅변으로 백성들을 좌지우지한다면 그것은 상류층에게는 역병과 같은 것이지요.[234]

◇◇◇

위 인용문에서 테베에서 온 전령은 아테네 왕 테세우스의 면전에서 아테네 민주주의가 소중히 여기는 말의 자유를 공격한다. 비판의 주된 내용은 말의 자유는 말하는 자의 개인적인 이익을 염두에 두면서 시민을 잘못된 길로 이끄는 수단이라는 것이다. 즉 아테네 민주주의의 가치인 말의 자유는 말 잘하는 자의 정치적 지위를 높이는 수단으로 악용되고 있다는 점에서 문제가 있다.

역사가 투키디데스 역시 『펠로폰네소스 전쟁사』 3권 뮈틸레네 논전에서 자유 언론에 대한 디오도토스의 비판적 연설을 다음과 같이 기술하고 있다.

◇◇◇

성공한 연설가는 더 높은 명예를 바라고 인기를 끌기 위해 신념에 배치되는 발언을 하려 하지 않을 것이고, 성공하지 못한 연설가도 아부하는 발언을 통해 군중의 환심을 사려 하지 않을 것입니다. 그러나 우리는 그와 반대되는 행동을 합니다. 게다가 누가 최선의 조언을 해 주어도 그가 개인적인 이익을 바라고 그런다는 의심이 조금이라도 들면, 그가 이익을 바란다는 근거 없는 추측으로 분개하며 명백히 이익이 되는 그의 조

---

234 Euripides, *Hiketides*, 410-425.

언을 도시가 받아들이지 못하게 합니다. 그래서 솔직하고 좋은 조언도 나쁜 조언 못지않게 의심받게 됩니다. 그 결과 최악의 정책을 권하는 연설가도 속임수로 민중의 환심을 살 수 있듯, 훌륭한 조언을 하는 사람도 신임을 받으려면 거짓말을 하지 않을 수 없습니다. 이처럼 잔머리를 굴리는 까닭에 우리 도시는 어느 누구도 속임수를 쓰지 않고 공공연히 이익을 줄 수 없는 유일한 도시가 되었습니다. 누가 공공연하게도 도시에 유익한 것을 제시하면 뭔가 은밀히 이익을 바라고 그런다고 의심받기 때문입니다. 우리 연설가들은 현재 상황에서 가장 중대한 문제들에 관해 눈앞에 있는 것만 생각하는 여러분보다 더 멀리 내다보아야 합니다. 우리는 우리가 권한 조언에 책임을 져야 하지만, 듣는 사람들은 그렇지 않기 때문입니다. 만약 정책을 설득하는 사람과 그것을 받아들이는 사람이 똑같은 벌을 받는다면 여러분은 더 신중하게 결정할 것입니다. 그런데 일이 잘못되면 여러분은 그런 정책을 제안한 사람에게만 분통을 터뜨리며 여러분 가운데 다수가 잘못된 정책을 지지했음에도 자신은 벌하지 않을 때가 비일비재합니다.[235]

◇◇◇

위 인용문에서 디오도토스는 파레시아적인 말의 자유가 본래의 순기능을 상실하고 있음을 비판한다. 공적 이익을 위해 올바른 말을 하려는 참된 파레시아스테스 역시 말의 진정성을 의심받기 때문이다. 그래서 나쁜 목적을 갖고 거짓말로 파레시아적인 연설을 하는 최악의 연설자처럼, 공동선을 위해 솔직하고 좋은 조언을 하는 자도 마찬가지로 의심을 받는다. 이러한 상황은 공동 이익을 위한 조언을 하려는 자도 거짓말로 연설해야 하는 이상한 결과를 만들었다. 디오도토스가 보기에 이러

---

235 Thoukydides, *Hist.*, III.42-43.

한 문제는 사이비 연설가가 말의 자유를 악용하는 것도 원인이지만, 그러한 사이비 연설가의 말을 믿고 결정한 데모스의 비이성적이며 무책임한 태도에도 원인이 있다. 즉 아테네 민주주의가 잘못된 것은 파레시아적인 말의 자유를 연설가나 데모스가 모두 잘못된 이익을 위한 수단으로 악용하고 있기 때문이다. 요컨대 디오도토스 연설의 핵심은 실질적으로는 민주주의의 자유 언론이 합리적 또는 숙고적 토론을 보장하는 것이 아니라 거짓과 속임수 그리고 편협한 이기주의적 탐욕과 나쁜 신념을 확산시킨다는 것이다.

상술한 것을 종합할 때 아테네 민주정에 대한 비판의 핵심은 이세고리아와 파레시아가 아테네 민주주의 발전에 역기능으로 작용했다는 것이다. 즉 이세고리아와 파레시아는 아테네 민주정의 공동 이익이 아닌 데모스와 대중 선동가의 이익만을 위한 허구적인 말의 자유에 불과하다는 것이다. 결국 이러한 부정적 평가들은 아테네 민주정의 말의 자유가 역설적이게도 말의 자유를 제한하고 있다는 비판적 관점에서 제시된다. 특히 이세고리아와 파레시아는 데모스에 반대되는 말의 자유를 제한하거나 금지하고 있다는 것이 문제가 된다. 그래서 핀리(M. I. Finley)는 아테네에서 불가침의 언론 자유의 권리 개념을 소유하지는 못했고, 실질적으로 말의 자유를 허용하지 못했다고 주장한다.[236] 멀건(R. Mulgan) 역시 아테네인들이 표현의 자유를 누렸지만, 공동체는 어떤 경우 말의 자유를 억압하고 처벌할 수 있었다고 말한다.[237]

뒤에서 자세히 살펴보겠지만 대표적인 예가 아테네 민주정에 반대되는 의견을 제시했다고 하여 아테네 법정에 기소된 소크라테스의 경우이

---

236 M. I. Finley(1973), 116.

237 R. Mulgan(1984), 7-26, 13.

다. 소크라테스는 데모스에 반대하는 철학적 파레시아를 실천했고, 이 것이 그의 독배로 이어졌다는 것이다. 이런 관점에서 이소크라테스는 민회가 반민주적인 정서로 의심되는 사람들에게 관용적이지 않았다고 말한다.[238] 그에 따르면 아테네 민주주의는 우리가 데모스와 잘 지내지 않는 한 말할 자유를 인정하지 않았다. 그래서 이소크라테스는 참된 언 론 자유는 아테네에서 존재하지 않았다고 주장한다. 데모스가 자신들을 비판하거나 꾸짖는 사람들의 말을 듣지 않았기 때문이다. 늙은 과두주 의자는 아테네인들은 데모스가 공격을 받지 않을 때까지만 자유 언론을 즐겼다고 다음과 같이 비판한다.

◇◇◇

스스로 나쁜 욕을 듣지 않으려고 극장에서도 민중을 조롱하거나 비난하 지 못하도록 한다. 만일 누가 그런 짓을 하려 하면 하도록 내버려둘 때도 있는데 이는 대개 조롱당하는 사람이 민중이나 대중이 아니고 부자, 귀 족, 강자라는 것을 알기 때문이다.[239]

◇◇◇

그러나 정말로 아테네 민주정은 데모스에 반대되는 의견을 허용하지 않았을까? 이에 대해 우리는 반민주주의자들의 비판에 동의하기 어려 운 전거들을 발견하게 된다. 아리스토파네스를 포함한 많은 사람들이 데모스를 자유롭게 비판하였기 때문이다. 예를 들어 아리스토파네스의 작품 『아카르나이인들(*Acharnes*)』에서 주인공 디카이오폴리스는 다음과 같이 말한다.

---

238 Isokrates, *Ad reges Mytilenaeos*, 14.

239 Ps. Xenophon, *Ath. Pol.*, 2.18.

◇◇◇

나는 우리 농민들의 기질을 잘 아는데, 그들은 어떤 허풍쟁이가 참말이든 거짓말이든 자신들과 자신들의 도시에 찬사를 마구 쏟아부으면 희희낙락하지요. 그런 아첨꾼들이 그들을 팔아먹어도 그들은 그걸 몰라요. 나는 또 배심원 노인들의 마음도 잘 아는데, 그들은 피고인을 자신들의 투표로 찌르려고만 해요.[240]

◇◇◇

아리스토파네스는 『개구리들(*Batrachoi*)』에서도 코로스를 통해 데모스를 다음과 같이 신랄하게 비판한다.

◇◇◇

우리가 알고 있는 시민들 중에 집안 좋고, 절제 있고, 정의롭고, 점잖은 신사들이고, 레슬링과 코로스와 음악으로 단련된 이들은 우리가 홀대하고, 이방인들과 빨간 머리들과 사악한 자들의 사악한 아들들을 매사에 중용하는데, 이들 맨 나중에 온 자들은 그전 같으면 이 도시가 희생양으로도 잘 쓰지 않았을 것이오. 지각없는 자들이여, 이제는 사고방식을 바꿔 다시 쓸모 있는 자들을 쓰시오. 그래서 여러분이 성공하면 칭찬받을 것이고, 실패하여 변을 당하면 현명한 자들은 여러분이 매달려도 좋은 나무에 매달려 죽었다고 생각할 것이오.[241]

◇◇◇

그러면 이세고리아와 파레시아에 대한 다양한 비판에 대항해서 아테네 민주주의자들은 말의 자유를 옹호할 논변을 갖추고 있었는가? 아테네 시민들은 아테네 민주정에 비판적인 반대 의견을 열린 마음을 갖고

---

240 Aristophanes, *Acharnes*, 370-376.

241 Aristophanes, *Batrachoi*, 727-737.

받아들였는가? 이 물음에 답하기 전에 한 가지 정리해 둘 것이 있다. 그것은 이세고리아와 파레시아가 오늘날의 언론 자유와 동일시되어서는 곤란하다는 것이다. 즉 고대 아테네 민주주의의 말의 자유는 근대 이후부터 지금까지 법에 의해 보호되는 권리로서의 말의 자유로 이해되어서는 안 된다.[242] 이것은 이세고리아와 파레시아, 특히 파레시아는 아테네 민주정의 법과 제도에 의해 보장된 것이 아님을 의미한다. 우리가 알고 있는 것처럼 현대의 언론 자유는 정부의 공권력에 의한 개인의 사상과 말의 자유에 대한 간섭을 법적으로 금지한다. 즉 오늘날의 말할 자유로서의 권리는 인간에게서 빼앗을 수 없는 기본권이다. 이와 달리 아테네 민주주의에서 말의 자유는 법에 의해 보호되는 권리가 아니다. 특히 파레시아는 일종의 아테네 시민의 특권으로 이해할 수 있다. 파레시아는 양도할 수 없는 권리라기보다는 아테네 시민의 정치적 참정권의 부수적인 특성에 더 가깝다. 이런 점에서 말의 자유가 아테네 시민의 특성이 된다는 말은 한 폴리스의 시민이 다른 폴리스의 시민보다 좀 더 말의 자유를 누렸다는 의미이지, 그것이 오늘날의 인권처럼 보편적인 권리로서 인정되었음을 의미하지는 않는다.

따라서 아테네 민주정에서 말의 자유가 보편적인 인간 권리로 인정되지 않았다는 것은 자유롭게 말하는 것에 대한 책임이 부여됨을 의미한다. 즉 아테네 시민이라면 누구든지 민회와 법정에서 자신의 의견을 자유롭게 표현할 수 있었지만, 그 말에 대한 책임은 시민 스스로가 져야 한다는 것이다. 그래서 파레시아적인 발언이 기존의 법에 위반된 것이거나 거짓말인 경우 그에 대한 법적인 처벌을 감수해야 했다. 이런 이유로 파레시아는 위험을 감수하면서도 말할 수 있는 용기와 같은 덕을 필

---

242 A. Saxonhouse(2006), 87.

요로 한다. 파레시아스테스는 무엇보다도 공동 이익을 향한 공적 책임 감을 갖고 말하는 것이 요구된다. 그렇지 않은 경우 말의 자유로서의 이 세고리아와 파레시아는 데모스에 영합하기 위한 아첨술 또는 야망을 가 진 정치인의 혹세무민술로 전락할 수 있는 위험을 가진다.

이제 이세고리아와 파레시아가 아테네 민주정에 기여했는지, 또한 말 의 자유가 정말로 인정되었는지에 대한 비판적 물음에 대해 설명을 해 야 할 것 같다. 먼저 기원전 4세기의 정치가이자 연설가인 데모스테네 스는 『엑소르디움(Exordium)』에서 데모스 청중이 그들의 선입견에 도전 하는 비판적인 파레시아적 연설을 검토함으로써 이익을 볼 수 있다고 연설한다.[243] 그래서 그는 아테네 청중이 폴리스의 이익에 관해 최선의 조언을 하는 사람의 말을 경청하는 것이 중요함을 역설한다. 데모스테 네스에 따르면 폴리스의 이익에 반하는 어떤 사안에 대해 합당한 이견 을 제시하는 연설가의 도전은 그것이 설사 청중의 생각과 다른 것이라 할지라도 듣고 배우는 것이 폴리스의 이익에 합치한다. 데모스-청중은 그러한 파레시아적인 연설가의 말을 듣고 숙고함으로써 결국 자신들의 이익을 실현할 수 있기 때문이다. 이처럼 데모스테네스는 웅변가가 파 레시아적인 정신에 따라 아테네 데모스의 선입견과 비합리적인 의견을 비판할 때 그것을 수용하는 것이 필요함을 역설한다.[244]

데모스테네스의 연설에 따르면 참된 연설가는 애국적이고 데모스를 사랑할 수 있어야 한다. 그러나 데모스의 생각이 그릇되고 비합리적인 경우 그러한 생각을 교정할 수 있도록 데모스의 견해에 맞서 싸울 수 있 는 지적인 용기를 가져야 한다. 그래서 참된 파레시아스테스는 데모스

---

243 Demosthenes, *Exordium*, 13.1.

244 Demosthenes, *Exordium*, 14.2 이하 계속 참조.

의 쾌락을 향한 욕구를 충족시키는 대신에 폴리스에 최선이 되는 것을 행하도록 설득하는 애국심을 보여 줄 수 있어야 한다. 앞서 언급한 투키디데스의 『펠로폰네소스 전쟁사』 3권 뮈틸레네 논전에서 디오도토스가 합리적인 판단에 따른 수정된 결정이 아테네 민주주의의 정치적 힘을 강화하는 핵심적 근원임을 주장한 것과 같은 이유이다.[245] 설사 데모스가 연설가의 주장에 설득되지 않더라도 그들은 여전히 비판적인 반대 의견을 들음으로써 이익을 볼 수 있다. 왜냐하면 데모스는 자신들의 이전 결정이 정말로 올바른 판단과 결정이었는지를 다시 한번 숙고할 수 있고, 그래서 자신들의 결정을 변경하지 않아도 될 만한 논거에 대한 확신을 느낄 수 있기 때문이다. 모든 것에 대해 말할 수 있는 파레시아적인 정치적 자유를 부여하는 것은 그것이 설사 데모스의 통념에 반대되는 비판적 의견이라 할지라도 데모스와 폴리스에 결국 이익이 되는 것이다. 이것이 바로 데모스테네스가 "폴리스의 중요한 문제를 숙고할 때, 누구나가 데모스의 조언자 중 한 명으로 말의 자유를 누리도록 하는 것이 데모스의 의무이다"라고 주장하는 이유이다.[246]

결국 민주주의 이데올로기의 핵심적 강령은 민회나 법정에서의 데모스인 청중의 숙고적이며 합리적인 판단이다. 아테네 민주정은 이세고리아와 파레시아라는 말의 자유를 통해 데모스의 올바른 공적 판단과 결정력을 가능하게 한 것으로 이해할 수 있다. 이것은 시켈리아 웅변가 아테나고라스가 말한 것을 통해서도 알 수 있다. "부자들이 돈을 관리하는 데는 최선의 사람이라 할지라도, 최선의 조언자는 지적인 자이다. 여러 가지 논의를 듣고 결정하는 데는 데모스가 최적임자이다."[247] 투키디데

---

245 Thoukydides, *Hist.*, III.42.

246 Demosthenes, *Exordium*, 27.1.

스가 보고하는 페리클레스의 추도 연설문에서도 이러한 가능성을 알 수 있다. 즉 "우리는 말과 행동을 양립할 수 없는 것으로 보지 않고, 결과를 따져 보기도 전에 필요한 행동부터 취하는 것을 최악으로 보기 때문이다."[248] 앞서 2장에서 설명했지만, 아리스토텔레스의 집합적 지혜론 역시 데모스의 올바른 숙고적 판단 능력에 대한 신뢰에서 제시된 것으로 볼 수 있다.[249] 아테네 민주정에서 공적 사안과 관련된 데모스의 건전한 합리적 의사 결정이 가능했던 것은 민회에 모인 시민들 사이에 자유로운 토론 문화가 존재했기 때문이다. 이것은 청중이 동료 시민들에게서 기꺼이 듣고 배우려고 했던 집단적 의지가 존재했기에 가능했다. 이세고리아와 파레시아의 상호 작용이 이것을 가능하게 한 동력이다.

3) 민회에서의 데모스의 토뤼보스를 어떻게 평가할 것인가?

아테네 민주정의 자유 언론을 비판하는 주요한 요인 중의 하나가 민회나 법정에서의 데모스의 토뤼보스(thorybos) 문제이다. 토뤼보스는 민회나 법정에서의 청중이나 배심원인 데모스의 시끄러운 소리, 즉 소란이나 환호 또는 야유, 비웃음을 의미한다. 아테네 민회에서 공적인 논의는 '연설가(rhetor)의 말함'과 '시민의 듣기' 관계에 의해 진행된다. 그런데 이때 아테네인 청중들은 가만히 앉아서 연설가의 연설을 듣기만 하는 것은 아니다. 민회에 모인 6,000명의 아테네 시민들은 연설가의 주장에 동의하기 어려우면 반대의 토뤼보스를 내었고, 그러한 소리를 통해 연설 도중에 자유롭게 개입하였다. 아테네 데모스는 조용히 앉아서 침묵

---

247 Thoukydides, *Hist.*, VI.39.

248 Thoukydides, *Hist.*, II.40.

249 Aristoteles, *Pol.*, 1281a42-b5.

속에 연설을 끝까지 들을 의무감을 느끼지 않았다. 투키디데스는 기원전 425년 민회에서의 논의 과정을 통해 토뤼보스의 상황을 다음과 같이 묘사한다.

∞∞

아테네인들은 왜 클레온 자신이 출항하지 않느냐고 야유하는 소리를 내었다. … 그러자 아테네인들은 군중 심리가 발동해 클레온이 퓔로스로 항해하기를 회피하고 자기가 한 말을 취소하려고 할수록, 니키아스에게는 사령관직을 넘기라고 격려하며, 클레온에게는 항해하라고 고함을 질렀다.[250]

∞∞

플라톤은 『프로타고라스』 편에서 아테네 민회에서 데모스의 토뤼보스에 관해 보고한다. 배 건조와 관련해서는 전문가의 의견을 경청하지만, 조선술에 관한 지식을 갖고 있지 않은 자가 연설할 경우 그를 단상에서 끄집어 내린다고 말한다.

∞∞

그런데 전문 기술자로 여겨지지 않는 다른 누군가가 그들에게 조언을 하려고 하면, 그가 아주 잘생기고 부유하며 좋은 집안 출신이라고 해도, 그렇다고 해서 그 사람을 특별히 더 받아 주는 것은 전혀 아닙니다. 오히려 비웃어 대고 야단법석을 벌여서, 말하려던 사람 자신이 야단법석 때문에 스스로 물러서거나 의장단의 명령에 따라 치안대가 그를 끌어내리거나 몰아내도록 합니다.[251]

∞∞

---

250 Thoukydides, *Hist.*, IV.28.

251 Platon, *Prot.*, 319b-c.

플라톤 역시 『국가』 편에서 상세하게 데모스의 토뤼보스에 대해 묘사한다.

∞∞

많은 사람이 민회나 법정, 극장이나 군영 또는 그 밖의 다른 어떤 공공의 대중 집회에 떠들썩거리며 모여 앉아서는, 행하여진 발언들과 행동들 가운데서 어떤 것들은 비난하되 어떤 것들은 칭찬할 때이겠는데, 어느 경우나 그들은 극단적으로 나가며 고함을 지르면서 박수를 쳐 대네. 게다가 암벽과 그들이 있는 장소가 그걸 울리게 하여 비난과 칭찬의 소음을 두 배로 증폭시키네.[252]

∞∞

상술한 예들은 한결같이 아테네 민회나 법정에서 데모스의 토뤼보스를 묘사한다. 반민주주의자들은 이러한 데모스의 토뤼보스에 초점을 맞추어 아테네 민주정은 비합리적이며 감정적인 데모스의 시끄러운 소리에 의한 정체라고 비판한다. 이들의 비판에 따르면 이세고리아나 파레시아는 본질적으로 토뤼보스, 즉 단순히 시끄러운 소리의 자유에 불과하다. 즉 이세고리아나 파레시아는 데모스가 아무 생각 없이 떠오르는 대로 아무 말이나 하는 비이성적이며 감정에 치우친 말일 뿐이다. 따라서 데모스의 토뤼보스는 아테네 참여 민주주의가 공적 이성에 의한 숙고적 민주주의라는 견해에 반하는 행위이다. 그렇다면 우리는 아테네 데모스가 민회와 같은 공적 영역에서 표출하는 토뤼보스를 어떻게 평가해야 할까? 토뤼보스는 아테네 민주정의 자유 언론의 가치를 훼손하는 것인가?

토뤼보스에 대한 보다 객관적인 평가를 위해서는 먼저 토뤼보스를 근

---

252 Platon, *Politeia*, 492b-c.

현대의 관점과는 다른 관점에서 보는 것이 필요하다. 이것은 미국을 포함한 현대 국가의 언론 자유는 개인을 억압하는 정부나 국가에 대한 반동이나 저항과는 차이가 있기 때문이다. 아테네는 억압적이고 비대한 관료 국가가 아니다. 아테네 민주주의는 아테네 시민들이 자신들의 이익을 위해 통치하는 자율적인 시민 공동체였다. 따라서 아테네 민주정에서 시민들의 자유 언론은 근대 민주주의와는 다른 환경에서 작동했으며, 토뤼보스의 기능 역시 다른 관점에서 이해하는 것이 필요하다. 즉 이는 민회나 법정에서 아테네 데모스의 집단적 의사를 솔직하게 표현할 수 있는 자유로운 의견 표출을 전제한다. 그것은 말이나 행동을 통한 양태로 나타나며 그것이 토뤼보스다. 페리클레스가 두 번 강조하는 것처럼 자유롭고 공개적인 토론은 성공적인 정부 통치를 위해 필요하다.[253] 이런 관점에서 토뤼보스에 대한 평가는 다음과 같은 몇 가지 이유로 새롭게 접근하여 이해할 필요가 있다.[254]

첫째, 아테네 민회에서 토뤼보스는 토론을 통제하는 실용적인 목적을 가진다. 이것은 연설가의 연설 시간이 공식적으로 제한되지 않았다는 점과 관련된다. 이런 상황에서 아테네 청중은 토뤼보스를 통해 연설가에 대한 동의나 불만을 전달할 필요가 있었다. 여기서 우리는 민회에서의 데모스와 정치 연설가 사이의 관계에 주목할 필요가 있다. 일반적으로 데모스는 민회에서의 연설가에 대해 이중적인 태도를 견지한 것으로 말해진다. 즉 한편으로 그들은 연설자를 민회가 폴리스에 이익을 가져다줄 결정을 할 수 있도록 지도하거나 '조언하는 사람'으로 존중하였다.

---

253 Thoukydides, *Hist.*, II.40.2.

254 thorybos와 관련된 설명은 V. Bers(1985), 1-15, J. Tacon(2001), 173-192, R. W. Wallace(2004), 221-232, R. K. Balot(2004), 233-259 참조.

그러나 다른 한편으로 아테네 시민들은 연설가들이 수사술적 기술을 남용해서 자신들을 속여 공적 이익보다는 자신들의 사적 이익을 더 우선시할 수 있다는 의심과 우려를 갖고 있었다. 데모스테네스는 이러한 아테네인들의 우려를 다음과 같이 보고한다. 즉 "파렴치한 사악함으로 가득 찬 대담하고 영리한 연설가들이 상당한 수로 존재한다면 그것은 위험하다. 왜냐하면 사람들은 그들에 의해 많은 잘못된 결정을 하도록 이끌어질 수 있기 때문이다."[255]

문제는 사이비 정치 연설가의 이와 같은 사기술이나 혹세무민술로서의 파레시아를 막을 방법이 없었다는 것이다. 데모스의 토뤼보스는 이처럼 아테네 민회에서 마치 자신을 파레시아스테스처럼 연기하는 대중 선동가의 연설을 중지할 효과적인 수단이 될 수 있었다. 물론 아테네 데모스가 민회에서의 거짓된 연설가의 토론을 통제할 다른 방책을 갖고 있지 않았던 것은 아니다. 예를 들어 민회의 시작과 함께 모든 아테네 청중들은 자신들을 속이는 연설가에 대한 저주를 선언한다. 또한 아테네인들은 데모스를 오도하는 타락한 연설가에게는 이세고리아를 금지하도록 하였다. 아테네 법은 또한 어떤 불명예스러운 행위, 예컨대 국가의 돈을 횡령하거나 부모를 학대하거나 부양을 하지 않는 경우, 군복무 회피 또는 전투 동안에 비겁함을 보이는 것, 재산을 탕진하는 것, 매춘하는 것 등에 해당되는 시민은 민회에 참석해서 연설할 수 있는 이세고리아 자격을 박탈했다. 이러한 법적 조치를 통해 데모스는 사이비 민회 연설가들이 자신들과 폴리스를 속이지 않도록 하였다.[256]

---

255 Demosthenes, *Kata Androtiōnos*, 30-32.

256 Aischines, *Kata Timarchou*, 28, 1.3.14, Demosthenes, *Kata Androtiōnos*, 30, 33, *Kata Aristogeitonos*, 1, A. Saxonhouse(2006), 95-96, K. Werhan(2008), 341-343, A. Momigliano (1973), 252 참조.

그런데 문제는 거짓된 연설가의 파레시아의 악용이나 남용을 방지하기 위한 이러한 사전 조치에도 불구하고 데모스가 기만당할 가능성은 여전히 남아 있다는 것이다. 즉 교활한 대중 연설가는 자신의 기만적인 웅변술을 통해 데모스를 위하는 척 연설을 할 수 있는 가능성이 여전히 존재했다. 이런 점에서 연설가의 파레시아는 그것에 의해 공동체가 이익을 보거나 해를 입을 수 있는 양면성을 가졌다고 볼 수 있다. 데모스의 토뤼보스는 이러한 건강하지 못한 민회의 토론이 있을 경우 거짓된 연설가를 침묵하게 만들 효과적인 수단이 될 수 있다. 그것이 토뤼보스 방식이며 이는 데모스 청중이 조언을 하고자 단상에 선 연설가에게 긍정적인 환호나 박수 또는 부정적인 야유나 비웃음을 통해 개입하는 방식이다. 데모스테네스에 따르면 이러한 데모스의 토뤼보스는 민회의 토론이 진행되는 동안 기대되는 행위였다. 따라서 모든 연설가들은 에클레시아스타이(ekklesiastai), 즉 '데모스 청중'을 분노하게 하거나 또는 실망시킴으로써 언제든지 자신이 야유를 받거나 또는 심지어 단상에서 강제로 끌어내려질 위험이 있음을 사전에 인지하였다.

둘째로 토뤼보스의 정치적 정당성이다. 이것은 아테네 민주정과 여타 다른 정체의 정체성을 가름하는 주요한 기준이 될 수 있다. 즉 민회와 같은 공적 기구에서 다수의 시민들이 자유롭게 토뤼보스를 통해 자신들의 집단 의견을 전하는 방식은 군주정이나 참주정에서는 가능하지 않다. 페르시아와 같은 비민주적 정체에서는 다수 시민의 경우 말할 자유가 아닌 조용히 들을 의무만 있는 것이 정체의 특성이 되기 때문이다.[257] 그러나 말의 자유를 옹호하는 민주주의자들의 입장에서는 아테네 시민

---

257 Aischylos, *Persiai*, 591-594. 이 부분에서 패배한 페르시아의 원로들은 다음과 같이 탄식한다. "사람들은 더 이상 혀에 재갈을 물리지 않으리라. 권력의 멍에가 풀리자 백성들도 풀어져 제 멋대로 떠들 테니까."

들의 환호나 야유 또는 박수와 같은 집단적 행위 양태들은 단순히 토론을 방해하는 간섭이나 참견이 아니다. 그 반대로 데모스의 토뤼보스는 공적 결정에 도달하기 위한 다수 시민의 집단적 의견 전달의 표출 방식으로 이해되어야 한다.[258] 민회에서 매회마다 6,000명의 데모스가 개별적으로 모두 말할 수 없는 상황에서 토뤼보스는 데모스의 집단 의견을 표출할 수 있는 소통 방식이 되기 때문이다. 따라서 아테네 민주정을 옹호하는 자들에게 데모스의 토뤼보스는 아테네 민주정의 반대자들이 비판하는 것처럼 숙고적 결정을 방해하는 어리석은 우중의 단순한 시끄러운 소리가 아니다. 그와 달리 데모스의 환호나 야유 또는 박수는 올바른 공적 결정을 위한 효과적인 수단이자 시민 참여의 실질적인 구현을 위한 '질서 있는 혼란'이다. 토뤼보스는 데모스가 웅변가와 소통하는 비공식적이지만 적절한 토론 방식이 될 수 있기 때문이다.[259]

마지막으로 토뤼보스는 데모스의 집단적 의견의 다양성과 가변성을 반영하는 척도다. 즉 데모스의 집단적 의견은 토론 주제와 관련하여 찬반으로 나누어지며, 그러한 의견은 처음에 지지했던 연설가에 대한 의견을 바꾸어 반대 주장을 한 연설가의 의견에 동의할 수 있다는 점에서 고정된 것이 아니다. 데모스의 판단은 개인적인 이익 또는 친족이나 지역적 '친애(philia)'의 영향으로부터 자유롭지는 않지만, 폴리스와 동료 시민들을 위한 공동선에 조회되어 의견이 유동적일 수 있음을 보여 준다. 이와 같은 데모스의 '공동의 의견'의 전환을 보여 주는 역사적인 사례가 『펠로폰네소스 전쟁사』 3권에서 투키디데스가 보고하는 '뮈틸레네 논

---

258 아테네 민주정에서의 토뤼보스의 정치적 정당성과 관련해서는 V. Bers(1985), 1-15, A. Lanni (1997), 183-189, J. Tacon(2001), 178-189, R. W. Wallace(2004), 221-232, D. Gish(2012a), 187-191 참조할 것.

259 J. Tacon(2001), 180, V. Bers(1985), 12-15 참조.

전'이다. 이곳에서 투키디데스는 뮈틸레네인들에 대한 처리 문제와 관련해서 상반된 입장을 갖는 클레온과 디오도토스 간의 민회에서의 상반된 연설을 소개한다. 클레온은 뮈틸레네 전체 성년 남자를 처형하고 여자와 아이들을 노예로 삼을 것을 촉구한다. 이에 반해 디오도토스는 아테네 정체에 무엇이 이익인지를 생각해야 하며, 그것은 뮈틸레네인에게 관용을 베푸는 것임을 역설한다. 두 연설가의 주장에 대해 아테네 데모스는 처음에는 클레온의 주장에 찬성했지만, 이후 두 번째 민회의 토론에서는 생각을 바꾸어 디오도토스의 주장을 지지한다.[260] 즉 뮈틸레네의 반란에 책임이 있는 지도자들만 처형하는 것으로 제한하고, 그 밖의 여자와 아이까지 처형하는, 일종의 국가 전체를 청소하는 잔학성에는 반대한 것이다.

상술한 것을 종합할 때 데모스의 민회나 법정에서의 토뤼보스는 이세고리아와 파레시아와의 상호 작용에 의해 아테네 민회에서의 말의 자유를 좀 더 풍부하게 이해할 수 있게 하는 긍정적인 의미를 갖는다. 즉 토뤼보스는 누구나 원하면 마음대로 말할 수 있는 이세고리아의 무제한성을 어느 정도 약화시킨다. 다시 말해 토뤼보스는 연설가의 무제한적인 말의 자유가 자칫 폴리스의 공동선이 아닌 연설가의 사적 이익을 위한 선동적 연설로 이어질 경우 그것을 통제할 수 있는 효과적인 비토(veto) 수단이 될 수 있다. 다른 한편으로 토뤼보스는 이세고리아를 강화시키는 기능도 담보한다. 단상에 올라 연설할 수 있는 기회를 갖지 못한 다수의 보통 시민들이 토뤼보스를 통해 민회의 토론에 참여할 기회를 가질 수 있기 때문이다. 그것은 데모스 앞에서 연설하는 자에게 공개적이며 솔직하게 청중의 답변을 되돌려주는 일종의 데모스적 파레시아 형

---

260 Thoukydides, *Hist.*, III.38-40.3.

태로 볼 수 있다. 그것은 보통의 시민 데모스가 노련한 연설가의 주장을 논박하거나 또는 그의 주장을 재고하도록 집합적 메시지를 보내는 효과적인 수단이 될 수 있다.

물론 이러한 데모스의 토뤼보스가 발생시키는 부정적인 효과도 간과할 수 없다. 즉 데모스의 토뤼보스는 연설가의 진리를 말하고자 하는 의지를 약화시키는 역기능적 측면도 있다. 그래서 이소크라테스는 데모스 청중이 자신들의 욕망을 지지하는 자들을 제외하고는 모든 연설가들을 단상으로부터 몰아내는 습관적 에토스를 갖는다고 비판한다.[261] 전승되는 많은 자료에서 연설가들이 자신들이 말할 수 있도록 조용히 들어 달라고 요청하는 것도 이러한 사실을 방증한다.[262] 이것은 데모스의 토뤼보스가 연설가들의 진실에 근거한 비판적인 파레시아보다는 데모스에 영합하는 사이비 파레시아를 이끌어 내는 문제를 야기한다. 뮈틸레네 논전에서 디오도토스가 '가장 최고의 연설가들도 심지어 데모스가 믿도록 거짓말을 해야 한다'[263]고 말하는 것도 이러한 현상을 뒷받침한다.

지금까지 아테네 민주정에서의 말의 자유와 관련된 이세고리아와 파레시아의 의미와 긍정적 또는 부정적 측면을 살펴보았다. 어떤 면에서 이세고리아와 파레시아의 실질적인 민회와 법정에서의 모습은 그것의 역기능적인 부정적 측면을 부정하기 어렵게 한다. 또한 야망이 있는 정치 연설가가 데모스의 욕구에 영합하여 자신의 목적을 달성하기 위해 데모스의 꼭두각시로 전락한 경우도 부정하기 어렵다. 그러나 다른 한편으로는 데모스가 집단적 토뤼보스를 통해 단순히 수동적 예스맨으로

---

261 Isokrates, *Ad reges Mytilenaeos*, 3.

262 Demosthenes, *Philippikos*, IV.1, 11, 28-29.

263 Thoukydides, *Hist.*, III.42-43.

서 참여한 것이 아니라 적극적인 집단적 의견을 표출한 것으로 볼 수 있는 측면도 분명하게 존재한다. 또한 정치 연설가가 앵무새처럼 데모스가 듣기 원하는 것만을 말한 것이 아니라 공동선을 향한 용기와 진정성을 갖고 데모스에게 과감하게 비판적인 직언을 제시한 것도 사실이다. 질 높은 참된 민주주의는 이세고리아와 파레시아의 순기능을 담보할 때 실현되었고, 질 낮은 타락한 민주주의는 사이비 말의 자유가 강할 때 존재하였다. 그러면 아테네 민주주의는 올바른 말의 자유를 구현하기 위한 실질적인 자구책을 갖고 있었는가가 중요하다. 이제 계속해서 4장에서는 아테네 민주주의가 이세고리아와 파레시아의 올바른 가치를 담보하기 위해 구현한 주요한 정치 제도 및 법적 체계나 조치를 살펴보고자 한다.

고대 아테네 민주주의는
책임 정치를 구현했는가?

본 저술의 4장에서는 아테네 민주정을 '책임성(hypo-chreōsē, hypothynotēta)'의 관점에서 고찰한다. 현대의 민주주의는 대의제 민주주의라고 말할 수 있다. 이것은 시민에 의해 선출된 국회의원이나 대통령이 선출자인 시민에게 책임을 지는 방식이라고 볼 수 있다. 문제는 피선출인이 선출인에 대한 책임을 외면하고 공동선이 아닌 자신들의 사적 이익을 극대화하는 경향이 강하다는 것이다. 이런 점에서 정도의 차이는 있지만 현대 민주주의 위기의 주된 원인이 책임성의 결여에 있다는 데에는 대부분이 동의하는 것으로 보인다. 이런 이유로 민주주의에서 책임성을 담보하기 위한 정치적, 법적 조치들은 중요하다. 그것은 정치가나 고위 공직자의 권력 남용을 견제하기 위한 장치일 뿐만 아니라 무엇보다 시민 유권자와 피선출자인 대표자 사이의 공적 신뢰(public trust)의 문제가 되기 때문이다. 그리고 이러한 상호 신뢰에 기반한 공공성 확보 여부가 바로 민주주의의 발전과 쇠락의 시금석이 될 수 있다.

이런 관점에서 시민 누구나가 정치적 평등에 의해 민회나 법정에 직접 참여해서 자치(自治)가 이루어지는 아테네 민주정에서 책임성의 문제가 어떤 양태를 보였는지를 밝히는 것은 중요하다.[264] 과연 최초의 민주주의는 현대 민주주의에서처럼 책임성의 부재로 인한 다양한 문제를 해결할 수 있는 정치적 제도나 법적 기제를 통해 책임의 정치를 구현했는가? 아테네 민주정을 책임성의 관점에서 접근하는 작업은 우리의 최초의 민주주의에 대한 이해의 지평을 넓히는 데 도움을 줄 것이다.

1. 아테네 민주정과 책임 문화

먼저 민주주의와 책임의 관계와 관련된 중요한 역사적 언급이 헤로도토스(Herodotos)의 『역사(Historiai)』 3권 80장부터 82장에서 발견된다.[265] 이곳에서 최선의 정체에 관한 논쟁이 오타네스(Otanes)와 메가뷔조스(Megabyzos) 그리고 다레이오스(Dareios) 간의 대화를 통해 제시된다. 이 세 사람은 참주 캄비세스 사후 페르시아에 걸맞은 최선의 정체가 어떤 유형이 되어야 할지를 두고 각자 자신의 견해를 관철하고자 한다. 오타네스는 소위 다수의 통치로서의 민주정을, 메가뷔조스는 소수 엘리트에 의한 과두정을, 그리고 다레이오스는 '일인 군주정(mounarchia)'을 지지한다. 특히 민주정을 지지하는 오타네스는 군주정의 위험을 경고하면서 민주정이 페르시아의 최선의 정체임을 주장한다. 그 주된 이유는 민주정이 책임의 정치를 담보할 수 있기 때문이다.

오타네스의 주장에 따르면 일인 군주에 의한 절대 통치는 사실상 '좋

---

264 이와 관련해서 J. Elster(1999), 253-278, C. T. Borowiak(2011), 79-99 참조.

265 오타네스 관련 부분은 손병석(2009), 29-30에서 재인용했음을 밝힌다.

은 것(agathon)'도 '즐거운 것(hedy)'도 아니다. 일인의 지배는 항상 무법적 통치가 이루어지는 참주정으로 전락하기 때문이다. 오타네스는 그러한 근거로 앞선 캄비세스와 마고스의 통치가 폭정이었음을 상기시킨다. 이들 참주들은 모든 일에 아무런 "책임도 지지 않으면서(aneuthuno)" 모든 일을 자기 뜻대로 행하는 독재자의 전형을 보여 주었기 때문이다. 독재 정하에서는 아무리 '최선자(aristos aner)'라 할지라도 일단 왕의 자리에 오르게 되면 이전의 좋은 성품을 모두 잃는다고 말한다. 오타네스가 생각하기에 이것은 독재자의 본성에 뿌리 뽑을 수 없는 두 가지 악덕이 존재하기 때문인데, '오만함(hybris)'과 '질투심(phthonos)'이 그것이다. 오타네스에 따르면 이 두 가지 요소는 모든 악의 근원으로서 무자비한 모든 행위와 폭력을 발생시킨다. 이런 이유로 오타네스는 일인의 절대 통치에서 설사 그가 최선자라 할지라도 그 내면에 존재하는 두 가지 악인 '오만함'과 '질투'의 유혹에 저항할 수 있는 선한 인간 본성(physis)의 존재성에 대해 강한 회의적인 태도를 보인다. 더 큰 문제는 이러한 참주의 오만함을 제어할 수 있는 법이나 관습 같은 외적인 '기제'도 그에게는 전혀 영향을 끼칠 수 없다는 것이다. 그래서 참주는 자신의 쾌락을 위해 여자를 강제로 범하고, 재판 없이 인명을 살상한다. 요컨대 오타네스에 따르면 참주는 악을 제어할 수 있는 도덕적 선과 같은 내적 원리를 갖고 있지 못하기 때문에 자신만이 모든 것을 소유하면서도 아무것에도 책임을 지지 않는 자이다.

오타네스의 주장에 따르면, 이러한 참주정과 달리 민주정의 장점은 첫째, 법 앞에 모두가 평등하며, 둘째, 독재자가 하는 짓을 하나도 하지 않는다는 것이다. 무엇보다 민주정체에서 관직자들은 추첨으로 선출되고 직무에 '책임을 지며' 모든 안건이 민회에 제출된다. 요컨대 민주정이 최선의 정체가 될 수 있는 이유는 책임에 기반한 정치 제도를 갖추고 있기 때문이다. 또한 기원전 330년 크테시폰에 대한 기소에서 아이스키네스는 모인 배심원단에게 정체들 사이의 근본적인 차이점에 대해 숙고할 것을 다음과 같이 말하고 있다.

◇◇◇

아테네 시민 여러분, 인류에게는 참주정, 과두정, 민주정의 세 가지 유형의 정체가 있다는 것을 잘 알고 계실 겁니다. 참주정이나 과두정에서는 통치자의 방식에 따라 정체가 운영되지만, 민주정체에서는 정해진 법에 따라 정체가 운영됩니다.[266]

◇◇◇

위 인용문에서 알 수 있듯이 참주정이나 과두정에서는 참주나 소수 부자들의 자의적인 의지에 따라 그들의 이익과 쾌락을 위해 정체가 지배되지만 아테네와 같은 민주정체에서는 법에 따라 정체가 통치된다.[267] 즉 아테네 시민은 법치에 의해 보호되지만, 참주정과 과두정은 불신과 경호원에 의해 보호받는다. 독재자와 부자들은 그들을 무력으로 전복하려는 자들로부터 직접 자신을 지켜야 하지만, 민주정의 시민들은 법치에 따라 법을 어긴 자들에 대한 처벌을 통해 안전해질 수 있기 때문이다.

비극 작가 아이스킬로스 역시 『페르시아인들』에서 책임성을 페르시아와 아테네 민주정을 구획 짓는 중요한 기준으로 말한다. 이 작품에서 페르시아의 여왕 아톳사는 아들 크세르크세스의 견제되지 않는 무소불위의 권력과 아테네 민주정의 책임 정치를 대비하여 말한다. 그리고 그

---

266 Aischines, *Kata Ktēsiphōntos*, 6.

267 참주정과 민주정의 책임성과 관련된 논의는 S. Lewis(2006), 178-187, J. P. Euben(1997), 97-99, E. Markovits(2008), 54-61 참조.

녀는 크세르크세스가 아테네 민주정과의 전쟁에서 패하더라도 페르시아는 그에게 책임을 물을 수 없으므로 어떤 결과가 나와도 그는 돌아와서 통치자의 권력을 휘두를 수 있다고 말한다.[268] 즉 페르시아는 어떤 경우에도 통치자가 책임을 지지 않지만, 아테네 민주정에서는 모든 공직자가 책임을 져야 한다. 전자는 무책임의 정치를 하지만 후자는 책임의 정치를 구현한다. 페르시아에서는 피통치자인 신하들이 통치자인 왕에게 책임을 물을 수 없기 때문이다. 아이스킬로스는 페르시아 여왕의 입을 통해 결국 페르시아의 군주처럼 한 사람에게 무소불위의 권력을 주는 것은 결과적으로 공동선을 훼손함을 역설한다.

아테네인들은 진작부터 이러한 권력의 집중화로 인한 통제 상실이 권력자의 타락으로 이어져 결과적으로 폴리스 전체의 위기가 발생할 수 있다는 문제의식을 갖고 있었다. 소포클레스가 『안티고네(Antigone)』에서 "한 사람에 의해 소유된 폴리스는 전혀 폴리스가 아니다"[269]라고 말하는 것도 이러한 맥락에서 이해할 수 있다. 아리스토텔레스 역시 참주정을 누구에게도 책임을 지지 않는 개인의 자의적인 권력의 정체로 정의한다.[270] 아테네 민주정의 책임에 관한 이데올로기는 바로 이러한 제어되지 않는 권력에 대한 경계심과 관련된 것으로 이해할 필요가 있다. 아테네 시민들은 데모스가 직접 통치했을 때 공동선이 담보될 수 있고 또한 민주정체에 대한 전복이 사전에 방지될 수 있다고 믿었다. 그리고 그러한 데모스에 의한 자치를 실현하는 제도적 방책이 아테네 민주정의 최고 권력 기관인 민회와 법정에 직접 참여하는 것이었다.

---

268 Aischylos, *Persiai*, 210-214.

269 Sophokles, *Antigone*, 737.

270 Aristoteles, *Pol.*, 1295a17-18.

그러나 아테네 민주주의와 책임성 원리의 밀접한 관계에 대해 비판적이며 회의적인 의견이 제시되는 것 또한 사실이다. 대표적으로 플라톤의 비판적 의견을 들 수 있다. 플라톤은 데모스의 탐욕과 정치 지도자의 무책임과 타락에 대한 이론적인 차원에서의 가장 강력한 비판을 시도하는 철학자이다. 아테네 민주주의에 대한 플라톤의 신랄한 비판은 그 당시의 많은 사상가들이나 또 이후의 근현대 철학자 및 사상가들이 아테네 민주주의가 무책임한 '우중 통치(ochlokratia)'라는 부정적 인식을 강화하거나 확산하는 데 많은 영향을 주었다. 특히『국가』편 6권에 기술된 '배 비유'에서 플라톤은 민주정을 배에 비유하여 데모스와 대중 선동가의 문제점을 비판한다.[271] 배의 비유에서 선주는 데모스, 선원들은 대중 선동가, 그리고 키에 대한 기술적 앎을 소유한 자는 철학자이다. 배 비유를 통해 플라톤이 말하고자 하는 바는 분명하다. 그것은 민주정이라는 배가 안전하게 목적지에 도착하기 위해서는 배의 소유주인 선주가 키의 조종을 조타술에 대한 지식을 갖춘 키잡이에게 주어야 한다는 것이다. 그러나 선주는 배의 조종을 무지한 선원들에게 맡긴다.

플라톤이 보기에 민주정도 이와 다르지 않다. 첫째, 민주정은 정치적 지식(politikē epistēme)을 소유하지 못한 무지한 다중이 통치하는 정체다. 둘째, 민주정은 또한 대중 선동가가 무지한 데모스를 이용하여 자신의 탐욕과 야망을 달성하고자 하는 정체다. 요컨대 민주정은 무지한 데모스와 사이비 정치인들이 일종의 악어와 악어새의 관계처럼 서로 간의 욕망을 공유하는 정체인 것이다. 플라톤은 배 비유를 통해 데모스(선주)를 간교한 대중 선동가(선원)에 의해 휘둘리는 무기력한 다중으로 묘사한다. 플라톤의 비판에 따르면 아테네 민주정은 혹세무민하는 장군이나

---

271 Platon, *Politeia*, 488a-489a.

대중 정치가를 제어할 수 있는 책임성 있는 정치 제도나 법적 조치를 결여한 정체이다. 요컨대 아테네 민주정은 자기 통제나 자기 규제에 따른 책임의 정치를 구현하지 못하는 무책임한 정체이다.

이렇게 아리스토파네스나 플라톤이 비판한 것처럼 아테네 민주주의는 '공동선(to koinē agathon)'을 배제한 데모스의 탐욕과 대중 선동 정치가의 타락에 의해 무책임한 정치로 귀결될 수 있다는 치명적인 약점을 갖는다. 이러한 비판에 대해 '아테네 민주주의는 민회와 법정에서 최고의 막강한 권력을 가진 데모스가 그들이 내린 판단과 결정(edoxe tōi dēmōi)에 대해 책임을 졌는가'의 물음에 답할 수 있어야 한다. 이 물음이 중요한 이유는 민회와 법정에서 데모스의 심의와 판결이 집단적으로 이루어지기 때문에 개별적인 책임을 묻기 어렵고, 그래서 실상 '누구도 아무에게 책임을 지지 않는' 무책임한 정치가 될 수 있기 때문이다. 다시 말해 데모스가 자신들에게 주어진 최고 권력을 그들의 '탐욕(pleonexia)'을 실현하기 위한 수단으로 이용하는 문제가 발생할 수 있다. 마찬가지로 아테네 시민들에게 큰 영향력을 발휘하는 장군이나 정치 연설가의 권력을 제어할 수 있는 방책들이 존재했는가의 물음 역시 중요하다. 아테네 민주정의 최고 공직자들이 자신들의 정치적 권력을 남용하여 전제적 권력이나 부를 추구하는 타락의 문제가 발생할 수 있기 때문이다.

그러나 뒤에서 상세하게 설명하겠지만 아테네 민주정은 '책임의 문화'를 구현하기 위한 광범위한 정치적, 법적 장치를 갖고 있었다. 즉 아테네 정체는 책임성의 원리를 정체의 핵심적 정체성으로 강조하였고, 이를 구현하기 위해 기원전 5세기와 4세기에 걸쳐 정체에 막강한 영향력을 끼쳤던 장군이나 정치가 또는 연설가의 권력 남용을 견제하려는 장치들을 마련하였다. 아이스키네스의 견해에 따르면 참주정이나 과두정과 달리 아테네 민주정에서는 "누구도 책임을 지지 않거나, 조사받지 않거나, 감사받지 않는 사람은 없다(anupeuthynon kai azēteton kai anexetaston ouden)."[272] 그래서 '어떤 식으로든 대중의 신뢰를 받은 사람이라면 누구도 책임을 지지 않을 수 없었다'.[273] 즉 아테네인들은 무책임한 권력의 유혹에 저항할 수 있는 인간 본성에 대해 불신했으며, 그래서 무책임한 권력을 통제할 수 있는 다양한 책임 메커니즘을 강화하기 위한 정치적, 법적 조치들을 강구했다.

본 장에서는 상술한 데모스와 아테네 정치가의 무책임한 통치에 대해 아테네 민주정에 책임성 있는 정치를 하기 위한 방안이 존재했었는지를 살펴본다. 이를 위해 아테네 민주정의 책임성 구현을 위한 정치 제도나 법적 조치들이 무엇이고 그것이 어떻게 아테네 민주정의 '책임의 정치'를 가능케 한 원동력이 되었는지를 살펴보도록 하겠다.

2. 정치 기구와 책임성

1) 민회와 시민 법정 그리고 평의회

먼저 아테네 민주정의 핵심적 정치 기구인 민회와 시민 법정, 평의회의 특성과 정치적 권한 그리고 구체적인 운영 방식을 살펴보도록 하겠다. 이후에 이들 세 주요 기구가 아테네 민주주의의 책임성 문제와 관련하여 어떤 의미를 갖고 있었는지를 짚어 보도록 하겠다.

민회(ekklesia)는 아테네 민주정의 최고 의결 기구이다. 민회가 최고 결정권을 갖는 기구임은 "데모스가 결정하였다(edochsen toi demoi)"라는 말

---

272 Aischines, *Kata Ktēsiphōntos*, 22.

273 Aischines, *Kata Ktēsiphōntos*, 17.

에서 단적으로 알 수 있다.[274] 민회에는 아테네 시민 전체, 보다 정확하게는 18세 이상의 아테네 성년 남자가 참석할 수 있는 자격을 가진다. 따라서 거류 외국인이나 노예 그리고 여성은 민회에 참여할 수 있는 자격이 주어지지 않았다. 성년 남자이더라도 법에 따라 명예를 빼앗긴 (atimoi) 경우 참정권을 상실하게 된다.[275] 그렇지만 재산이 없다거나 교육을 받지 못한 것이 민회의 참정권을 제한하는 이유가 되지는 않았다. 민회는 아테네 시민 법정과 더불어 아테네 민주정의 최고 권력 기관으로서 정체의 중대 사안을 의결할 수 있는 권한을 가진다. 예를 들어 국내외의 주요 문제, 공공 건설, 전시 특별세 등과 같은 주요 의제들을 심의하여 결정한다.

민회는 1년에 40회 이상 개최되며, 정족수는 6,000명이었다.[276] 기원전 5세기의 아테네 시민 수를 대략 30,000명으로 잡을 경우 약 20%의 시민이 민회에 참석하여 의결권을 행사할 수 있었다. 시민 법정도 그렇고 민회의 참석 인원을 6,000명으로 잡은 것은 현실적으로 가능한 참석 수로 판단한 것 같다. 민회는 한 프뤼타니(prytany)에 보통 4번 소집되었는데, 이 중 주요 민회(ekklesiakyria) 1번, 보통 민회가 3번 열렸다.[277] 즉 매년 10번의 주요 의회와 30번의 보통 민회가 소집되었다. 민회와 관련해서 아리스토텔레스는 다음과 같이 보고하고 있다.

∞∞

첫 번째 주요 민회에서 하는 일은 다음과 같다. 관리들이 잘 통치할 때는 그들에 대한 지지를 표결하며, 먹을 양식과 영토 방어에 대해 의논하고

---

274 R. Meiggs, D. M. Lewis(eds.)(1969), 14, 23, *IG*, i² 3, 4, 5, P. J. Rhodes(1972), 64-65.

275 Demosthenes, *Kata Timokratous*, 123.

276 Demosthenes, *Kata Timokratous*, 45.59.

277 M. H. Hansen(1992), 133.

같은 날 원하는 사람들로 하여금 탄핵을 하게 한다. 또한 몰수, 경매되는 재산의 목록과 유산에 관한 사안을 공지하는데, 이는 문제가 되는 재산에 대해 모르는 사람이 없도록 하려는 것이다. 여섯 번째 프뤼타네이아에서는 지금 말한 것 말고도 도편추방의 투표를 할 것인가의 여부를 결정하고, 중상모략하는 아테네인과 거류 외인에 관한 예심이 각각 3건까지 처리된다. 또 민중에게 약속을 해 놓고 실천하지 않은 사람을 다룬다. 두 번째 민회에서는 진정서를 다룬다. 공사 간에 원하는 사람은 청원의 나뭇가지를 들고 민중 앞에서 호소할 수 있다. 나머지 두 번의 민회는 다른 일에 관한 것인데, 법에 따르면 종교 문제 3건, 전령과 사신에 관해 3건, 세속적인 것 3건을 다룬다.[278]

◇◇◇

이 밖에도 에클레시아 싱클레토스(ekklesia synkletos)라는 비상시에 긴급하게 열리는 임시 민회도 있었다. 에클레시아 싱클레토스는 신속한 결정이 필요한 경우에 정규 민회 이외에 추가로 소집된 민회라고 볼 수 있다. 예를 들어 기원전 427년 펠로폰네소스 전쟁 기간에 아테네 정체에 대해 반란을 시도한 뮈틸레네인들을 처벌하기 위한 민회가 긴급하게 소집되었다. 투키디데스는 이러한 긴급 민회를 다음과 같이 보고한다.

◇◇◇

아테네에 와 있던 뮈틸레네 사절단과 그들을 지원하던 아테네인들은 이를 감지하고 이 문제를 다시 토의하게 하려고 당국자들에게 접근했다. 그들은 쉽게 설득할 수 있었는데, 대부분의 시민들이 누가 이 안건을 다시 심의할 기회를 마련해 주기를 바란다는 것을 당국자들도 분명히 알고 있었기 때문이다. 그래서 즉시 민회가 개최되어 서로 자기 주장을 내

---

278 Aristoteles, *Ath. Pol.*, 43.4-6.

세워 상대방의 주장을 반박했다.[279]

◇◇◇

민회의 결정은 '거수(cheirotonia)'에 의해 이루어졌다. 법안이 의결되면 그것은 비문에 새겨져 누구든지 알 수 있도록 했다. 법령의 문구는 "민중이 결의하였다(edoxe toi demoi)" 또는 "평의회와 데모스가 결의하였다(edoxe tei boulei kai toi demoi)"로 시작된다.[280] 민회의 의장은 민회의 진행과 의안을 표결에 부치는 역할을 맡았다. 기원전 5세기 초 민회의 의장은 500인 평의회의 추첨으로 구성되는 50인 운영위원회(prytaneis) 위원 중에서 다시 추첨으로 임명되었다. 그런데 기원전 403/402년 이후에는 50인 프뤼타네이스를 제외한 나머지 450명 평의회가 추첨한 9명의 의장단(proedroi)이 거듭 추첨하여 임명되었다. 민회는 "누가 말하기를 원하는가?(tis aroreuein bouletai)"[281]라는 말로 시작되었다.

시민 법정(dikasterion)은 민회와 더불어 아테네 민주정의 핵심적인 권력기구이다. 아테네의 재판 제도는 30세 이상의 남성 아테네 시민들로 구성된 배심원에 의해 운영된다.[282] 배심원은 행정 단위인 10개 부족에서 각 600명씩 추첨으로 선발된 6,000명의 배심원단 명부에서 다시 추첨에 의해 임명된다.[283] 추첨에 의해 선출되는 배심원은 사전에 시민 자격 심사를 받게 되는데, 부채나 범법 행위 등 문제가 없는 사람으로 확인되어야 한다. 이들이 1년 동안 시민배심원단이 될 수 있는 자격을 갖게 된다. 배심원단에 속한 시민들 중 당일 재판에 참여하기를 원하는 사람이

---

279 Thoukydides, *Hist.*, III.36.

280 R. Meiggs, D. M. Lewis(eds.)(1969), 14, 23, *IG*, i² 3, 4, 5, P. J. Rhodes(1972), 64-65.

281 Demosthenes, *De Corona*, 170, Aischines, *Kata Timarchou*, 23.

282 M. H. Hansen(1992), 181.

283 J. A. Rothchild(2007), 23.

자발적으로 이른 아침에 법정으로 나가면 이들 중에서 당일 재판에 필요한 배심원을 추첨으로 뽑아 배심원단을 구성하게 된다. 누가 어떤 재판의 배심원으로 참여하게 될지는 당일 아침에 추첨으로 정해지기 때문에 자신이 어떤 소송의 배심원이 될지는 알 수 없다. 배심원이 된 시민은 선서를 한 후 재판에 참여하게 된다. 사적인 소송인 경우 배심원단은 보통 201인 또는 401인으로 구성되며, 공적 기소인 경우 보통 501인으로 구성된다. 중대한 정치적 성격의 재판은 보통 이보다 많은 1,001, 1,501, 2,001명 또는 2,501명의 배심원들로 구성되어 판결이 이루어졌다. 재판에 참여한 사람들은 각기 3오볼로스의 일당을 받았다.

아테네 배심원 재판 제도와 관련해서 주목할 만한 흥미로운 점이 발견된다. 첫째, 아테네 법정 제도하에서는 오늘날 국가 기관의 검사나 변호사 같은 역할이 없이 모든 기소와 변호는 사안과 관련된 개인들이 직접 수행하였다. 고발자는 재판정에서 직접 가해자의 공격을 비판하고, 이에 대해 피고발자는 자신을 직접 변호해야 했다. 이것은 아테네 사법 제도에서 오늘날과 달리 법 전문가가 아니라 보통 시민들이 소송의 당사자로서 행위하였음을 의미한다. 아테네 재판 제도의 두 번째 다른 점은 재판 판결이 당일 이루어진다는 것이다. 오늘날의 재판이 최종 판결까지 수년의 시간이 걸리는 것과는 확연히 다름을 알 수 있다. 이를 위해 물시계를 갖고 변론과 기소 시간을 제한하였다. 셋째, 배심원단의 구성이 철저하게 추첨이라는 방식에 의해 운영된다는 점이다. 일종의 제비뽑기로, 운에 의존한 선출 방식이라는 점에서 뇌물을 갖고 사전에 배심원단을 매수하는 것이 불가능했다. 이로써 아테네 민주정이 당일 재판 사안의 이해관계로부터 자유로운 중립적인 재판단을 구성함으로써 재판의 공정성을 확보하는 사법 제도를 갖고 있었음을 알 수 있다. 이런 점에서 추첨은 절차상의 공정성을 담보하고, 매수를 통한 인위적인 개입을 차단함으로써 정의를 실현할 수 있는 아테네 민주정의 사법 제도 운영 방법이라고 말할 수 있다. 마지막으로 고발의 남용을 막기 위한 그라페 파라노몬 제도이다. 뒤에서 더 상세히 설명하겠지만 이것은 신중하지 못한 고발을 막기 위해 고안된 제도로서 법률이 민회나 평의회에서 제안되었을 때 기존의 법과 모순되는 경우에 그 제안자를 시민 법정에서 재판받게 하는 소송이다. 만약에 기존의 법과 모순됨이 밝혀지고 그의 고발이 투표자 가운데 5분의 1 이하의 표를 얻게 되는 경우에 고소인은 벌금을 물었고, 시민의 권리도 박탈당할 수 있었다. 고발인이 세 번 이상 유죄 판결을 받으면 아테네에서 추방되었다. 만약에 고발인이 판결이 나기 전에 자신의 고발을 철회하면 그는 벌금형에 처해지고 다시는 기소를 할 수 없게 된다. 이러한 그라페 파라노몬 제도는 고발권이 지나치게 악용되거나 또는 남용되어 정쟁이나 사회적 분열을 일으키는 것을 막기 위한 방책이라고 말할 수 있다.

마지막으로 아테네 민주정의 중요한 정치 기구는 500인 '평의회(boulē)' 이다. 평의회는 10개 부족에서 30세 이상의 시민들 중 각각 50명씩 추첨하여 500명의 위원으로 구성되며, 임기는 1년이다.[284] 이들은 사전에 평의회 의원이 될 수 있는지에 대한 자격 검사를 받는다. 자격 심사를 통과하게 되면 법에 따라서 폴리스와 데모스의 최선의 이익을 위해 봉사한다는 맹세 선서를 한다.[285] 시민들은 평의회 의원으로 일생에 1번 봉사할 수 있는 기회가 있었고, 두 번까지도 봉사할 수 있었다. 그런데 현실적으로 500명이 매일 모여 회의를 하기는 어렵기 때문에, 효율적인 회의를 하기 위해 한 부족의 50명 위원들이 평의회의 '운영위원회'를 구

---

284 Aristoteles, *Ath. Pol.*, 43.2.

285 Xenophon, *Memorabilia*, I.1.18, Lysias, *Kata Philōnos*, 1.

성한다. 이렇게 해서 1년을 10개로 나눈 각 분기 동안 10개 부족들이 10개의 운영위원회로 나누어져, 각 운영위원회가 1년 임기의 10분의 1씩 교대로 평의회의 일을 맡게 된다. 기원전 4세기 이후 평의회 의원들은 매일 참석 수당으로 5오볼로스를 받았다. 이 기간 동안 운영위원들은 톨로스(tholos)라고 불리는 원형 청사에 머물면서 평의회와 민회의 업무를 담당하게 된다.[286]

평의회는 그 자체로 어떤 의안 결정권을 갖고 있는 것이 아니라 민회의 투표에 붙일 의제 또는 의안들을 협의하고 민회의 소집권을 갖는 기구이다. 즉 민회에서 토론할 의제를 준비하고 결정된 사안을 실행한다는 점에서 평의회는 직접적으로 민회와 밀접한 관계를 갖는 기구라고 말할 수 있다. 민회에서의 토의 사안이나 발의는 사전에 평의회에서 논의되었기 때문에 민회에서 의결된 법령의 대부분은 실상 평의회가 제출한 법령을 비준한 것이라고 말할 수 있다. 물론 평의회에서 논의되지 않은 새로운 안건이 민회에서 발의되어 토론을 거쳐 의결되기도 한다.[287]

평의회는 아침에 그날의 의장단 9명과 그들 중 의장(epistates) 1명을 추첨에 의해 정한다.[288] 의장은 '톨로스'에서 24시간 당직을 서고 그날 열리게 되는 평의회나 민회의 의장이 된다. 의장은 국세와 국고 및 국가 문서의 보관 업무에도 책임을 지게 된다. 평의회의 이러한 회의가 있는 동안 시민들은 민회에 참석하기 위해 프닉스 언덕으로 올라간다. 그리고 해가 뜬 바로 직후에 평의회 의원들은 민회의 개회를 위해 프닉스 회의장으로 갔다. 평의회의 위원회는 프닉스에 입장하는 자들 중에 부적

---

286 Aristoteles, *Ath. Pol.*, 62.2.

287 Aristoteles, *Ath. Pol.*, 45.4.

288 Aristoteles, *Ath. Pol.*, 44.1.

격한 시민이나 외국인 등이 있는지를 심사하였고, 입장할 때 참석 증표를 하나씩 주고 그 증표는 민회가 끝났을 때 민회 참석 수당과 교환되었다.

2) 세 정치 기구의 책임성 강화 조치와 그 의미

아테네 민주정은 데모스를 위한, 데모스에 의한, 데모스의 통치 체제다. 이것은 앞서 살펴본 것처럼 아테네 민주정의 최고 정치 기구인 민회와 법정에서 데모스가 모든 정치적, 사법적 판단과 결정에 최종적이며 최고의 권위를 가지고 있다는 것에서 알 수 있다. 그런데 데모스의 이러한 최고 결정권은 중요한 하나의 문제를 발생시킨다. 그것은 최고의 결정권을 가진 데모스의 잘못된 판단 결과에 대한 정치적, 법적 구속력이 데모스에게는 적용되지 않는다는 것이다. 우리가 알고 있는 것처럼 아테네 민주정은 데모스의 판단과 결정이 잘못되었더라도 그에 대한 어떠한 책임도 묻지 않는다. 데모스의 정치적 판단 능력의 신뢰성에 관한 문제는 본 저술의 5장에서 자세히 다루어질 것이다. 여기서는 민회에서의 데모스의 결정과 법정의 배심원의 판결에 대한 무책임이 데모스의 권력 행사에 대한 제한이 없었음을 의미하는 것은 아니라는 점을 살펴보도록 하겠다. 아래에서 아테네 민주주의가 아테네 시민들의 잘못된 권력 행사나 타락을 막기 위해 가졌던 일련의 책임성 강화를 위한 통제 방법이나 방책을 몇 가지 짚어 보도록 하겠다.

첫째는 '추첨(klērōsis)' 방식이 함의하는 참여 민주주의적 책임의 의미이다. 아테네 민주주의가 현대의 대의제 민주주의와 기본적으로 다른 이유는 아테네 시민 누구나가 민회나 법정 그리고 평의회의 구성원으로 참여할 수 있다는 데에 있다. 이러한 참여 민주주의가 가능할 수 있었던 핵심적인 이유는 시민 참여가 "추첨에 의한 평등(tou klērou isōi)"[289]

에 의해 이루어졌기 때문이다.[290] 물론 장군직과 같은 군사적인 전문적 지식과 경험이 요구되는 관직의 경우는 추첨이 아니라 선출에 의해 이루어졌다. 그러나 특수한 몇 개의 관직 이외에 모든 공직은 아테네 시민이라면 누구나 추첨에 의해 봉사할 평등한 기회가 주어졌다. 아테네 성인 남자 시민이라면 누구든지 한 달에 4번 있는 민회에 위원으로 참석하거나 매일 있는 시민 법정의 배심원으로 참여할 수 있었으며 일생에 한 번은 평의회 위원이 될 수 있었다. 단적으로 정치와 같은 공적 영역에 나서기를 거부한 소크라테스도 평의회 위원으로 봉사했던 것이 그 좋은 예이다. 즉 추첨 덕분에 아테네 시민은 누구나가 교대로 통치하고 통치받을 수 있는 참정권이 보장되었다.[291] 놀라운 점은 아테네 성인 시민의 약 4분의 1이 '평의회 의장(epistates ton prytaneon)'이 되어 하루 동안이지만 사실상 오늘날의 대통령과 같은 최고 국가원수의 역할을 하였다는 것이다.[292] 이러한 공직 업무에서의 순환적 통치권 행사는 곧 아테네 시민 상호 간의 책임 있는 공직 수행을 요구한다. 누구나 통치할 수 있다는 참정권은 언젠가 다른 동료 시민의 통치를 받을 수 있음을 전제하기 때문이다. 따라서 데모스의 통치권은 항상 동료 시민이 지켜보고 있다는 책임성의 원칙하에 행사될 수밖에 없다.

앞서 살펴본 것처럼 아테네 시민들은 오랜 기간 왕이나 귀족 또는 부

---

289 Platon, *Nomoi*, 757e, Aristoteles, *Pol.*, 1303a14-16, 1350a8 참조.

290 추첨 방식은 실상 아테네 민주정이 확립되기 이전부터 사용되었다. 예를 들어 호메로스의 『일리아스』 15권에서 제우스가 하늘을, 포세이돈이 바다를, 그리고 하데스가 지하 세계를 나누어 통치하는 것이 제비뽑기를 통해 이루어졌다. 추첨에 관한 보다 자세한 설명은 J. Miller (2022), 85-119, 특히 90-91 참조할 것.

291 한센의 추정에 따르면 기원전 4세기 아테네 정체에서 매년 추첨으로 1,100개의 시민 공직이 채워졌다. 반면 선거를 통해 채워진 공직은 110개에 불과했다. M. H. Hansen(1991), 230.

292 J. Miller(2022), 95, M. H. Hansen(1992), 250.

자들의 전제적 권력에 의한 부당한 억압 때문에 고통을 경험하였다. 그래서 아테네 시민들은 일찍이 인간의 권력에의 의지와 권력을 통해 타인을 지배하려는 욕망에 대한 제어가 필요하다고 생각하였다.[293] 그리고 자유와 평등이 보장될 수 있는 민주적인 방책을 찾아냈고 그것이 권력의 집중화를 방지하기 위한 추첨과 임기 제한이다. 추첨은 제비뽑기처럼 운(運, luck)적인 것이고 운 좋게 제비를 뽑더라도 그 운이 지속적이면 타락할 수 있으므로 임기를 제한한 것이다.

민주주의는 기본적으로 인간 본성에 대한 이중적 태도를 취하는 것으로 보인다. 인간은 한편으로는 프로타고라스가 말한 것처럼 정의와 수치심의 도덕적 본성을 갖는 존재일 수 있지만 다른 한편으로는 짐승보다 못한 야만적인 본성을 보여 주는 존재가 될 수 있다. 플라톤 대화편 『고르기아스』 속 무한한 권력을 통해 자신의 쾌락을 극대화하는 것이 자유고 정의라는 칼리클레스의 주장이 그러한 예가 될 수 있다.[294] 또한 플라톤이 인용하는 잘 알려진 귀게스(Gyges)의 반지 이야기도 마찬가지이다.[295] 타인의 눈에 보이지 않는 투명 반지를 갖게 되면 인간은 누구나 귀게스처럼 자신의 욕망을 실현하기 위해 얼마든지 무책임하고 부정의한 행위를 할 수 있다는 것이다. 아테네 시민들은 역사적 경험을 통해 이러한 인간의 나약함을 통찰하고 있었다. 그래서 누구나 칼자루를 잡으면 마음이 바뀌어 무소불위의 권력의 칼을 휘두를 수 있기 때문에 선한 독재자를 기대해서는 안 된다는 집단적 인식을 공유하고 있었다. 자연적인 상태에서 인간 본성이 정의보다는 부정의로, 수치심보다는 몰염

---

293 J. Miller(2022), 93.

294 Platon, *Gorgias*, 488b 이하 계속 참조.

295 Platon, *Politeia*, 359c-360c.

치로 강하게 향하는 것은 부정되기 어렵다. 인간은 자신의 쾌락이나 이익을 더 우선시하기 마련인 것이다. 정치적 권력에의 참여 기회는 이러한 인간의 나약함을 강화시켜 타락으로 이끌 수 있다.

이러한 이유로 아테네 시민들은 인간의 타락을 막을 수 있는 책임성을 담보할 정치적 방법으로 추첨을 채택하였다. 예를 들어 시민 법정 배심원단의 구성이 철저하게 당일 추첨에 의해 이루어진다는 것은 당일 재판의 공정성과 중립성을 확보하는 적합한 방법이라고 볼 수 있다. 판결을 행하는 배심원 모두를 매수하여 자신에게 유리한 판결을 얻을 수 있는 가능성 자체를 원천적으로 차단할 수 있기 때문이다.

두 번째로 들 수 있는 데모스의 책임성 강화 조치는 법정 '나이 제한'과 '배심원 선서'이다. 먼저 배심원의 제한과 관련해서 매년 6천 명의 배심원이 다음 해에 배심원으로 봉사할 의사를 밝힌 사람 중에서 추첨을 통해 선발된다. 뒤에서 상세히 설명하겠지만 배심원은 장군 임명처럼 도키마시아나 에우튀나와 같은 자격 심사를 받지 않는다.[296] 그러나 배심원이 되기 위해서는 여러 가지 요건을 충족해야 한다. 아리스토텔레스는 『아테네 정체』에서 "30세 이상의 사람이 법정 배심원으로 활동할 수 있지만 그들은 공적 채무자나 시민권을 상실한 자가 아니어야 한다"라고 말하고 있다.[297] 여기서 배심원의 참여 나이를 30세 이상으로 제한한 것은 민회의 참여 나이를 20세 이상으로 제한한 것과 차이가 있다. 배심원 의무에 대한 연령 제한은 그 자체로 책임 메커니즘은 아니지만, "가장 나이가 많고 경험이 많은 사람에게 판결의 권한을 부여하려는 시

---

296 dokimasia는 공직자의 사전 조사 제도이고, euthyna는 공직자의 임기가 끝난 후 조사하는 제도이다. 이와 관련해서는 이 장 3절 참조할 것.

297 Aristoteles, *Ath. Pol.*, 63.3.

도"로 해석할 수 있기 때문이다.[298] 이것은 배심원들이 장군이나 정치인들처럼 자신의 판단과 결정에 대한 책임을 지지는 않지만, 기본적으로 아테네 민주정의 법에 대한 책임을 지고 있었음을 의미한다. 즉 배심원으로 봉사한 아테네 시민들은 법에 대한 존중과 준수의 개념을 갖고 있었다. 이것은 무엇보다 모든 배심원이 매년 배심원으로 선정될 때 맹세하는 '헬리아스 선서(ho heliastikos horkos)',[299] 즉 배심원 선서를 고려할 때 분명해진다. 배심원 선서는 아테네에서 법치 개념의 범위와 의미, 그리고 배심원의 책임이 어떻게 작용했는지 어느 정도 짐작할 수 있게 해 준다. 배심원 선언을 입증하는 신뢰할 만한 자료는 없지만, 우리는 여러 자료를 통해 배심원 선서의 핵심 조항을 파악할 수 있다.

◇◇◇

(i) 나는 민회와 평의회에서 통과된 법률과 법령에 따라 투표하되, (ii) 법률이 없는 경우에는 호의나 적대감 없이 가장 정의로운 것이 무엇인지에 대한 나의 양심에 따라 투표할 것입니다. (iii) 나는 고발된 사안에 대해서만 표결할 것이며, (iv) 고발자와 변호인 모두의 의견을 공정하게 경청할 것입니다. 나는 제우스, 아폴론, 데메테르의 이름으로 이 일을 맹세하며, 맹세를 잘하면 좋은 일이 많이 생길 것이고, 맹세를 저버리면 나와 내 가족에게 파멸이 있을 것입니다.[300]

◇◇◇

이 선서 조항을 종합해 보면 아테네인들이 법치주의가 배심원의 권한과 책임을 어떻게 제한한다고 생각했는지 알 수 있다. (i)항은 배심

---

298 M. H. Hansen(1992), 181.

299 Demosthenes, *Kata Timokratous*, 148.

300 M. H. Hansen(1992), 182, E. M. Harris(2006), 159-160, D. Mirhady(2008), 49.

원의 판단과 결정 기준이 법에 따라 이루어져야 함을 분명하게 말한다. (ii)항을 보면 만약에 법률이 제정되어 있지 않을 때에는 어느 정도의 배심원 재량이 불가피하지만, 그 경우에도 배심원들은 '호의나 적대감'이 아닌 '정의감'에 따라 투표하도록 권고받는다. 배심원의 결정은 어디까지나 법과 법령 기준에 따라 이루어져야지 개인적인 호의나 적대감과 같은 편파적인 감정에 치우쳐 이루어져서는 안 되기 때문이다. 요컨대 배심원의 재량은 어디까지나 법의 테두리 내에서만 이루어져야 한다. 만약 법이 부재할 때는 개인적인 감정에 치우치지 말고 정의감의 양심에 따라 판결해야 한다. 그리고 (iii)항은 배심원의 결정이 고발된 사안에만 공평무사하게 적용되어야 함을 강조한다. 마지막으로 (iv)항은 배심원들은 고발자나 변호인에 대한 개인적인 감정에 흔들리지 않고 양측 모두에게 공정한 심리를 제공해야 함을 강조한다.

그런데 여기서 배심원 선서가 얼마만큼 아테네 배심원단의 실질적인 책임성을 담보할 구속성 있는 선서인지를 생각해 볼 수 있다. 이와 관련해서 법정 선서의 종교적 의미를 고려해 볼 수 있다. 한센에 따르면 "선서는 제우스, 아폴론, 데메테르의 이름으로 맹세했으며, 배심원이 선서를 어길 경우 자신에 대한 저주를 내리는 것으로 끝났다"[301]라고 한다. 한센은 배심원이 선서를 어겼을 경우 그에 대한 책임을 지지 않기 때문에 선서를 "공허한 형식(an empty formality)"이라고 보는 것에 반대한다.[302] 한센의 주장은 배심원들의 선서 맹세가 기본적으로 그리스인들의 종교적인 믿음과 종교적 평가에 의존하고 있음을 말한다는 점에서 타당하다. 이것은 웅변가 리쿠르고스가 "민주주의를 하나로 묶는 것은 선서

---

301 M. H. Hansen(1992), 182.

302 M. H. Hansen(1992), 183.

4장 _ 고대 아테네 민주주의는 책임 정치를 구현했는가?

다"[303]라고 말하는 것을 통해서도 알 수 있다. 리쿠르고스에 따르면 민주주의를 유지하는 기본적인 힘은 선서이다. 그래서 범죄자와 같은 악인이 남을 속이고 평생 동안 벌을 받지 않고 살아가더라도 신의 처벌을 벗어날 수는 없다. 위증을 한 범죄자가 직접 고통을 당하지는 않더라도 그의 자녀와 모든 가족이 끔찍한 불행을 당하기 때문이다.[304] 이런 점에서 아테네인의 헬리아스 법정 선서는 아테네 배심원이 법과 정의를 준수하여 판결해야 함을 규정하고 있다는 점에서 일정 정도 아테네 데모스의 책임성 의식을 뒷받침하는 증거로 볼 수 있다.

또 하나 아테네 배심원의 책임성과 관련해서 중요하게 고려해야 할 점이 있다. 그것은 법정 판결의 배심원은 아니지만 당일 재판을 지켜본 '구경꾼들(hoi periestēkotes)'의 영향력이다. 이들은 재판 당일 배심원으로 추첨된 사람들은 아니지만 재판정의 한 곳에서 재판을 지켜본 사람들이다. 라니(A. Lanni)에 따르면 재판 과정을 지켜본 구경꾼들은 아테네 민주주의의 제도적 약점 중 하나인 시민배심원단이 공식적인 책임으로부터 면책되는 문제를 바로잡는 데 도움을 주었다.[305] 이들 구경꾼들은 당일 재판 배심원으로서 추첨되지 않은 자이거나, 배심원 자격 나이에 부합하지 않는 젊은이, 외국인, 정치인이나 웅변가일 수 있다. 중요한 점은 이들 구경꾼들이 배심원들의 책임성에 영향을 줄 수 있었다는 점이다. 그래서 법정의 고발자나 변호자는 법정에 참석한 청중들에게 직접적으로 말을 하며 자신의 주장을 정당화하고 설득하고자 했다는 것이다. 그리고 관중들의 반응은 배심원들에게도 영향을 미쳤을 가능성이 크다.

---

303 Lycurgus, *Kata Leōkratous*, 79.

304 Lycurgus, *Kata Leōkratous*, 79.

305 A. Lanni(1997), 183.

그래서 라니는 관중들을 배심원들의 법적 무책임을 막기 위한 사회적 통제력을 행사하는 일종의 '비공식적 에우튀나(informal euthyna)'로 간주할 수 있다[306]고 주장한다. 이러한 관중의 배심원에 대한 비공식적, 간접적인 책임성을 위한 영향력의 가능성은 데모스테네스의 다음과 같은 연설이 하나의 증거가 될 수 있다.

◇◇◇

여러분은 곧 법정을 떠나게 될 것이고, 외국인과 시민을 포함한 관중들은 지켜보고 있을 것이며, 지나가는 각 남자를 바라보며 어떤 사람이 무죄에 투표했는지 그들의 표정을 통해 알아낼 것입니다. 배심원 여러분, 법을 배신하고 걸어 나가면 뭐라고 말하시겠습니까? 어떤 표정으로 그들을 마주하시겠습니까?[307]

◇◇◇

관중의 배심원의 판결에 대한 간접적인 영향력은 아이스키네스의 언급에 의해서도 뒷받침된다. 아이스키네스는 배심원들에게 "지금은 참석하지 않았지만 시민들이 여러분에게 어떤 평결을 내렸는지를 물을 것으로 예상하고, 판사로서뿐만 아니라 감시받는 사람으로서 이런 식으로 투표하라"라고 경고한다.[308] 그러나 데모스테네스와 아이스키네스가 말하는, 관중의 배심원들에 대한 비공식적이며 간접적인 책임성 언급이 얼마만큼 아테네 배심원단의 실질적인 책임성 강화에 기여했는지는 분명하지 않다. 무엇보다 배심원의 판결이 비밀투표로 이루어졌고, 어겼을 경우 공식적인 책임성 부여 원칙이 존재하지 않았기 때문이다. 뒤에

---

306 A. Lanni(1997), 187-188, E. Markovits(2008), 59-60.

307 Demosthenes, *Kata Aristogeitonos*, 98, A. Lanni(1997), 188.

308 Aischines, *Kata Ktēsiphōntos*, 247.

서 설명이 되겠지만 이런 점에서 헬리스틱 맹세를 그라페 파라노몬이나 에이산겔리아[309]와 같은 정치적 책임을 지우는 제도와 동등한 수준의 책임 메커니즘으로 간주하기에는 무리가 있다. 아테네의 배심원들은 자신들이 선서한 법률에 의해 어느 정도 제약을 받았을 수도 있지만, 그것을 어겼다고 그에 대한 책임을 지게 되지는 않았기 때문이다. 그럼에도 불구하고 법정 나이 제한이나 배심원 선서는 아테네 민주주의가 데모스의 민회와 법정에서의 결정이나 판단이 공동선과 정의에 어긋나지 않도록 자체적으로 책임성을 부여한 조치들로 이해할 수 있다.

세 번째로 생각할 수 있는 데모스의 책임성 강화를 위한 조치는 무분별한 소송 제기 억제책이다. 아테네의 법 체계는 원칙적으로 현대의 민주주의 국가에서처럼 검사에 의한 고발 제도를 두지 않았다. 에이산겔리아나 그라페 파라노몬의 경우처럼 대부분 개별 시민이 법원에 고소를 제기하였다.[310] 그런데 이러한 시민 검찰 제도도 책임 메커니즘 원칙에 의해 이루어졌는데, 이것은 주로 무분별하면서도 경솔한 소송을 제기하는 쉬코판테스(sykophantes), 즉 악의적인 고발자들을 막기 위한 목적이 있었다.[311] 첫째, 많은 경우 일단 고소가 제기되면 거액의 벌금을 물지 않고는 고소를 취하할 수 없도록 하였다.[312] 이는 기소 여부를 확신

---

309 graphē paranomon은 다양한 법적 기소 행위(graphe)의 무분별하고 무책임한 고발 행위를 방지하기 위한 처벌 조치이다. 일반적으로 그라페 파라노몬은 어떤 프세피스마(psēphisma), 즉 법령(decree)이 기존의 상위법에 어긋난 경우 그에 대한 기소 조치이다. eisangelia는 주로 정체에 대한 반역 행위를 한 장군이나 행정관, 뇌물을 받고 아테네 데모스를 속인 연설가 또는 민주정을 전복시키려는 시도를 한 시민에게 그 책임을 묻는 공적 절차이다. 이에 관한 상세한 설명은 이 장 3절 참조할 것.

310 D. Allen(2000), 45-49.

311 아테네 민주정과 법, sykophantes의 관계에 관한 상세한 논의는 J. O. Lofberg(2010), A. Lanni(2016) 참조할 것.

312 D. M. MacDowell(1978), 64, M. H. Hansen(1992), 214-215.

할 수 없는 사람들에게 겁을 주는 효과뿐만 아니라 시민을 상대로 협박의 수단으로 고소를 제기하는 것을 억제하는 효과도 있었다. 둘째, 고발자가 재판에서 배심원 투표의 5분의 1을 확보하지 못하면 거액의 벌금형에 처해지며, 향후 더 이상 사건을 기소할 수 없었다. 아테네 시민이 고발자로서 법정에 기소를 제기한다는 것은 그에 고발을 당한 피고인이 재판을 받는 것뿐만 아니라 고발자 자신이 또 다른 의미의 심판을 받는 것에 복종한다는 의미를 지닌다.

마지막으로 아테네 민주주의의 시민성 개념이 함의하는 데모스의 책임성 정신이다. 아테네 민주주의는 시민 공동체이고, 이것은 정체의 의미가 기본적으로 시민 개념에 의해 규정됨을 의미한다. 중요한 점은 정체로서의 민주주의와 시민으로서의 개인의 삶이 분리되지 않고 일치한다는 것이다. 즉 아테네 정체의 시민이 된다는 것은 정체의 통치에 참여할 기회를 갖고 자신의 운명을 스스로 결정할 수 있음을 의미한다. 좀 더 설명하면 민회에서 최고 공직자를 선출하거나 정체의 주요 사안에 관한 결정에 참여하며 법정에서 오늘날의 검사나 변호사 또는 배심원 판관으로서 행위함을 의미한다. 아테네 데모스는 이렇게 정체 운영에 직접 참여해서 공동체의 모든 일을 결정했기 때문에 자신의 의사 결정의 결과인 성공과 실패에 대한 책임을 져야 했다. 만약에 데모스의 판단이나 결정의 결과가 실패일 경우 그 대가는 고스란히 데모스 자신에게 돌아온다. 데모스와 아테네 민주정은 상호 호혜적인 관계에 있고, 그래서 함께 성장하고 번영하며 함께 쇠락하고 멸망한다. 따라서 아테네 민주주의의 성패는 제도나 기구에 달려 있다기보다는 시민에게 달려 있다고 말할 수 있다. 요컨대 아테네 민주주의의 진정한 힘의 원천은 인간, 즉 시민성에 있다. 이런 점에서 오늘날의 거대 국가 조직에서 인간을 거대 국가의 톱니바퀴로 간주하는 것과 달리 아테네 민주주의는 시민 인간을 국가 조직을 움직이는 핵심적인 힘의 원천으로 간주한다. 아테네 민주주의의 발전의 성패는 기술이나 자본이 아니라 인간의 자유와 평등에 대한 깊은 욕구 및 인간의 가치에 좌우된다. 그리고 이러한 자유와 평등의 실현과 인간적 가치 창출은 시민들이 공동의 목표를 달성하는 과정에서 시민의식에 따른 실천의 결과로서 나온다.

아리스토텔레스에 따르면 '아테네 시민은 본성상 정치적 동물(politikon zōon)'로서의 본을 보여 준다고 말할 수 있다. 아테네 민주주의의 운영과 발전이 시민들의 적극적인 참여 활동에 의해 가능했다는 것이다. 이것은 아테네 민주주의에 대한 능동적인 시민의식이 없이는 가능하지 않았을 것이다. 물론 민회나 시민 법정에 참여하게 되면 수당을 받을 수도 있었으나 이것으로 그러한 정치적인 참여를 온전히 설명하기는 어렵다. 수당만으로 삶을 유지하기는 어려운 측면이 있었기 때문이다. 아테네 중심에서 약 25킬로미터 떨어진 외곽 지역에 사는 농부가 민회와 법정에 참여하기 위해서는 그 전날 하룻밤을 묵는 수고를 감수해야 했을 것이다. 설사 몇 킬로미터 떨어지지 않은 시 근교에 산다고 할지라도 아침 일찍 열리는 민회와 법정에 참석하기 위해서는 해가 뜨기 전에 집을 떠나야 하는 열정이 필요했다. 요컨대 최초의 민주주의는 아테네 시민의 헌신과 열정이 없었다면 가능하지 않았을 것이다.

3. 책임성 구현을 위한 정치 제도 및 법적 조치

앞서 제기한 것처럼 데모스의 책임성 문제와 함께 검토되어야 할 문제가 정치 연설가나 최고 관직자의 책임성 담보이다. 아테네 민회나 법정에 참여한 데모스가 엘리트 정치 지도자나 연설가에 의해 휘둘릴 수 있는 위험이 상존하기 때문이다. 투키디데스나 플라톤이 비판하는 것처럼 아테네 민주정은 형식적으로는 데모스의 통치이지만 실질적으로는 일인의 왕정과 같은 정체로 비판받을 여지가 충분히 있다는 것도 이를 방증한다. 즉 형식적으로 아테네 민주정은 데모스에 의한 직접 통치이지만 동시에 군사적 또는 정치적인 카리스마를 가진 장군이나 정치 연설가에 의해 엘리트 통치가 될 수 있다는 문제점이 존재한다.[313] 그러면 아테네 민주정은 과연 이러한 소수 엘리트에 의한 통치로부터 참여 민주주의를 보호할 수 있는 정치 제도적 또는 법적 수단을 마련하고 있었는가? 아래에서 아테네 민주정이 책임성 강화를 위해 마련한 정치적, 법적 제도가 무엇인지를 살펴보고, 그러한 책임성 메커니즘이 아테네 민주정의 수호에 성공적인 역할을 해냈는지를 밝혀 보도록 하겠다.

1) 도편추방법

아테네 민주정의 책임 문화 구현으로 오스트라키스모스(ostrakismos), 즉 '도편추방법'을 말할 수 있다. 이는 오스트라콘(ostrakon), 즉 도자기 조각에서 온 말로서, 아테네 시민들은 오스트라콘에 아테네로부터 추방하길 원하는 인물의 이름을 새겼다. 즉 도자기 조각이 도편추방을 위한 투표 수단으로 사용되었다. 도편추방은 개인적인 정치적 야망이 강하여 아테네 민주정에 중대한 위협을 가할 수 있는, 그래서 잠재적으로 참주가 될 수 있는 인물을 10년 동안 추방하는 제도이다. 이 제도는 정적을 공격하기 위한 수단으로 악용된 예도 있지만, 그 기본적인 취지는 정치 지도자들의 아테네 민주정에의 충성심을 강화함으로써 정체 변혁(stasis)

---

313 C. T. Borowiak(2011), 82-83.

의 잠재적 가능성을 사전에 막으려는 조치이다.[314]

　도편추방은 일반적으로 기원전 6세기 말경 클레이스테네스에 의해 제정된 것으로 말해진다. 그런데 첫 번째 도편추방이 이루어진 것은 클레이스테네스가 기원전 508/507년 도편추방법을 만든 후 20년이 지난 기원전 488/487년이다. 즉 도편추방의 제정과 실제적 시행 사이에 20년의 격차가 있다는 점이 문제를 발생시킨다. 그래서 몇몇 학자들은 도편추방 제도를 클레이스테네스가 제정했다는 것에 대해 의문을 제기한다. 이와 관련해서 신빙성 있는 기록은 아리스토텔레스의 『아테네 정체』 속 클레이스테네스가 도편추방을 기원전 508/507년에 제정했다는 보고이다. 그리고 이 법의 첫 번째 적용은 기원전 488/487년 카르무스의 아들인 힙파르코스였다고 보고한다. 아리스토텔레스의 설명에 따르면 도편추방은 클레이스테네스가 앞으로 닥칠 참주의 등장을 방지하기 위한 목적하에 시행한 것이다. 이에 반해 안드로티온은 아리스토텔레스의 주장을 부정하면서, 도편추방이 그것이 처음 사용되기 직전인 기원전 488/487년에 제정되었다고 본다.[315]

　여기서 헤로도토스와 투키디데스의 견해를 참조할 필요가 있다. 헤로도토스는 마라톤 전쟁 이후 아테네 참주인 힙피아스의 복귀를 저지할 수단이 필요했고, 그래서 도편추방법이 제정되었다고 주장한다. 투키디데스는 도편추방법을 참주의 등장을 예방하기 위한 목적에서 클레이스테네스가 고안한 개혁 제도로 말한다. 클레이스테네스는 참주정을 없앤 후 망명했던 유력한 귀족주의자들이 다시 참주로 복귀하여 아테네 정체를 위험에 빠뜨릴 것을 염려하여 개혁적 장치로 도편추방법을 제정하였

314　M. Ostwald(1986), 27.

315　A. Raubitschek(1951), 221-229.

다는 것이다. 상술한 것을 종합할 때 도편추방제는 기원전 488/487년에 힙파르쿠스를 제거할 목적으로 제정되었다기보다는 클레이스테네스가 당시의 특수한 정치적 상황에서 제정한 개혁적 조치로 이해하는 것이 타당하다. 즉 아테네 정체에 위협이 될 잠재적 참주를 막아 아테네 민주정을 수호하기 위한 목적으로 제정되었다고 이해할 수 있다.

그러면 도편추방의 절차와 방식은 어떻게 이루어졌는가? 도편추방의 절차 역시 신중하게 이루어진 것으로 볼 수 있다. 매년 1월 중순쯤 아테네 민회에서 그해 도편추방 실시 여부 투표가 이루어진다. 만약 도편추방 여부 투표가 부결되면, 이후 1년 이내에는 도편추방에 관한 논의가 이루어지지 않는다. 만약에 투표가 가결되면 그로부터 두 달 후인 4월쯤 두 번째 투표가 실시된다. 도편추방 시행 결정을 위한 첫 번째 투표와 실질적인 도편추방을 위한 두 번째 투표의 간격은 의도적인 계획에 의한 것으로 보인다. 무엇보다 시민 참여를 극대화하기 위한 것일 뿐만 아니라 경솔하면서도 과열된 결정을 막기 위한 것으로 보인다. 이 두 달 동안에 아티카 전체에 걸쳐 시민들은 도편추방의 잠재적 후보에 대해 논의하고 대화를 하면서 추방이 되었으면 하는 인물을 도자기 조각에 새긴다.

도편추방이 실시되는 당일은 특별한 절차가 요구된다. 즉 일반적으로 투표 장소가 되는 아고라 광장에 울타리가 쳐져 주위가 봉쇄된다. 울타리가 쳐진 아고라에는 10개 부족을 상징하는 출입문이 만들어졌고, 이 문으로 투표자들이 데모스별로 나뉘어 입장하여 투표하였다. 부정 투표를 방지하기 위해 500인 평의회와 행정관들이 감독하였다. 무엇보다 이중 투표를 방지하기 위해 모든 사람이 한 표를 행사하도록 한 개의 도편만을 갖고 입장하게 하였다.

최소한 6,000명의 투표수가 추방을 위한 적정 수로 요구된다.[316] 그런데 6,000명 숫자가 정족수를 의미하는지, 아니면 추방하기 위한 투표수인지는 불명확하다. 플루타르코스는 이 수가 정족수라고 보고하고, 반면에 필로코로스(Philochoros)는 이 숫자가 추방을 위한 최소한의 득표수라고 말한다.[317] 아무래도 6,000명이라는 숫자가 투표 자격을 가진 아테네 시민 전체 수의 1/3에서 1/5에 해당되는 수임을 감안하면, 6,000이 정족수가 아니라 득표수라는 것은 현실성이 떨어진다. 도편 투표는 두 번 세어졌는데, 첫 번째는 정족수가 충족되었는지 확인하기 위한 것이고 두 번째는 누가 가장 많은 수를 받았는지 정확하게 세기 위한 것이다. 가장 많은 수를 얻은 사람은 10일 이내에 아티카를 나가 10년 동안 떠나 있어야 한다. 도편추방이 되는 사람은 가족이나 그의 재산을 갖고 떠날 수 있었고 혼자 떠날 경우에도 그의 가족에 대한 제한이나 재산의 손실이 이루어지지 않고 그대로 보존되었다. 심지어 그가 추방당한 동안에 그의 재산으로부터 오는 수입도 받을 수 있었다. 그가 10년의 추방을 마치고 돌아오게 되면 그의 시민권을 비롯한 모든 권한이 회복되었다.[318] 아테네 민회는 또한 특수한 상황에서는 특별한 목적을 위해 그의 추방을 취소하고 그를 다시 아테네로 돌아올 수 있게 하였다. 기원전 481/480년에 아테네 민주정이 페르시아의 공격을 받게 되는 위험한 상황에서 크산티포스와 아리스테이데스 등을 다시 불러들인 것이 그 예이다.

이것은 아테네 민주정의 도편추방이 생각보다 상당히 온건하게 시행되었음을 의미한다. 즉 도편추방 제도는 이전의 참주들 사이의 극단적

---

316 Ploutarchos, *Aristides*, 7.5.

317 J. Miller(2022), 60.

318 J. Miller(2022), 61.

인 처벌 방식과는 다른 양상을 보인다. 무엇보다 추방 기간이 10년으로 제한되었다는 점에서 그렇다. 이것은 도편추방 이전의 추방이 그 기간 이 제한되지 않았다는 점과 재산 몰수가 이루어졌다는 사실과 대비된 다. 이런 상황에서 추방당한 자는 폭력을 통해 다시 아테네로 귀환하고 자 할 것이다. 이와 달리 도편추방을 당한 자는 10년이 지나면 다시 아 테네로 돌아올 수 있었고 그의 재산과 시민권 역시 온전하게 복권된다 는 점에서 군이 폭력적인 방법을 사용해서 귀환하고자 할 동기를 갖지 않게 된다. 더욱이 돌아왔을 경우 그의 정치적 힘을 되찾고 얼마든지 정 치적 역량을 보일 수 있었다. 앞서 언급했듯 기원전 480년경 아테네가 페르시아의 두 번째 공격을 받아 위험에 처했을 때 추방당했던 메가클 레스, 크산티포스, 아리스테이데스, 키몬은 추방이 취소되어 돌아왔고 중요한 공적 업무를 수행하였다. 크산티포스는 기원전 479년 뮈칼레 전 투와 478년 세스투스 전투에서 아테네 함대를 지휘하였다. 아리스테이 데스는 살라미스와 플라테이아 전투에서 장군으로서 봉사했다. 키몬 역 시 그의 도편추방에서 아테네로 돌아와서 아테네를 대신하여 스파르타 와의 5년간 정전 협상 역할을 수행했고, 기원전 454년에는 이집트와 키 프로스에 대한 아테네 원정을 이끌었다.

　그러면 도편추방 제도가 아테네 민주정의 책임 문화 또는 책임 정치 에 기여한 점은 무엇인가? 오해해서는 안 될 점은 도편추방은 엄격하게 말하면 특정한 법을 위반한 데 대한 처벌이 아니라는 것이다. 아테네 법 률은 일반적이거나 특수한 범죄에 대한 다양한 처벌을 포함한다. 예를 들어 반역죄는 재판을 통해 유죄일 경우 영구적 추방이나 처형이 이루 어진다. 심지어는 반역죄로 처형당한 자의 뼈를 아티카 땅에 묻지 못하 도록 법으로 금지하고 있다. 마찬가지로 아테네에서 참주정을 세우려고 기도했던 자는 처형이나 재산 몰수뿐만 아니라 그의 가족까지 추방당하는 결과에 직면한다. 그보다 작은 범죄 행위도 처형이나 시민권 상실, 벌금으로 다스려진다.

반면에 도편추방을 당한 자는 특정한 아테네 법을 어긴 것이 아니다. 따라서 법정에서의 공식적인 기소나 변론도 없다. 이것은 도편추방에서 보통의 형사법이 문제 삼을 수 있는 행위에 대한 기소가 이루어지지 않았음을 의미한다. 또 하나 고려해야 할 점은 도편추방 제도가 아테네 정체에서만 시행되었던 것이 아니라는 사실이다. 즉 그리스의 다른 폴리스에도 도편추방이 존재했는데, 예를 들어 시라쿠사, 아르고스 그리고 메가라와 같은 민주정체가 여기에 해당된다. 단지 아리스토텔레스가 보고하는 것처럼 다른 여타의 정체에서보다는 민주정체에서 도편추방이 더 시행되었고, 그중에서도 아테네 정체에서 더 두드러지게 시행되었던 것으로 보인다. 더 나아가서 도편추방은 아테네 민주정의 고유한 아이디어라기보다는 그 기본적인 관념이 참주정이나 과두정에서 비롯한 것으로 볼 여지가 있다.[319] 잘 알려진 것처럼 참주 페리안드로스와 트라시불로스의 일화는[320] 자기보다 더 뛰어난 인물은 제거해야 한다는 것이고 그러한 생각이 아테네 민주정의 도편추방 제도에 적용된 것으로 볼 수 있기 때문이다. 아리스토텔레스는 '도편추방제는 과두정과 민주정에도 마찬가지로 적용되는데, 특출한 사람을 깎아내리거나 추방한다는 점에서 어떤 방식의 동일한 힘을 갖고 있다'[321]고 말한다. 그래서 그는 도편추방은 '참주에게 효과적일 뿐만 아니라 동등하게 과두정과 민주정에서도 필요하다'[322]고 말한다.

---

319 J. Miller(2022), 62-63.

320 Aristoteles, *Pol.*, 1284a27-33.

321 Aristoteles, *Pol.*, 1284a36-38.

322 Aristoteles, *Pol.*, 1284a34-35.

그러나 도편추방이 시행된 기원전 5세기부터 4세기까지의 당시에도 그렇고, 현대의 많은 학자들에게까지 일반적으로 도편추방제는 부정적으로 평가되어 왔다. 도편추방은 다수의 가난한 데모스 계급이 부자나 귀족과 같은 소수 엘리트의 특권을 시기하여 그들을 추방하기 위한 일종의 마녀재판이라는 비판이 그것이다. 그래서 아테네 데모스는 폴리스에 대한 귀족이나 부자의 부와 지식을 통한 중대한 기여를 인정하지 않고, 그러한 기여의 기회를 박탈한 것으로 말해진다. 그리고 그러한 잘못된 도편추방 제도의 유명한 일화로 기원전 480년 말에 있었던 아리스테이데스의 도편추방을 든다. 잘 알려진 플루타르코스의 전언에 따르면 도편추방 당일에 글씨를 쓸 수 없는 한 농부가 아리스테이데스에게 자신의 도자기 조각에 이름을 써 달라고 부탁한다. 그래서 아리스테이데스가 누구를 쓰기를 원하는지를 묻자, 농부는 '아리스테이데스'라고 답한다. 그래서 아리스테이데스가 왜 아리스테이데스를 써 달라고 하는지를 묻자 농부는 다음과 같이 답한다. "나는 아리스테이데스가 도처에서 '정의로운 사람'으로 불리는 것에 진절머리가 난다." 그래서 아리스테이데스는 자신의 이름을 써 주었고, 그는 자신의 별명에 맞게 행동하였다는 일화이다.[323]

아리스테이데스의 일화가 말해 주듯이 아테네 민주정은 덕 있는 귀족이나 정치가의 가치를 정당하게 인정하지 않고, 정치적 평등이란 이름으로 지식과 덕을 소유한 엘리트를 도편추방 했다는 비판이 가해진다. 이런 이유로 미국 건국의 아버지로 말해지는 존 애덤스(J. Adams)는 아테네 데모스의 막강한 권력 남용으로 인한 병폐나 부작용의 역사적 사례로 도편추방을 든다.

---

323 Ploutarchos, *Aristides*, 7.5-6.

역사상 도편추방제만큼 국민 스스로가 자신의 연약함과, 정부, 행정부 운영에 대한 부적합성, 또는 입법부의 불균형한 몫을 솔직하게 인정한 사례는 없었다.[324]

애덤스가 보기에 도편추방 제도는 아테네 민주정의 데모스에 의한 급진적인 우중정치의 대표적인 실례가 된다. 그래서 애덤스는 기원전 411년과 404년의 과두주의자들에 의한 400인 과두 정권이나 30인 참주정 역시 급진적인 아테네 우중정치의 자연스러운 결과물이라고 주장한다.[325] 이와 다르게 도편추방 제도에 대한 긍정적인 평가는 아리스토텔레스에 의해 제시된다. 그는 도편추방이 '어떤 정치적 정의를 갖고 있다'고 말한다.

과두정과 민주정은 도편추방제에 관해서는 같은 입장을 갖고 있다. 두 정체는 모두 탁월한 자를 깎아내리고 추방하는 동일한 힘을 가지고 있기 때문이다.[326]

아리스토텔레스의 이러한 말은 오스트라키스모스의 근본적인 존재 이유에 대한 일종의 통찰력을 제공한다. 즉 도편추방 제도가 왜 민주정에서 중요하며 필요한지를 이해할 수 있게 해 준다.[327] 요컨대 아테네 정체가 당시에 처한 특수한 정치, 사회적 환경을 고려하면 도편추방이

---

324 J. T. Roberts(1994), 90에서 재인용.

325 J. T. Roberts(1994), 91-92.

326 Aristoteles, *Pol.*, 1284a36-37, b15-16.

327 J. Miller(2022), 66.

비이성적인 것도 이상한 것도 아니라는 것이다. 다음과 같은 몇 가지 이유에서 그렇다.

첫째, 도편추방과 관련해 당시의 아테네 시민과 특출한 소수 귀족 간의 힘의 역학 관계가 고려될 필요가 있다. 앞서 본 저술의 1장에서 살펴본 것처럼 아테네 민주정의 역사적 진행 과정을 고려하면 도편추방과 같은 민주주의적인 절차의 고안은 아테네 정체 전체의 균형과 안정을 이루게 한다는 점에서 중요한 의미를 갖는다. 다시 말해 기원전 7세기와 6세기에 끊임없이 이어진 귀족과 부자들 사이의 정치적 투쟁, 박해와 추방 등 폭력적 정치가 초래한 정체의 불안정은 다수의 아테네 시민들로 하여금 야망에 가득 찬 귀족 엘리트들의 힘을 제압할 필요를 갖게 했다.[328]

그 대표적인 예가 기원전 508/507년 클레이스테네스와 이사고라스 사이의 투쟁이다. 여기서 데모스는 적극적으로 이들의 정치적 투쟁에 개입함으로써 결정적인 역할을 수행한다.[329] 그들은 이사고라스와 스파르타 군대를 아테네에서 축출하고 클레이스테네스를 아테네로 돌아오게끔 하였다. 이 사건을 통해 아테네 시민들은 폴리스의 질서와 안정을 위해 자신들이 주도적인 역할을 할 수 있음을 자각하게 되었다. 이것은 데모스가 야망이 있는 정치 지도자들 사이의 정치적 갈등에 어떻게 개입하여 정체의 평화와 안정을 정착시킬 수 있는지 대안적 방법을 모색하게 한 동기가 된다. 그것이 클레이스테네스의 민주주의적인 개혁 목적으로 시행된 도편추방 제도라고 볼 수 있다. 즉 클레이스테네스는 아테네 시민들에게 정체에 위협이 될 만한 야망이 있고 오만한 인물을 추

---

328 J. Miller(2022), 69-70.

329 Herodotos, *Historiai*, V.66-73, Aristoteles, *Ath. Pol.*, 20-22.1, J. Ober(2007), 86.

방할 수 있는 권한을 줌으로써 민주주의적인 개혁을 추진한 것이다. 여기서 중요한 점은 도편추방 제도가 무에서(ex nihilo) 데모스에게 선물로서 주어진 것이 아니라는 점이다. 즉 도편추방은 이사고라스의 추방이라는 혁명적인 사건을 통해 데모스가 자신들의 권력을 획득한 것이며 그것이 클레이스테네스의 개혁을 통해 구체화되었다고 이해할 필요가 있다.[330] 데모스는 도편추방이 오만한 엘리트들 사이의 폭력적인 싸움과 갈등을 사전에 통제할 효과적인 수단이 될 수 있음을 알고 그것을 실천한 것이기 때문이다. 그렇게 함으로써 힘 있는 귀족이나 부자들에게 매년 투표를 통해 자신들이 도편추방을 당할 수 있다는 두려움을 불러일으키는 상징적 메시지를 주었다.

둘째, 도편추방 제도를 통해 아테네 정체가 본격적으로 데모스에 의한 통치로 이행하게 되었다는 것이다. 이것은 특히 도편추방이 클레이스테네스 사후 10년이 넘은 기원전 488년에 처음으로 시행되었다는 사실과 관련된다. 즉 첫 번째 도편추방을 당한 인물은 히파르코스인데, 그는 테미스토클레스와 정치적 갈등 관계에 있었다. 잘 알려진 것처럼 테미스토클레스는 당시에 발견된 은광에서 나오는 수입을 아테네 해군을 증강시킬 수 있는 함선 건조에 사용하자고 제안하였다.[331] 이에 당시 보수주의적인 귀족들을 이끌었던 히파르코스나 아리스테이데스가 자금을 해군 강화에 사용하는 것에 반대하였다. 히파르코스와 그의 지지자들은 가난한 데모스 계층의 함선 업무 투입으로 그들의 힘이 커질 수 있다는 사실을 알았기 때문이다. 이것은 기원전 490년 페르시아와의 전쟁 중 마라톤 전투에서 아테네 주력군이 중갑보병이었던 것과 비교된다.

---

330 J. Ober(2007), 86.

331 J. Miller(2022), 68-69.

육상전에서 중요한 역할은 중갑보병이나 기마병이 수행했고, 이들은 개별적으로 자신의 무기와 갑옷을 준비하였다. 즉 중갑병으로 출전하기 위해서는 어느 정도의 재산이 요구되었으며, 따라서 가난한 테테스 계층은 전쟁에 참여하기가 어려웠을 뿐만 아니라 참전하더라도 공적을 세우기가 어려웠다. 테미스토클레스의 함선 건조 제안은 아테네인의 다수를 차지하는 테테스 계급이 배의 노를 젓는 일을 맡게 됨을 전제하였다. 그들은 무기와 갑옷이 필요하지 않았고, 단지 강한 팔만 있으면 되었기 때문이다. 그리스 3단 노선은 대략 180명의 노 젓는 수병을 필요로 했는데, 기원전 480년 살라미스 해전 때 아테네 함선은 대부분이 180노를 갖추고 있었다. 이것은 곧 노 젓는 일을 맡았던 데모스 계급의 정치적, 군사적 힘의 증가를 의미한다.[332]

이런 관점에서 클레이스테네스가 최초의 민주주의 여정의 일보를 내딛게 했다면, 테미스토클레스는 아테네 해군을 건조함으로써 아테네 민주주의의 진행을 가속화하고 견고하게 했다고 말할 수 있다. 이처럼 데모스 계급의 정치적 힘의 증가는 곧 전통적인 히파르코스와 같은 귀족주의자들의 정치력을 위협하게 된다. 이러한 정치적 상황에서 히파르코스 같은 귀족주의자 정치가가 테미스토클레스의 정책 제안에 반대한 것은 어쩌면 자연스러운 행위였다. 이에 대항해 기원전 480년대에 약 4년 동안 테미스토클레스는 그의 정책에 반대하고 민주주의적인 개혁을 저지하려는 히파르코스뿐만 아니라 세 명의 다른 귀족주의자들을 추방한다. 테미스토클레스가 이러한 도편추방 계획을 관철하는 데 주도적인 역할을 했으리라는 점이 부정되기는 어렵다. 그러나 중요한 것은 이러한 도편추방의 실질적인 성공은 아테네 시민의 지지와 적극적인 실천적

---

332 J. Miller(2022), 67-68.

동참 없이는 불가능했다는 점이다.

상술한 히파르코스의 도편추방의 예를 통해 알 수 있는 것처럼 데모스의 도편추방 결의는 아테네 민주정이 직면할 미래의 위기를 막기 위한 집단적 행위로 볼 수 있다. 히파르코스나 아리스테이데스의 도편추방은 페르시아와의 전쟁에서 승리하기 위해, 또는 페르시아의 계속적인 잠재적 위협에 대응하기 위해 이루어진 것으로 이해할 수 있다. 중요한 점은 도편추방이 어떤 한 개인이나 집단의 책임이 아니라 아테네 시민 전체의 책임이 된다는 것이다. 따라서 도편추방이 클레이스테네스나 또는 테미스토클레스라는 뛰어난 정치가나 장군 한 인물에 의해 이루어졌다고 보는 것은 정확한 평가가 아니다. 그것은 오히려 아테네 시민 전체의 일반 의지가 반영되어 이루어진 것으로 보아야 한다. 도편추방의 시행 여부는 6,000명이 넘는 아테네 시민이 민회에 모여 결정한 것이기 때문이다. 하버드대학교의 고전학자 코스민(P. J. Kosmin)의 주장에 따르면 아테네 시민이 도자기 조각을 던지는 행위는 두 가지 특별한 의미를 가진다.[333] 우선 도편추방을 하기로 결정하는 첫 번째 투표는 폴리스에 어떤 문제가 있음을 시사한다. 그리고 두 번째 투표는 폴리스의 질서 회복과 시민들 사이의 재통합을 상징한다. 상술한 것을 통해 우리는 도편추방 제도의 목적이 소수의 귀족주의자나 귀족 가문 사이의 파쟁으로 폴리스가 폭력과 무질서로 빠지지 않도록 하는 것임을 알 수 있다.

지금까지 언급한 것처럼 애초의 도편추방제는 정적을 제거하기 위한 정치적 수단으로 제정된 것이 아니었다. 그것은 클레이스테네스가 참주의 위협으로부터 아테네 정체를 보호하기 위해 장기적이며 공적인 목적을 갖고 시행하였다. 그러나 시간이 지나면서 도편추방은 실제적인 운

---

333 P. J. Kosmin(2015), 123.

영에서 본래의 취지에 맞게 그리고 일관성 있게 진행되지 못하였다. 원래 참주를 방지할 목적이었던 도편추방 제도는 점차 진행이 되면서 정치적 정적을 제거하기 위한 소위 파벌 정치 또는 분파 정치의 수단으로 전락하게 되었다. 기원전 417년의 휘페르볼로스는 명백히 정적에 의해 조작된 도편추방의 희생자가 되었다. 이에 아테네 시민들은 결국 도편추방제를 폐지한다. 도편추방이 정적 제거의 수단으로 변질되어 원래의 숭고한 목적을 달성하기 어려웠기 때문이다.

2) 도키마시아와 에우튀나

다음으로 아테네 민주정에서 책임 정치를 구현하기 위한 조치로 도키마시아(dokimasia)와 에우튀나(euthyna)를 들 수 있다. 도키마시아는 공직자의 사전 조사 제도이고, 에우튀나는 공직자의 임기가 끝난 후 조사하는 것이다.

먼저 도키마시아는 공직에 입문하기 전에 이루어지는 시민 조사 제도이다. 오늘날의 공직자 자격 여부를 조사하는 청문회 제도에 해당되는 것으로 볼 수 있다. 도키마시아는 모든 공직 후보자들이 그들이 맡고자 하는 특정 지위나 공직 업무에서 요구되는 공직자로서의 적절한 자격을 갖추었는지를 조사받는 것이다. 이것은 어디까지나 형식적 자격에 대한 조사지 공직 후보자의 능력을 조사하는 것은 아니다. 예를 들어 아테네 시민인지, 30세 이하는 아닌지, 동일한 업무에 두 번 선출되지는 않았는지를 조사한다. 또한 어떤 '시민권 상실(atimia)'과 관련된 문제를 경험했는지도 조사받는다. 예컨대 부모를 잘 모셨는지, 세금 의무를 준수했는지, 군복무를 수행했는지 등까지 살펴 공직자로서의 임무 수행에 관한 법적인 자격 여부를 심사하는 제도이다. 그러나 특수한 경우에는 앞서 언급한 모든 형식적 자격을 갖추었더라도 후보자가 공직을 맡을 만한 가치 있는 사람이 아니라는 이유로 거부될 수 있다. 예를 들어 기원전 404/403년의 과두주의적 혁명에 가담했던 동조자인 경우 도키마시아에서 거부되었다.[334]

도키마시아는 평의회와 시민 법정에서 담당한다. 평의원이나 9명의 아르콘 업무를 맡고자 하는 시민들에 대한 조사는 평의회에서 이루어진다. 그 밖의 모든 도키마시아 심사는 아테네 시민 법정에서 이루어진다. 후보자들의 법적 자격과 관련된 이러한 최초의 조사에서 아테네인이면 누구든지 후보자에 대한 불만을 제거하거나 고발을 할 수 있으며, 후보자는 그에 대응할 자격이 주어진다. 도키마시아에서 후보자가 동료 시민들의 신뢰를 얻지 못하거나 법적 자격 인증에 실패한 경우 공직 진출이 차단된다. 모든 조사가 끝나면 평의회에서는 거수를 통해, 법정에서는 투표를 통해 마치게 된다. 도키마시아를 통과하지 못하는 경우는 거의 없지만 예외적으로 기원전 406년 테라메네스가 장군으로 선출되었으나 도키마시아에서 고발되었고, 투표에서 부결되어 결국 도키마시아를 통과하지 못했다.

도키마시아를 통과해서 자격을 갖춘 사람은 그의 임기 말에 다른 표준 조사가 예상된다. 에우튀나라고 하는 공직자의 회계와 행위에 대한 의무적인 조사가 그것이다.[335] 에우튀나는 사절이나 사제, 아레이오스 파고스 의원을 포함한 500명의 평의원 그리고 700명의 행정관직자에게 적용된다. 에우튀나는 이 중에서도 특히 추첨에 의해 선출되거나 선발된 행정관직자에게 적용된다. 공직 기간 동안의 공금 전용이나 횡령 또는 공직 수행 활동에서의 뇌물수수에 대한 책임을 묻는 조치이다. 먼저

---

334 M. H. Hansen(1992), 218-220.

335 J. Elster(1999), 267-268.

조사관들은 관직자들이 그들의 임기 동안에 지출한 공적 자금에 대한 회계를 실시한다. 이러한 감사는 10명의 감사관들(euthynoi)의 관리하에 회계관들(logistai)과 추첨에 의해 선출된 10명의 조교 조사관들(synegoroi)이 3일에 걸쳐 조사한다. 재정 비리에 대한 기소는 501명의 시민 법정 앞에서 재판이 이루어진다. 누구든지 횡령이나 뇌물수수 또는 어떤 다른 재정 위반을 들어 기소할 수 있다.[336]

3) 에이산겔리아

에이산겔리아(eisangelia)는 주로 정체에 대한 반역 행위를 한 장군이나 행정관, 뇌물을 받고 아테네 데모스를 속인 연설가 또는 민주정을 전복시키려는 시도를 한 시민에게 그 책임을 묻는 공적 절차이다.[337] 가장 대표적인 에이산겔리아의 자료는 휘페리데스의 연설에 있다.

◇◇◇

그렇다면 여러분은 탄핵 절차(tas eisangelias)가 어떤 범죄를 다루어야 한다고 생각하시나요? 아무도 의심할 수 없도록 이미 법에 하나하나 명시되어 있습니다. 그것은 만약 누군가가 아테네 시민들을 전복시키려는 경우 … 또는 민주주의를 전복시킬 목적으로 어디서든 모임을 갖거나, 정치 클럽을 결성하거나, 혹은 누군가가 도시, 선박, 육상 또는 해군을 배신하거나 정치인이 뇌물을 받고 아테네 시민에게 최선의 조언을 하지 않는 경우 에이산겔리아가 적용된다고 적혀 있습니다.[338]

◇◇◇

---

336 M. H. Hansen(1992), 223.

337 J. Elster(1999), 268-270.

338 Hypereides, *Hyper Euxenippou*, 7-8.

휘페리데스의 법 인용은 불완전하지만 에이산겔리아가 기본적으로 아테네 데모스에 대한 정치적 반역자나 나쁜 선동가 또는 뇌물에 타락한 연설가처럼 아테네 데모스의 공적 신뢰에 반한 행위를 한 자들을 처벌하기 위한 것임을 알 수 있다. 에이산겔리아는 기원전 507년 클레이스테네스에 의해 도입되었다고 말해진다. 그것은 처음 단계에서는 평의회나 민회에서 진행되고, 두 번째 단계에서는 시민 법정에서 이루어진다. 평의회는 500드라크마까지의 벌금형에 처해질 수 있는 기소를 다루었고, 그 이상의 처벌은 법정에서 다루어진다. 민회는 에이산겔리아의 기소를 접수하고 평의회에 사전 심의를 하도록 지시한다. 그래서 평의회에서 관련 절차와 처벌이 이루어진 후 민회로 이관되면 민회의 세 번째 미팅에서 이 기소를 다루거나 법정으로 넘긴다. 평의회는 공직자나 장군에 대한 에이산겔리아를 다루고, 민회는 사적인 시민이나 정치인에 대한 에이산겔리아를 다룬다.

특이한 점은 에이산겔리아의 기소자는 여타의 다른 '공적 기소들(garphai)'과는 다르게 기소에 성공하지 못했을 경우에도 벌금형에 처해지는 위험이 없다는 점이다. 예컨대 그라페 파라노몬과 같은 공적 기소의 경우 기소자가 법정에서 1/5의 투표수를 얻는 데 실패하면 1,000드라크마의 벌금형에 처해지지만 에이산겔리아의 경우 그러한 처벌 위험이 없다. 이것은 에이산겔리아의 경우 법정으로 가기 전에 이미 평의회나 민회에서 기소가 받아들여진 것이 주된 이유가 될 것이다.

기원전 4세기에는 특히 장군이나 행정관에 대한 책임을 묻는 에이산겔리아가 빈번하게 이루어졌다. 특히 에이산겔리아가 엄격하게 책임을 적용한 대상은 아테네 장군들이다. 지금까지 전해지는 자료에 따르면 기원전 403년부터 기원전 322년 사이에 약 30명의 장군들이 중대한 범죄로 기소되었다. 한센에 따르면[339] '아테네 성인 남자 시민이 30,000명임을 감안하면 그러한 숫자는 현대의 수백만 명의 인구와 비교해서도 놀랄 만한 수이다'. 아테네 민주정은 에이산겔리아라는 공적 절차를 통해 이들의 임기 동안에 언제든지 시민 소환과 처벌을 내릴 수 있었다. 그러한 장군들에 대한 탄핵은 특히 전투에서 패한 경우 중대한 처벌이 이루어졌다. 이렇듯 장군이나 정치 지도자는 그들의 아테네 민주정에 대한 반역이나 군사적 자원의 남용, 다양한 다른 중대한 국가에 대한 범죄로 고발되어 불신임과 재판에 처해질 수 있었다. 이러한 장군이나 공직자에 대한 에이산겔리아는 특정한 시간 제한 없이 1년 중 어느 때나 이루어졌다. 만약에 기소하고자 하는 자가 장군이나 공직자의 임기가 끝날 때까지 기다리기를 원하지 않을 경우, 그들의 재임 중에도 언제든지 기소가 가능했다. 기소의 성격에 따라 유죄로 결정되면 벌금이나 추방 또는 사형에 처해졌다.

이처럼 에이산겔리아에 대한 사법권은 기소의 성격에 따라 민주주의 제도 전체에 걸쳐 분배되어 있었다. 반역과 음모의 경우는 민회가 조사 발의와 기소에 대한 최종 심판을 통과시키는 데 책임을 진다. 민주정에 대한 음모 기소는 평의회가 기소에 대한 사전 조사를 하고, 그 조사 결과를 민회에 넘겨 그곳에서 처벌에 대한 토론과 명령이 있게 된다.

4) 그라페 파라노몬

그라페 파라노몬(graphē paranomon)은 다양한 법적 기소 행위(graphe)의 무분별하고 무책임한 고발 행위를 방지하기 위한 처벌 조치이다. 일반적으로 graphē는 다양한 분야에서의 불법 행위를 범한 공직자에 대한 법적 조치인데, 그중에서도 그라페 파라노몬은 어떤 프세피스마

---

339 M. H. Hansen(1975), 60-61.

(psēphisma), 즉 명령(decree)이 기존의 상위법에 어긋난 경우 그에 대한 기소 조치이다. 다시 말해 '노모스에 위반되는 프세피스마에 대한 위헌법률 심판기소'라고 말할 수 있다. 아테네 민주정에서 노모스와 프세피스마는 구분되는데, 노모스는 상위 법률로서 모든 경우에 적용되는 헌법과 같은 구속력을 가진 법이고, 프세피스마는 법령으로서 하위법에 해당된다. 기원전 5세기에는 민회가 노모스와 프세피스마를 모두 제정하거나 개정할 수 있는 권한을 가졌으나 4세기에는 민회가 프세피스마에 대한 권한만을 갖게 된다. 노모스의 입법 권한은 배심원 중의 일부로 구성된 노모테타이(nomothetai), 즉 '사법관 심의 위원회'에 주어진다. 그라페 파라노몬은 바로 하위법인 프세피스마가 상위법인 노모스에 위배되도록 제정되어서는 안 된다는 처벌법이다. 이는 법령의 무책임한 발의로 인한 사법 체계의 훼손을 방지하고, 그래서 아테네 민주정의 정치적, 법적 질서를 공고화하는 것으로 볼 수 있다.

역사가들은 그라페 파라노몬이 기원전 462년 에피알테스의 개혁과 함께 시작된 것으로 말하나 그에 관한 실질적인 자료는 없다. 기록된 자료에 비추어 보자면 기원전 415년 오스트라키스모스가 폐지된 후 시행되었다고 보는 것이 더 타당하다. 그리고 도편추방이 폐지되면서 그라페 파라노몬이 시행된 것은 우연이 아니라고 볼 수 있다.[340] 도편추방이 기원전 5세기 아테네 민주정의 안정과 이익을 수호하기 위한 방책이 된 것처럼, 그라페 파라노몬은 기원전 4세기 아테네 민주정을 수호하기 위한 보루가 되었다고 볼 수 있기 때문이다. 이것은 도편추방제가 아테네 민주주의의 책임성을 강화하는 데 기여했다면, 그라페 파라노몬이 그 뒤를 이어 책임성을 유지하는 역할을 수행했음을 의미한다.[341] 그래서

---

340 J. T. Roberts(1994), 153-158, S. Forsdyke(2005), ch. 4 참조.

기원전 4세기 아테네의 웅변가인 아이스키네스는 그라페 파라노몬을 "민주정의 파수꾼(phylakes dēmokratias)"[342]으로 비유하고, 아리스토게이톤은 그것을 "민주정의 감시견(kyōn tou dēmou)"[343]으로 말한다. 데모스테네스 역시 "그라페 파라노몬이 폐지되면 민주정도 폐지될 것이다"[344]라고 역설한다.

일단 그라페 파라노몬은 아테네 시민이면 누구든지 소송을 제기할 수 있었다. 즉 아테네 시민은 특정한 프세피스마가 노모스에 위반된다는 선서(hypomosia)를 통해 그라페 파라노몬을 요청할 수 있다.[345] 선서를 한 제안자는 서면으로 된 고발장을 제출해야 한다. 그라페 파라노몬에서 선서자의 고발의 진정성이 어떻게 인정될 수 있는지는 정확하게 규정하기 어렵지만, 기본적으로 그것은 개인적인 이익이나 감정이 아닌 아테네 민주정에 대한 사랑과 공동 이익에 근거해서 이루어져야 한다. 따라서 고발자는 자신의 고발장에 문제가 되는 명령이 노모스를 위반했다는 타당한 근거를 적시해야만 했다.

이러한 바람직한 그라페 파라노몬의 예로서 기원전 403년 과두정이 전복된 후 트라시불로스에 대한 고발을 들 수 있다. 트라시불로스는 과두주의자들의 통치 동안에 아테네를 떠나 피레우스로 갔었던 모든 사람들이 다시 돌아왔을 때 외국인과 노예를 포함해서 모두에게 아테네 시민권을 주어야 함을 발의하였다. 그러나 그 의도가 좋더라도 그 제안은 다른 아테네 시민들을 불안하게 만들었을 것이다. 확인되지 않은 많은

---

341 M. H. Hansen(1992), 205-212, R. K. Sinclair(1988), 152-156, J. T. Roberts(1994), 153-160.

342 Aischines, *Kata Ktēsiphōntos*, 7.

343 Demosthenes, *Kata Aristogeitonos*, 40.

344 Demosthenes, *Kata Theokrinous*, 34, 이황희(2015), 474.

345 Demosthenes, *De Corona*, 103.

노예와 거류 외국인들의 유입은 장차 있을 민회에서의 투표와 전체적인 정치적 균형을 어렵게 할 수 있었기 때문이다. 즉 데모스가 원하지 않는 방향으로 정책 결정이 이루어질 수 있었다. 그래서 데모스의 이러한 우려와 불안감을 완화하고 아테네 민주정의 이익을 지키기 위해 아르키노스는 그라페 파라노몬을 통해 트라시불로스의 명령을 무효화하였다. 이러한 위법성에 대한 주장은 그것이 민회에서 투표가 이루어지기 전이나 또는 투표가 이루어진 후에도 모두 가능하다. 만약에 이의 제기가 투표가 이루어지기 전에 있게 되면, 그것은 법정의 평결이 이루어질 때까지 보류되었다. 그래서 제안이 합법적이라는 법원의 결정이 있고 난 뒤에 민회에서의 투표가 이루어졌다.

그라페 파라노몬은 형식적인 측면과 내용적인 측면에서 이루어진다. 전자는 프세피스마의 노모스 위법성을 절차적 측면에서 문제 삼는 것이고, 후자는 그것을 내용의 실체성을 갖고 다투는 것이다. 형식적 측면은 해당 명령이 정당한 의견 절차를 따랐는가이며, 내용적 측면은 프세피스마의 내용이 노모스의 그것과 충돌하느냐는 것이다. 형식적 측면은, 예컨대 해당 명령이 민회에서 논의되기 전에 평의회에서 사전에 심의되어야 하는데, 그렇지 않고 민회에서 곧바로 의결된 경우처럼 절차적 정당성을 문제 삼는 것이다. 또는 시민권이 없는 자는 명령을 제안할 자격이 없는데 이것이 발의되어 가결된 경우도 이에 해당된다. 후자의 내용적인 측면은 프세피스마의 내용이 노모스의 내용을 위반했다는 법리적 위반을 문제 삼는 것이다. 예를 들어 노모스에 따르면 형벌은 재판을 통해서만 부과될 수 있는데, 어떤 프세피스마가 사형을 재판 없이 가능한 것으로 규정한다면 이것은 내용적 측면에서 노모스를 위반한 것이 된다. 이처럼 형식적 측면과 내용적 측면에서 만약에 프세피스마가 노모스에 위반된 것으로 결론이 나면, 그 프세피스마는 즉시 무효가 된다. 프세피스마의 발의자 역시 함께 기소가 이루어지고 그에 대한 유죄 판결도 내려지게 된다. 이러한 그라페 파라노몬은 기원전 4세기에 들어 점차 증가하여 정치적으로 정적을 공격하는 주요한 무기로 변질되는 특성을 보인다. 기원전 4세기의 정치가인 케팔로스는 자신이 그라페 파라노몬으로 한 번도 기소되지 않은 것에 자부심을 느낀다고 말한다.[346] 반대의 경우로 아리스토폰(Aristophon)은 자신이 그라페 파라노몬으로 75번 고발당했지만, 무혐의를 받았다고 자랑스러워한다.[347] 중요한 점은 그라페 파라노몬이 단순히 노모스의 위반 여부라는 법리적 다툼만 문제 삼는 것이 아니라는 점이다. 그보다는 기본적으로 프세피스마가 아테네 민주정에 해를 끼쳤는지에 관한 정치적 쟁점까지 문제 삼았다는 것이 중요하다. 요컨대 그라페 파라노몬은 단순히 법적 기준뿐만 아니라 정치적 기준까지 함께 고려해서 그 위반성이 가려졌던 것으로 볼 수 있다.[348]

5) 정치 제도 및 법적 조치의 책임 민주주의적 의미

지금까지 아테네 민주정의 책임성 문화를 근거 짓는 몇 가지 정치 제도 및 법적 조치를 살펴보았다. 이제 이러한 책임성 문화가 전체적으로 아테네 민주정의 발전에 어떤 긍정적인 의미가 있는지를 몇 가지 짚어 보도록 하겠다.

첫째, 기본적으로 책임성의 원칙은 다양한 처벌을 통해 아테네 민주

---

346 Aischines, *Kata Ktēsiphōntos*, 194.

347 Aischines, *Kata Ktēsiphōntos*, 194.

348 정치적인 성격의 그라페 파라노몬으로 잘 알려진 사례는 아이스키네스의 크테시폰에 대한 고발(Against Ctesiphon)이다. 왜냐하면 크테시폰이 아이스키네스의 오랜 정치적 라이벌인 데모스테네스에게 금 왕관을 수여해야 한다고 제안하였기 때문이다.

4장 _ 고대 아테네 민주주의는 책임 정치를 구현했는가?

정의 정치 체계 및 법질서를 유지하는 보증서의 역할을 한 것으로 볼 수 있다. 이것은 아테네 시민이라면 누구나가 크고 작은 책임에 관한 처벌로부터 자유롭지 않다는 전제에서 출발한다. 즉 아테네 시민은 일생에 걸쳐 적어도 평의원의 경우 한 번, 또는 민회나 시민 법정의 배심원으로서 원하기만 하면 아테네 민주정에 봉사할 기회를 가질 수 있었고 이것은 아테네 시민들이 언제든 그에 상응하는 잠재적 처벌 대상이 될 수 있음을 의미한다. 앞서 살펴본 것처럼 오스트라키스모스, 도키마시아, 에우튀나, 에이산겔리아 그리고 그라페 파라노몬 같은 주요한 정치 제도 및 법적 조치를 통해 아테네인들은 벌금, 시민권 박탈, 추방 그리고 사형과 같은 중대한 처벌을 받을 수 있었다. 예를 들어 에우튀나이에서 재정적 회계에 문제가 있는 경우 무거운 벌금이 부과되었다. 공직 재임 기간에 아테네 민주정의 공적 가치를 훼손한 것으로 드러나면 여행이나 재산 양도, 입양이나 신에 대한 제사 권리를 포함한 일체의 시민권에 대한 제한이나 권한 박탈이 있게 된다.

아테네인들은 특히 군사력을 이끄는 장군들(starategoi)이나 정치 연설가(rhetor)에 대해서는 그들의 정치적 영향력에 대한 경계심을 갖고 그에 상응하는 특별한 책임성을 요구하였다. 다른 공직자들과 다르게 이들은 임기 제한이 규정되어 있지 않았고, 능력에 따라 연임할 수 있었기 때문이다. 페리클레스가 연속해서 14년간 장군으로서 공직 업무를 맡았던 것이 좋은 예가 될 수 있다. 이처럼 장군이나 정치 연설가들은 공적인 영역에서 상당한 영향력을 가질 수 있었고, 그래서 잠재적으로 전제적 통치를 할 가능성이 있었다. 이러한 이유로 아테네인들은 에이산겔리아나 그라페 파라노몬 같은 엄격하면서도 가혹한 책임성을 묻는 조치를 강구하여 그들의 권력 남용을 제한하거나 막고자 하였다. 그래서 이들이 에이산겔리아나 그라페 파라노몬과 같은 공적 기소에서 유죄로 확정된 경우 추방이나 사형에 처해졌다.

　연구에 의하면 아테네 장군 중 전쟁에서 죽은 수보다도 공적 기소 때문에 사형에 처해지는 수가 더 많았다. 이런 점을 고려하면 장군이나 정치 지도자가 책임성 재판에 대한 두려움으로 재판 전에 비일비재하게 도망을 친 것이 이상한 일이 아니다. 그 대표적인 사례로 아르기누사이 해전과 관련된 재판을 들 수 있다. 뒤에서 자세히 살펴보겠지만 크세노폰의 보고에 따르면 기원전 406년 아르기누사이 해전에서 아테네가 승전했음에도 불구하고 병사들의 시신을 수습해 오지 않았다는 이유로 장군 중 6명이 집단 재판을 받고 사형에 처해졌다. 두 명은 재판을 피해 미리 도망쳤다고 전해진다.[349] 이렇듯 아테네인들은 장군이 재임하는 기간에도 민회의 정규 개최 시기에 문제가 되는 장군을 재판에 소환하여 투표에 부쳤다. 정규 개최 시기 이외에도 민회는 언제든지 필요하면 절차에 따라 장군의 임기를 중지시킬 수 있었다. 이렇게 함으로써 고위 공직자나 장군들이 타락하는 것을 막고, 언제나 아테네 데모스가 자신들을 지켜보고 있다는 것을 의식하도록 하였다.

　둘째, 아테네 민주정의 책임성 조치와 관련해서 또 다른 중요한 특징은 '공개성'의 원칙이다.[350] 즉 처벌이 공적인 장소에서 가시적인 절차를 통해 진행되도록 한 것이다. 이러한 공개성은 기본적으로 과거 참주의 권력 남용이 비밀리에 자행되었다는 데 대한 반감과 불신에서 비롯한다. 공적 영역에서의 공개성이 아테네 민주정의 책임성 문화 확립에 중요한 특성이 되는 이유이다. 이것은 아테네 민주정의 등장과 진행에 따라 과거 전통적인 지배 엘리트들, 즉 군주나 귀족, 부자나 사제들의

349　Xenophon, *Hellenika*, I.7-8.

350　C. T. Borowiak(2011), 84-86 참조.

특권적인 비밀 영역이 점차 공개된 조사와 토론의 공적 영역으로 이전하게 되었음을 의미한다. 앞서 언급한 책임성 조치들은 모두 민회나 법정 또는 평의회와 같은 공적 장소에서 가시적이며 공개된 과정을 통해 진행되었다. 특히 민회나 법정에서 도키마시아와 에우튀나와 같은 법적 제도로써 모든 시민은 해당 공직자나 정치 지도자에 대한 자신들의 찬반 의견을 자유롭게 투표를 통해 표출할 수 있었다. 이것은 기본적으로 아테네 시민들이 공유한 철학적 신념, 즉 진리는 공적인 조사와 토론을 통해 밝혀지고, 그래서 정의가 실현될 수 있다는 이데올로기와 관련된다. 공개성을 원칙으로 한 이러한 책임성 조치는, 특히 장군이나 정치 지도자와 같은 중요한 공적 업무를 맡은 자들에게 중요한 메시지를 전달한다. 그것은 아테네 시민들의 공공의 눈이 그들을 지켜보고 있고, 그래서 본래의 공적 의무에 충실하지 않으면 언제든지 공적 기소로 처벌을 받을 수 있다는 공포심을 갖도록 하는 것이다.

이러한 공개성의 원칙은 기본적으로 아테네 시민들의 인간 본성에 대한 이중적인 견해에 근거한다. 즉 아테네인들은 인간 본성에 대한 신뢰와 불신을 모두 갖고 있었다. 한편으로 아테네 시민은 어떤 공직도 수행할 수 있는 정치적 역량을 가졌다는 낙관적 자신감을 느낀다. 그런데 다른 한편으로 아테네인들은 인간은 절대 권력의 유혹에 약할 수밖에 없는 나약한 본성을 가졌다고 본다. 즉 아테네인들은 인간 본성은 불완전하며 언제든지 권력의 칼자루를 쥐여 주면 인간은 타락할 수 있다고 생각했다. 그리고 후자의 인간적인 약점이나 불신에 대한 자신들의 '철학적 신념(to koine doxan)'을 따라, 공개성의 원칙을 통해 책임성을 강화하고자 한 것으로 볼 수 있다. 아테네 시민들은 이렇게 평등이란 한 시민이 다른 시민 앞에 공개적으로 보이는 것으로 이해한다. 가시성은 단순히 보여지는 것 또는 노출되는 것의 의미라기보다는 오히려 공동의 프로젝

트에 가치 있는 참여자로서 동료 시민들에 의해 공적 능력이 인정되는 것을 의미한다.

마지막으로 아테네 민주정의 책임성은 본질적으로 '상호적 관계성'을 전제한다. 이것은 책임성의 원리가 일방향이며 정적인 관점이 아닌, 쌍방향이며 동적인 관점에서 이해되어야 함을 의미한다.[351] 아리스토텔레스가 말한 것처럼 아테네 민주정체는 기본적으로 자유롭고 평등한 시민들의 공동체이다. 즉 아테네 민주정은 단순히 특정한 시공간에 있는 물리적인 공동체가 아니라 시민들의 공동 활동을 통해 발생하고 유지되는 정치적 동물의 삶의 방식으로서의 공동체이다. 그리고 시민들의 공동 참여와 활동을 통해 공동의 결과를 성취하게 하는 효과적인 방법이 바로 책임성의 원리이다. 이것은 달리 말해 책임성의 상호적 관계성에 의해 아테네 민주정의 발전과 공동선이 실현되었음을 의미한다. 이런 점에서 아테네 정체는 시민들 상호 간의 책임성을 공유하거나 분담하는 책임 공동체이다. 아테네 시민들은 책임성의 소유인이자 피소유자인 것이다. 이러한 책임성의 상호성은 기본적으로 아테네인의 자유에 대한 개념에서 출발한다. 즉 교대로 통치하고 통치한다는 원칙이 그것이다. 아테네 시민들은 일생 동안 동등한 자유 원칙에 따라 평등하게 공직 업무를 맡을 기회를 갖고 있었고, 그렇게 함으로써 정치적 평등을 통한 책임성 관계를 공유했다. 이로써 누구나가 일생의 어느 시점에는 공적인 조사를 통해 자신의 활동에 대한 책임을 지고 동료 시민들 앞에서 그 정당성을 설명해야 하는 처지에 처할 수밖에 없게 된다. 예를 들어 그라페 파라노몬에서 언제든지 발의자로서 기소될 수 있고, 기소자의 기소는 그것이 타당하지 않다면 그 자신이 처벌을 받게 되는 위험을 감수해야

---

351 C. T. Borowiak(2011), 86-90 참조.

한다.

상술한 것처럼 아테네 민주주의는 시민들 상호 간의 책임을 공유하는 책임 관계적 공동체이다. 즉 아테네 민주정에서 한 시민은 다른 시민들에게 책임을 지며 이것은 단순히 장군이나 정치 지도자와 같은 엘리트의 데모스에 대한 책임에만 국한되는 것이 아니라 시민들 서로 간의 책임의 순환성을 전제한다. 이러한 책임의 문화에서 시민들은 권력의 주체이면서 동시에 권력의 객체가 된다. 그들은 자신의 행위에 대해 설명하고, 설명을 들어야 한다. 시민들 사이의 양방향 관계성이 곧 상호성이고 이러한 상호성이 바로 책임성 문화의 본질이다. 상호성에 기반한 이러한 책임성 원리가 바로 아테네 참여 민주주의를 가능케 한 원동력이 된다고 볼 수 있다. 시민들의 광범위한 상호적 참여를 통한 책임성 구현은 폴리스를 분열시키는 권력의 비대칭성과 폭력성에 맞설 힘을 갖게 하는 아테네 민주정의 요새가 된다. 즉 상호성에 기반한 책임성 공유는 무엇에도 책임을 지지 않는 참주적 인간과 참주정에 대한 해독제가 될 수 있다. 요컨대 아테네 시민들의 기본적인 멘탈리티(mentality)에서 그들이 어떻게 살았는가는 시민으로서 그들이 책임을 제대로 수행했는가에 의해 규정된다. 아테네 민주주의의 시민성은 책임의 문화 내지 책임의 환경 속에서 공동의 삶을 살아가는 것에 기반한다.

5장

고대 아테네 민주정은
우중정체인가?

        본 저술의 5장에서는 고대 아테네 민주주의에 대한 가장 강력한 비판이 되는 '아테네 시민의 정치적 판단 능력의 문제'를 고찰한다. 소크라테스와 플라톤도 그렇고 당대의 철학자나 역사가 또는 희극 작가들의 아테네 민주주의에 대한 부정적인 평가의 핵심은 아테네 민주정이 무지하고 감정에 치우친 '우중정체(愚衆政體, ochlocracy)'라는 것이다. 즉 이들의 비판에 따르면 아테네 민주정은 무지하고 감정에 치우친 다중의 판단과 결정에 의해 운영되는 정치 체제이다. 이러한 비판이 타당하다면 앞 장에서 살펴본 통치의 책임성을 강구하기 위한 여러 제도적, 법적 장치들 역시 실질적인 효과를 발휘하기 어려울 수 있다. 아테네 민주정에서 최고의 의결 기구인 민회와 법정의 실질적인 운영이 데모스의 정치적 판단에 의해 결정되기 때문이다.

  문제는 데모스의 정치적 결정이 올바른 앎에 근거했는가 하는 것이다. 데모스의 민회와 법정에서의 집합적 판단이 합리적이며 올바른 이성에 의한 판단이 아닐 경우, 그것은 아테네 민주정의 발전을 저해함으로써 궁극적으로 정체의 몰락을 초래할 수 있기 때문이다. 이런 관점에서 아테네 민주정을 무지한 다중들의 정체로 비판하면서 소수의 엘리트 '전문가에 의한 통치(epistocracy)'를 주장하는 반민주주의자들의 주장이 설득력이 있을 수 있다. 지식에 근거한 전문가 통치자의 정치적 판단이 데모스의 집합적 판단보다 더 나을 수 있기 때문이다. '다중의 판단은 가장 바보 같은 개인의 판단보다 못할 수 있다.' 따라서 데모스의 책임성이 올바른 앎이나 지식에 근거하지 않을 경우, 다수 시민의 통치에 따른 아테네 민주정은 그릇된 정체가 될 수밖에 없다는 비판에서 자유롭지 못하다. 그러면 아테네 민주주의는 우중들의 정체라는 비판에 대해 어떤 반론이 가능할까? 과연 데모스의 정치적 판단이 소수 엘리트의 판단보다 나을 수 있다는 타당한 이론적 논변이 제시될 수 있을까?

아테네 민주정과 우중통치의 상관성에 관한 이러한 물음들에 가능한 답을 찾기 위해 본 연구는, 첫 번째 절에서는 플라톤의 아테네 민주정에 대한 부정적인 평가를 살펴본다. 그래서 플라톤이 어떤 근거에서 아테네 민주정을 우중통치로 신랄하게 비판하는지를 밝힐 것이다. 두 번째 절에서는 데모스의 정치적 판단 능력 함양을 위한 아테네 비극 문화의 교육적 의미를 고찰한다. 본 연구는 이를 위해 몇 편의 비극 작품에 대한 검토를 통해 아테네 시민들의 정치적 판단 능력을 함양하기 위한 아테네 민주정의 시민 교육을 검토할 것이다. 마지막 절에서는 데모스의 정치적 판단 능력이 아테네 민주정의 진행 과정에서 실질적으로 어떤 결과로 나타났는지를 몇 가지 역사적 사례를 통해 평가할 것이다. 이에 관한 검토를 특히 우중통치의 대표적인 사례로 말해지는 두 가지, 즉 아르기누사이 해전과 관련된 장군들의 재판과 소크라테스의 재판의 경우를 통해 고찰할 것이다. 이 두 사례는 아테네 민주정사에서 데모스의 어리석은 집단적 판단을 보여 주는 대표적인 사례로 거론된다는 점에서 이에 관한 심도 있는 분석이 필요하다. 이러한 분석을 통해 과연 데모스의 판단이 무지한 데모스에 의한 광기적이며 비합리적인 판단이었는지 그 실체적 진실을 규명할 것이다.

1. 데모스의 정치적 판단은 신뢰할 만한가?

아테네 민주정은 데모스에 의한 직접적인 통치 체제이다. 이것은 아테네 민주정의 최고 정치 기구인 민회와 법정에서의 모든 정치적, 사법적 결정에서 데모스의 판단과 결정이 최종적이며 최고의 권위를 가짐을 의미한다. 그런데 데모스의 최고 결정권은 중요한 하나의 문제를 발생시킨다. 그것은 데모스의 정치적, 법적 판단이 항상 올바른 판단이 될 수 있는가 하는 것이다. 여기서 데모스의 공적인 판단 능력에 대한 신뢰 문제와 관련해 상반된 주장이 가능하다. 하나는 '대중과 집단의 지혜는 가장 우수한 전문가보다 뛰어나다'는 입장이다. 다른 하나는 '다중의 판단은 가장 어리석은 개인의 판단보다 못하다'는 입장이다. 전자는 데모스의 정치적 판단에 대한 긍정적인 입장을, 후자는 데모스의 정치적 판단에 대한 강한 불신의 입장을 대변한다.

앞서 살펴본 것처럼 데모스의 정치적 판단 능력 문제는 또한 데모스의 정치적 책임의 문제와 밀접한 관련을 갖는다는 점에서도 중요하다. 아테네 민주정은 시민 전체에 대한 정치적 또는 법적 책임을 정체 운영의 핵심적 원리로 삼는 정체라고 말할 수 있기 때문이다. 즉 아테네 시민이라면 누구나가 자유롭게 말하고 행위할 수 있는 자유가 주어졌지만, 그 말과 행위에 대한 책임도 져야 한다. 특히 장군이나 정치 연설가는 자신의 말과 행위로 인한 잘못된 결과에 대해서 중대한 정치적 책임이 부과된다. 그런데 문제는 최고의 결정권을 가진 데모스의 잘못된 판단 결과에 대한 정치적, 법적 구속력이 데모스에게는 적용되지 않는다는 것이다. 우리가 알고 있는 것처럼 아테네 민주정은 데모스의 판단과 결정이 잘못되었더라도 그에 대한 어떠한 책임도 묻지 않는다.

이것은 아테네 민주정이 법에 의한 통치를 정체의 핵심적 원리로 주장하는 것과 배치된다. 앞서 언급한 헤로도토스의 정체 논쟁에서 오타네스가 민주정체의 장점을 책임을 지는 정체로 말한 것에서도 알 수 있다.[352] 그러나 책임을 지지 않는 민주정은 결국 전제적 왕정과 본질적으로 차이가 없게 된다. 무책임성이라는 점에서는 전제적 왕이나 민주정의 데모스나 본질적으로 같기 때문이다. 아이러니하게도 데모스의 정치적 참여가 강화될수록 결과적으로 아테네 민주정의 책임성의 원리는 더욱 약해지는 것이다. 아렌트(H. Arendt)가 말하는 것처럼 아테네 참여 민주주의는 "아무도 통치에 책임지지 않는 자에 의한 통치(rule by Nobody)"[353]라는 이상한 정체가 될 수 있다는 문제점을 보여 준다.

이러한 데모스의 무책임성의 문제는 아테네 민주정의 주체인 데모스의 정치적 판단 능력의 신뢰성 확보가 중요해짐을 의미한다. 데모스의 정치적 판단이 올바르게 내려지면 책임성의 문제는 상쇄될 수 있다. 그러나 그렇지 않고 데모스의 판단이 그릇되면 아무도 책임을 지지 않을 것이고 그로 인한 피해는 고스란히 민주정의 모든 시민에게 전가될 것이다. 이런 점에서 아테네 시민의 정치적 판단 능력은 중요하다. 과연 민회나 법정에서의 데모스의 정치적 또는 사법적 판단은 합리적이며 공정하게 이루어진 것으로 평가할 수 있을까? 이 물음과 관련해서 데모스

---

352 Herodotos, *Historiai*, III,80-82.

353 H. Arendt(1958), 137.

의 정치적 판단 능력에 대해 역사상 가장 공격적인 비판을 행한 철학자는 플라톤이다. 아래에서 그가 어떤 이유로 아테네 민주정을 어리석은 자들에 의한 우중정체로 비판하는지를 살펴보도록 하겠다.

1) 플라톤의 데모스의 정치적 판단 능력에 대한 부정적 견해

일찍이 20세기의 철학자 화이트헤드(A. N. Whitehead)는 서구 지성사는 일종의 플라톤의 각주라고 말하였다.[354] 이것은 서구 민주주의에 대한 일반적인 견해가 플라톤의 민주주의에 대한 평가로부터 결코 자유롭지만은 않다는 것을 함축한다. 특히 칼 포퍼(K. R. Popper)가 그의 주저 『열린사회와 그 적들(The Open Society and Its Enemies)』에서 플라톤을 전체주의의 시조라고 규정하면서 민주주의에 대한 부정적 관점이 더 공고해진 측면이 있다.[355] 물론 포퍼의 플라톤에 대한 부정적인 견해는 상당 부분 플라톤 정치철학에 대한 부정확한 이해에서 기인했기 때문에 동의하기 어려운 측면이 있다. 그럼에도 우리에게 전승되고 있는 플라톤 대화편들의 여러 부분에서 플라톤이 아테네 민주주의에 대해 부정적으로 기술한 것은 사실이다. 그러면 어떤 이유로 플라톤은 당시의 아테네 민주주의에 대한 비판적인 견해를 가졌던 것일까? 그리고 그의 비판은 과연 타당한 근거하에 이루어진 것일까? 이러한 물음에 대해 먼저 플라톤의 아테네 민주주의에 대한 일반적인 비판을 간단하게 짚어 볼 것이다. 다음으로 그의 데모스의 정치적 판단 능력에 대한 불신에 근거한 비판을 검토한다.[356]

---

354 A. N. Whitehead(1978), 39.

355 K. R. Popper(1950), xii, 732.

356 이하 플라톤 부분은 손병석(2015), 39-69에서 부분적으로 재인용했음을 밝힌다.

먼저 아테네 민주주의에 대한 플라톤의 일반적인 비판은 두 가지 측면에서 이루어지는 것으로 볼 수 있다. 첫째는 아테네 민주정의 잘못된 자유관에 대한 비판이다. 플라톤에 따르면 민주주의자들의 자유관은 "누구든지 원하는 것을 마음대로 행할 수 있는(exousia poiein hoti tis bouletai)"357 자유이다. 즉 자신이 원하는 대로 사는 삶을 기본적인 모토로 삼고 있고, 이러한 '마음대로 자유관'을 일상적인 사회적 삶에서 극대화하고자 한다. 요컨대 데모스는 "개인 각자가 자신의 마음에 드는 삶의 방식을 계획하는 것(idian hekastos an kataskeuēn tou hautou biou kataskeuazoito en hautēi, hetis hekaston areskoi)"358을 최고의 원리로 추구한다. 플라톤이 보기에 이러한 마음대로 자유관은 결과적으로 원칙이 없는 아나르키아(anarchia), 즉 '무질서'를 초래한다.

◇◇◇

이 나라에서는 비록 자네가 능히 통치를 할 수 있다고 할지라도, 꼭 통치해야 된다는 아무런 강요도 없다네. 또한 자네가 원하지 않는데도 통치를 받아야 한다는 그 어떤 강요도 없으며, 다른 사람들이 전쟁을 하고 있다고 해서 자네가 전쟁을 해야 한다는 강요도, 다른 사람들이 평화롭게 지낸다고 해서 자네가 원하지 않는데도 평화롭게 지내야 된다는 강요도 전혀 없다네. 반면에 어떤 법조문이 자네로 하여금 관직을 맡거나 배심원 노릇을 못 하게 할지라도 만약에 자네 자신으로서는 그래야겠다는 생각이 든다면, 그럴 경우에 관직을 맡거나 배심원 일을 하지 못하게 하는 강제적 제약 또한 없다네. 이와 같이 지낸다는 것이 당장에는 놀랍고 신나는 일이 아니겠는가?359

◇◇◇

---

357 Platon, *Politeia*, 557b5.

358 Platon, *Politeia*, 557b8-9.

플라톤의 보고에 따르면 민주정은 무원칙이 지배한다. 그것이 정치든 국방 일이든 또는 공무이든, 그것을 행하든 행하지 않든, 어느 쪽을 선택해도 그것에 대한 강제나 제약이 가능치 않기 때문이다. 심지어 민주정하에서는 사형이나 추방형의 유죄 선고를 받은 사람이 그대로 머물면서 길거리를 아무런 제재 없이 다닐 수 있다. 마치 영웅의 혼령처럼 아무도 이들을 신경 쓰지 않기 때문이다. 이것은 결국 자유를 실현하기 위한 목적을 갖고 제정된 법이 결국 그 법의 주체에 의해 부정되는 모순된 결과를 발생시키는 것이다. 이러한 이유로 플라톤은 민주정하의 데모스는 자신들에게 무제한의 자유를 제공하는 자들을 지도자로 둔다고 말한다.

◇◇◇

자유를 갈망하는 민주정의 나라가 나쁜 술을 따르는 자들을 그 지도자들로 갖게 되어, 희석하지 않은 자유의 포도주를 필요 이상으로 마셔서 취하게 되었을 경우에는, 통치자들이 아주 유순해서 많은 자유를 제공해 주지 않을 것 같으면, 이 정체는 이들을 더러운 과두정체적인 자들이라 비난하면서 벌할 것이라고 생각하네.[360]

◇◇◇

위 인용문에서 플라톤은 민주정의 데모스가 추구하는 자유를 포도주의 비유를 통해 설명한다. 민주정하의 대중 선동가나 나쁜 정치가는 데모스가 원하는 자유라는 포도주를 무제한으로 제공한다. 또 데모스는 자신들에게 마음대로 자유를 제공하지 않거나 복종하지 않으면 이들을 반민주적인 성향을 가진 과두주의자들로 비난하고 처벌한다. 이러한 데

---

359 Platon, *Politeia*, 557e-558a.

360 Platon, *Politeia*, 562c-d.

모스의 무제한의 자유 추구는 결국 민주정의 종언을 앞당기는 원인이 된다. 과두정이 부에 대한 지나친 추구로 자멸하여 민주정으로 이행했듯이, 민주정에서 자유에의 지나친 추구는 종국에 참주정으로 귀결되고, 결과적으로 1인을 제외한 모든 시민들의 노예화로 끝나는 것이다. 희석되지 않은 와인을 마시고 취할 때의 데모스는 자유인이었을지 몰라도, 그 술이 깼을 때는 더 이상 자유인이 아니다. 플라톤이 참주정을 과두정이나 명예정이 아닌 민주정에서 이행되어 오는 것으로 보는 것도 이러한 이유에서다. 참주는 바로 민주정의 자유의 피를 빨아먹고 자란 늑대이기 때문이다. 결과적으로 플라톤이 보기에 민주정의 데모스들은 희석되지 않은 와인을 지나치게 마심으로써 자신들의 자유를 상실하게 된다. 그러한 무제한적인 자유를 제공하겠다고 호언장담한 대중 선동가나 사악한 정치가는 결국 자신만의 자유와 욕망을 추구하는 참주가 되고 데모스는 참주의 노예가 되는 비극적 결과로 나타나기 때문이다. 자유의 희석되지 않은 와인을 너무 많이 마신 데모스는 결과적으로 모든 자유를 잃게 되는 것이다.

둘째로 플라톤에 따르면 민주정의 자유관은 그 목표가 쾌락을 향한 욕망에 정향되어 있다는 점에서 문제가 있다. 플라톤은 민주주의자들의 자유를 "만족할 줄 모르는 욕망(aplēstia)"[361]으로 정의하면서 이러한 쾌락에 대한 욕망이 민주정을 무너뜨리는 원인이라고 단언한다. 플라톤에 따르면 민주정적인 인간의 영혼은 이성이 아닌 욕구적인 부분이 강하다. 그리고 그는 욕구적인 영혼을 가진 민주정의 인간을 다음과 같이 표현한다.

---

361 Platon, *Politeia*, 562b.

◇◇◇

그들은 가축들이 하는 버릇대로 언제나 눈길을 아래로 향하며, 땅과 식탁 위로 몸을 구부리고서 포식을 하여 살이 찌고 또한 교미도 하네. 이런 것들에 대한 탐욕 때문에 쇠로 된 뿔과 발굽으로 서로들 치고받으며, 만족할 줄 모르는 욕망으로 서로 죽이기까지 하네.[362]

◇◇◇

위 인용문을 통해 알 수 있는 것처럼 민주정의 인간에게 중요한 것은 감각적 쾌락의 극대화를 통한 욕망의 실현이다. 문제는 이때의 욕망 실현을 위한 쾌락의 극대화가 쾌락의 구분을 통해 달성되는 것이 아니라는 점이다. 다시 말해 민주정의 인간은 쾌락 추구의 욕구가 '필수적인 것(to anagkaion)'에 대한 것인지 아니면 '필수적이지 않은 것'에 대한 것인지 고려하지 않는다. 기본적인 생존을 위한 음식이나 성욕은 필수적인 것이지만 지나친 낭비나 돈벌이는 필수적이지 않은 욕구인 것이다. 중요한 것은 민주정의 인간이 이 두 종류의 쾌락에 대한 욕구를 동등한 것으로 간주한다는 점이다.

마지막으로 민주주의에 대한 플라톤의 가장 강력한 비판은 민주정이 본질적으로 비이성적인 '우중들에 의한 정체'라는 것이다. 플라톤의 기본적인 입장은 어떤 다중도 전문적 지식을 획득할 수 없고, 따라서 이성을 갖고 폴리스를 지배할 수 없다는 것이다. 플라톤에 따르면 뛰어난 이성을 갖고 정치술을 발휘할 수 있는 자는 폴리스 인구의 작은 부분, 즉 소수나 한 사람에 불과하다.[363] 플라톤에게 있어 '누가 통치를 최선으로 잘할 수 있는가?'라는 물음에 대한 답은 통치술에 대한 이성과 지식을

---

362 Platon, *Politeia*, 586a-b.

363 Platon, *Politikos*, 292e-297b.

소유한 '전문가에 의한 통치(technocracy)' 또는 '지식 통치(epistocracy)'에서 찾을 수 있다. 그런데 플라톤이 보기에 민주정의 주체 계급인 데모스는 자신들이 무엇을 하는지를 모르고 정치적 판단과 정책 결정을 한다. 민주정에서는 시민 누구나가 민회에 참석할 수 있는 권리를 부여해서 누구나 자신의 목소리를 낼 수 있도록 한다. 통치와 관련해서 더 알고 있는 자와 더 알지 못하는 자가 있을 터인데 민주주의에서는 이것을 고려하지 않고 누구나 동등하게 자신의 의견을 제시할 수 있도록 허용한다는 것이다. 그래서 건강과 관련해서 도자기 장수나 의사나 똑같은 의견을 제시할 수 있고 동등하게 인정이 된다. 정치적 판단 결정과 관련해서도 통치술에 관한 전문가나 비전문가가 동등하게 인정되는 것이다.

그러나 플라톤에 따르면 통치술은 단순히 독사, 즉 '의견'의 영역이 아니라 '지식'의 영역이 되어야 한다. 옳고 그름이나 이익과 불이익에 대한 정확한 판단은 지식에 근거해서 이루어져야 하지 단순히 추측이나 합의에 근거한 독사적 판단에 따라 이루어져서는 안 된다. 올바른 통치는 단순히 수적인 많음이나 물질적인 부의 양이 아니라 통치술에 관한 앎에 근거해야 하기 때문이다. 따라서 플라톤에게 있어 통치권은 어디까지나 통치 거버넌스에 관한 전문적 지식을 소유한 자에게 주어져야 한다.[364] 대화편『테아이테토스』170a-b에서 플라톤은 자신의 지식 통치론에 관한 입장을 다음과 같이 제시한다.

◇◇◇

우리는 누구이든 간에 어떤 면에서는 자신이 다른 사람들보다 더 지혜롭지만 다른 면에서는 다른 사람들이 자신보다 더 지혜롭다고 믿지 않을 사람이란 아무도 없다고 주장합니다. 군사 원정을 나갔을 때나 역병

---

364 Platon, *Euthydemos*, 291c-292c, *Politeia*, 426d, 477d-e, *Politikos*, 292c.

에 걸렸을 때 또는 바다에서 폭풍우를 만날 때처럼 큰 위험에 처했을 경우에, 사람들은 그 모든 개개의 경우에 통솔자들이 자신들의 구원자가 될 것을 기대하면서 그들을 신처럼 대한다고 우린 주장합니다. 다름 아니라 저들이 안다는 점에서 특출하기 때문이지요. 그리고 모든 인간 세상은 확실히 다음과 같은 사람들로 가득 차 있습니다. 인간들 자신과 기타 동물들에 대해서뿐만 아니라 그들이 하는 일들에 대해서 가르침을 주는 자들 내지 통솔하는 자들을 찾는 이들이 있는가 하면 자신이 충분히 남을 가르칠 만하다거나 충분히 다스릴 만하다고 믿는 자들이 있습니다. 그리고 이 모든 경우에 인간들이 자신들한테 지혜와 무지가 있다고 믿고 있다는 말 말고 우리가 달리 무슨 말을 할 수 있겠습니까?[365]

∞∞

위 인용문을 통해 알 수 있는 것처럼 플라톤은 인간들 사이에는 지혜와 무지에서 차이가 있고, 이러한 차이에 따라 인간들 각자에 대한 직분이 주어져야 하는 것이 이치에 맞는다고 본다. 이것은 위험한 전쟁 상황에서 전술에 유능한 지식을 갖춘 자에게 장군직을, 역병에 걸렸을 때는 의술 지식을 소유한 의사에게 결정권을, 바다에서 폭풍우를 만났을 때는 조타술에 관한 지식을 소유한 조타수에게 배의 운항권을 주어야 하는 것과 같다. 그렇지 않고 만약에 각 분야의 전문 지식을 소유하지 않은 무지한 자에게 최고의 결정권이 주어질 때 그것은 모두의 생명을 위태롭게 한다. 플라톤에 따르면 이것은 통치의 경우에도 마찬가지로 적용되어야 한다. 즉 국가의 최선의 이익이 보장되기 위해서는 통치술에 대한 지식을 소유한 전문가에게 통치권을 줘야 한다.[366] 전문가 통치자

---

365 Platon, *Theaitetos*, 170a-b.
366 이처럼 플라톤이 아는 자에 의한 통치를 강조하는 이유는 기본적으로 통치를 일종의 기술

만이 자신의 본성에 따른 이성적 능력의 힘으로 폴리스의 위기를 구해 줄 참된 지도자가 될 수 있기 때문이다. 이것이 우리가 알고 있는 것처럼 플라톤이 자신의 이상 국가에서 철학자 왕에 의한 통치를 강조하는 이유다. 철학자 왕만이 '좋음의 이데아(idea tou agathou)'에 대한 지식을 소유한 참된 통치자로서 명예나 부가 아닌 폴리스 전체 구성원들의 공동 이익을 실현하고자 하는 목표를 갖고 있다.[367]

여기서 아테네 민주주의의 통치 주체인 데모스가 통치술에 관한 지식을 소유하고 있는지가 문제가 된다. 플라톤의 결론은 데모스는 통치에 관한 기술이나 덕을 소유하고 있지 않다는 것이다. 플라톤의 영혼 삼분설에 따르면[368] 생산자 계급에 주로 포함되는 데모스는 이성적인 부분보다 욕구적인 부분이 강하다. 그런데 통치술에 관한 지식은 욕구적인 부분이 아니라 이성적인 부분이 강한 자가 소유한다. 따라서 플라톤에게 민주주의의 가장 큰 문제는 최고의 통치권이 지식을 소유하지 않은 비이성적이고 감정적인 무지한 데모스에게 주어졌다는 것이다. 민주정에서는 모든 데모스의 정치적 참정권을 인정함으로써 공적인 사안들이 데모스의 정치적 판단에 의해 결정되기 때문이다. 이것은 정치적 판단과 관련해서 정치술에 관한 지식을 갖고 더 낮게 판단할 수 있는 자와

(technē)로 보는 견해에서 비롯한다. 이때의 기술은 전문적 지식 또는 앎을 의미한다. 따라서 올바른 통치술은 기본적으로 다스림에 대한 앎 또는 지식에 근거한다. 이런 이유로 플라톤에게서 폴리스의 통치는 지식을 소유한 전문가에게 맡기는 것이 합리적이다. 플라톤의 정치적 기술에 관한 논의는 손병석(2003), 49-80 참조할 것.

367 Platon, *Politeia*, 347c-d, 412d-e.

368 플라톤의 '영혼 삼분설'에 따르면 우리의 영혼은 이성적인 부분, 기개적인 부분 그리고 욕구적인 부분으로 나누어진다. 욕구적인 부분이 강한 장인 계급은 생산 업무에, 기개가 뛰어나서 용기를 발휘할 수 있는 전사 계급은 국방 업무에 종사해야 한다. 그리고 이성이 뛰어난 철학자 계급은 수호자가 되어야 한다.

그렇지 않은 자를 구분하지 않는 것이다.

따라서 플라톤이 보기에 아테네 민주정은 무지한 다중에 의해 운영되는 잘못된 정체이다. 이런 이유로 플라톤은 아테네 참여 민주주의가 이성에 따른 숙고적 민주주의가 될 수 있다고 믿지 않았다. 통치술을 발휘하기 위해서는 이성적인 판단 능력이 있어야 하는데 이러한 이성은 소수의 엘리트 전문가가 소유하지 다수의 시민이 소유할 수는 없기 때문이다. 그에 따르면 데모스는 감정적이고 충동이 강하므로 이성적인 판단을 할 수 없다. 따라서 민주주의는 영혼의 가장 천박한 욕구적인 부분에 의해 다스려지는 무질서하고 불안정한 쾌락을 추구하는 정체이다.

플라톤의 아테네 민주정과 아테네 데모스의 판단 능력에 대한 부정적인 평가는 『국가』 편 5권에서 기술되고 있는 배의 비유를 통해 알 수 있다. 인용문이 길지만 중요한 내용을 담고 있어서 모두 인용하도록 하겠다.

∞∞

선주가 덩치나 힘에 있어서는 그 배에 탄 모든 사람보다 우월하지만, 약간 귀가 멀고 눈도 마찬가지로 근시인 데다 항해와 관련된 다른 것들에 대해 아는 것도 그만하네. 한데 선원들은 키의 조종과 관련해서 서로 다투고 있네. 저마다 자기가 키를 조종해야만 한다고 생각해서지. 아무도 일찍이 그 기술을 배운 적도 없고, 자신의 선생을 내세우지도 못하며, 자신이 그걸 습득한 시기도 제시하지 못하면서 말일세. 게다가 이들은 그 기술이 가르칠 수도 없는 것이라고 주장하며, 누군가가 그걸 가르칠 수 있는 것이라고 말하기라도 하면, 그를 박살 낼 자세가 되어 있다네. 그러면서도 이들은 언제나 이 선주를 에워싸고서는 자신들에게 키를 맡겨주도록 요구하며 온갖 짓을 다 하네. 그리고 때로 자신들은 설득에 실패하고 오히려 다른 사람들이 설득에 성공하게라도 되면, 그들을 죽여 버리거나 배 밖으로 던져 버리거나 하네. 그러고선 점잖은 선주를 최면제나 술 또는 그 밖의 다른 것으로써 옴짝달싹 못 하게 한 다음, 배 안에 있는 것들을 이용해서 배를 지휘하네. … 게다가 이들은 자신들이 선주를 설득해서든 강제해서든 지휘할 수 있도록 도와주는 데 능숙한 사람을 항해술에 능하며, 조타술에 능한 사람 그리고 배와 관련된 것들을 아는 사람으로 부르며 칭찬하지만, 그렇지 못한 사람은 쓸모없는 사람으로 비난하네. … 이런 일들이 배에서 일어나고 있다면, 정작 조타술에 능한 사람은 이런 상태에 있는 배를 탄 선원들한테서 영락없는 천체 관측자나 수다꾼으로 그리고 자신들에게는 쓸모없는 사람으로 불릴 것이라 자네는 생각지 않는가?[369]

◇◇◇

위 인용문에서 플라톤은 아테네 민주정의 문제점을 배의 비유를 통해 제시한다. 즉 배는 아테네 민주정을, 배 주인은 아테네 시민인 데모스를, 선원들은 대중 선동가나 소피스트를, 그리고 조타수는 참된 철학자를 가리킨다. 플라톤의 주장에 따르면 목적지로의 배의 안전한 운항을 위해서는 배의 키가 조타술에 관한 지식 기술을 소유한 키잡이에게 맡겨져야 한다. 즉 "배의 운항에 실제로 적합한 참된 조타수는 해의 계절, 하늘 별들 그리고 바람 그리고 다른 것들을 공부한 자이다." 그러나 배 안의 상황은 조타술에 대해 전혀 모르는 선원들이 장악하고 있다. 더 큰 문제는 배의 실질적인 소유주가 술에 취해 전혀 사태 파악을 못 하고 있다는 것이다. 인용문에서 배 소유주인 선주는 민회나 법정 극장 또는 군대 캠프와 같은 "공적 영역에서 함께 모인 군중"을 가리킨다. 요컨대 배 비유를 통해 플라톤이 말하고자 한 바는 아테네 민주주의가 무지한 데

---

369 Platon, *Politeia*, 488a-489a.

모스와 혹세무민의 대중 선동가, 소피스트들과 야합한 그릇된 정체에 불과하다는 것이다.

데모스의 지적인 판단 능력에 대한 플라톤의 불신은 『고르기아스』편에서 데모스에 의해 구성된 배심원들을 아이들로 비유하는 데서도 알 수 있다.

∞∞

나는 의사가 요리사의 고발을 받아 아이들 앞에서 재판을 받듯이 재판을 받을 테니까. 누군가가 이런 말로 그를 고발한다면, 그런 사람이 이 아이들 앞에 붙잡혀서 무슨 변론을 할 수 있을지 생각해 보게. '아이들이여, 여기 이 사람은 바로 여러분들에게 나쁜 짓을 많이 저질렀습니다. 특히 여러분들 중에서도 가장 어린 아이들을 자르고 지져서 망가뜨립니다. 그리고 당혹스럽게 만들기도 하지요. 배고픔과 갈증을 강요하여 여위게 하고 쓰디쓴 물약으로 사레들게 하지요. 그는 내가 온갖 종류의 많은 즐거운 것들로 여러분에게 호화로운 잔치를 베풀어 왔던 것처럼 하지 않습니다.' 이런 나쁜 상황에 걸려든 의사가 무슨 말을 할 수 있을 거라 생각하는가? 아니면 그가 '아이들이여, 나는 이 모든 일을 건강을 생각해서 해 왔습니다'라고 진실을 말하면 이런 부류의 재판관들이 얼마나 크게 아우성을 칠 거라고 생각하는가? 아우성 소리가 크지 않겠는가?[370]

∞∞

위 인용문은 의사가 요리사에 의해 아이들로 구성된 법정에 고발당한 상황을 묘사한다. 플라톤에 따르면 건강에 관한 기술은 의술이지 요리술이 아니다. 요리술은 의술을 빙자한 일종의 아첨술이다. 위 인용문에서 요리사는 의사를 아이들의 건강을 해친 주범으로 고발해서 의사

---

370 Platon, *Gorgias*, 521e-522a.

를 벌 받게 하려 한다. 건강에 관한 앎을 갖지 못한 어린아이들은 요리사의 말을 그대로 믿고 의사에게 아우성을 친다. 요컨대 건강에 관한 지식을 소유하지 못한 어린아이들이 마찬가지로 건강에 관한 참된 지식을 소유하지 못한 요리사에게 속는 상황이 연출되는 것이다. 플라톤은 여기서 법정의 배심원들의 판단 능력을 일종의 아이들 수준으로 간주하고 있다. 요컨대 플라톤은 아테네 민주정의 시민배심원들이 무엇이 옳은지 그른지를 판단할 수 있는 이성적인 능력을 갖추고 있다고 보지 않는 것이다.

이것은 『고르기아스』 편의 다른 곳에서 폴리스의 건강에 관한 최고 책임자로 누구를 선택해야 할지 논하는 예에서도 극명하게 알 수 있다. 즉 의사와 연설가가 나서 대중들에게 누가 폴리스의 건강에 관한 전문가로 선택되어야 할지를 묻는다면 데모스는 의술에 관한 지식을 전혀 갖고 있지 않은 연설가를 선출하리라는 것이다.[371] 무지한 데모스는 연설가의 아첨술인 연설에 속아 연설가를 건강의 전문가로 판단하기 때문이다. 플라톤에 따르면 데모스의 이러한 정치적 판단력의 문제는 데모스의 영혼이 기본적으로 이성적인 부분보다는 욕구적인 부분이 강하기 때문에 벌어진다. 플라톤에게 이성적인 영혼의 능력은 중요한데 그것은 이성을 통해 진리를 볼 수 있기 때문이다. 이것은 『국가』 편에서 소크라테스와 아데이만토스 사이 다음의 대화 내용을 통해 알 수 있다.

∞∞∞

"많은 아름다운 것이 아닌 아름다운 것 자체가 또는 많은 각각의 것이 아닌 각각의 것 자체가 있다고 대중이 인정하거나 믿게 되는 것이 가능하겠는가?"

---

371 Platon, *Gorgias*, 456a-c.

"전혀 가능하지 않습니다." 그가 대답했네.

"그렇다면 대중이 지혜를 사랑하게 되는 것, 철학자로 되는 것은 불가능하네." 내가 말했네.[372]

◇◇◇

위 인용문에서 플라톤은 대중이 '아름다움 자체(auto to kalon)'와 '많은 아름다운 것들(ta polla kala)'을 구분하지 못한다고 말한다. 그 이유는 대중은 아름다움이나 정의와 같은 형상(eidos)이나 이데아(idea)를 직관할 이성적인 능력을 소유하고 있지 못하기 때문이다. 즉 다중은 이데아와 그것에 참여하고 있는 현상계의 개별자들을 구분하지 못한다. 이처럼 플라톤은 기본적으로 다중인 데모스가 형상을 인식할 수 있는 지식이나 지혜를 소유하는 것은 불가능하다고 본다. 다중은 '보는 것을 좋아하는 사람(philotheanes)'이거나 '듣는 것을 좋아하는 사람들(philokoeoi)'이지 '지혜를 사랑하는 사람(philosophos)'은 아니기 때문이다. 그렇기 때문에 플라톤에 따르면 아테네 민주정의 최고 권력을 가진 데모스 계층이 정치적 판단에 관한 지식이나 기술을 갖고 올바른 정치적 판단을 내릴 수는 없다.

데모스의 정치적 판단 능력에 대한 플라톤의 부정적인 생각은 『정치가(Politikos)』편의 다음과 같은 대화에서도 확인된다.

◇◇◇

"그렇다면 자네는 적어도 나라 안에서 대중이 이런 지식을 얻을 수 있다고 보는가?" "어떻게 가능하겠어요?" "그러나 1천 명으로 이루어진 나라 안에서 100명이나 50명의 시민들조차 그 지식을 능히 얻을 수 있을까?" … "하물며 왕도적 치자들은 더더욱 그렇지 않다는 것을 알고 있으니까요. 왜냐하면 왕도적 치술을 지닌 이는 그가 다스리든 그렇지 않든 앞선

---

372 Platon, *Politeia*, 493e-494a.

논의에 따르면 한결같이 왕도적 치자라고 불려야만 하거든요." … "다중 (plethos)은 그들이 누구든 결코 이런 지식을 터득할 수도 없고 지성을 갖고(meta nou) 나라를 다스릴 수도 없을 테니까."[373]

∞∞

위 인용문에서 플라톤은 통치술에 관한 지식은 다중이 소유하기 어려운 것으로 말한다. 그래서 그는 정체의 통치는 왕도적 치술을 갖춘 참된 정치가에 의해 행해져야 한다고 주장한다. 이것은 정치가의 영혼에서 이성적인 부분이 주도적인 힘을 발휘하기 때문이다. 그러나 플라톤에 따르면 다중의 영혼은 이성적인 부분이 아니라 욕구적인 부분이 그 힘을 발휘한다.

∞∞

영혼과 관련해서 인간 자신 안에는 한결 나은 것과 한결 못한 것이 있어서, 성향상 더 나은 부분이 더 못한 부분을 제압할 경우, 이를 가리켜 자기 자신을 이긴다고 말하는데 이는 어쨌거나 칭찬하는 것일세. 반면에 나쁜 양육이나 교제의 결과로 못한 다수의 부분에 의하여 더 나은 작은 부분이 제압될 경우 이를 꾸짖어 나무라되, 이와 같은 상태에 있는 사람을 일컬어 자기 자신에게 진 무절제한 자라고 하네.[374]

∞∞

이 인용문에 따르면 영혼은 지배하는 부분과 지배받는 부분으로 구분되고, 더 나은 부분이 열등한 부분을 지배해야 한다. 플라톤에게서 그것은 이성적인 부분이 우월한 것이며, 욕구적인 부분이 열등한 것이다. 따라서 후자는 전자의 지배를 받는 것이 '정의(to dikaion)'가 된다. 영혼 내

---

373 Platon, *Politikos*, 292e-297b.

374 Platon, *Politeia*, 431a.

의 부분들의 관계는 폴리스라는 정체의 구성원들 관계에도 그대로 적용된다. 정체 내에도 다수의 열등한 자들이 있고 이와 달리 교육을 받은 소수의 더 나은 자들이 있다. 그래서 플라톤에 따르면 전자인 다수의 열등한 자들의 욕구나 쾌락이 후자인 소수의 이성적인 자들의 지혜와 지식에 의해 제압되고 다스려져야 한다.

상술한 이유로 플라톤이 생각하기에 데모스의 집단적 결정은 어디까지나 의견에 불과하지 지식이 아니다. 이것은 데모스의 민회와 같은 공적 장소에서의 집단적 심의 절차가 이성적인 판단을 통해 이루어지지 않음을 의미한다. 그런데 문제는 데모스의 집합적 판단과 의견을 지혜라고 말하는 소피스트들이 있다는 것이다.

∞

그건 마치 누군가가 자기가 키우고 있는 크고 힘센 짐승의 기분과 욕망을 숙지하게 되었을 경우와도 같네. 이 짐승에게는 어떻게 접근해야 하며 어떻게 그걸 붙잡아야 하는지, 어떤 때에 그리고 무엇 때문에 가장 다루기 힘들어지거나 온순해지는지, 소리는 어떤 조건에서 그때마다 내는지 그리고 다른 것이 무슨 소리를 낼 때 그게 온순해지기도 하며 사나워지기도 하는지, 이 모든 걸 그것과 함께 지내며 오랜 세월을 보냄으로써 숙지하게 된 다음에는 이를 지혜라 일컬으며 이를 전문적 지식으로 체계화해서 가르치려 하네. 이들 신념들과 욕망들 가운데 어느 것이 진실로 훌륭한 것이거나 창피스러운 것인지, 또는 좋은 것이거나 나쁜 것인지, 그리고 또한 올바르거나 올바르지 못한 것인지를 전혀 모르면서도 이 모든 걸 그 큰 짐승(to mega zōon)의 의견에 따라 이름 짓는데, 그것이 기뻐하는 것들은 좋은 것들로 일컫지만 성가셔하는 것들은 나쁜 것들로 일컫네. … 그러니 이 사람과 함께 모인 온갖 부류의 다중의 기분과 즐거움들을 잘 알아차리는 것을 지혜로 믿는 사람이, 그게 미술이나 시가의 경우에 있어서건 또는 특히 정치의 경우에 있어서건 간에 어떤 차이가 있다고 생각하는가?[375]

∞∞

위 인용문에서 플라톤은 '다중'을 '큰 짐승'으로 비유한다. 그리고 소피스트와 같은 연설가들은 이러한 거대한 짐승의 기질과 모두를 배워야 하며 그들의 쾌락과 불쾌의 소리에 반응할 수 있어야 한다고 말한다. 그래서 짐승을 어떻게 순하게 하는지를 알아야 하고 또 무엇이 그들을 화나게 했는지를 알아야 한다는 것이다. 플라톤은 연설가의 이러한 수사술을 아첨술로 부른다. 플라톤은 여기서 아첨술을 발휘하는 연설가와 데모스의 관계를 정체의 발전을 위한 바람직한 관계가 아니라고 비판한다. 연설가는 정의와 좋음을 위한 올바른 말을 하는 것이 아니라 다중이 원하는 것만을 말하기 때문이다. 연설가의 주장은 이미 다중이 좋아할 것에만 맞추어져 있다. 그래서 성공하고자 하는 연설가나 정치인은 자신의 견해를 다중이 이미 견지한 의견에 적합하도록 적용한다.

아테네 민회를 연상시키는 위 인용문에서의 다중의 의견은 개인의 사려 있는 지식에 근거한 것이 아닌 집단으로서의 독사, 즉 억견에 근거한 판단 결정이다. 그것은 타락의 정치를 보여 준다. 플라톤이 보기에 아테네 민주정의 민회에서의 합의(consensus)라고 하는 것은 그 절차적 측면과 내용에서 사이비 합의이자 동의이다. 그가 보기에 아테네 민주정의 정책 결정 형성 제도는 크게 두 가지 점에서 문제가 있다. 하나는 그룹 내지 집단적 결정이라는 것, 다른 하나는 투표, 정확하게는 손 거수와 야유를 통한 정책 결정이라는 것이다. 특히 후자와 관련해 플라톤은 『국가』 편에서 상세하게 데모스의 토뤼보스, 즉 야유에 대해 묘사한다.

---

375 Platon, *Politeia*, 493a-d.

∞

많은 사람이 민회나 법정, 극장이나 군영 또는 그 밖의 다른 어떤 공공의 대중 집회에 떠들썩거리며 모여 앉아서는, 행하여진 발언들과 행동들 가운데서 어떤 것들은 비난하되 어떤 것들은 칭찬할 때이겠는데, 어느 경우나 그들은 극단적으로 나가며 고함을 지르면서 박수를 쳐 대네. 게 다가 암벽과 그들이 있는 장소가 그걸 울리게 하여 비난과 칭찬의 소음 을 두 배로 증폭시키네.[376]

∞

위 인용문에서 플라톤은 언제 어떻게 다중이 젊은이의 영혼에 영향을 주는지를 말한다. 그것은 다중이 집단을 이루기 위해 함께 모였을 때이 고 그 방법은 좋고 나쁜 칭찬과 비난의 표현 과정을 통해 다중이 자신들 의 집합적 성격 에토스를 형성하는 것이다. 이러한 상황에서는 어떤 개 인적인 교육도 그 젊은이를 그러한 데모스의 칭찬이나 비난에 휩쓸리 지 않도록 막아 주기가 불가능하다. 데모스가 말하는 대로 아름다움과 추함 또는 정의와 불의가 젊은이의 영혼에 그대로 영향을 주게 되는 것 이다.

플라톤에 따르면 '한마음'은 스타시스, 즉 파쟁을 막고 정체의 단일성 과 조화를 가능하게 한다는 점에서 중요하다. 그렇다면 민주정에서의 합의에 근거한 정책 결정도 마찬가지로 스타시스를 막고 민주주의의 내 적인 조화를 실현하는 데 기여하는 것이 아닌가? 플라톤이 보기에 민주 정체의 합의는 이성적인 동의에 의한 최선의 결과를 목적으로 하는 것 이 아니라 욕구적인 부분에 정향된 합의이기 때문에 문제가 있다. 장기 적인 관점에서 욕구나 기개적인 부분에 호소해서 도달된 합의는 정체의

---

376 Platon, *Politeia*, 492b-c.

지속을 보장하지 못한다.

상술한 것을 종합할 때 플라톤의 다중의 정치적 판단 능력에 대한 평가는 부정적이다. 특히 다중의 지식 능력과 관련해서는 더욱 그렇다. 플라톤에 따르면 "다중의 영혼은 그들의 기술과 일로 인해서 몸이 병신으로 되었듯이, 마찬가지로 영혼도 수공으로 인해서 위축되고 무기력한 상태에 있기 때문이다."[377] 그래서 다중의 인식론적인 능력은 존재론적 불안정성과 인식론적 불확실성에 있는 독사, 즉 의견 정도만을 갖고 있다. 그러나 플라톤에 따르면 폴리티케 테크네(politikē technē), 즉 정치술의 발휘는 지식에 의해 가능하지 독사적 의견에 의해 가능하지 않다. 따라서 플라톤에 따르면 지식을 소유하지 못한 데모스에 의한 통치 체제인 아테네 민주정은 무지한 데모스에 의해 우중지배가 이루어지는 그릇된 정체이다.

상술한 것처럼 플라톤의 데모스의 정치적 판단 능력에 대한 이러한 부정적 평가는 본 연구의 2장에서 살펴본 프로타고라스와 아리스토텔레스의 데모스의 통치 능력에 대한 긍정적 평가와 상반된다. 프로타고라스에 따르면 경험계에서 가능한 인간의 인식 능력은 독사지 절대적이며 필연적인 지식이 아니다. 따라서 정의와 불의, 선과 악에 대한 정치적이며 윤리적인 문제와 관련된 영역에서 지식에 의한 정확한 판단을 추구하는 것은 가능하지 않다. 프로타고라스는 시민 각자의 의견은 나름대로의 진리를 갖고 있고, 그래서 시민 상호 간의 대화와 토론 그리고 설득을 통해 공동의 의견에 도달할 수 있다고 본다. 즉 플라톤의 독사에 대한 부정적 평가와는 차이가 있다. 아리스토텔레스 역시 시민 각자는 실천지와 이성을 소유하고 있고, 그래서 집합적 지혜를 발휘할 수 있

---

377 Platon, *Politeia*, 495d-e.

다고 본다는 점에서 플라톤과 다른 입장을 보인다. 프로타고라스와 아리스토텔레스의 민주주의에 대한 우호적인 철학적 입장은 이미 앞에서 살펴보았기 때문에 여기서 별도로 소개하지 않는다. 대신에 아래에서는 플라톤의 공격적 입장에 대응할 수 있는 아테네 민주정의 중요한 시민 교육 제도를 살펴볼 것이다. 그것은 아테네 민주정에서 꽃핀 비극과 같은 공연 문화이다. 그래서 아테네의 비극 문화가 데모스의 정치적 판단 능력 함양을 위한 교육적 역할을 어떻게 수행할 수 있었는지에 관해 밝힐 것이다. 이러한 작업은 플라톤이 데모스의 정치적 판단 능력을 불신하면서 아테네 민주정을 우중정체로 평가한 비판을 상쇄시키거나 그에 대응할 수 있는 중요한 논거가 될 것으로 생각한다.

2) 비극과 시민 교육

(1) 아테네 비극(tragōidia) 문화와 시민 교육(paideia)

오늘날 민주주의 발전과 비극과 같은 예술 공연과의 밀접한 상관관계를 연관 짓는 사람은 거의 없을 것이다. 그러나 고대 아테네인들에게 민주주의의 이념과 희곡(戲曲) 공연은 불가분의 관계를 갖는다고 말할 수 있다. 다시 말해 공연 문화는 아테네 민주주의의 독특한 제도로서 아테네 시민의 정치적 판단 능력을 위한 중요한 교육적 의미를 갖고 있다. 그렇기 때문에 아테네 시민이 공연 관람의 관객이 된다는 것은 오늘날처럼 단순한 여흥 문화를 향유하는 차원이 아닌 민주적 시민으로서의 특별한 활동에 참여함을 의미한다. 따라서 아테네 민주주의하에서 공연 문화는 단순히 아테네 사회 문화의 일부가 아니라 무엇보다 근본적인 정치적 문화이며 청중으로서의 시민의 행위는 또 다른 의미의 정치적 참여 행위로 이해되어야 한다. 즉 비극 공연은 아테네 시민의 정체성을 구성하는 정치적 의미를 갖는다. 이런 점에서 극장에 참석하는 것은 시민의 특권이자 의무로 간주되었다고 말할 수 있다. 유번(J. P. Euben)이나 마크 추(M. Chou)와 같은 학자들이 말하는 것처럼[378] 예술 형식으로서의 비극의 창조와 비극 공연은 아테네 민주주의를 확립하는 데 기여했다고 볼 수 있다. 극장에서 상연되는 비극이나 희극 작품은 넓은 의미의 정치적 내지 사회적 드라마이며, 그것은 단순한 관람자가 아닌 아테네 민주주의의 주체이자 대표인 시민에 의해 평가되는 대상으로 이해되어야 한다. 아테네 시민은 아테네 민주주의의 주요 정치 기관인 민회나 법정에서 판단과 결정의 주체이듯이 공연 작품의 인물들 사이 갈등이나 대립의 최종적인 판단자이다.

기원전 5세기에만 아테네에서 비극은 천 편이 넘는 작품이 제작될 정도로 인기가 높았다. 오늘날 우리는 소위 3대 비극 작가 아이스킬로스, 소포클레스, 에우리피데스가 쓴 약 220편의 희곡 중 38편의 작품만을 갖고 있다. 이들 작품은 기원전 472년에 상연된 아이스킬로스의 『페르시아인들』부터 기원전 402년에 상연된 소포클레스의 『콜로노스의 오이디푸스』까지의 시기에 해당된다. 아이스킬로스, 소포클레스, 그리고 에우리피데스는 비극 작품을 통해 아테네인과 아테네 민주주의의 과거와 현재 그리고 미래를 재구성했다. 이들 비극 작가들은 도덕, 정치, 철학, 예술에 걸친 상당히 다양한 주제들을 작품 속에 담았다. 특히 그들은 민주주의의 논쟁적 성격을 드러내기 위해 법(nomos)과 자연(physis), 인간과 신, 남성과 여성, 가족과 국가, 민주주의와 제국주의의 갈등 문제를 중심으로 작품의 플롯을 구성했다. 아테네 시민 관객들은 이러한 주제를 담은 비극 공연을 보면서 인간의 오만과 겸손함, 진리와 무지, 불멸과 유한성, 법과 자유 그리고 평등에 관해 함께 생각해 보고 논쟁을 할 수

---

378 J. P. Euben(1986), 222-251, M. Chou(2012), 23-51, P. Burian(2011), 95-118 참조.

있는 교육적 기회를 가질 수 있었다. 이런 점에서 비극 작가들은 또 다른 차원의 도덕 교사이자 정치 철학자, 민주주의 사회 개혁가의 역할을 수행했다고 해도 과언이 아니다.

아리스토파네스와 같은 희극 작가 역시 마찬가지 역할을 한 것으로 볼 수 있다. 그는 여러 희극 작품에서 아테네 민주주의가 보여 주는 여러 모순성과 허구성을 신랄하면서도 냉철한 비판을 통해 희화적으로 묘사하고 있다. 이 점에서 아리스토파네스의 희극은 보통의 아테네 시민들이 정치가나 장군과 같은 엘리트들의 정치적 행위에 대한 좀 더 세련되면서도 영리한 그리고 교양 있는 관찰자(observer)로서의 임무를 수행할 수 있게 한다. 그래서 아테네 시민 관객들이 아테네 민주주의에 어떤 문제점이 있는지를 진단하고 반성할 수 있도록 유도한다. 이런 점에서 아리스토파네스의 희극은 시민 대화를 위한 공간을 열어 주면서 시민들의 효과적인 정치적 판단 역량을 발전시킴으로써 민주주의를 더 낫게 만드는 데 기여했다고 볼 수 있다.

아테네 민주주의에 대한 올바른 이해는 기본적으로 그것을 아테네인들의 실천적 활동의 관점에서 접근할 필요가 있다. 이것은 아테네인들은 민주주의 이론을 쓴 것이 아니라 직접 실천을 통해 구현했다는 문제의식에서 비롯한다. 즉 아테네 민주주의 이론은 특정한 체계적인 원리나 이데올로기라기보다는 아테네 시민의 정치에 대한 반성과 적극적인 참여의 산물로서 보아야 한다. 이런 관점에서 아테네 비극 문화를 통해 아테네 민주주의를 이해하는 것은 중요한 의미가 있다. 아테네 비극은 정치적 실천이나 관행의 일종으로서 시민들의 반성적이며 숙고적인 정치적 판단 능력 함양에 기여했기 때문이다.

그러면 정말로 위에서 언급한 비극 작가나 희극 작가의 연극 공연은 아테네 시민들의 정치적 판단 능력을 함양하는 교육적 기능을 수행한 것으로 볼 수 있을까? 그래서 아테네 민주정은 우중들의 정체라는 비판에 대응할 수 있는 정치적 숙고 능력을 갖춘 교양 있는 시민의식을 갖도록 하는 데 기여했는가? 아래에서는 아테네 민주정에서 비극이나 희극과 같은 연극 공연이 아테네 시민들의 정치적 판단과 어떤 관계를 갖는지를 고찰한다. 이것은 대디오니소스 축제나 아테네 축제와 같은 종교적 제례 의식에서 상연된 비극이나 희극 작품이 아테네 시민의 정치적 판단 능력 함양에서 차지하는 교육적 의미를 밝히는 작업이 될 것이다. 아래에서는 먼저 대디오니소스와 관련된 일반적인 축제의 진행 과정에 관해 간단하게 알아본 후, 플라톤과 아리스토텔레스의 비극에 대한 견해 그리고 비극과 시민 숙고 능력의 상관관계를 몇 개 비극을 통해 살펴보도록 하겠다.

(2) 대(大)디오니소스 축제와 비극 공연

대디오니소스 축제와 아테네 축제는 아테네 민주정에서 중요한 제례 의식이다.[379] 디오니소스 축제에서는 매년 축제에 참가할 극작가 3명을 선정했고, 이들은 각각 비극 작품 3부작과 희극 또는 사티로스극 1편을 제출했다. 코레이고이(choregoi)는 연극 제작에 자금을 지원했고, 연극은 축제 기간 동안 연이어 공연되었다. 앞서 언급했듯이 현재는 3대 비극작가인 아이스킬로스, 소포클레스, 에우리피데스가 쓴 약 220편의 희곡 중 38편만이 전승되고 있고, 그중 완전한 3부작 비극은 기원전 458년에 초연된 아이스킬로스의 『오레스테이아 3부작』단 한 편뿐이다. 상연된 희곡은 추첨에 의해 선정된 아테네 시민배심원단이 1등, 2등, 3등을 결

---

379 극장에서의 아테네 시민의 관중으로서 판단자의 역할과 관련해서는 P. Burian(2011), 95-118 참조.

정하고 극작가 및 배우에게 상을 수여했다.

디오니소스 축제에서 연극은 아크로폴리스의 남쪽 경사면에 지어진 커다란 반원형 공간인 디오니소스 극장에서 공연되었다. 이 공간의 크기는 기원전 6세기에 처음 시작된 이래 고전 시대를 거치며 보다 커졌고 헬레니즘 시대에 더욱 발전했다.[380] 플라톤의 『향연』에서 소크라테스는 디오니소스 극장의 3만 명의 그리스인 앞에서 1등을 차지한 비극 시인 아가톤의 침착한 태도를 칭찬한다.[381] 흥미로운 점은 아가톤의 우승이 비교적 작은 축제인 레나이아(Lēnaia)에서 이루어졌고, 여행이 어려운 겨울에 열렸기 때문에 훨씬 적은 수의 국제 관객이 모였을 가능성이 높다는 점이다. 소크라테스가 부풀려진 숫자로 아가톤을 살짝 놀리고 있었을 수도 있다. 하지만 다소 과장된 측면을 고려하더라도 3만 명의 관중은 아티카 인구에서 엄청난 비율을 차지한다. 오늘날 대부분의 학자들은 극장의 실제 관객 수를 14,000-17,000명 범위로 보고 있으며, 공식 좌석 외에 관찰자를 위한 공간도 일부 포함하고 있다.[382] 하지만 대부분의 추정치를 낮게 잡더라도 디오니소스 제전의 연극 공연은 올림픽이나 대판아테네 축제를 능가하는, 고전 시대 그리스 세계에서 가장 큰 정기 모임이었을 가능성이 높다. 이것은 아테네 민회의 참석 시민 수가 약 6,000명이라는 점을 고려할 때 더욱 비교되는 엄청난 규모이다. 이런 점에서 아테네 시민 모두가 대디오니소스 극장에 있었다고 해도 과언이 아닐 것이다. 아테네 민주정하에서 아테네 시민들이 대디오니소스 축제에서 특히 비극이나 희극 작품 공연 관람을 얼마나 중요하게 생각했는

---

380 대디오니소스 축제의 기원과 성격에 관한 상세한 설명은 A. W. Pickard-Cambridge(1968), 57 이하 계속 참조할 것.

381 Platon, *Symposion*, 175e.

382 S. Goldhill(1997), 55, S. Dawson(1997), 7.

지를 데모스테네스의 다음과 같은 말을 통해서 알 수 있다.

∞∞

그런데도 아테네 사람들이여, 판아테네 축제와 디오니소스 축제가 항상 정확한 날짜에 열리고, 전문가든 평신도든 제비뽑기로 뽑아 관리하며, 그 어떤 원정대보다 더 큰 돈을 쏟아붓고, 세상의 그 어떤 것보다 더 많은 군중과 더 화려한 행사로 치러진다는 사실을 어떻게 설명할 수 있겠습니까? 메톤이든 파가새든 포티대아든 항상 너무 늦게 도착하면서 말입니다. … 모든 것이 법령에 의해 명령되어 있으니, 여러분 모든 사람은 자기 부족 중에서 누가 합창단을 제공할지, 누가 체육관을 갖출지, 무엇을 언제 누구로부터 받을지, 무엇을 할지를 미리 알고 있으니, 여기서 우연에 맡겨진 것은 아무것도 없고 결정되지 않은 것은 아무것도 없습니다.[383]

∞∞

이 인용문에서 데모스테네스는 아테네 시민들이 대디오니소스 축제를 앞두고 사전에 군사 작전보다 더 정교하게 준비하는 것에 대해 불평을 한다. 중요한 점은 아테네 민주정에서 디오니소스와 같은 종교 축제가 아테네 시민의 정치적 또는 사회적 삶에 매우 중요한 부분을 차지했음을 확인할 수 있다는 것이다.[384] 축제 기간 동안 법원과 대부분의 정치 기관이 문을 닫고 아테네는 축제와 연극뿐만 아니라 일련의 공동 축하 행사와 아테네 민주주의 이념 구현에 관심을 기울였다. 그 직접적인 예로 아테네에 큰 공을 세운 시민들에 대한 왕관 수여와, 전쟁에서 전사한 아버지를 둔 청년 에페베스의 퍼레이드가 있었다. 아테네는 이들의

---

383 Demosthenes, *Philippikos*, I.35-36.

384 J. Miller(2022), 154.

양육을 지원했으며, 성인이 되면 이를 기념하기 위해 호플라이트 갑옷 세트를 제공했다. 또한 두 그룹 모두 디오니소스 극장에서 연극을 관람할 수 있는 명예 좌석을 제공받았다. 아테네 민주정은 이 두 가지 시상식을 통해 도시에 속한 개인들의 봉사와 희생을 지향하는 공동체 의식을 강화했다.[385]

(3) 플라톤과 아리스토텔레스의 비극 교육에 대한 평가

아테네 민주주의에서 비극이나 희극이 아테네 시민의 정치적 판단 능력에 교육적 의미를 갖는다는 것은 무엇보다 플라톤과 아리스토텔레스가 비극 작가나 비극에 대해 관심을 갖고 논의한다는 점을 통해서도 알 수 있다. 플라톤이 『국가』 편 2권과 3권에서 이상 국가를 건설할 철학자 왕을 탄생시키기 위한 일련의 교육 프로그램으로 '시가 교육(mousike)'의 중요성을 강조한 것은 주지의 사실이다. 또한 플라톤은 "디오니소스 축제에서는 그게 도시에서 벌어지건 또는 시골에서 벌어지건, 빠지지 않고 뛰어 돌아다니며 듣는다"[386]라고 말하면서 아테네 시민들을 '보기를 좋아하는 사람들(philotheamenes)'이라고 비판한다. 아테네 정체는 축제가 다른 곳보다 곱절로 많다는 것이 플라톤의 비판이다.

이런 이유로 플라톤은 특히 같은 책 10권에서 '누가 덕 교육의 교사가 되어야 하는가'를 물으면서 호메로스와 같은 시인이나 비극 작가가 이상 국가의 시민 교사가 되어서는 안 됨을 주장한다. 플라톤에 따르면 비극은 일종의 모방(mimēsis)술로서 그것은 이데아의 모방의 모방이다.[387]

---

385 J. Miller(2022), 154-155.

386 Platon, *Politeia*, 475d-e.

387 Platon, *Politeia*, 595a-598a.

따라서 그의 이데아론에 따르면 시인은 허상을 만들어 내는 자로서 이상 국가에서 추방되어야 한다. 플라톤이 이처럼 비극 공연을 금지하고 비극 작가를 이상 국가의 위험한 인물로 공격한 것은 비극이나 희극이 그만큼 교육적 측면에서 시민들에게 미치는 영향력이 컸음을 인식하고 있었기 때문이다. 플라톤의 비극 비판의 주된 요지는 무엇보다 비극은 이성이 아닌 감정을 강화하는 모방술이라는 점이다. 요컨대 비극은 '감정을 자라게 하고 이성을 말라 죽게 한다'는 것이다. 이와 관련해서 플라톤은 다음과 같이 말한다.

◇◇◇

앞서 제 한 몸에 일어난 불행의 경우에는 억지로 눌리고 있었지만 실은 실컷 울고 한탄해서 그것으로 만족되기를 애타게 구하고 있었던 '영혼의 한 부분', 원래 그런 것들을 욕구하는 성질을 가진 그 부분이야말로 바로 시인들을 통해 만족을 얻고 즐거워하는 부분이라는 것일세. … 사랑과 격정, 그리고 영혼 안에 일어나는 욕망과 고통과 쾌락과 관련된 모든 것들에 관하여, 말하자면, 우리들의 모든 행동에 수반되어 생겨나는 것들에 관하여 동일한 이야기가 가능하지 않을까? 시인들의 미메시스는 우리들 안에 이와 같은 효력을 낸다. 미메시스는 이 모든 격정들에 물을 주어 자라게 한다. 그것들을 말라 죽게 해야 하는데도 불구하고 미메시스는 격정들이 우리를 지배하도록 심어 놓는다. 우리들이 더 나쁘고 더 비참하게 되지 않고, 반대로 더 훌륭하고 더 행복하게 되기 위해서는 그것들을 다스려야 함에도 불구하고 ….388

◇◇◇

위 인용문에서 "영혼의 한 부분"은 울고 한탄하고 쾌락과 고통을 강하

---

388 Platon, *Politeia*, 606a-d.

게 느끼는 '욕구적 부분'을 가리킨다. 그런데 문제는 평소에는 이성의 통제 아래 억눌려 있었던 이 부분이 시나 연극을 통해 해방되며, 만족을 얻는다는 것이다. 그래서 플라톤은 시인들의 비극이나 서사시 같은 미메시스(mimēsis), 즉 모방적 예술은 단순한 오락이 아니라 감정을 '물 주어 자라게 하는' 행위로서 그 씨앗을 키워 우리를 감정의 지배 아래 둔다고 비판한다. 요컨대 플라톤은 국가와 개인이 참된 행복과 덕을 추구하려면 미메시스의 잠재적 해악을 경계해야 함을 강조한다.

아리스토텔레스 역시 비극이 시민 교육에 미치는 영향력을 인정한다. 그러나 플라톤과 달리 아리스토텔레스의 비극에 대한 평가는 긍정적이다. 아리스토텔레스에 따르면 "인간은 본성상 모방하는 동물"[389]이며 비극은 포이에시스(poiesis), 즉 제작술로서 사실의 모방을 통한 창조적 모방이 가능하기 때문이다. 특히 연민과 공포와 같은 비극적 감정을 통한 영혼의 카타르시스(katharsis), 즉 정화(淨化)가 가능하기 때문에[390] 시민 교육을 위한 순기능을 담당할 수 있다는 것이 아리스토텔레스의 기본적인 생각이다.

비극과 시민의 좋은 판단의 밀접한 상관관계는 아리스토텔레스가 자신의 '바람에 따른 정체'로서의 최선 정체에 관한 기획에서 스콜레(scholē), 즉 여가 교육의 중요성을 역설하는 데서도 알 수 있다.

◇◇◇

따라서 사실이 이론을 증명하고 있는데, 그것은 입법자는 법을 정함에 있어 전쟁에 관한 것이나 그 밖의 다른 일들이 무엇보다도 여가와 평화를 위한 것이 되도록 해야만 한다는 것이다. 왜냐하면 전쟁을 목적으로

---

389 Aristoteles, *Poetica*, 1448b6-9.

390 Aristoteles, *Poetica*, 1449b24-28.

삼는 대부분의 국가는 그들이 전쟁을 하는 동안에는 안전하지만, 정복을 통해 통치권을 획득한 후에는 즉시 멸망하고 말았기 때문이다. 마치 쇠처럼 그들은 평화 시에는 날카로운 기질을 잃어버리기 때문이다. 그러나 그 원인은 여가를 활용할 수 있도록 그들을 교육시키지 않은 입법자에게 있다.[391]

◇◇◇

위 인용문에서 아리스토텔레스는 경험적인 차원에서나 이론적인 차원에서나 폴리스의 안정과 행복을 위한 핵심적인 요소가 여가임을 강조한다.[392] 이런 관점에서 그는 스파르타가 전쟁을 위한 교육만 강조하고 평화 시에 무엇을 해야 할지에 관한 여가 교육은 신경 쓰지 않았기 때문에 멸망했다고 비판한다. 요컨대 스파르타의 멸망 원인은 전쟁의 목적이 평화에 있고, 평화를 유지하기 위해서는 무엇보다 여가 교육이 중요함을 간과했다는 점에 있다. 아리스토텔레스에 따르면 행복한 삶이 달성되기 위해서는 "평화를 위해 전쟁을, 여가를 위해 노동을, 고상한 것을 위해 필요한 것과 유용한 것을 선택해야 한다."[393] 그러면 여가가 어떤 점에서 시민의 정치적 판단 능력을 함양할 수 있는 중요한 수단이며 더 나아가 폴리스의 생존과 평화를 담보해 주는 것인가?

아리스토텔레스에 따르면 최선 정체의 교육론에서 스콜레는 중요한 몇 가지 의미를 갖는다. 그것은 놀이나 정치적 활동 또는 관조(theōria)적 활동의 의미이다. 중요한 점은 여가가 단순한 놀이의 의미를 넘어 정치적 활동이나 자체 목적적인 관조적 활동의 의미를 갖는다는 것이다.

---

391 Aristoteles, *Pol.*, 1334a2-10.

392 이하 부분은 손병석(2019), 433 이하에서 재인용했음을 밝힌다.

393 Aristoteles, *Pol.*, 1333a41-b3.

즉 아리스토텔레스에게서는 여가의 참된 가치가 자체적인 목적이 되는 행복에 있다. 이것은 "행복은 스콜레 속에 있는 것으로 보인다(dokei hē eudaimonia en tēi scholēi einai)",[394] "여가를 위해서는 철학이 필요하다 (philosophias de pros tēn scholēn)"[395]와 같은 말을 통해서 알 수 있다. 아리스토텔레스는 전쟁의 목표가 평화이듯이 일의 목표는 여가가 되어야 한다고 말한다. 따라서 아리스토텔레스에게서 전쟁이 아닌 평화 시에 시민들이 여가를 보내는 방식은 매우 중요하다. 스파르타가 멸망한 이유는 평화 시에 스콜레를 어떻게 활용할지 몰랐던 탓에, 사치와 향락으로 스콜레를 보냈기 때문이다. 그러나 아테네 시민들은 스콜레를 선용할 수 있었다.

그러면 아리스토텔레스는 여가를 활용하여 선하고 훌륭한 시민을 만들기 위한 교육 프로그램으로 무엇을 제시하는가? 이 물음과 관련해서 아리스토텔레스는 음악 교육(mousikē)을 최선 정체의 중요한 교육 커리큘럼으로 제시한다.[396] 이것은 음악 교육이 단순히 놀이와 휴식의 의미를 넘어 성격(ēthos) 형성을 위한 중요한 교육이 되기 때문이다. 음악 교육이 시민의 에토스 형성에 중요한 역할을 한다는 아리스토텔레스의 생각은 다음의 인용문에 나타난다.

<><><>

음악이 성격과 영혼에도 영향을 미치는지 살펴보아야 한다. 성격이 음

---

394 Aristoteles, *EN*, 1174b4-5.

395 Aristoteles, *Pol.*, 1334a23.

396 Aristoteles, *Pol.*, 1337b28-1338a37, Platon, *Politeia*, 398c-403c, *Nomoi*, 665a-c, 400b-c. 고대 그리스에서 음악 교육의 중요성은 아리스토텔레스 이전에 플라톤을 포함해서 널리 인정되었다. 고대 그리스에서의 음악의 교육적 효과에 관한 상세한 논의는 A. Barker(2007), 11-12, 252 각주 29 참조.

악의 영향을 받는다면 음악에 그런 영향력이 있는 게 틀림없다. … 공연 때 리듬과 멜로디만 들어도 누구나 공감을 느낀다. 음악은 즐거움을 주고, 덕은 올바로 즐기고 올바로 사랑하고 미워하는 데 있기 때문에, 우리가 배우고 습관화시켜야만 하는 것에서 훌륭한 성격과 훌륭한 행위를 올바로 즐기고 판단하는 것보다 더 필요한 것은 아무것도 없다. 리듬과 멜로디에는 분노와 온화함, 그리고 또한 용기와 절제 및 그와 반대되는 모든 것들과 그 밖의 다른 성격의 참된 본성에 가장 유사한 것들이 속해 있다.[397]

◇◇◇

위 인용문에서 아리스토텔레스는 먼저 음악이 성격과 영혼에 영향을 준다고 말한다. 그것은 음악이 무엇보다 즐거움을 주며, 그래서 음악 교육을 통해 젊은이들이 올바른 방식으로 사랑하고 미워할 수 있는 습관을 배우도록 할 수 있기 때문이다.[398] 아리스토텔레스는 교육의 목적은 영혼을 좋음(to agathon)과 정의(to dikaion)로 정향시켜 주는 것이며, 음악이 바로 그러한 영혼의 변화를 가능케 하는 힘을 갖고 있다고 강조한다. 이렇게 아리스토텔레스에게서 무시케 즉 음악 교육은 시민의 여가 활동에서 올바른 방식으로 쾌락이나 감정을 느끼고, 올바른 방식으로 판단하는 습관화 교육을 담당한다.

그러면 음악에 어떤 힘이 있기에 그것이 영혼에 영향을 줄 수 있다는 말인가? 아리스토텔레스는 음악이 그것이 모방하는 대상과 '유사한 것(to homoion)'들을 포함하고 있다고 말한다. 즉 리듬과 멜로디 속에 분노

---

397 Aristoteles, *Pol.*, 1340a6-21.

398 손병석(2019), 441-442에서 재인용했음을 밝힌다. 아리스토텔레스의 습관과 성격 형성의 밀접한 관계와 관련해서는 N. Sherman(1989), 152-199 참조.

나 온화함 또는 용기와 절제 같은 감정이나 덕의 본성에 유사한 것들이 포함되어 있다. 이것은 음악이 대상을 유사하게 모방한 것이라면, 올바른 행위를 모방한 음악은 그것이 마찬가지로 영혼에 올바른 성향을 갖도록 영향을 줄 수 있음을 의미한다.[399] 무엇보다 리듬과 멜로디는 시각이나 다른 감각과는 다르게 운동성을 갖고 있어, 청각을 통해 소리를 감각하게 되면 감각하는 자는 신체적인 변화나 운동을 경험하게 된다. 그렇게 음악은 시간을 통해 흐르고 변화하는 가운데 그것을 듣는 자는 그에 유사한 행위로 이끌린다. 리듬과 멜로디는 장단과 고저라는 일련의 질서 있는 연속적 운동을 통해 행위와 성격에 유사하게 된다.[400] 그런데 음악 교육에 관한 아리스토텔레스의 설명에서, 특히 우리의 관심을 끄는 것은 음악 교육이 카타르시스, 즉 정화를 주는 효과를 통해 우리의 영혼에 영향을 끼친다고 본다는 점이다.

◇◇◇

그것은 (음악) 교육과 카타르시스를 위해 사용되어야만 한다. 카타르시스란 말의 의미는 지금 당장은 일반적인 의미로만 사용하고 『시학』에 대한 논의에서 보다 명확하게 다시 그것을 논의할 것이다. 그리고 세 번째로 음악은 여가 시간(혹은 여가 활동, diagoge)을 위해, 그리고 휴식과 긴장 완화를 위해 사용되어야만 한다. … 성격에 속하는 것은 교육을 위해서 사용되어야만 하고, 활동에 속하는 것과 감화에 속하는 것은 다른 사람이 연주하는 동안에 듣기 위해서 사용되어야만 한다. 왜냐하면 누군가의 영혼에 강한 영향을 끼치는 ― 예컨대, 연민(eleos)과 공포(phobos)뿐만 아니라 열광(enthousiasmos)과 같은 감정은 모든 사람에게 있지만, 그 영향의 끼

---

399 예를 들어 도리아 선법은 조화롭고 절제 있게 해 준다는 점에서 덕 교육에 필요한 선법이다. 리디아 선법을 듣게 되면 더 슬프고 더 엄숙해진다.

400 손병석(2019), 442-445 참조.

침은 많고 적음에서 차이가 있기 때문이다. 말하자면 어떤 이들은 이러한 감정의 움직임에 사로잡히기 쉽다. 신성한 멜로디의 영향 아래에서 그들의 영혼에 종교적인 열광을 불러일으키는 멜로디를 사용할 때, 마치 의술적 치료와 정화를 받은 것처럼 안정적 상태로 되는 사람들을 볼 수 있기 때문이다. 따라서 이와 동일한 경험을 연민이나 공포를 느끼기 쉬운 사람 및 일반적으로 감정에 잘 빠져드는 사람들이 … 필연적으로 겪는다. 그들 모두는 일종의 카타르시스를 경험하며, 마음의 부담감은 즐거움을 동반해서 가벼워질 것이다. 이와 비슷한 방식으로 정화되는 멜로디도 또한 인간에게 해 없는 기쁨을 제공한다.[401]

◇◇◇

위 인용문에서 아리스토텔레스는 음악이 교육과 카타르시스를 위해 사용된다고 말한다. 그런데 앞서 살펴본 것처럼 아리스토텔레스에 따르면 음악은 리듬과 멜로디를 통해 감정과 성격에 영향을 준다. 즉 음악은 리듬과 멜로디로 구성된 선법을 통해 우리의 영혼, 달리 말해 성격과 감정에 영향을 준다. 이것은 멜로디와 리듬의 종류가 다름에 따라 그것이 주는 성격과 감정에의 영향도 다를 수 있음을 의미한다. 예를 들어 도리아 선법은 조화롭고 절제 있게 해 준다는 점에서 성격 교육에 필요하다. 마찬가지로 감정의 정화를 위해서는 열정적인 선법의 음악이 필요하다. 이처럼 음악 교육이 카타르시스를 주는 효과를 통해 적합한 감정을 가질 수 있도록 하고, 그래서 좋은 성격을 형성하는 데 기여한다는 것은 카타르시스가 일종의 덕의 계발에 중요하게 기여할 수 있음을 뜻한다. 그래서 아리스토텔레스는 '연민이나 공포와 같은 감정이 영혼 속에서 강하게 일어날 때, 마치 몸의 치료가 이루어지듯이, 멜로디와 같은 음악

---

401 Aristoteles, *Pol.*, 1341b37-1342a16.

을 통해 카타르시스를 느끼게 됨으로써 영혼이 가라앉는다'고 말한다.

그러면 카타르시스는 구체적으로 어떻게 감정을 조절하여 영혼의 안정과 조화를 실현할 수 있다는 것인가? 또는 비극의 카타르시스가 구체적으로 어떻게 시민들의 영혼에 긍정적인 영향을 줄 수 있다는 것인가? 이 물음에 대한 아리스토텔레스의 답변을 밝히는 것은 중요한데, 무엇보다 플라톤이 비극이나 시를 부정적으로 평가한 점을 고려할 때 더욱 그렇다. 주지하는 것처럼 플라톤에 따르면 시나 비극은 미메시스, 즉 모방의 기술로서 미메시스는 이데아의 모방의 모방이다. 따라서 플라톤이 보기에 시인이나 비극 작가는 실재가 아닌 허상을 만들어 내는 자들로서, 그들은 인간 영혼 안에서 일어나는 욕망과 고통, 쾌락에 의한 모든 감정들에 물을 주어 자라게 한다. 문제는 그러한 지나친 감정들이 우리의 이성적인 판단을 방해하고, 결과적으로 용기나 절제 또는 정의의 덕을 함양하는 것을 방해한다는 것이다.

그러나 아리스토텔레스의 비극적 카타르시스에 관한 견해는 플라톤과 다르다. 아리스토텔레스는 『시학』 6장에서 "비극은 연민과 공포를 통해 그와 같은 감정들의 카타르시스를 달성하는 미메시스다"라고 정의한다.[402] 그런데 아리스토텔레스에게서 연민과 공포라는 감정은 제거되어야 할 부정적인 요소가 아니라 카타르시스를 경험하게 하는 긍정적인 의미를 갖는다. 아리스토텔레스에게서 시나 비극의 미메시스는 단순히 플라톤이 비판한 것처럼 대상을 비슷하게 모방하거나 복제하는 것에만 국

---

402 Aristoteles, *Poetica*, 1449b26-28. 『시학』에서 아리스토텔레스는 서사시와 비극 그리고 희극에 관해 논의하겠다고 하지만, 실상 주된 논의는 비극에 관한 설명이다. 희극은 아예 다루어지지 않고, 서사시는 2부에서 비극과 비교하여 상대적으로 덜 비중 있게 기술되고 있다. 그렇다면 『시학』은 비극론이라고 말할 수도 있고, 카타르시스는 비극론에서 가장 주요한 핵심어가 된다.

한되지 않기 때문이다. 미메시스는 단순한 모방이 아니라 감각적 대상 안에 내재하는 형상과 진리를 아름답게 재현하는 창조 행위일 수 있다.

그런데 아직까지 분명하지 않은 점은 '비극의 카타르시스가 시민의 정치적 판단 능력 함양에 어떤 영향을 주는가?' 하는 것이다. 이 물음과 관련해서 비극적 카타르시스가 시민 교육과 밀접한 관계를 맺는다고 볼 수 있는 중요한 근거가 『시학』 4장에서 발견된다. 이곳에서 아리스토텔 레스는 미메시스 행위는 인간이 어려서부터 발휘하는 타고난 본성이라 고 말하면서, 모든 인간들은 태어나면서부터 미메시스가 된 것, 즉 모방 된 것에서 기쁨을 느낀다고 말한다.[403] 그래서 무엇을 배우는 것은 철학 자뿐만 아니라 다른 모든 사람에게도 마찬가지로 가장 즐거운 일인데, 모방된 것을 보면서 즐거움을 느끼는 것이 그 경우에 해당된다. 아래의 인용문은 아리스토텔레스가 비극을 통한 배움과 추론의 즐거움을 강조 하고 있음을 확인시켜 준다.

∞∞

우리는 실제로 보면 고통스러운 것들이라도 그것들을 정확하게 드러낸 표상들을(touton tas eikonas tas malista ekribemenas) 바라볼 때는 즐거움을 느낀 다. 가령 아주 끔찍한 짐승이나 송장의 모습과 같은 것 말이다. 그 이유 는 이렇다. 배우는 것은 … 철학자들(hoi philosophoi)뿐만 아니라, 다른 모 든 사람에게도 마찬가지로 가장 즐거운 일이기 때문이다. 심지어 배움 이 짧은 사람들에게도 그것은 마찬가지다. 바로 이것 때문에 사람들은 표상을 보면서 즐거움을 느끼는데, 그 이유는 그 표상을 바라볼 때 그들 에게는 각 대상이 무엇인지에 대한 배움과 추론(manthanein kai sullogizesthai ti hekaston)이 생기기 때문이다. ― 예를 들면 저 사람은 바로 그 사람이라

---

403 Aristoteles, *Poetica*, 1448b4-9.

고 알아보는 것처럼(hoion hoti houtos ekeinos).[404]

◇◇◇

위 인용문에서 아리스토텔레스는 우리가 모방의 대상을 바라볼 때 그들에게는 "각 대상이 무엇인지에 대한 배움과 추론"이 생긴다고 말한다. 그리고 이때의 쉴로기제스타이(sullogizesthai)라는 말은 개별 속에 존재하는 본질이자 형상인 보편을 인식한다는 말로 이해될 수 있다. 비극에서 이러한 인식과 깨달음은 행위를 모방한 이야기 전개(mythos, plot)를 통해 이루어진다. 그것은 무엇보다 비극의 주인공의 의도하지 않은 하마르티아(hamartia), 즉 과실(過失)에 의해 전개된다. 아리스토텔레스는 이러한 하마르티아에 의해 주인공의 운명이 행복에서 불행으로 급전하게 되고, 그래서 자신의 운명에 대한 발견과 인지가 이루어진다고 말한다. 오이디푸스왕처럼 라이오스왕이 아버지인 줄 모르고 죽이고, 이오카스테를 어머니인 줄 모르고 결혼하여 자식을 낳는 하마르티아를 범하게 되는 것이다. 그리고 그로 인한 오이디푸스왕의 불행과 고통을 보면서 관중들은 연민과 공포를 느끼며 카타르시스라는 비극적 쾌감을 경험하게 된다.

이런 방식으로 시민 관람자들은 '아, 이것이 그것이구나(houtos ekeinos)'라는 감정적이며 지적인 배움과 깨달음을 얻게 된다. 이처럼 비극을 통해 경험하는 카타르시스라는 미학적 쾌감은 비극이 자유로운 다수의 시민들을 대상으로 연출되었다는 점을 고려할 때 그것이 시민 교육에 기여할 수 있는 중요한 수단이 된다고 볼 수 있다. 폴리스의 시민들은 비극 작품을 관람하면서 일종의 내면에서의 심리적 변화를 경험하게 되고, 그것은 원자적인 개체적 카타르시스가 아닌 폴리스의 구성원으로서

---

404 Aristoteles, *Poetica*, 1448b9-17.

의 보편적 카타르시스를 경험하는 것으로 볼 수 있기 때문이다. 아리스토텔레스는 비극이 카타르시스라는 쾌감을 통해 도덕적으로, 지적으로 완성된 덕 있는 자유로운 시민을 만들 수 있다고 보는 것이다.

상술한 것을 고려할 때 아리스토텔레스에 따르면 음악이 만들어 내는 카타르시스 경험은 극장에서의 카타르시스 경험과 동일하다. 또한 이러한 종류의 음악은 극장에 가장 적합하지만 모든 사람이 이러한 감정을 어느 정도 공유한다는 것도 분명하다. 교양 있는 사람과 저속한 사람이 이러한 음악에 접근하는 방식이 절대적으로 다른 것이 아니라, 적어도 감정을 느끼는 방식에서는 정도의 차이일 뿐 다르지 않다. 청중인 모든 사람이 음악과 시의 힘을 느낄 수 있는 능력을 갖고 있지만, 사람들은 다양한 교육 수준과 영혼의 상태에 따라 그것을 다르게 경험할 것이기 때문이다.[405]

중요한 점은 아리스토텔레스가 비극을 보는 관객이 단순히 보고 듣는 수동적인 수용자의 위치에 있다고 생각하지 않는다는 것이다. 그 반대로 시민 관중은 비극에서 던져진 물음에 대해 숙고해서 결정할 수 있는 적극적인 판단자의 위치에 있는 것으로 볼 수 있다.[406] 시민 관중은 비극에서의 갈등과 대립의 핵심적 주제가 되는 정의와 불의, 선과 악, 연민과 처벌 등의 문제에 관해 숙고하는 자이기 때문이다. 앞의 인용문에서 아리스토텔레스가 비극은 관객들에게 "각 대상이 무엇인지에 대한 배움과 추론"을 하도록 만들기 때문이라는 말이 그것을 뒷받침한다. 이런 점에서 비극에서의 대화는 단순히 배우(1인칭)와 배우(2인칭) 사이의 대화에 한정된 것이 아니다. 그것은 대립된 주장을 하는 배우들을 통해

---

405 Aristoteles, *Pol.*, 1340a1-5, 10-18, 1340b10-17.

406 E. Herreras(2018), 7.

관람을 하는 시민 참여자(3인칭)에게 묻는 것이다. 즉 작가는 공연을 통해 누구의 정의가 더 올바른 것인지, 주인공이 연민의 대상인지 아니면 처벌의 대상인지를 아테네 시민들에게 묻고 판단을 요구하는 것이다.

아리스토텔레스의 음악과 비극에 관한 상술한 언급들을 고려할 때 아테네 민주주의에서 비극 공연이 시민 교육에서 차지하는 비중이 큼을 알 수 있다. 아테네 시민들은 대디오니소스 제전에서의 비극 경연 대회를 보면서 민주주의 정신과 가치를 배울 수 있었기 때문이다. 이런 점에서 비극은 기본적으로 폴리스적, 달리 말하면 정치적이다. 비극을 통한 시민의 정치적 숙고 능력 함양은 자유나 평등 또는 정의나 연민과 같은 공동체의 중요한 도덕적, 정치적 문제와 관련된 주제를 다루는 방식을 통해 이루어진다. 앞서 말한 것처럼 비극 작가나 희극 작가는 그들의 작품 속에 갈등을 제시하고 시민 관객은 이 문제를 해석하는 대화와 논쟁을 통해 숙고 능력을 발전시킨다. 중요한 점은 시민의 정치적 숙고 능력 함양을 위한 비극 교육이 단순히 민주주의 원칙이나 이념을 가르치거나 설교하는 방식이 아니라 자유로운 판단을 통해 숙고 능력을 갖출 수 있도록 유도한다는 것이다. 즉 아테네 연극은 민주주의의 완성을 위한 단계적 방법론이나 격언을 알려 주는 것이 아니라 갈등을 제기함으로써 민주주의에 대한 적절한 질문을 던지는 방식을 통해 시민의 비판적 판단 능력을 함양한다. 이런 점에서 비극을 '깨진 거울(broken mirror)'에 비유하는 비달나케(P. Vidal-Naquet)의 언급은 시사하는 바가 있다. 그는 다음과 같이 말한다. "아테네인들이 사회를 가능한 한 직접적으로 반영하는 거울을 원했다면, 그들은 비극이 아니라 사진이나 영화 같은 정보를 발명했을 것이다."[407] 요컨대 아테네 비극은 결말이 닫히지 않고 다양한

---

407 E. Herreras(2018), 4에서 재인용. P. Vidal-Naquet(2004), 53.

해석에 열려 있기 때문에 반독단적이고 다원적인 어조를 띠며, 그런 방식으로 시민들의 대화를 불러일으킨다는 점에서 시민의 정치적 판단 능력 교육에 중요한 역할을 했다고 볼 수 있다.[408]

이런 측면에서 연극은 시민 파이데이아, 즉 교육을 위한 중요한 수단이다. 특히 관객으로서 앉을 수 있는 능력과 동시에 정치적 주체로서 판단할 수 있는 능력을 갖춘 관객은 민주주의 문화를 만들어 가는 중요한 자산이다. 이런 점에서 아테네 민주정이 그리스의 학교라면, 아테네 민주주의 교육을 위한 학교는 비극 공연이 된다고 말할 수 있다. 아래에서 몇 개의 비극 작품을 분석하면서 비극 작품이 아테네 시민의 정치적 판단 능력을 어떻게 함양했는지를 살펴보도록 하겠다.

(4) 비극 작품 속에 나타난 시민의 정치적 판단 능력 교육

앞서 언급한 것처럼 아테네 민주정에서 비극이나 희극은 시민들의 정치적 판단 능력 함양을 위한 중요한 교육적 의미를 갖는다. 즉 아테네 극장은 비극 관람을 통해 시민들의 공적인 숙고적 판단 능력을 일깨우고 연습시킴으로써 그들의 '정치적 판단(politike krisis)' 능력을 제고시키는 교육적 의미를 갖는다. 무엇보다 비극 경연 대회는 청중들을 최종적인 판단자의 위치로 설정한다는 점에서 더욱 그렇다. 그래서 시민 관객들은 아테네 민주주의와 관련된 다양한 주제에 관해 좀 더 숙고하면서 신중하고 깨어 있는 지적인 민주 시민으로 변화할 수 있게 된다. 특히 비극 작품에서 중요하게 다루어지고 있는 정의나 법과 같은 주제는 아테네 시민들의 정치적 판단 능력을 함양하기 위한 좋은 주제가 된다. 공연이 끝난 후 공연 무대에서 제기된 문제들에 관해 시민들 사이에서 격렬

---

408 P. Burian(2011), 103, S. Goldhill(1990), 97.

한 토론이 일어나고는 했다는 것도 이를 방증한다.[409] 즉 비극이나 희극 작품에서 논의된 주제에 관한 관객으로서의 판단이 정치와 같은 공적 영역에서도 마찬가지로 작동한다는 교육적 의미가 있다는 것이다. 이것은 아테네 민주정이 우중들의 정체라는 비판에 대응할 수 있는 중요한 논거가 된다. 아래에서 몇몇 작품을 분석하면서 어떤 작품들이 어떤 주제를 통해 아테네 시민들의 '좋은 숙고적 판단(euboulia)' 능력 함양에 기여했는지를 밝혀 보도록 하겠다.

첫 번째 작품으로 아이스킬로스의 『오레스테이아(*Oresteia*)』 3부작을 들 수 있다. 이 작품의 중심 주제는 디케, 즉 '정의'의 문제이다. 작품의 주요 인물들은 각자의 관점에서 정당화될 수 있는 정의관을 갖고 있고, 이것은 상대방의 정의관과 정반대되는 정의관이다. 이러한 정의관의 충돌은 청중 시민들로 하여금 누구의 정의관이 올바른 정의관인지에 관한 판단을 요구한다. 그러면 구체적으로 『오레스테이아』 3부작의 어떤 내용이 이러한 정의의 문제를 제기하는지를 살펴보도록 하겠다.

이 작품의 첫 번째 부분인 '아가멤논(Agamemnon)'은 트로이와의 오랜 전쟁을 마치고 승전한 왕으로 돌아온 아가멤논이 그의 아내 클리타임네스트라(Klytaimestra)와 그의 정부 아이기스토스에 의해 살해당하는 내용을 담고 있다. 이 작품이 중요한 이유는 아가멤논의 아내 클리타임네스트라의 정의관을 알 수 있기 때문이다. 클리타임네스트라가 아가멤논을 죽인 행위의 정당성은 ① 자기 딸 이피게네이아를 죽였기 때문에, ② 아가멤논의 아버지 아트레우스가 튀에스테스의 아이들을 죽여 튀에스테스에게 먹게 하였기 때문에, 그리고 ③ 아가멤논이 트로이의 공주 카산드라를 데리고 왔기 때문에 확보되는 것으로 제시된다.

---

409 R. N. Lebow(2003), 361, P. Burian(2011), 103, E. Herreras(2018), 8.

무엇보다 클리타임네스트라는 희생된 딸을 위한 보복에 대해 디케, 즉 정의의 이름으로 아가멤논을 살해한 것이라고 말한다. 그녀의 정의는 "약탈자는 약탈되고, 살인자는 살해된다", "행한 자는 행한 대로 당한다"라는 것이다.[410] 이것은 죄를 범한 자는 벌을 받게 한다는 제우스의 보복 정의와 일치한다. 동시에 "피에는 피로만"의 보복을 수행하는 에리니에스(Erynies)의 보복 정의와 일치하기도 한다. 즉 고대 그리스인의 전통적인 보복적 정의관인 동해복수법(les talionis)과 인간은 '고통을 받으면서 배운다(pathein mathos)' 또는 깨닫는다는 정의관과 같다고 할 수 있다.

◇◇◇

그분께서는 인간들을 분별로 이끌면서 고통을 겪음으로써 지혜를 얻음을 유효한 법칙으로 삼았다. 마음은 언제나 잠을 이루지 못하고, 고뇌의 기억으로 괴로워하기에, 원치 않는 자에게도 통찰력은 생기는 법이니, 이는 분명히 권좌에 앉아 힘을 행사하는 신들이 내린 은혜(charis)이다.[411]

◇◇◇

두 번째 부분인 '코에포로이(Choephoroi)', 즉 '제주를 바치는 자들'은 아가멤논의 아들인 오레스테스가 오랜 망명 생활에서 돌아와 살해된 부친의 보복을 하기 위해 어머니 클리타임네스트라를 살해하는 내용이다. 이 부분에서는 클리타임네스트라의 정의와 오레스테스의 정의 간에 대립이 벌어진다. 오레스테스가 어머니를 죽여야 할 필연적인 이유는 다음과 같다.[412] 첫째, 종교적 의미로서 아폴론이 이를 인정하고 피를 피로써 갚아야 한다. 둘째, 자식으로서의 도리와 가족 질서를 회복해야 한

---

410 Aischylos, *Agamemnon*, 1562-1564. 『오레스테이아』 3부작에서의 정의의 문제에 관한 논의는 정재원(1990), 27-50 참조할 것.

411 Aischylos, *Agamemnon*, 176-183.

412 Aischylos, *Choephoroi*, 298-304.

다. 아가멤논의 망령이 꿈에서 부친 살해자를 찾아 복수해 줄 것을 열망한다. 셋째, 오레스테스는 정통 왕위 계승자로서 자신의 잃어버린 왕위를 찾아야 한다. 클리타임네스트라는 재산의 약탈자이다. 마지막으로 오레스테스는 압제자 어머니로부터 국가 질서를 회복할 의무가 있다. 다시 말해 아르고스 백성을 전제정치로부터 해방시켜야 한다는 것이다. 여성의 통치는 폴리스를 파괴하는 정치이며, 전제정치를 실시하는 것이다. 그래서 오레스테스는 다음과 같이 말하면서 어머니 클리타임네스트라를 죽이려고 한다.

∞∞

위대한 운명의 여신들이여, 제우스 신의 뜻에 따라

정의가 향하는 쪽으로 일이 이루어지도록 해 주소서.

악담을 하는 자에게는 악담이 돌아갈지어다.

이렇게 호통치며 정의는 빚진 죗값을 거두어들이는도다.

살인의 타격은 살인의 타격으로 갚을지어다.

행한 자는 당하기 마련이니까

이는 먼 옛날부터 내려오는 말이로다.[413]

∞∞

오레스테스가 위에 인용한 것처럼 정의의 이름으로 어머니를 살해하려는 순간에 클리타임네스트라는 다음과 같이 외친다.

∞∞

클리타임네스트라: "멈추어라, 내 아들아. 애야, 너는 이 젖가슴을 공경해 다오. 그 안에서 너는 종종 졸면서, 그 부드러운 잇몸으로 영양이 많은 젖을 빨곤 했지 않느냐."

---

413 Aischylos, *Choephoroi*, 306-314.

오레스테스: "필라데스, 내가 지금 무엇을 하려고 하지? 어머니를 죽이는 것은 두려운 일 아닌가?" …

클리타임네스트라: "네 어미를 죽이는 것임을 명심해라."

오레스테스: "당신이 당신 자신을 죽이는 것이지 내가 아니오."

클리타임네스트라: "어미의 복수를 하는 성난 개들을 조심해라."

오레스테스: "내가 복수하지 않았을 경우 아버지의 복수의 개들을 어떻게 피할 수 있겠소?"[414]

◈◈◈

결국 오레스테스는 클리타임네스트라를 살해한다. 문제는 어머니를 죽인 순간 복수의 여신인 에리니에스의 추격을 받게 된다는 점이다. 자식이 부모를 살해하게 되면 이를 응징하는 역할을 에리니에스가 맡고 있기 때문이다. 이것은 오레스테스의 정의관이 에리니에스에 의해 정당한 것으로 인정되지 않음을 의미한다.

마지막 3부에 속하는 '에우메니데스(Eumenides)'는 델포이의 아폴론 신전 앞에서 시작된다. 아폴론 신전으로 피신한 오레스테스를 에리니에스가 감시하고 있다. 아폴론이 오레스테스에게 아테네로 가서 아테네 여신에게 도움을 청하라고 하고 헤르메스가 그를 데려간다. 클리타임네스트라가 에리니에스들을 깨워 쫓아가도록 한다. 결국 아테네 여신이 주재한 시민 법정에서 오레스테스를 옹호하는 아폴론이 오레스테스의 모친 살해의 정당성을 역설하고 에리니에스가 이에 반론을 주장한다. 에리니에스의 주장에 따르면 클리타임네스트라는 아가멤논을 살해함으로써 혈연이 아닌 이방인(xenos)를 죽인 것이 되지만 오레스테스는 혈친을 죽였다는 점에서 다르다. 그러나 아폴론의 주장에 따르면 모친은 진

---

414 Aischylos, *Choephoroi*, 899-925.

정한 자식의 혈친이 될 수 없다. 씨를 뿌린 자만이 자식을 낳은 부모다. 자식(teknon)을 낳은 자는 아버지(tokeus)이다. 여기서 에리니에스는 부친이 없이 어머니인 뉙스(nux), 즉 밤의 여신에게서만 태어난 것을 주지할 필요가 있다. 그러나 아폴론과 아테나 여신은 남성 우위 사회를 지지한다. 아테나는 어머니 없이 제우스 머리에서 탄생한 여신이다. 따라서 아테나는 남성 우위 원칙의 가부장제 사회를 대변하는 것으로 볼 수 있다.

결국 법정단의 판결은 가부동수(可否同數)가 되고, 아테나 여신이 무죄 쪽으로 표를 던짐으로써 오레스테스는 무죄가 된다. 이에 에리니에스들의 반발이 있게 된다. 그들은 아테네를 복수의 독소로 물들여서 죽게 할 것이라고 위협한다. 에리니에스의 주장[415]은 '공포(to deinon)'가 없는 정의는 폭력을, 특히 부모 살해와 같은 폭력을 제어할 수 없다는 것이다. 이에 아테나가 동수는 진 것이 아니며 이는 제우스의 뜻이라고 설득한다. 그리고 아테네의 신전 아래에 에리니에스들을 위한 자리를 마련하겠다고 제의한다. 이렇게 해서 에리니에스는 상벌 모두에 관여하는 자비로운 여신으로 변화한다. 간과해서는 안 될 점은 에리니에스가 여전히 '죄지은 자가 그 죄에 상응하는 벌을 받는다(drasanta pathein)'는 믿음으로부터 두려움의 신으로 남는다는 것이다. 다시 말해 에리니에스가 갖는 의미는 사회의 질서를 위해서는 어느 정도의 공포가 있어야 한다는 것이다. 공포는 무질서나 압제하에서 살지 않도록 해 주기 때문이다. 즉 존경은 공포와 한 뿌리인 것이다. 이렇게 해서 에리니에스는 상벌 모두에 관여하는 신으로서 바르게 못 지어 주는 정의의 신이 된다(orthonomos). 복수의 여신들은 다음과 같이 주장한다.

---

415 Aischylos, *Eumenides*, 517-525.

◇◇◇

나의 시민들이 존중하고 지켜야 할 것은 무질서나 독재여서는 안 된다.
폴리스 밖으로 공포를 내몰지 않도록 해야 한다. 마음속에서 아무것도
두려워하지 않는 어느 누가 정의롭다고 할 수 있겠는가?[416]

◇◇◇

상술한 『오레스테이아』 3부작의 내용을 통해 알 수 있듯이 이 작품을
이해하는 핵심적인 주제는 정의이다. 이 작품은 정의와 정의가 충돌하
는 대결 양상을 보인다. 그것은 클리타임네스트라 대 오레스테스, 아폴
론 대 에리니에스의 화해하기 어려운 정의관이 치열하게 충돌하는 양상
이다. 아이스킬로스에게서 정의는 인간 세계를 위협하는 불균형, 즉 부
정의를 교정함으로써 인간 공동체에 질서와 화해를 보장하는 아름다운
최선의 원리가 된다.

시민의 정치적 숙고 능력 교육을 위한 두 번째 비극 작품으로 기원전
442년경 아테네에서 처음 상연된 소포클레스의 『안티고네』를 들 수 있
다. 먼저 『안티고네』는 크레온왕의 사체 매장 금지령을 따르지 않고 안
티고네가 오빠 폴리네이케스를 묻어 준 사건을 둘러싼 크레온왕과 안
티고네의 갈등 이야기이다. 크레온은 전왕 오이디푸스가 자신의 눈을
찌르고 테베를 떠난 뒤 그를 이어 테베의 왕이 된다. 그런데 오이디푸
스왕의 두 아들 폴리네이케스와 에테오클레스가 왕권을 차지하기 위
한 싸움을 시작하고, 결국 두 형제는 서로 간의 싸움으로 죽게 된다. 이
에 크레온왕은 두 형제 중 테베를 지키기 위해 싸운 에테오클레스는 성
대하게 장사를 치러 준 반면에 테베를 공격한 폴리네이케스에게는 반
역죄를 물어 그의 사체를 매장하지 말 것을 엄명한다. 그러나 안티고

---

416 Aischylos, *Eumenides*, 690-699.

네는 오빠 폴리네이케스를 묻어 주는 것이 크레온왕의 국법보다 상위에 있는 신법(神法)에 따른 것임을 내세워 자신의 행위를 정당화한다. 이에 격분한 크레온왕은 안티고네를 가두게 되고, 결과적으로 안티고네의 자살, 그리고 안티고네의 약혼자이자 크레온의 아들인 하이몬과 부인 에우리디케의 자살이라는 비극적 결말을 맞이하게 된다. 크레온왕 역시 오이디푸스왕과 같이 비극적 운명을 맞이한 비극의 주인공인 것이다.

소포클레스의 비극 작품 『안티고네』는 두 가지 중요한 화두를 던지고 있다. 하나는 폴리스적인 실정법과 신법 사이의 갈등, 다른 하나는 독재정과 민주정의 중요한 차이점에 관한 메시지이다. 전자는 크레온과 안티고네의 대립을 통해, 후자는 크레온과 아들 하이몬의 갈등을 통해 제시된다. 먼저 크레온왕과 안티고네의 대립은 폴리스와 가족 또는 실정법과 가족법의 대립이라고 말할 수 있다. 이것은 정의의 관점에서 정치적 정의 대 자연적 정의 또는 폴리스적 정의 대 신적 정의의 대립이라고 볼 수 있다. 크레온왕의 정치적 정의 또는 폴리스적 정의를 주장하는 입장은 폴리스를 배에 비유하는 다음의 인용문에 나타난다.

◇◇◇

언제나 만물을 굽어보시는 제우스께서 내 증인이 되어 주소서. 왜냐하면 나는 시민에게 안전이 아니라 파멸이 닥쳐오는 것을 보게 되면 침묵하지 않을 것이며, 또한 조국의 적을 내 친구로 여기지 않을 것이기 때문이오. 내가 알기로 우리를 지켜 주는 것은 조국 땅이며, 조국이 무사 항해해야만 우리가 진정한 친구를 사귈 수 있기 때문이오.[417]

◇◇◇

위 인용문을 통해 알 수 있는 것처럼 크레온왕은 테베의 통치자로서

---

417 Sophokles, *Antigone*, 184-190.

나라를 구할 책임이 있다. 그러므로 크레온왕은 테베를 공격한 폴리네이케스를 나라의 적으로서 그의 시체를 새와 개의 먹이가 되도록 버려 둬 일종의 수치심이라는 벌을 내리는 것이 합당하다고 생각한다. 그런 방식으로 상벌 질서를 세움으로써 테베를 안정되게 통치할 수 있다고 생각하기 때문이다. 그래서 크레온왕은 "적은 항상 적이다, 심지어 죽어서도"라고 말한다. 요컨대 크레온왕은 테베에 부정의하고 불충실한 행위를 한 폴리네이케스를 벌줌으로써 시민들에게 자신의 올바름과 명예를 드높일 수 있다고 생각하는 것이다. 안티고네가 이러한 정치적 질서 유지라는 크레온왕의 의도를 인지하지 못한 것으로 생각되지는 않는다. 이것은 『안티고네』 35-36행에서 "그는 이 일을 가볍게 여기시지 않기 때문에 조금이라도 이것을 어긴 자가 있으면 사람들 앞에서 돌로 쳐서 죽인다더라"라고 말하는 것을 통해 알 수 있다. 그렇다면 크레온왕의 행위를 굳이 악한 것으로 볼 이유는 없어 보인다. 그런데 안티고네는 왜 크레온왕의 금지령을 어기고 오빠를 묻어 주는 것일까?

안티고네가 보기에 크레온왕의 금지령은 그 정도가 지나친 불경건한 행위이다. 다시 말해 안티고네가 보기에 오빠 폴리네이케스의 시체를 묻어 주지 않고 개나 새의 밥이 되게 하는 것은 신법에 맞지 않는 불경건한 행위이다. 이런 이유로 파수꾼에게 잡혀서 크레온왕 앞에 끌려온 안티고네는 '제우스 신의 법과 뜻이 크레온의 법보다 우위이고 더 강하다'고 주장하면서 전혀 두려움을 보이지 않는다. 그녀는 신법이 인간법보다, 불문법이 실정법보다 더 위대하다고 생각하는 것이다. 그리고 이러한 신법의 관점에서 볼 때 죽은 자를 매장해 주는 것이 적합한 행위이다. 크레온왕의 매장 금지령은 그 정도와 방식에서 정의롭고 경건한 행위가 아니라는 것이 안티고네의 입장이다.

∞

그러나 그런 포고령을 내린 것은 제우스 신이 아니며, 하계의 신들과 함께 사시는 정의의 여신께서도 사람들 사이에 그런 법을 세우지 않았으니까요. 나 또한 한낱 인간에 불과한 그대의 포고령이 신들의 변함없는 불문율들을 무시할 수 있을 만큼 강력하다고는 생각하지 않았어요. 그 불문율들은 어제오늘에 생긴 것이 아니라 영원히 살아 있고, 그 시작은 아무도 모르니까요.[418]

∞

안티고네의 이러한 불복종 행위에 크레온왕은 분노로 대응한다. 크레온왕은 안티고네를 희생양으로 삼아 테베에 그러한 반역의 미아즈마(miasma), 즉 '오염'이 더 이상 퍼지지 않도록 가둘 것을 명한다. 크레온왕은 특히 자신의 엄명을 어긴 자가 안티고네와 같은 여자라는 데서 더 자존심이 상한 것으로 보인다. 그래서 그는 "만일 그 계집이 벌을 받지 않은 채 나의 권위를 훼손한다면, 나는 더 이상 사내가 아니고 그 계집이 사내다"[419]라고 말한다. 이처럼 크레온왕과 안티고네의 입장은 상반된다. 크레온왕에게 "조국보다 더 소중한 친구는 없으며",[420] 그렇기 때문에 테베를 공격한 '악인이 선인과 같은 대접을 받을 수는 없다'는 것이 크레온왕의 확고한 신념이다. 반면에 안티고네는 "미워하는 것이 아니라 사랑하는 것이 나의 본성이다"[421]라고 응답하면서 자신의 행위를 올바른 것으로 주장한다.

다른 하나의 중요한 주제는 크레온과 그의 아들 하이몬의 대화에서

---

418 Sophokles, *Antigone*, 450-457.

419 Sophokles, *Antigone*, 484-485.

420 Sophokles, *Antigone*, 182-183.

421 Sophokles, *Antigone*, 523.

나타나는 민주주의의 중요한 원리이다. 작품『안티고네』에서 주요 인물은 물론 안티고네와 크레온이지만, 이 두 대립적인 인물 이외에 하이몬(Haimon)이라는 인물에 관심을 가질 필요가 있다. 소포클레스가 안티고네와 크레온의 갈등과 대립을 해결할 수 있는 대안을 지닌 인물로 제시하는 것이 하이몬이기 때문이다. 즉 하이몬은 크레온과 안티고네의 대립과 갈등을 데모스라는 시민의 공적 의견에 기반한 민주주의적 통치 방식을 통해 해결하고자 한다. 하이몬의 문제에 대한 해결 방식은 단순히 아버지이자 왕인 크레온에게 복종하거나 타협하는 것이 아니다. 그것은 크레온의 전제적인 권위가 정당화될 수 없음을 비판하고 설득하는 것이다. 하이몬은 크레온의 아들이지만 폴리스의 적극적인 시민으로서의 역할을 수행하고자 한다. 그는 다음과 같이 크레온왕이 분노를 풀고 생각을 바꿀 것을 탄원한다.

◇◇◇

그러니 앞으로는 아버지 말씀만 옳고 다른 것은 다 틀렸다는 한 가지 생각만 마음속에 품지 마십시오. 누군가 자기만 현명하고, 말과 조언에서 자기만 한 사람이 없다고 여긴다면, 그런 사람이야말로 막상 알고 보면 속이 비어 있다는 것이 드러나지요. 현명한 사람이라 하더라도 많은 것을 배우고 때로는 양보할 줄 아는 것은 수치가 아니에요. … 그러니 노여움(thymos)을 푸시고 생각을 바꿔 보세요. … 다 알고 태어나는 것이 단연코 최선이라고 저는 말씀드릴 수 있지만, 그렇게 되기란 쉬운 일이 아니지요. 좋은 조언을 해 주는 사람에게서 배우는 것도 좋은 일이지요.[422]

◇◇◇

---

422 Sophokles, *Antigone*, 705-723.

앞의 인용문에서 하이몬은 어느 누구도 신과 같이 전지(全知)할 수 없으므로, 자신만이 모든 것을 알고 있다고 생각하고 자신의 의견만을 주장하는 것은 현명한 태도가 아님을 지적한다. 하이몬이 생각하기에 사람들 역시 이성을 갖고 있고, 남도 쓸 만한 생각을 갖고 있기 때문이다. 그래서 하이몬은 크레온왕이 안티고네의 매장 행위를 용서하는 것이 수치가 아님을 강조하면서 그의 분노를 거둘 것을 조언한다. 하이몬이 보기에 안티고네의 매장 행위는 테베 시민들 사이에서 공감을 받고 있기 때문이다. 크레온왕이 말하는 것과 달리 시민들은 안티고네가 이상한 병에 걸려 오빠를 묻어 주었다고 생각하지 않는 것이다. 그래서 하이몬은 크레온왕이 계속해 고집을 세워서는 안 되며, 분노를 풀고 생각을 바꿔야 한다고 간청한다. 그는 자신의 아버지 크레온왕이 과도한 분노로 인해 사태를 정확하게 파악하지 못함을 지적하는 것이다. 그러나 크레온왕은 자신의 잘못된 고집을 꺾을 의지가 없어 보인다. 무엇보다 크레온왕은 자신이 입장을 바꾸게 되면 거짓말쟁이가 되는 것으로 생각한다. 그래서 그는 "내 자신을 폴리스 시민들에게 거짓말쟁이로 만들고 싶지 않다. 나는 그녀를 죽일 것이다"[423]라고 자신의 의지를 보다 분명하게 피력한다. 더 나아가 크레온왕은 국민이 왕에게 지시하는 것은 가당치도 않으며, 그래서 통치는 어디까지나 남이 아닌 자신의 뜻에 따라야 함을 역설한다.

이에 대해 하이몬은 다시 한번 힘주어 말한다. "한 사람만의 나라는 나라가 아니지요."[424] 하이몬의 주장에 따르면 폴리스는 시민들로 구성된 '삶의 방식(bios tis poleōs)'이자 질서(taxis)로서 아테네 민주주의 정신을

---

423 Sophokles, *Antigone*, 657-658.

424 Sophokles, *Antigone*, 737.

대변하는 것으로 이해할 수 있다. 그리고 하이몬은 "아버지의 행동이 잘못되고 부정의한 것"[425]이라고 비판한다. 요컨대 하이몬의 주장에 따르면 크레온왕의 행위는 적합한 행위로 간주될 수 없다. 그가 보기에 아버지 크레온왕은 정의를 어기고 신들의 명예를 존중하지 않으며, 자신의 고집을 포기하지 않고 다른 사람들의 이성의 소리에 귀를 기울이지 않기 때문이다. 크레온왕은 끝내 아들 하이몬의 사랑에 근거한 올바른 소리에 분노의 태도로 일관하는 것이다. 소포클레스는 하이몬을 통해 크레온처럼 다른 사람의 말을 들을 수 없는 사람은 단지 버려진 섬의 '전제적 통치(archois monos)'에 어울리는 반폴리스적인 사람이라고 규정한다. 작품의 초반에 기술되는 안티고네와 크레온의 대화에서는 전자가 반폴리스적인 입장을 취하고, 후자가 폴리스적 삶의 방식을 취한다. 그런데 하이몬과 크레온의 대화에서는 크레온이 반폴리스적인 자가 되고, 하이몬이 폴리스적인 자가 된다.

위에서 설명한 것처럼 고대 아테네 시민 관객들에게 정치적 암시로 가득 찬 『안티고네』 공연은 격렬한 논쟁을 불러일으켰을 것이다. 크레온이나 안티고네 중 어느 쪽이 전적으로 옳은 것처럼 이해되기 어려운 측면이 있기 때문이다. 크레온은 폴리스적 정의와 법을 통해 자신의 판단과 결정을 옳은 것으로 주장하고, 이와 달리 안티고네는 신의 정의와 법을 통해 자신의 주장을 정당화하고 있다. 시민 청중은 두 인물 중 어느 쪽이 더 타당한 이유를 제시하는지를 두고 생동감 있는 격렬한 논쟁을 전개했을 것이다. 그런데 무엇보다 중요한 점은 작가 소포클레스가 『안티고네』를 통해 말하고자 한 경고의 메시지가 무엇인가 하는 것이다. 그것은 아테네 민주주의에서 통치자는 타인의 말에 귀를 기울임으

---

425 Sophokles, *Antigone*, 743.

로써 폴리스 내의 균형을 추구하고 지나치거나 오만한 행동에서 벗어나야 한다는 것이다. 그래서 아테네 시민 관중은 안티고네와 하이몬의 간청에 귀를 막고, 사실상 테베 전체에 귀를 막은 크레온의 파멸을 보면서 열려진 민주주의가 추구해야 할 이념과 가치가 무엇인지에 대해 생각했을 것이다. 이런 점에서 그리스 비극은 아테네 민주주의가 지향해야 할 원칙과 정신이 무엇인지를 잊지 않도록 하는 각성제가 될 수 있다. 그것은 아테네 민주정이 언제든지 과거의 독재정으로 회귀할 위험성이 있음을 말해 준다. 『안티고네』는 아테네 민주정이 확고한 것이 아니라 항상 질서와 혼돈 사이에서 깨지기 쉬운 균형 상태에 있음을 보여 준다. 또한 비극은 아테네 시민들에게 하나의 목소리나 삶의 방식이 절대적이거나 전적으로 옳은 것은 없음을 드러냄으로써 관객들에게 아무리 위대한 지도자라도 무오류하지 않다는 것을 일깨워 준다. 작가 소포클레스는 『안티고네』의 마지막 부분에서 자신이 말하고자 한 바를 코러스의 다음과 같은 말을 통해 전달하고 있다.

∞

지혜야말로 으뜸가는 행복이라네. 그리고 신들을 향한 경의는 침범되어서는 안 되는 법, 오만한 자들의 큰소리는, 그 벌로 큰 천벌을 받게 되어, 늙어서 지혜를 가르쳐 준다네.[426]

∞

세 번째 비극 작품으로 소포클레스의 『오이디푸스왕(Oidipous tyrannos)』을 살펴볼 필요가 있다. 『오이디푸스왕』은 그리스 비극 중에서 가장 많이 알려진 작품 중 하나라고 말할 수 있다. 작품의 주인공 오이디푸스왕은 프로이트의 '오이디푸스 콤플렉스(Oedipus complex)'라는 말을 통해서

---

426 Sophokles, *Antigone*, 1347-1353.

도 익히 잘 알려진 인물이다. 그런데 이 작품은 특히 아테네 시민 덕 교육과 관련해서 중요한 의미를 갖는다. 이는 철학자 아리스토텔레스가 자신의 작품『시학(Poetica)』13장에서 비극의 전형성을 보여 주는 작품으로『오이디푸스왕』을 인용하고 있다는 사실에서 비롯한다. 익히 알려진 것처럼 아리스토텔레스는 비극 작품의 목적을 '공포'와 '연민'을 통한 카타르시스를 관객에게 주는 것으로 말하는데,[427] 이러한 목적에 부합하는 작품이 바로 소포클레스의『오이디푸스왕』이다.

아리스토텔레스에 따르면 오이디푸스왕은 자신의 하마르티아, 즉 과실로 인해 비극적 운명을 맞이하는 인물이다. 물론 이때의 과실이란 잘 알려진 것처럼 오이디푸스왕이 라이오스왕을 아버지인 줄 모르고 죽이고, 여왕 이오카스테가 어머니인 줄 모르고 결혼하여 자식까지 둔 것을 말한다. 중요한 점은 오이디푸스왕의 하마르티아에 대한 판단과 평가를 어떻게 해야 하는가[428]의 문제인데, 관객들에게 다음과 같은 중요한 물음을 던지고 있기 때문이다. 그것은 오이디푸스왕의 하마르티아가 어디까지나 모르고 한 일이기 때문에 그에게 도덕적 책임이 없는 것으로 보아야 하는지, 아니면 오이디푸스왕의 과실은 그의 성격적 결함에서 비롯한 것이기 때문에 그에게 최종 책임이 있고 따라서 그에 대한 가혹한 벌은 당연한 것으로 보아야 하는지이다.

이러한 물음들은『오이디푸스왕』의 등장 인물들 사이에서 묻고 답해지는 것이 아니다. 작가 소포클레스가 공연을 보는 아테네 시민 관객들에게 던지는 물음들이다. 이 물음들에 일군의 아테네 관중은 오이디푸스왕의 성격에 결함이 있다고 판단할 것인데, 오이디푸스왕이 테베로

---

427 Aristoteles, *Poetica*, 1449b26-28.
428 hamartia의 다양한 해석과 관련해서는 손병석(2013), 135-139 참조할 것.

가는 길에 라이오스왕을 만나 처신한 것을 고려할 때 그렇다. 즉 삼거리에서 라이오스왕 일행을 만났을 때 오이디푸스가 자신의 머리를 친 라이오스왕을 죽인 사건은 오이디푸스왕의 성격이 어떠한가를 말해 주기 때문이다. 그것은 오이디푸스왕이 이성보다는 기본적으로 강한 분노의 감정을 가진 자임을 알 수 있게 해 준다. 그는 그러한 상황 속에서 자신의 분노를 자제할 수 있는 덕의 소유자가 아니다.

그러나 다른 한편으로 관객들은 오이디푸스왕의 하마르티아는 그의 지적인 오만함에도 원인이 있다고 생각할 수 있다. 그것은 오이디푸스왕이 자신을 스핑크스의 수수께끼를 푼 당대 인간 중 최고의 지자(知者)로 생각하면서 진실을 말하는 테이레시아스의 예언 능력을 인정하지 않는다는 것에서 알 수 있다. 이것은 『오이디푸스왕』 390행부터 403행 사이 오이디푸스가 스핑크스의 수수께끼를 풀어 테베를 구한 것은 자신이지 테이레시아스가 아니라고 주장하는 부분에서 확인된다. 오이디푸스왕은 테이레시아스를 진리를 보는 현자가 아니라 단지 눈먼 노인에 불과하다고 비난한다. 이러한 오이디푸스왕의 지적 자만심은 그가 오랜 기간 테베를 통치하면서 많은 시민들에 의해 존경을 받아 왔기에 더욱더 확고해진 것으로 보인다. 그래서 오이디푸스왕은 테베에 불어닥친 현재의 재앙 역시 자신이 해결할 수 있다는 지적 자신감으로 가득 차 있다.

상술한 것처럼 비극이 제기하는 주요 질문은 '오이디푸스가 그러한 운명을 받아 마땅한가'이다. 이러한 물음에 대해 아테네 관중은 오이디푸스왕의 하마르티아의 원인이 무엇인가와 관련해서 상반된 판단을 내릴 수 있다. 그것은 오이디푸스왕에 대한 연민이 가능한가의 문제일 수 있다. 작가 소포클레스는 오이디푸스왕의 하마르티아에 대한 처벌이 합당한지 아니면 그것은 과도하기 때문에 분노해야 하는지를 관중들이 숙고하게 만든다. 그리고 작가는 테베 시민들을 전염병과 흉년으로부터 구하기 위한 일념으로 가득 찬 오이디푸스가 결국 삼거리에서 한 남자를 죽이고 그 남자의 아내와 결혼하여 결과적으로 테베의 전염병의 원인이 된다는 예상과 상반된 반전을 통해 관중들의 충격을 불러일으킨다. 이처럼 비극은 우리가 스스로 몰락의 원인이 될 수 있으면서도 그러한 운명에 처할 자격이 없다는 역설을 성찰할 수 있는 기회를 제공한다. 그것은 아리스토텔레스가 말한 것처럼 "저게 바로 그 사람이다"[429]라는, 감정을 폭발시키는 카타르시스적 교육이 될 것이다. 아리스토텔레스에 따르면 오이디푸스왕은 인간 운명의 계시와 반전이 그에게 동시에 일어나기 때문에 이러한 비극적 해방감을 가장 잘 만들어 낼 수 있는 인물이다. 중요한 점은 오이디푸스가 "우리와 같다"라는 것이다. 우리 모두가 오이디푸스처럼 하마르티아를 범할 수 있는 비슷한 처지이므로 주인공의 비극적 운명에 연민하고 공감할 수 있다. 오이디푸스라는 한 개별자의 실수가 곧 인간의 보편적 무지일 수 있다는 각성이 아리스토텔레스가 말하는 비극의 카타르시스적 파이데이아, 즉 교육의 의미가 될 것이다.

마지막으로 아이스킬로스의 비극 작품인 『탄원하는 여인들』 역시 시민 청중으로 하여금 민주주의의 관용 정신에 관해 생각해 볼 수 있도록 한다. 기원전 463년경에 처음 상연된 것으로 추정되는 이 희곡은 가상의 여성 50명을 아테네 무대에 올렸다. 고국 이집트를 탈출한 이들은 민주적인 그리스 도시 국가에 망명을 신청한다. 이 지원자들은 모든 면에서 이방인이었다. 그러나 여성으로서, 그리고 외국인으로서 그들은 모든 여성과 외국인의 기본적 권리가 거부된 땅에서 공적인 얼굴을 갖기

---

429 Aristoteles, *Poetica*, 1448b17.

로 결심한다. 무엇보다 이 작품이 아테네 시민들에게 던지는 핵심적인 질문은 이것이다. "환대가 위험을 초래할 때 공급자에게 자비를 베풀어야 하는가? 전쟁과 억압받는 자의 권리 인정 사이에서 선택해야 할 때 판단의 중립이 가능한가?" 일반적으로 아이스킬로스가 제공한 답은 말할 것도 없고, 『탄원하는 여인들』을 통해 제기된 질문은 아테네 정치가 감당할 수 없는 것이었다.

잘 알려진 것처럼 아테네 민주정의 주요 기관인 민회에서 외국 여성, 실제로 여성 그 자체는 발언권이 없었다. 그들은 공적 영역에서 보이지 않는 존재였다. 오늘날 평등과 자유의 시대라는 찬사를 받고 있지만 아테네 민주정은 여성과 외국인들에게 유토피아적인 정체가 아니었다. 이는 아테네 민주주의에서 여성이나 외국인은 시민권의 자격을 갖고 있지 않았다는 사실에서 알 수 있다. 따라서 이들은 민회나 법정과 같은 아테네 민주정의 공적 기구에서 참여할 수도, 투표할 수도, 통치할 수도 없었다. 비극 공연은 바로 아테네 참여 민주주의의 변두리에 존재했던 아웃사이더들이 자신들에게 중요한 문제에 대해 목소리를 내도록 한 것이었다.

아이스킬로스가 『탄원하는 여인들』을 통해 무엇을 말하려 했는지 정확하게 규정하기는 어렵다. 중요한 점은 이 작품이 정복자의 관점이 아니라 정복당한 자의 관점, 즉 타자(他者)의 관점에서 생각해 볼 수 있도록 일깨워 준다는 것이다. 즉 아이스킬로스는 아테네 시민들에게 민회와 법정 너머에 존재하는 여성이나 외국인 또는 노예의 인간적인 권리를 아테네 민주정이 포용해야 하는지 또는 포용할 수 있는지의 물음을 던지고 있다. 아테네 시민들이 자신들의 민주주의를 민회와 법정을 넘어 디오니소스 축제와 연극 공연으로 확장하자 곧 공식적인 정치 영역 밖의 목소리도 듣게 된 것이다. 보이지 않는 그림자 존재로 남아 있던 외국인이나 여성 또는 노예와 같은 마이너리티, 즉 소수의 약자가 무대에 서기 시작했고, 그들의 눈을 통해 민주주의를 볼 기회를 갖게 되었다.

상술한 것을 통해 알 수 있듯이 아테네 비극은 아테네 시민이 정치적 판단 능력 또는 숙고 능력을 함양할 수 있는 중요한 교육적 기회를 제공하였다. 그래서 비극은 아테네 시민의 천박하고 조잡한 시민의식을 정화하여 그들의 영혼을 공동선과 정의로 전회할 수 있는 성숙한 시민의식을 갖도록 하였다. 극장에서 들려주는 이야기는 법과 정치적 제도의 압박과 현실적 한계 속에서 말하지 못한 다양한 목소리를 담았다. 비극은 그러한 다양한 주제들을 갈등의 형태로 시민 관중들에게 묻고 그들이 판단하도록 이끌었다. 나아가 아테네 시민 관객들로 하여금 서로의 불완전함을 성찰하고 공감하도록 촉구하는 동기로 작동하였다. 비극에 담긴 사상은 민주주의의 가치와 정신을 찬양하면서 동시에 민주주의의 모순과 허구성을 비판하였다. 그렇게 비극은 아테네 민주주의의 이념과 원리를 반영하면서 최초의 민주주의의 자유와 평등을 더욱 강화하였다. 즉 비극은 민주주의의 법과 규범을 계승하면서도 자체적인 비판을 통해 열린 민주주의를 향해 갈 방향타의 역할을 수행했다. 또한 비극은 다양한 계급들 사이의 파쟁과 갈등을 극복함으로써 공동체 구성원들이 조화와 결속을 갖도록 하는 교육적 기능을 담당하였다.

요약하자면, 비극은 민주주의의 심오한 문제와 관련된 일련의 갈등을 다루기 때문에 공적인 예술 활동이다. 비극은 갈등의 개념을 정의하고 깊이 탐구한 최초의 인간 창조물 중 하나이다. 민주주의는 다양한 계급이 다른 철학과 이념을 갖고 갈등하는 것을 허용하는 정치 체제이다. 그렇기 때문에 민주주의는 갈등을 정체의 본질적 특성으로 인정하고 갈등을 해결하고자 하는 노력이 요구된다. 그러한 갈등을 해결하기 위한 시민의 성숙한 숙고 내지 사고 능력이 필요하고 중요한 것은 당연하다. 비극 공연이 바로 그러한 시민 교육의 문을 열어 주었다. 아테네 시민들은 바로 비극이나 희극과 같은 연극 공연을 통해 이러한 정치적 판단 능력을 함양할 기회를 갖고 있었다. 비극은 바로 관중들에게 다양한 폴리스적 물음들을 던지고 집단적으로 공개 토론에 참여할 수 있는 문을 열어 주었다. 또한 대화와 토론을 통해 시민들이 민주적 담론에 참여할 수 있도록 유도하였다. 아테네의 드라마는 시민들이 의회나 법정에서 해야 하는 것처럼 청중 각자에게 여러 관점을 고려하고 판단하도록 요구한다. 부리안(P. Burian)이 적절하게 표현하듯이[430] "극장은 기존 민주주의 이념과 실천의 장점에 대한 토론의 장일 뿐만 아니라, 좋든 나쁘든 민주주의가 앞으로 어떻게 될지 상상하는 장소로 볼 수 있다."

AI 시대로 대변되는 오늘날에도 고대 그리스 비극의 매력은 여전히 강렬한 것으로 보인다. 인간으로 생각하고 행동하며 살아가야 하는 인간의 조건은 근본적으로 크게 변하지 않았기 때문이다. 무엇보다 AI나 ChatGPT와 같은 유례 없는 과학 기술의 발전에 힘입어 진보와 자유와 평등의 시대에 살고 있다는 거듭된 선언에도 불구하고 우리들에게 현재의 세상은 여전히 더 큰 불안과 불평등 그리고 부자유로 존재한다. 이것은 프로타고라스가 신(神) 중심의 세계에서 인간 중심의 세계가 될 수 있음을 주장하면서 인간의 주체성을 강조했음에도 현대인들은 점차 인간으로서의 주체성을 상실해 가고 있는 것과 무관하지 않다. 무엇보다 민주주의의 본질적 가치와 원리가 빈 개념이 되는 것도 마찬가지 이유에서 비롯한다.

오늘날 비극이 다시 시민의식이나 정치적 판단 능력 함양과 관련하여 갖는 의미도 여기에 있다. 고대 그리스인들은 비극을 통해 아테네 민주

---

430 P. Burian(2011), 95, 117.

주의가 절정에 이르러 완벽한 것처럼 보일 때 바로 민주주의의 안녕을 물었기 때문이다. 즉 그들은 민주주의를 극화함으로써 민주주의가 자신들의 올바른 정치 형태로서 자신들의 행복과 공동 이익을 실현하고 있는지를 점검하고 숙고했다. 아테네 정체의 데모스는 이미 이것을 알고 있었고, 자신들의 비극을 통해 이 사실을 스스로에게 상기시켰다. 그래서 비극이라는 민주주의의 거울을 통해 자신들의 통치가 어리석고 비합리적인 우중의 정치로 변질되고 있지 않은지를 비추어 보았다. 아테네 민주주의의 주체인 데모스가 현명한 이유는 새로운 정치 체제로서의 민주정을 창시해서 경험했다는 데 있다기보다는 민주주의의 취약점이 무엇인가를 예리하게 통찰하고 그것을 극복하려는 노력을 게을리하지 않았다는 데에 있다. 아테네 데모스가 스파르타인보다 더 현명한 이유는 바로 스콜레, 즉 여가 시간을 비극을 통해 선용했다는 데 있다.

2. 역사적 사건을 통해 본 데모스의 우중정치에 대한 비판적 평가

미국 건국의 아버지로 말해지는 해밀턴은 고대 아테네 민주주의를 우중에 의한 통치 형태라고 비판한다. 아테네 민주주의의 주체인 데모스의 정치적 판단이 비합리적이며 감정에 치우친 결정이었다는 것이다. 그래서 흔히 역사의 교훈처럼 고대 민주정은 '전제적 데모스(demos tyrannos)'에 의한 광기적이고 폭력적인 통치가 이루어진 정체로서 그릇된 통치 형태로 간주된다. 앞서 살펴본 플라톤의 민주정에 대한 강한 부정적인 평가가 그것이다. 그러나 2장에서 살펴본 것처럼 프로타고라스나 아리스토텔레스의 평가를 고려하면 아테네 민주정을 단적으로 우중

정체로 간주하기 어려운 점이 있다. 과연 기원전 5세기와 4세기에 실재했던 아테네 민주주의는 어떤 평가를 받을 수 있을까?

이러한 물음과 관련해서 아테네 데모스의 정치적 판단을 가늠할 수 있는 대표적인 두 가지 사례를 통해 그 진위를 파악해 보고자 한다. 첫 번째 사례로 기원전 406년에 있었던 아르기누사이 전쟁에서의 장군들에 대한 집단 재판을 살펴본다. 아테네 장군들은 스파르타와의 전투에서 승리를 했지만, 미처 전투에서 죽은 아테네 시민 병사들의 시체를 수습하지 못하고 귀환한다. 이에 죽은 병사들의 가족과 아테네 시민들이 분노하여 8명의 장군들에 대해 민회에서 집단 재판을 통해 사형을 내릴 것을 결정하였다(2명은 도망가고 6명은 사형).[431] 그러나 민회에서의 장군들에 대한 집단 재판은 장군들의 경우 개별 재판이 이루어져야 한다는 아테네 법을 위반한 것이며, 이것은 데모스의 광기적 분노에 의한 비합리적인 결정을 보여 주는 사례로 말해진다.[432]

두 번째 사례로 아테네 민주정의 씻을 수 없는 오점으로 말해지는 소크라테스의 재판과 죽음을 검토한다. 기원전 399년에 있었던 소크라테스의 죽음은 아테네 민주정이 우중의 정체라고 평가하게 만드는 대표적인 사례로 말해진다. 본 연구는 소크라테스의 죽음의 실체적 진실을 파헤치기 위해 플라톤의 『변론(Apologia)』편뿐만 아니라 크세노폰의 『소크라테스의 변론(Apologia Socratis)』과 『메모라빌리아(Memorabilia)』등을 분석할 것이다. 아래에서는 이 두 사건에 대한 좀 더 다각적이며 심도 있는 분석을 통해 과연 이 두 사건이 우중정치의 전형적인 사례로 간주될 수 있는지를 밝힐 것이다.

---

431 Diodoros, *Bibliothēkē Historikē*, 13.101.1

432 L. A. Asmonti(2006), 2.

1) 아르기누사이 장군들 재판

아르기누사이(Arginousai) 장군들은 기원전 406년에 아테네 민회에 기소되어 재판을 거쳐 사형죄를 받는다. 이것은 감정적이고 부정의하며 자기파괴적인 성격을 가진 급진적 아테네 민주주의의 대표적인 사례로 가장 많이 인용된다. 이 재판은 아테네 민주주의사의 가장 어두운 사건 중의 하나로 해석된다.[433] 그런데 사건에 대한 역사적 자료가 부재한 상태에서 그것이 아테네 민주주의가 본질적으로 타락한 정체라는 자명한 증거로서 어떻게 인용되었는가는 아르기누사이 장군들 재판에 대한 표준적인 설명과 관련해서 가장 이상한 일이다.[434] 따라서 이 사건을 정확하게 이해하기 위해서는 재판과 그 진행 과정을 역사적, 정치적 콘텍스트에 대한 세밀한 분석을 통해 재구성할 필요가 있다.

이에 관한 표준적이며 대표적인 전거는 바로 크세노폰의 『헬레니카(Hellenika)』[435]이다. 아테네 민주주의에 대한 비판가들은 크세노폰의 『헬레니카』에서의 아르기누사이 보고에 의존한다. 특히 크세노폰이 아테네 민주주의에 대해 적대적인 입장을 가진 것을 당연시한다.[436] 그래서 크세노폰이 반민주적인 사람이라는 전제하에 그의 아르기누사이 장군 재판에 관한 기술이 분명히 반민주적인 사례로 인용되고 있다는 선입견을 갖게 한다. 그러나 그러한 예상이나 전제 또는 선입견으로부터 벗어

---

433 D. Kagan(1987), 354, D. Gish(2012a), 161.

434 일반적으로 학자들은 아르기누사이 장군들 재판이 아테네 데모스의 비합리적이며 광기적인 우중통치의 사례가 되는 것으로 해석한다. 대표적으로 유니스와 로빈슨을 들 수 있다. H. Yunis(1996), 44-45, E. W. Robinson(2004), 145. 아르기누사이 장군들 처형에 관한 일반적인 해석에 문제 제기를 하면서 새로운 평가를 시도하는 학자는 기쉬다. D. Gish(2012a), 161-212 참조할 것.

435 Xenophon, *Hellenika*, I.7.1-35.

436 D. Gish(2012a), 163.

나 좀 더 다른 관점에서 독해할 경우 크세노폰의 아르기누사이 장군들에 대한 재판 보고는 데모스의 신중한 정치적 판단과 연관해 이해할 여지가 있다. 무엇보다 아르기누사이 재판의 실체적 진실을 밝히기 위해서는 그것이 당시 아테네 정체 내의 파쟁적 갈등과 정치적 공모 상황에서 민주주의를 보호하기 위한 것이었다는 점이 고려될 필요가 있다. 아래에서 이 문제에 관한 규명을 위해 민회에서의 논의 과정과 당시의 정치적 상황에 초점을 맞추어 진행하도록 하겠다.

(1) 크세노폰의 아르기누사이 해전과 재판에 관한 보고

크세노폰의 『헬레니카』에서의 보고에 따르면 아테네 데모스는 아르기누사이 해전을 위해 장군 10명을 임명하였다. 스파르타군과 대치 중인 코논과 레온 이외에 8명의 다른 장군, 즉 페리클레스, 디오메돈, 리시아스, 아리스토크라테스, 트라실로스, 에라시니데스, 프로토마코스 그리고 아리스토게네스가 해당된다.[437] 그러나 아테네는 스파르타에 대항하기에는 배와 선원의 수가 턱없이 부족하였다. 그래서 급하게 배를 건조했고, 거류 외국인과 노예에게 시민권을 주는 조건으로 그들을 선원으로 충원하였다. 그렇게 아테네 민주정은 전열을 가다듬어 아르기누사이 해전에서 스파르타와 전투를 벌였고 결과적으로 압도적인 승리를 거두었다.[438]

그러나 아테네의 승전에도 불구하고 25척이 파선했고, 무엇보다 수천 명의 아테네 선원들이 바다에서 목숨을 잃었다. 그런데 바다에서 익사

---

437 Xenophon, *Hellenika*, I.5.16, 7.1.

438 Xenophon, *Hellenika*, I.6.33. 아르기누사이 해전과 장군들에 대한 재판과 관련해서는 D. Kagan(1987), 13장과 14장, D. Gish(2012b), 64-77 참조.

한 선원들의 시체를 인양해 오지 않은 것이 문제가 되었다. 그것은 아테네 장군들이 해전 과정에서 보여 준 일련의 판단이나 행위와 관련된다. 즉 스파르타와의 해전 중에 8명의 장군들은 스파르타를 완전 격멸시킬 것인지 아니면 난파한 배에서 떨어져 바다에서 죽어 가는 선원들을 구조할 것인지를 결정해야 하는 딜레마적 상황에 직면하였다. 논의 끝에 일부는 남아 구조 활동을 하고 다른 일부는 도망친 스파르타군을 쫓아 격퇴하는 것으로 결정되었다. 그래서 8명의 장군 중 2명의 장군, 즉 트라실로스와 테라메네스가 47척의 배를 이끌고 남아 구조를 바라는 선원들과 바다에 떠 있는 시신을 거두는 일을 맡았다. 나머지 6명의 장군들은 도망친 스파르타군을 격퇴하기 위해 출항하였다.

그러나 심한 폭풍우로 인해 선원들을 구조하는 데 실패했고, 장군들은 아테네 데모스에 서신을 보내 이 사실을 알렸다.[439] 그러나 구조 활동의 책임을 맡았던 테라메네스와 트라실로스 장군은 고발하지 않았다.[440] 크세노폰의 보고에 따르면 첫 번째 민회 회의에서 데모스는 코논을 제외한 나머지 장군들을 모두 해임하였다. 그리고 아데이만토스와 필로클레스, 코논을 새 지휘관 장군으로 선임하였다. 아테네 데모스 대부분은 아마도 장군들이 난파된 배의 선원들을 구할 수 없었다는 것을 믿지 않은 듯하다. 아르기누사이 해전에 참전했던 8명의 장군 중 6명은 아테네로 돌아왔으나, 프로토마코스와 아리스토게네스는 돌아오지 않고 망명하였다.[441] 돌아온 6명 장군 중 에라시니데스는 별도로 금전적 비행과 관련된 문제로 기소되었다. 이 단계에서 크세노폰은 장군들의

---

439 Xenophon, *Hellenika*, I.6.35.

440 Xenophon, *Hellenika*, I.7.4.

441 Xenophon, *Hellenika*, I.7.2.

관직 해임의 이유를 명확하게 말하지 않는다. 아직까지 장군들에 대한 구체적인 기소명이 제시되고 있지 않은 것이다.

이후에 장군들은 평의회에서 개별적으로 해전과 이후의 갑작스러운 엄청난 폭풍우로 구조가 실패한 상황에 대해 보고하였다. 그럼에도 불구하고 그들의 설명은 평의회 위원들을 설득하지 못한 것으로 보인다. 평의회 위원인 티모크라테스가 장군들의 감금을 제안했을 때 평의회는 그의 제안을 받아들였기 때문이다. 결국 평의회는 사안의 심각성을 고려하여 민회에서 장군들의 처리 여부를 결정하도록 민회에 안건을 상정하였다.[442]

두 번째 민회가 아르기누사이 장군들에 대한 고발을 듣기 위해 소집되었다. 그러나 이 단계에서도 장군들에 대한 어떠한 공식적인 기소도 평의회에 의해 제출되지 않았다. 구조 임무를 맡았던 테라메네스는 장군들이 평의회와 민회 앞으로 보낸 편지를 제시하면서 구조하지 못한 유일한 이유로 폭풍우를 지적했다고 말한다. 크세노폰에 따르면 테라메네스의 이러한 행위로 인해 다른 장군들은 자신의 행위를 짧은 시간 안에 간략하게 해명해야 했다. 해명의 요지는 장군들 자신들은 스파르타 군과 싸우러 떠나면서 테라메네스와 트라실로스를 구조 책임 장군으로 임명했으며, 그래서 만약 누군가가 책임을 져야 한다면 그러한 명령을 받은 사람들이 되어야 한다는 것이었다. 그러나 장군들은 테라메네스와 트라실로스가 비난을 받아야 한다고 억지를 부리고 싶지는 않으며, 구조 실패의 가장 큰 원인은 폭풍우로 인한 높은 파도라고 말했다. 크세노폰에 따르면 이들 장군들과 당시에 참전했던 많은 다른 선원들, 조타수

---

442 Xenophon, *Hellenika*, I.7.3. 장군들 재판의 진행 과정과 관련해서는 D. Kagan(2004), 459-466, M. Munn(2000), 181-187, J. T. Roberts(1977), 107-111 참조할 것.

들의 증언들이 아테네 데모스를 설득하였다고 한다.[443]

그러나 당일 투표가 이루어지지는 않았는데 그것은 회의가 하루 종일 지속되었고 이미 어두워져 손투표를 계산하기가 어려웠기 때문이다. 이 때가 10월 말 또는 11월 초인 것을 고려할 때 회의는 대략 10시간에서 11시간 동안 지속된 것으로 계산해 볼 수 있다.[444] 이처럼 긴 회의 시간 은 이례적인 것으로서 그것은 아르기누사이 해전 관련 장군들에 대한 아테네 시민들의 판단이 생각보다 간단히 결정된 것은 아님을 방증한 다. 그래서 두 번째 민회는 장군들에 대한 투표 없이 다음번 민회 회의 에서 결정하는 것으로 연기되었다.[445] 그리고 평의회에 지시하기를 장 군들이 어떤 방식으로 재판을 받아야 할지에 관해 충분히 논의하여 다 음번 민회에서 결정할 수 있도록 하였다. 즉 장군들에 대한 기소명이 민 회가 열리기 전에 제출되도록 하는 프로불레우마를 요청하였다.[446]

세 번째 민회에서는 참석자의 구성에 약간의 변화가 있게 된다. 아파 투리아 축제 기념식이 아테네에서 열리게 되었고, 아르기누사이 해전에 서 사망한 선원들의 유족들이 이 축제에 참여하기 위해 아테네로 오게 된 것이다.[447] 장군들에게 이러한 상황은 안 좋은 쪽으로 작용하였다. 이들이 민회에 참석했다면 당연히 장군들에게 적대적인 마음이 강했을 것이기 때문이다. 크세노폰은 아파투리아 축제가 개최되어 유족들이 함 께 모일 수 있는 상황에서 테라메네스가 장군들에 대한 음모를 꾸밀 기 회를 포착하게 되었다고 말한다. 테라메네스는 크게 두 개의 계획을 짰

---

443 Xenophon, *Hellenika*, I.7.5-6.

444 M. H. Hansen(1979), 43-44.

445 Xenophon, *Hellenika*, I.7.7.

446 D. Gish(2012a), 179-180.

447 D. Gish(2012a), 180.

다. 하나는 많은 가짜 문상객들을 진짜 유족인 것처럼 변장시켜 민회에 참석하도록 하였다. 아테네인들이 진짜와 가짜를 구분하기가 쉽지 않은 점을 이용한 것이다. 유족이 참석했다는 점은 민회에 참석한 다른 시민들에게 일종의 심리적 압박을 주었다. 그래서 바다에서의 구조 실패의 원인이 전적으로 폭풍우에만 있다고 생각하기보다는 선원들을 구하지 못한 장군들의 책임 회피에 더 큰 원인이 있다고 판단하도록 유도할 수 있었을 것이다. 다른 하나는 칼릭세노스에게 장군들을 고발하도록 설득한 것이다. 그는 다음과 같이 말한다.

◇◇◇

지난번 민회에서 아테네인들은 장군들을 기소한 쪽 사람들과 변론하는 장군들 양측의 말을 모두 들었으므로, 부족별로 투표를 해야 합니다. 각 부족별로 투표함을 두 개 놓고 각 부족별로 전령이 지시하는 바에 따라, 장군들이 해전에 승리하였으나 물에 빠진 사람들을 구하지 않은 죄를 지었다고 생각하는 사람은 첫 번째 함에, 그 반대 의견을 가진 사람들은 두 번째 함에 표를 넣도록 하십시오. 유죄 판결이 나면 사형에 처하도록 11인에게 넘기고 그 재산을 몰수하여 10분의 1은 여신에게 바치도록 합시다.[448]

◇◇◇

칼릭세노스의 주장에 따르면 민회는 두 가지 제안 중에 하나를 투표해야 한다. 그것은 아테네 동료 병사들을 구조하지 못한 장군들의 책임을 물어 사형에 처할지의 여부를 결정하는 것이다. 그런데 우리는 테라메네스가 왜 칼릭세노스를 내세워 장군들을 비난하도록 했는지를 생각해 볼 필요가 있다. 앞서 언급한 것처럼 처음부터 평의회는 장군들에 대

---

448 Xenophon, *Hellenika*, I.7.8.

해 우호적이지 않은 조치를 취하였다. 그러나 테라메네스 입장에서 두 번째 민회에서의 장군들의 변론과 그것을 뒷받침하는 증언들을 고려할 때 세 번째 민회에서 장군들에 대한 공식적인 투표가 원하는 대로 진행될지는 확실하지 않았을 것이다. 그리고 평의회를 설득할 수 있는 유능한 연설가가 칼릭세노스였고, 그를 통해 장군들에게 더 이상의 변론 기회를 주지 않도록 설득하는 것이 필요했을 것이다. 실제로 칼릭세노스는 평의회를 설득하였고, 그래서 평의회에서의 심의를 거친 프로불레우마를 민회에 제출하도록 하였다.

이러한 연설이 있은 후 아르기누사이 해전에서 운 좋게 살아 돌아온 익명의 한 사람이 동료 병사에게 들은 이야기를 감정을 자극하는 어조로 전했다. 그것은 물에 빠져 죽어 가는 동료 병사가 그에게 아테네 데모스에게 메시지를 꼭 전달해 달라고 말했다는 것이었다. 메시지의 내용은 장군들이 조국을 위해 죽은 가장 영예로운 아테네 시민 선원들을 구해 주지 않았다는 것이었다.[449] 그러나 익명의 사람이 전한 이 이야기는 말 그대로 신뢰하기 어려운 점이 있어 보인다. 다시 말해 그 이야기의 목적이 민회의 참석자들로 하여금 장군들에 대한 적대적인 반응을 불러일으키기 위한 정치적 시도임을 부정하기 어렵다.

이처럼 장군들에 대한 불리한 고발과 증언이 있게 되자 에우립톨레모스와 몇 명의 사람들이 투표를 막고자 시도하였다. 이들은 칼릭세노스의 제안이 적법한 재판 없이는 어느 누구도 사형에 처해져서는 안 된다는 '법령을 위반하는(para nomon)' 것이라고 맞섰다. 그러자 일부 아테네인들이 에우립톨레모스의 연설에 호응하면서 박수를 쳤으나, 대부분의 아테네인들은 민주주의가 위협을 받는다고 고함을 질렀다. 데모스는 자

---

449 Xenophon, *Hellenika*, I.7.11.

신들이 하고 싶은 것은 무엇이든 할 수 있다고 말했다. 이런 상황에서 리키스코스라고 불리는 사람이 에우립톨레모스와 그의 주장에 동조하는 몇몇 사람들에게 그들의 이의를 철회할 것을 제안하였다. 결국 군중의 소동에 의해 에우립톨레모스와 그에 동의하는 사람들은 그들의 이의 제기를 철회하도록 강요받았다.[450]

그런데 크세노폰의 보고에 따르면 장군들의 집단 재판에 반대하는 주장이 다시 프뤼타네이스, 즉 평의회 위원들에 의해 제기되었다. 대표적으로 당시에 평의회 위원이었던 소크라테스와 그 밖의 다른 위원들이 아테네 데모스가 법을 어기면서까지 칼릭세노스의 제안에 따른 표결을 인정해서는 안 된다고 주장하였다. 그러나 소크라테스를 제외한 다른 위원들은 데모스의 성난 소리에 겁을 먹어 표결에 찬성했다. 오직 소크라테스만이 계속해서 두려워하지 않고 합법적이지 않은 일에는 동참할 수 없다고 말했다.[451] 그러나 소크라테스의 거부는 무시되었고 장군들에 대한 재판 과정은 계속해서 진행되었다.

그런데 소크라테스의 데모스에 대한 반대 의견은 에우립톨레모스로 하여금 다시 용기를 갖고 아테네 데모스의 마음을 변화시킬 연설을 할 기회를 주었다. 그는 아테네인들에게 누구에게도 속지 말고 법을 존중해 줄 것을 촉구하였다. 무엇보다 칸노노스의 법에 따라 장군들을 재판해야 함을 제안하였다.[452] 그는 적법한 재판 없이 장군들을 처벌한다면 그것은 마치 아테네에 대항한 스파르타를 위해 싸운 것과 같은 어리석은 짓이 될 것이라고 경고하였다. 에우립톨레모스는 당시의 상황을 다

---

450 Xenophon, *Hellenika*, I.7.13.

451 Xenophon, *Hellenika*, I.7.14-15, Platon, *Apologia*, 37a-b.

452 Xenophon, *Hellenika*, I.7.34.

시 설명하면서 폭풍우로 인한 거친 파도 때문에 바다의 병사들을 구조하지 못한 일을 아테네 민주정에 대한 배반으로 잘못 판단해서 사형을 내려서는 안 된다고 역설하였다.[453] 그래서 에우립톨레모스는 아테네인들이 나쁜 사람들에 의해 설득되어 장군들을 반역자로서 죽음으로 처벌하는 대신에 화환을 갖고 승리자들을 영광스럽게 하는 것이 정의로운 행위라고 주장했다. 그는 그렇지 않으면 아테네 데모스가 나중에 후회하게 될 것이라고 경고하였다.

결국 장군들 재판과 관련해서 두 가지 의견이 제시되었다. 하나는 에우립톨레모스와 소크라테스가 제안한 것처럼 칸노노스 법에 따라 장군들을 개별적으로 표결하자는 것이었다. 다른 하나는 장군들을 모두 함께 표결하자는 평의회의 반대 의견이었다. 처음 표결에서는 에우립톨레모스 제안이 가결되었다. 그러나 메네클레오스가 반대 맹서를 한 후 다시 표결했을 때는 평의회의 제안이 채택되었다. 결국 8명의 장군들이 유죄 판결을 받았고, 출석한 6명 장군이 즉결 처형되었다.[454] 크세노폰에 따르면 이후에 아테네 데모스는 후회를 하고 자신들을 속인 칼릭세노스와 다른 4명도 함께 고소하였다.[455]

(2) 아르기누사이 장군들 재판은 우중정치의 전형인가?

앞서 살펴본 것처럼 크세노폰의 보고에 따르면 아테네 데모스는 재판 이후에 자신들의 결정을 후회하였고, 그래서 자신들을 기만한 칼릭세노스와 다른 4명을 기소했다고 한다. 크세노폰의 이러한 보고는 자신들의

---

453 Xenophon, *Hellenika*, I.7.24-29.

454 Xenophon, *Hellenika*, I.7.19-23.

455 Xenophon, *Hellenika*, I.7.35.

분노로 잘못된 결정을 한 것에 대한 데모스의 집단적 후회와 고백으로 종종 해석된다.[456] 또한 데모스는 자신들을 속였던 사람들에 대한 처벌을 요구함으로써 그들을 희생양으로 삼아 자신들의 부정의한 판단과 결정의 흔적을 피하고자 했던 것으로 비판된다. 그러나 크세노폰은 어떤 이유에서 데모스가 자신들이 속았다고 생각했는지, 무엇이 후회가 되었다고 하는지 구체적인 내용을 밝히지 않는다.

문제는 크세노폰의 아르기누사이 장군 재판에 관한 보고가 이후의 역사가들에 의해 의심할 바 없이 아테네 데모스의 비합리적이며 광기적인 우중통치의 사례로 인용된다는 것이다. 즉 데모스는 이성적인 숙고가 아닌 감정과 조급함 속에서 장군들에 대한 재판을 결행했다는 것이 그 이유이다. 심지어 아테네 민주정에 우호적인 해석을 한 핀리나 케이건(D. Kagan) 또는 오버도 아르기누사이 장군들 재판을 극히 이례적이고 예외적인 경우로 소개한다.[457] 그런데 우리는 여기서 한 가지 질문을 던질 수 있다. 그것은 정말로 아르기누사이 장군들에 대한 재판을 아테네 민주주의의 어리석고 광기적인 우중들의 통치를 보여 주는 전형적인 사례로 단정할 수 있는가 하는 것이다. 다시 말해 민회에서의 아르기누사이 장군들에 대한 집단 처형 결정이 일련의 민주주의적인 절차와 숙고적 판단이 결여된, 그래서 데모스의 감정에 치우친 성급한 우중정치의 전형을 보여 주는 사례인가 하는 것이다.

실상 이 물음에 대한 답은 부정적이라고 말할 수 있다. 크세노폰이 전한 아르기누사이 해전과 이후의 장군들에 대한 일련의 재판 과정을 되짚어 볼 때 다음과 같은 몇 가지 이유에서 그렇다. 첫 번째 이유는 무엇

---

456 Thoukydides, *Hist.*, III. 35-36.

457 M. I. Finley(1983), 140, D. Kagan(2004), 466, J. Ober(2008), 41, note 4.

보다 장군들의 해전에서의 행위에 대한 책임을 묻는 것은 에우튀나이 (euthynai)라고 하는 아테네 법에 따라 이루어졌다는 사실이다. 즉 아르기누사이 장군들에 대한 민회에서의 심의 과정은 임기가 끝난 후 장군직 수행의 전반적인 활동에 대한 사후적인 조사로서 아테네 법에 따른 적법한 절차이다. 특히 장군들처럼 선출직인 경우 아테네 데모스는 그들의 정치적 책임을 분명하게 밝히기 위해 제도화된 절차에 따라 좀 더 신중하게 처리했다. 즉 민주주의적인 절차에 따라 조사, 해임 그리고 탄핵이라는 일련의 숙고적 판단 과정을 진행하였다.

다음으로 아르기누사이 장군들에 대한 판결 과정이 예외적으로 긴 시간을 두고 신중하게 진행되었다는 사실에 주목할 필요가 있다. 즉 세 번의 민회 개최를 통해 심의가 이루어졌으며, 그리고 각 민회 사이에 며칠의 간격을 두고 평의회에서의 사전 심의가 이루어졌다. 이처럼 평의회와 민회를 통해 여러 번에 걸쳐 장군들에 대한 재판이 이루어졌다는 사실은 충분한 숙고적 논의 없이 민회에서 졸속으로 성급하게 판결이 이루어졌다는 비판에 맞지 않는다. 특히 민회 모임이 세 번에 걸쳐 진행되었다는 점은 통상 하루 만에 민회의 결정이 이루어진다는 점을 고려할 때 극히 이례적인 경우라고 말할 수 있다. 우리가 알 수 있는 한 아테네 민주주의 재판에서 하루를 넘겨 길게 이루어진 재판은 아르기누사이 재판이 유일한 것으로 보인다. 크세노폰의 보고에 대한 분석에서 알 수 있었던 것처럼 특히 두 번째 민회에서는 장군들에게 개별적인 변론 기회가 주어졌고, 그래서 시간이 늦어져 표결 처리가 연기되었다는 점도 이를 방증한다. 앞서 언급했듯이 이때가 10월 말 또는 11월 초인 것을 고려할 때 민회의 회의는 대략 10시간에서 11시간 동안 지속된 것으로 계산해 볼 수 있다. 이처럼 이례적으로 긴 회의 시간은 놀라운 일이다.[458] 마지막으로 재판이 민회에서의 다양한 기소와 그에 대항하는 반기소 논쟁에 의해 진행되었다는 점도 중요하게 고려될 필요가 있다. 아테네 데모스가 다양한 관점에서 아르기누사이 사건을 숙고하여 장군들에 대한 결정을 하고자 했다는 점은 민회와 평의회에서 적어도 일곱 번 이상의 투표를 했다는 사실이 이를 증명한다.

상술한 점들을 고려할 때 아르기누사이 재판은 그 결과적 측면이 아니라 절차적 측면에서 아테네 데모스의 성급함과 광기를 보여 주는 재판으로 보기 어렵다. 남는 문제는 '그렇다면 아테네 데모스가 어떤 이유로 아르기누사이 해전에서 승리한 8명의 장군들을 유죄로 판단하고 이들에 대한 처형을 결정하게 되었는가' 하는 것이다. 아래에서 이 물음과 관련해 당시의 아테네 민주정이 처했던 정치적 상황을 살펴보면서 그 가능한 답을 모색해 보도록 하겠다.

(3) 정치적 상황과 데모스와 장군의 역학 관계

그런데 민회에서의 일련의 장군들의 처리에 관한 절차적 측면의 정당성과는 다른 관점에서 아르기누사이 장군 재판을 정치적 관점으로 접근하는 것이 필요해 보인다. 그것은 아르기누사이 장군들에 대한 재판을 당시의 아테네 민주정이 처한 정치적 상황 그리고 데모스와 장군들 사이의 역학 관계를 통해 접근하는 것이다. 즉 아테네 정체 내의 과두주의 세력과 민주주의 세력 간 갈등과 그로 인한 두 세력 간의 스타시스, 즉 파쟁의 발생 가능성 측면을 고려하는 것이다. 그것은 기원전 406년에 발생한 아르기누사이 재판이 아테네 민주정의 정치적 기반이 그 어느 때보다 불안정한 상황 속에서 이루어졌다는 점을 고려한다.

아르기누사이 해전이 있기 전 아테네 민주정은 기원전 411년 과두파

---

458 M. H. Hansen(1979), 43-44, D. Gish(2012a), 179.

가 민주정을 전복시키고 400인 과두정권을 수립하였다. 400인 과두정권은 비록 4개월밖에 지속하지 못했지만, 여전히 망명한 급진 과두파 세력은 그 힘을 유지하면서 민주정을 위협하고 있는 상황이었다. 실제로 아테네 데모스의 과두파 세력에 대한 우려가 단순한 기우가 아니라는 사실은 아르기누사이 장군들에 대한 재판이 있고 난 3년 뒤인 기원전 404년의 급진 과두파에 의한 민주정 전복을 통해서도 알 수 있다. 즉 기원전 404년에 과두파에 의한 민주정 전복이 있게 되고, 그래서 약 8개월간의 30인 폭정으로 약 1,500명 이상의 아테네 성인 남성 시민이 희생된다.[459] 기원전 413년의 시켈리아 원정 실패 역시 아테네 민주정의 기반을 약화시킨 중요한 사건으로 작용했다. 중요한 점은 시켈리아 원정에 동원된 함선의 노잡이 역할을 맡았던 테테스와 같은 하층 데모스 계급의 급격한 감소이다. 아테네 시민들은 하층 계급의 인구 감소를 아테네 민주정의 존립에 대한 큰 위기로 느꼈을 것이기 때문이다. 이처럼 기원전 406년의 아르기누사이 장군들에 대한 재판은 그에 앞선 시라쿠사 원정의 실패와 기원전 411년 과두파의 민주정 전복 그리고 이후 기원전 404년의 과두파에 의한 민주정의 전복과 아테네 시민의 희생을 고려하여 이해할 필요가 있다. 그것은 무엇보다 아르기누사이 해전에서의 수천 명의 테테스와 같은 선원들의 죽음이 아테네 민주주의의 힘을 더욱 약화시킨 요인으로 작용했다는 것이다. 플라톤의 추도 연설에 관한 대화편인 『메넥세노스』에서 아르기누사이 해전과 관련해 다음과 같은 시사적인 언급이 발견된다.

---

459 기원전 411년 과두파에 의한 민주정 전복과 관련한 상세한 설명은 I. F. Stone(1988), 248 이하 계속 참조.

그런데 그때도 이 나라의 힘과 용맹은 눈에 띄게 발휘되었습니다. … 실로 그분들 덕분에 이 나라는 결코 세상 어떤 사람들에게도 패배하는 일이 없을 것이라는 평판을 얻었습니다. 그리고 그 평판은 옳았습니다. 그도 그럴 것이 우리는 우리의 내분 때문에 서로에 의해 정복되었지 다른 사람들에 의해 그렇게 되지는 않았던 것입니다. 즉, 우리들은 지금에 이르기까지 다른 나라 사람들에 의해 패배당하는 일은 없었으며, 다만 우리들 자신이 우리들 자신에게 승리를 거두어서 그래서 우리 자신에 의해 패배했던 것입니다.[460]

이 인용문에서 첫 번째 부분보다 두 번째 부분에 유의해서 이해할 필요가 있다. 이곳에서 소크라테스는 아테네인들의 최종적인 성공은 한 나라에서 내분이 발생하지 않을 때 가능하다고 말한다. 이것이 아테네 정체가 지금까지 한 번도 외국에 의해 정복되지 않았던 이유이다. 그런데 마지막 부분에서 소크라테스는 "다만 우리들 자신이 우리들 자신에게 승리를 거두어서 그래서 우리 자신에 의해 패배했던 것"이라는 다소 수수께끼 같은 말을 한다. 이 말은 아테네 정체 내의 두 주요 정파, 즉 민주파와 과두파의 정치적 싸움, 파쟁을 가리키는 말로 이해할 수 있다. 플라톤이 보기에 이 두 세력 사이의 파쟁은 어느 한쪽의 승리가 될 수 있지만 정체 전체로 보면 그것은 곧 정체의 분열로 인한 쇠락과 타국과의 전쟁에서의 패배로 귀결될 수 있다.

그러면 아르기누사이 장군들과 아테네 정체의 파쟁은 어떤 관계가 있는가? 장군들이 과두파와 손을 잡고 민주정을 전복시키고자 하는 음모

---

460 Platon, *Menexenos*, 243c-d.

에 가담한 것으로 볼 수 있다는 말인가? 이러한 물음들은 다른 한 가지 중요한 물음을 통해 사건의 실체를 명확하게 해명하기를 요구한다. 그것은 아르기누사이 해전에서 승리한 장군들에 대한 기소명이 정확하게 무엇인가 하는 것이다. 이와 관련해서 역사가 디오도로스와 크세노폰의 보고는 다르다. 먼저 디오도로스는 장군들이 불경죄로 기소되었다고 보고한다.[461] 그 이유는 바다에서 사체를 거두어 그들을 고국으로 이송해서 신성하게 묻어 주지 못했기 때문이다. 그래서 디오도로스의 설명에 따르면 신적인 응징을 피하기 위해 장군들이 일종의 희생양으로서 처벌되는 것이 필요했다. 요컨대 아테네 데모스의 종교적인 열정이 구조에 실패한 장군들에 대한 광기적인 분노로 표출되었다는 것이다.

반면에 크세노폰은 불경죄에 대해서는 전혀 언급하지 않으며, 데모스의 광기적 분노라는 말도 사용하지 않는다.[462] 크세노폰에 따르면 장군들에 대한 기소는 물에 빠진 선원들을 구조하지 않은 것 때문이다. 그러나 바다에서 아직 살아 있는 사람들을 구조하지 못한 행위 그 자체가 반역죄가 되는 것으로 보이지는 않는다. 에우립톨레모스가 세 번째 민회 토론에서 강조하는 것처럼 장군들에 대한 처벌은 벌금이나 비난으로도 가능했을 것이다.[463] 따라서 장군들을 아테네 민주정을 전복하려 했다는 반역죄로 기소하였다면 그것은 다른 정치적 상황들을 고려하여 접근할 필요가 있다. 반역죄의 경우라면 뇌물을 받아 타락했거나 민주정을 전복하려는 시도와 관련되어야 한다.

앞서 언급한 것처럼 아테네 민주정에서 데모스의 통치에 대한 위협은

461 Diodoros, *Bibliothēkē Historikē*, 13.101.4-5, 102.5.

462 D. Gish(2012a), 175.

463 D. Gish(2012a), 175.

민주주의 세력과 과두주의 세력 간의 정치적 파쟁과 관련된다. 이러한 정치적 파쟁의 현실화는 앞서 살펴본 것처럼 기원전 411년의 급진적 과두파에 의한 400인 과두정권으로의 정체 변혁 기도에서 절정에 이른다. 그렇다면 이로부터 몇 년이 지나지 않은 기원전 406년 아르기누사이 재판에 관한 토론에서 400인 과두정권 수립은 아테네 데모스의 뇌리에 그리 멀지 않은 기억으로 남아 있었을 것이다. 더 나아가 그로부터 멀지 않은 기원전 413년 시라쿠사 원정에서의 테테스 계층의 심각한 감소 역시 아테네 민주정을 위협하는 요인으로 작용했을 것이다.[464] 데모크라티아가 말 그대로 수적인 측면에서 과두주의 세력보다 우세한 요인인 점을 고려하면 태생적으로 아테네 민주정은 인구 구성과 밀접한 관계를 가진 것으로 볼 수 있다. 아테네 민주정이 기본적으로 데모스의 수적인 우세함에 의존하였다면 아르기누사이 해전에서 수천 명의 테테스 계층의 인명 손실은 아테네 민주정의 존립에 특별한 해가 될 수 있다. 이것은 수적으로 열세인 과두주의 정파가 정체 변화를 시도할 수 있는 잠재적인 요인으로 작용한다. 이처럼 과두주의자들의 민주정 전복에 대한 아테네 데모스의 두려움은 과거 시켈리아 원정에서 나타난 현상을 고려할 때 허황된 것이 아니다. 시켈리아 원정에서 아테네 해군의 전멸이 있고 난 뒤에 스파르타는 친스파르타적인 과두 세력을 지지하기 위해 아테네로 즉각 진군하였기 때문이다.[465] 물론 스파르타의 예상되는 침공이 현실화되지는 않았지만, 과두파가 비상 상황을 이용해서 세력이 약해진 데모스로 하여금 스스로 권력을 내놓도록 투표하게 만든 것은 사실이다. 아르기누사이 해전에서 상당한 수의 테테스 선원들이 전사함에

---

464 D. Gish(2012a), 176.

465 Thoukydides, *Hist.*, VIII.1.

따라 데모스 계층이 수적으로 약화되었고, 이는 과거 기원전 411년 과두파의 민주정 전복이라는 비극적 사건을 떠올리게 했을 것이다. 이러한 민주정체의 취약성으로 인한 깊은 불안감이 아테네 데모스로 하여금 기원전 410년 다시 민주정이 회복된 이후 미래의 잠재적인 과두주의자들의 반역 행위를 차단하기 위한 선제적 공격을 착수시켰다. 즉 '민주주의를 공개적으로나 비밀리에 전복하려는(kataleuin ten demokratian)' 목적을 가진 시민이나 외국인의 어떤 행위든 그것을 기소하거나 명백하게 금지할 수 있음을 공포한 것이 그것이다.[466]

물론 아르기누사이 장군들이 민주정을 전복시키고 과두정권을 수립하려는 음모를 가졌다는 역사적 전거는 부재하다. 무엇보다 아테네 데모스가 아르기누사이 장군들을 민주정 파괴라는 반역죄로 처형했다는 증거가 부재하기 때문이다. 그러나 크세노폰의 보고에 근거할 때 적어도 장군들에 대한 강도 높은 조사와 유죄 판결은 수천 명의 하층 계급인 데모스를 구조하지 않아 익사시킨 책임을 묻는 데 초점이 맞추어진 것이다. 따라서 장군들의 비행, 특히 그들이 의도적으로 구조 노력을 게을리했다면 그것은 데모스에 대한 경멸과 민주정에 대한 충성심의 결여로서 이해될 수 있다. 다시 말해 파선된 배의 밧줄을 잡고 아직 생존해 있던 선원들을 구조하지 못한 책임을 단순히 어쩔 수 없는 폭풍우에만 전가하기 어려울 수 있다는 것이다.

여기서 아르기누사이 해전을 위한 선원 모집 과정에서 나타난 정치 지도자로서의 장군들과 아테네 데모스의 역학 관계를 좀 더 살펴볼 필요가 있다. 이것은 '아르기누사이 장군들에 대한 재판에는 무언가 다른 근본적인 이유가 있지 않았을까?' 하는 의구심과 관련된다. 즉 아르기누

---

466 Andokides, *Peri ton Mysterion*, 96-98, D. Gish(2012a), 177, 각주 30 참조할 것.

5장 _ 고대 아테네 민주정은 우중정체인가?

사이 재판을 아테네 민주정의 최고 권력체인 데모스와 그들에 의해 선출된 엘리트 장군들 사이의 역학적 권력 관계에서 보고자 하는 것이다. 이러한 접근은 엘리트 시민인 장군들이 군사적 결정 과정에서 필수 불가결한 권력을 부여받지만 그것이 또한 동시에 아테네 민주정에 잠재적인 위험으로 간주될 수 있다는 가정에서 비롯한다. 이러한 검토를 통해 재판 과정에서 보여 준 아테네 데모스의 분노(thymos)도 이해될 가능성이 있다.[467] 아테네 시민의 분노는 장군들의 하층 계급에 대한 무시와 그들의 데모스에 대한 충성심의 결여에서 비롯된 것으로 이해될 수 있기 때문이다. 같은 맥락에서 민회 회의의 여러 부분에서 데모스의 분노에 찬 야유나 고함도 이해될 필요가 있다. 앞서 3장에서 살펴본 것처럼 민회에 참석한 아테네 시민의 토뤼보스, 즉 야유나 고함은 민주적인 토론이나 숙고 과정에서 시민의 집단적 의견을 표출하기 위한 정당한 정치적 방법으로 인정될 수 있기 때문이다.[468]

먼저 아테네 시민들의 장군들에 대한 분노를 이해하기 위해서는 아르기누사이 해전에 참여한 장군들의 선원 모집 과정에서 취해진 조치가 함께 고려되어 이해되어야 한다. 앞서 언급한 것처럼 아르기누사이 함대 출정을 위해서는 부족한 선원들을 보충하는 것이 시급한 일이었다. 그래서 선원 충원을 위해 시민권이 거류 외국인들과 노예들에게 주어졌다. 이것은 전례가 없는 일이지만 크세노폰과 디오도로스는 이에 관한 설명을 하고 있지 않다. 이와 관련해서 헌트(P. Hunt)는[469] 장군들의 처형

---

467 튀모스의 다양한 의미와 튀모스의 정치적이며 도덕적인 정의의 의미에 관한 상세한 논의는 손병석(2013) 참조할 것.

468 아테네 민주정에서의 토뤼보스의 정치적 정당성과 관련해서는 V. Bers(1985), 1-15, A. Lanni(1997), 183-189, J. Tacon(2001), 178-189, R. W. Wallace(2004), 221-232, D. Gish(2012a), 187-191 참조할 것.

을 노잡이로 봉사했던 노예들에 대한 시민권 부여와 자유의 승인과 관련된 것으로 말한다. 다시 말해 거류 외국인들과 노예들을 선원으로 충원하는 대신에 그들에게 시민권과 자유를 주는 조치는 아테네 인구 구성의 큰 변화와 노예 소유주의 불만을 초래했으리라는 것이다. 보통은 장군들이 노예들을 자유인으로 만들거나 그들에게 시민권을 줄 권한을 갖고 있지 않다. 이것은 민회에 있었다. 그런데도 디오도로스에 따르면 해군 작전 함대의 노잡이 선원으로 봉사할 병력을 모집할 수 있는 권한은 장군들에게 주어졌다.

이렇듯 아테네 민주정에서 장군들이 가진 힘과 특권을 고려할 때 아르기누사이 해전은 상당한 정치적, 사회적, 경제적 비용을 지불하면서 출정 준비가 이루어진 것으로 볼 수 있다. 아르기누사이 출정을 위한 준비 과정에서 장군들의 민회 영향력은 컸으며, 아테네 데모스는 장군들이 해전에서 요구하는 희생의 필요성을 의식하였을 것이다. 그러나 이것이 데모스가 아르기누사이 해전에서 숨진 선원들에 대한 장군들의 일련의 행위들을 기꺼이 인정할 준비가 되었다는 것을 의미하지는 않는다. 성공적인 군사적 작전을 위해 데모스가 많은 권력을 아르기누사이 장군들에게 부여했더라도 그 결과에 대한 장군들의 책임이 예외적으로 면제될 수는 없기 때문이다.

아테네 데모스가 아테네 정체를 수호하는 동기는 장군들의 해전에서의 승리를 통한 명예나 관직에 대한 욕망이나 야망과는 다르다. 데모스에게 공통된 목적은 아테네 민주정의 안정과 유지이고 정체에 대한 공적인 애착심이 있다. 아테네 데모스는 아르기누사이 해전에서의 승리가 아테네 정체의 유지를 위해 중요하다고 판단하고 장군들에게 상당한 권

---

469 P. Hunt(2001), 366-370, J. Ober(1996), 101.

력을 이양하였다. 그러나 예상외로 많은 시민의 희생이 발생했고, 잘못된 결과에 대해 장군들의 책임을 면제시켜 주는 것에는 동의하려고 하지 않았을 것이다. 특히 그러한 결과가 인구학적으로 하층 계급의 수적인 감소로 이행되어 정체의 내적인 위협으로 귀결되었을 때는 더욱 그렇다. 이러한 상황에서 데모스는 바다에 떠 있는 수천 명 선원들의 구조 임무를 아테네 민주정체 자체에 대한 그들의 충성심과 연관 지어 묻고자 했을 것이다. 다시 말해 선원들의 생명을 포기하는 것은 단순히 장군들의 태만 행위를 넘어 아테네 데모스에 대한 의무 방기와 '수많은 하층 계급'의 생명을 무가치한 것으로 무시하는 과두주의적인 생각으로 해석될 수 있다. 장군들의 집단 재판에 반대하는 에우립톨레모스와 소크라테스의 이성적인 주장에도 불구하고, 아테네 데모스가 장군들의 처형을 결정한 것은 데모스의 통치 원리나 민주주의적인 삶의 방식에 대한 위기가 감지된 반응으로 볼 수 있다.

지금까지 언급한 모든 것을 종합할 때 아테네 데모스는 장군들의 책임에 대한 적합한 처벌을 내리기 위해 엄격한 민주적 제도와 법의 원칙에 따라 재판을 진행하였다. 무엇보다 데모스는 자신들의 의지를 관철하는 중에 성난 분노에 휩쓸려 아테네 민주주의의 법적인 제도와 절차를 부정하지 않았다. 그들은 장군들에 대한 최종적인 결정을 내릴 때까지 여러 번 민회와 평의회의 논의를 진행하면서 엄격한 민주적 책임의 원칙에 따라 정의와 이익 사이의 균형을 맞추고자 하였다. 이것은 후대의 역사가들이 비판하는 것처럼, 아테네 민주주의를 우중정치의 대표적인 부정적 사례로 간주하기 어렵다는 것을 의미한다. 그 반대로 기쉬(D. Gish)가 올바르게 주장하듯이[470] 아르기누사이 재판은 '민주주의적

---

470 D. Gish(2012a), 202-203, 특히 174.

숙고(democratic deliberation)'의 좋은 실례가 된다는 점에서 오히려 다르게 이해되어야 할 측면이 있다. 즉 아테네 데모스가 조야하고 성급한 감정에 치우쳐 졸속으로 장군들에 대한 재판을 진행했다고는 보기 어렵다. 적어도 여러 반민주주의적인 사상가들이 비난하는 것처럼 아르기누사이 재판이 집단 분노에 눈이 먼 비이성적인 데모스의 어리석은 우중정치의 전형을 보여 주는 사례로 제시되는 것은 정당화되기 어렵다.

2) 소크라테스 재판

두 번째 사례는 아테네 민주정의 씻을 수 없는 오점으로 말해지는 소크라테스의 재판이다. 기원전 399년에 있었던 소크라테스의 죽음은 아테네 민주정이 우중의 정체라는 평가를 하게 만드는 대표적인 사례로 말해진다. 그러면 정말로 아테네 데모스는 가장 지혜로운 자로 평가되는 철학자 소크라테스에게 독약을 마시게 한 가장 어리석은 시민들일까? 소크라테스 재판은 과연 플라톤과 같은 반민주주의자들이 공격하듯이 비합리적이고 광기적인 다중 지배의 전형을 보여 주는 재판인가? 이러한 물음들에 본 연구는 소크라테스 죽음의 실체적 진실을 파헤치기 위해 소크라테스에 대한 기소명으로 말해지는 '불경건죄'와 '청년 타락죄'가 그에 대한 실질적인 기소명인지 그 진위를 규명할 것이다. 그리고 소크라테스의 죽음의 원인이 종교적 또는 윤리적 원인보다는 그의 반민주적인 정치 철학과 그에 동조한 제자들과의 관계라는 정치적 이유와 관련되었음을 밝힐 것이다. 이러한 연구를 통해 소크라테스의 재판이 아테네 민주정의 대표적인 우중정치 사례로 평가되는 것은 올바른 이해가 아님을 제시할 것이다.

이를 위해 본 연구는 소크라테스의 재판이 있기 몇 해 전인 기원전 411년과 404년의 과두주의 세력에 의한 아테네 민주정 전복과 이후에

세워진 400인 과두정권, 30인 폭정에 의한 아테네 시민의 희생에 주목할 것이다. 아테네 민주정의 정치적 상황과 관련해서는 크세노폰의『헬레니카』와 아리스토텔레스의『아테네 정체』가 주요한 텍스트로 분석된다. 그래서 소크라테스의 재판과 죽음이 정말로 아테네 데모스의 어리석은 판결 탓인지를 당시 아테네 민주정의 정치적 상황과 관련시켜 비판적으로 검토할 것이다.

철학자 소크라테스는 기원전 399년에 아테네 법정에 고발되어 불경건죄와 청년 타락죄로 사형을 받아 독약을 마시고 죽었다. 델포이 신탁에서 가장 지혜로운 자로 말해진 소크라테스가 우리가 최선의 정체로 생각하는 아테네 민주정체의 시민 법정에서 유죄를 판결받고 죽임을 당한 것이다.[471] 서구 지성사에서 소크라테스의 재판과 처형은 민주주의의 오점이자 아테네 데모스의 사법적 살인으로 말해진다. 무엇보다 '평등하게 말할 자유'와 '모든 것을 자유롭게 말할 자유'를 민주주의의 모토로 내세우는 아테네 민주주의에서 가장 지혜롭고 경건하다고 말해지는 철학자의 소리를 중지시킨 것은 쉽게 이해되기 어려운 일이다.

(1) 소크라테스 재판과 기소명

소크라테스는 아테네 법정에 '불경건죄'와 '청년 타락죄'로 기소되었다.[472] 우리에게 전승되고 있는 자료에 근거하면 이러한 기소명이 부정되기는 어렵다. 먼저 플라톤이 보고하는 소크라테스의 기소명은 구 고발인들의 것과 현재의 고발인들의 것으로 구분된다. 첫 번째 구 고발인

---

471 소크라테스의 죽음이 서양 문화에 준 영향과 평가와 관련해서는 E. Wilson(2007) 참조.

472 불경건죄와 청년 타락죄에 관한 문헌학적 근거 설명은 손병석(2013), 214-217에서 재인용했음을 밝힌다.

들의 소크라테스에 대한 기소명은 다음과 같다.

∞∞

소크라테스라는 한 현자는 죄를 지었으며 주제넘는 짓을 하고 있으니, 그건 땅 밑과 하늘에 있는 것들을 탐구하는가 하면, 한결 약한 주장을 더 강한 주장으로 만들며, 또한 바로 이것들을 다른 사람들에게 가르치고 있어서입니다.[473]

∞∞

이 첫 번째 인용문에서 "땅 밑과 하늘에 있는 것들을 탐구"한다는 것은 소크라테스에게 무신론자의 혐의를 두고 이루어지는 기소라는 점에서 불경건죄와 관련되는 것으로 볼 수 있다. 그리고 "약한 주장을 강한 주장으로" 만든다는 것은 소크라테스가 일종의 소피스트적인 궤변술을 통해 청년들을 혹세무민하는, 즉 아테네 청년을 타락시킨다는 기소명으로 볼 수 있다. 그렇다면 소크라테스를 법정에 서게 한 현재의 고발인들의 기소명은 무엇인가? 세 명의 주요 고발자들, 즉 멜레토스와 뤼콘 그리고 아니토스에 의한 소크라테스의 기소명은 다음과 같다.

∞∞

소크라테스는 젊은이들을 타락시키고, 나라가 믿는 신들을 믿지 않고, 다른 새로운 영적인 것들(hetera kaina daimonia)을 믿음으로써 죄를 범하고 있다고 합니다.[474]

∞∞

위의 두 인용문을 통해 알 수 있는 것처럼 구 고발인들과 현재의 고발인들 공히 소크라테스를 신에 대한 불경건죄와 젊은이들을 타락시킨 죄

---

473 Platon, *Ap.*, 19b.

474 Platon, *Ap.*, 24b-c.

로 기소하고 있다. 철학자들의 삶을 보고하고 있는 디오게네스 라에르티우스(Diogenes Laertius) 역시 소크라테스의 기소명을 다음과 같이 확인시켜 준다.

◇◇◇

피토스 출신의 멜레토스의 아들, 멜레토스의 알로페케 출신인 소프로니코스의 아들, 소크라테스에 대한 기소와 그 진술서는 다음과 같다. "소크라테스는 국가(polis)가 인정하는(nomizei) 신들을 인정하지 않은 죄와, 다른 새로운 신성을 들여온 죄를 지었다. 그리고 또한 청년들을 타락시키는 죄를 범했고, 그래서 사형을 구형한다."[475]

◇◇◇

소크라테스의 기소명에 대한 보고는 크세노폰의 『메모라빌리아』에서도 확인된다.

◇◇◇

소크라테스는 국가가 인정하는 신을 신봉하지 않고, 새로운 신성을 들여오는 죄를 지었다. 또한 청년들을 타락시킨 죄를 지었다.[476]

◇◇◇

위의 인용문들을 통해 알 수 있는 것처럼 플라톤과 디오게네스 라에르티우스 그리고 크세노폰의 보고에 따르면 소크라테스의 기소명은 '불경건죄'와 '청년 타락죄'이다. 플라톤의 『변론』 편에서 기술되고 있는 불경건죄의 내용은 소크라테스가 "나라가 믿는 신들을 믿지 않고, 다른 새로운 영적인 것들을 믿었다는 것"이다. 여기서 폴리스가 믿는 신은 당연히 아테네 시민들이 믿는 신이라고 말할 수 있다. 그런데 기소명에서 소

---

475 Diogenes Laertius, II.40.

476 Xenophon, *Memorabilia*, I.1.3-5.

크라테스는 이러한 아테네 시민들이 믿는 것과는 다른 새로운 다이모니온(daimonion), 즉 영적인 것을 믿는다고 기술되고 있다. 이것은 앞서 인용한 디오게네스 라에르티우스가 "소크라테스는 폴리스가 인정하는 신들을 인정하지 않은 죄와, 다른 새로운 신성(daimonia)을 들여온 죄를 저지른 것"으로 보고하고 있는 기소의 내용을 통해서도 동일함이 확인된다. 그렇다면 소크라테스의 불경건죄는 소크라테스가 무신론자이기 때문이라기보다는 아테네 시민들이 믿는 신과는 "다른" 신을 믿었기 때문인 것으로 생각된다. 이것은 소크라테스의 다음과 같은 말에서도 확인된다.

∞∞

여러분께서 여러 번 여러 곳에서 제가 말하는 것을 들으신 일이 있는 것으로서, 일종의 신적인 것이며 영적인 것이 제게 나타난다는 것인데, 바로 이것이 멜레토스가 공소장에서도 조롱하는 투로 적은 것입니다. 그런데 이것이 제게는 소싯적에 시작된 것이며, 일종의 소리로 나타나는 것인데, 이것이 나타날 때는 언제나 제가 하려고 하는 일을 하지 말도록 말리지, 결코 적극적인 권유를 하는 일은 없습니다.[477]

∞∞

인용문에서 알 수 있는 것처럼 소크라테스는 자신의 삶의 여정에서 중요한 순간마다 다이모니온이라는 신성한 소리에 따라 자신이 행동했음을 인정한다. 이것은 사형으로 결정이 난 이후에도 소크라테스가 그것을 받아들이도록 하는 '신의 알림(to tou theou sēmeion)'을 언급하는 데서도 알 수 있다. 그렇다면 멜레토스의 불경건죄 기소는 소크라테스의 다이모니온이라는 새로운 신성을 염두에 두고 이루어진 것으로 볼 수 있

---

477 Platon, *Ap.*, 31c-d.

다. 소크라테스의 다이모니온은 분명 아테네인들이 믿는 신과는 다른 신성으로 볼 수 있기 때문이다. 그렇다면 소크라테스가 새로운 다른 신을 믿는 종교관을 가졌었다면, 소크라테스의 불경건죄에 대한 기소는 그에 대한 실질적인 기소명으로 인정될 가능성이 크다. 그러면 소크라테스는 자신에 대한 이러한 불경건죄 기소에 대해 어떻게 대응하고 있을까?

먼저 플라톤의 『변론』 편에서 소크라테스는 기소자 중의 한 명인 멜레토스에게 자신에 대한 불경건죄가 어떤 신도 믿지 않는다는 의미인지, 신을 믿되 아테네가 숭배하는 신을 믿지 않는다는 것인지를 더 분명히 밝혀 달라고 요구한다. 이에 대해 멜레토스는 소크라테스를 어떤 신도 믿지 않는 무신론자로 규정한다. 그러나 소크라테스는 무신론자로 자신을 규정하는 것은 전혀 진실에 맞지 않다며 두 가지 근거를 들어 반박한다. 하나는 무신론자라고 함은 철학자 아낙사고라스(Anaxagoras)가 주장한 것처럼 일종의 태양과 달을 각각 뜨거운 돌과 차가운 돌로 간주하는 자인데, 자신은 그러한 무신론자가 아니라는 것이다.[478] 두 번째 반박은 영적인 다이모니온을 믿는 것은 곧 신령들을 믿는 것과 다르지 않게 이해되어야 한다는 것이다. 소크라테스에 따르면 다이모니온과 같은 영적인 것들은 에로스처럼 중간적인 위상을 가진 신적인 것으로서, 그것들은 신이거나 신의 자손들이기 때문이다. 따라서 신들의 자손인 영들을 믿으면서 신을 믿지 않는 것은 모순이 되기 때문에 멜레토스는 기소장에서 자가당착적인 말을 하고 있다는 것이 소크라테스의 주장이다.

소크라테스의 두 번째 기소명은 아테네 청년 타락죄이다. 플라톤의 『변론』 편에서 멜레토스를 비롯한 현재의 고발인들은 소크라테스가 젊

---

478 Platon, *Ap.*, 26d-e.

은이들을 타락시킨 것으로 주장한다.[479] 이 기소명은 구 고발인들에 의해서는 "한결 약한 주장을 더 강한 주장으로 만들며, 또한 바로 이것들을 다른 사람들에게 가르치고 있다"[480]라고 표현된다.

∞∞

소크라테스는 언변에 능숙하니까 속아 넘어가지 않도록 조심해야 한다. 그는 진실을 말하는 사람이 아니라 미사여구의 연설과 정연한 연설에 능통하여 언변에 능숙한 사람이기 때문이다.[481]

∞∞

크세노폰과 디오게네스 라에르티우스 역시 소크라테스가 청년들을 '타락시키는(diaphtheirōn)' 죄를 범한 것으로 기소되었다고 전한다. 그러면 소크라테스의 청년 타락죄에 대한 반론은 어떻게 제시되고 있을까? '아테네 청년 타락죄'에 대한 플라톤 『변론』편에서의 소크라테스의 반박은 먼저 구 고발인들이 말한 것, 즉 소크라테스를 약한 논증을 강한 논증으로 만드는 일종의 궤변론자로 비방하는 선입견에 대한 것이다. 이에 대한 소크라테스의 변론은 자신은 그러한 소피스트와 전혀 다른 사람이라는 것이다. 그 이유로 소크라테스는 자신이 소피스트들과 달리 돈을 받고 지식을 가르친 것이 아니라고 말한다. 그리고 소크라테스는 현재 법정에 앉아 있는 과거 자신의 강의를 들은 배심원들을 거명하면서, 그들이 자신의 강의를 듣고 타락하지 않았음을 입증할 것이기 때문에 그러한 죄명은 전혀 진실이 아니라고 강변한다.[482]

다음으로 현재의 고발인들에 의한 아테네 청년 타락죄에 대해서 소크

---

479 Xenophon, *Memorabilia*, I.1.3-5, Diogenes Laertius, II.40.

480 Platon, *Ap.*, 19b-c.

481 Platon, *Ap.*, 17a-b.

482 Platon, *Ap.*, 19d-20c.

5장 _ 고대 아테네 민주정은 우중정체인가?

라테스는 멜레토스를 대화의 상대자로 끌어들여 자신의 변론을 시도한다. 먼저 소크라테스는 멜레토스에게 청년들을 더 낮게 만들 수 있는 사람이 누구인지를 묻는다. 이 물음에 멜레토스는 '법률(nomoi)'이 청년들을 더 낮게 만든다고 답한다. 소크라테스는 누가 법을 만드는가를 다시 묻고, 멜레토스는 소크라테스를 제외한 모든 아테네인들이라고 답한다. 이후에 이어지는 소크라테스의 반론은 소위 '앎에 근거한 기술(technē) 비유'를 통한 논증 방식이다. 즉 소크라테스에 따르면 말을 훈련시킬 수 있는 사람은 말에 관한 지식을 갖고 있는 조련사이지, 무지한 다수가 아니다. 만약 그렇지 않고 무지한 자가 말을 훈련시키게 되면, 말은 나아지지 않고 더 나빠지기 때문이다. 따라서 말에 관한 기술적 지식을 소유한 전문가가 조련사가 되어야 한다.[483] 소크라테스는 이러한 테크네 비유를 통해 같은 논리가 청년들의 교육에도 적용되어야 함을 주장한다. 다시 말해 멜레토스가 생각하는 것과 달리, 청년들을 교육할 수 있는 적임자는 지식을 소유한 자이지, 다수의 무지한 자들이 아니다. 알고 있는 자가 교육을 통해 청년들을 더 낮게 만들 수 있다는 것이 소크라테스의 기본적인 입장이기 때문이다.

청년 타락죄에 대한 소크라테스의 두 번째 반론은 '만약 자신이 청년들을 타락시켰다면, 그 타락이 의도적으로 이루어졌겠는가?' 하는 것이다. 이와 관련하여 소크라테스는 자신과 같은 선한 사람이 다른 사람을 해롭게 할 수도 없을뿐더러, 그러한 행위로 해서 결과적으로 그 해가 자신에게 올 것을 알고서도 그러한 악행을 범할 리가 없다는 것이다. 따라서 만약 불의가 이루어졌다면, 그것은 '고의적이 아닌(akōn)' '무지(agnoō)'에 의한 행위이다. 그리고 불의한 행위가 무지에 의한 것이라면, 그것은

---

483 Platon, *Ap.*, 25a-c.

가르침이나 훈계를 통해 깨닫게 해 주어야 할 문제지, 처벌의 대상이 아니라는 것이 소크라테스의 주장이다.[484]

플라톤의 『변론』편에 따르면 유무죄를 가리는 1차 재판에서 소크라테스는 280 대 220의 표로 유죄를 판정받는다.[485] 당시의 아테네 재판 제도에서 1차 재판의 결과가 유죄면 2차 재판에서는 기소자와 변론자 각각의 형량 제안이 이루어진다. 기소자들은 소크라테스의 형량으로 사형을 요구하였다. 소크라테스는 자신의 반대 형량 제안으로 프뤼타네이온(prytaneion), 소위 영빈관에서의 성대한 '식사 대접'을 제시한다. 올림픽 전차 경기에서 우승한 자에게 베풀어졌던 상을 소크라테스는 자신의 형량에 합당한 것으로 주장하였다. 즉 소크라테스는 자신의 아테네 폴리스에 대한 봉사와 헌신에 걸맞은 대가로 벌은 가당치 않고, 오히려 프뤼타네이온에서의 식사 대접이 합당하다는 것이다. 그러나 소크라테스의 반대 형량 제안으로서의 식사 제안은 아테네 시민배심원단에게 오만한 법정 연설로 생각되었을 가능성이 크다. 그의 에이로네이아(eironeia)[486]적인 또는 메갈레고리아(megalegoria)적인[487] 법정 연설과 영빈관 식사 대

---

484 Platon, *Ap.*, 25c-26a.

485 소크라테스는 유무죄의 차이가 30표만 난 것에 놀랐다고 말한다. 이것은 소크라테스가 자신의 연설이 배심원단의 분노를 상당한 정도로 초래할 것을 감지하고 있었음을 방증한다 (Platon, *Ap.*, 35e-36a, Diogenes Laertius, II.40 참조).

486 eironeia는 소크라테스가 시민들과 철학적 대화를 위해 사용하는 일종의 대화 유인술이다. 예를 들어 '덕이란 무엇인가'를 알기 위해 대화의 첫 번째 단계에서 사용하는 방식이 에이로네이아이다. 즉 에이로네이아는 소크라테스가 아무것도 알지 못하는 척하면서 대화 상대자를 대화로 끌어들이는 대화술의 일종이다. 소크라테스는 이러한 에이로네이아적인 방식을 『변론』편에서 자신의 변론술로 진지하게 사용한다. 즉 기만이나 속임수가 아닌 정의를 밝히기 위한 법정 수사술로 사용한다. 소크라테스의 에이로네이아적인 법정 변론술에 관한 상세한 설명은 손병석(2013), 174-211 참조할 것.

487 megalegoria는 '크게 말하는 것', 달리 말해 '오만하게 말하는 것'이다. 소크라테스의 메갈레고리아적인 법정술은 아테네 배심원단을 판관이 아닌 아테네 시민들이라고 부른다든지, 또는

접 제안은 결국 아테네 배심원단의 분노 감정을 더 자극한 역효과를 낳은 것이다. 소크라테스 역시 "당신들이 나를 에이로네이아를 행하고 있는 것으로 여겨 설득되지 않겠지만"[488]이라고 말하는 것으로 보아 이 점을 인지하고 있었다고 보인다. 또 이러한 이유로 소크라테스는 친구들의 도움으로 30므나를 낼 수 있다고 제안한다. 결국 아테네 배심원단의 판단은 기소자의 제안 쪽으로 기울어지고 있었다. 디오게네스 라에르티우스에 따르면 2차 재판에서 사형을 찬성하는 표가 1차의 유죄에 찬성했던 표보다 80표 더 많았다고 한다. 그렇다면 1차 재판 결과가 280 대 220으로 30표 차이가 났음에 비해 2차 형량 결정에서는 80표가 사형 찬성 쪽으로 간 것으로 볼 수 있다. 결국 360 대 140으로 사형표가 더 많아진 것이다.[489]

(2) 불경건죄와 청년 타락죄가 죽음의 실질적 이유인가?[490]

불경건죄와 관련하여

앞서 살펴본 것처럼 불경건죄와 관련하여 소크라테스는 『변론』 편에서 자신을 무신론자로 규정하는 것은 전혀 진실에 맞지 않음을 두 가지 근거를 들어 반박한다. 하나는 무신론자라 함은 아낙사고라스가 주장한 것처럼 일종의 태양과 달을 각각 뜨거운 돌과 차가운 돌로 간주하는 자인데, 자신은 그러한 무신론자가 아니라는 것이다.[491] 두 번째 반박

2차 변론에서 자신에게 합당한 형량 제안을 프뤼타네이온에서의 식사 대접으로 말하는 예들에서 잘 나타난다. 이와 관련한 상세한 논의는 손병석(2013), 174-211 참조할 것.

488 Platon, *Ap.*, 38a1.

489 Diogenes Laertius, II.42.

490 이하 부분은 손병석(2013), 225-241에서 부분적으로 선택하여 재인용했음을 밝힌다.

491 Platon, *Ap.*, 26d-e.

은 영적인 다이모니온을 믿는 것은 곧 신령들을 믿는 것과 같이 이해되어야 하고, 따라서 신들의 자손인 영들을 믿으면서 신을 믿지 않는 것은 모순이라는 것이다.[492]

소크라테스의 이러한 반론은 어떻게 이해되어야 할까? 소크라테스가 과연 멜레토스와의 대화를 통해 자신의 불경건죄가 근거 없음을 설득력 있게 논박하는 것으로 볼 수 있을까? 중요한 점은 소크라테스가 아테네인들이 믿었던 폴리스의 수호신과는 다른 사적인 신령을 믿었고, 이것이 그가 법정에 서게 된 이유로 작용했을 가능성이 크다는 것이다. 그러면 우리는 이러한 다이모니온과 같은 사적인 신령이 빌미가 되어 소크라테스가 불경건죄로 기소되었다는 일종의 종교적 해석을 어느 정도의 설득력을 갖는 것으로 볼 수 있을까?

이 물음을 둘러싼 학자들의 주장과 관련하여 먼저 블라스토스(G. Vlastos)의 종교적 해석을 들 수 있다. 블라스토스는 소크라테스의 종교관을 기존 아테네의 전통적 종교관과 다른 진보적인 입장을 보여 주는 것으로 해석한다.[493] 즉 그에 따르면 소크라테스는 이전의 이오니아 철학자들이 신적인 것을 자연화시켰듯이 신을 이성에 의해 도덕화시켰다. 요컨대 블라스토스의 주장에 따르면 소크라테스는 기존 아테네 폴리스의 신들을 대체하는 새로운 신 개념을 도덕의 영역 내지 체계 내에서 합리화시켰다. 그래서 소크라테스가 생각하기에 제우스와 같은 올림포스의 신들은 엄격한 도덕적 규범을 따르는 도덕적으로 완벽한 지선(至善)한 존재이며, 따라서 악의 원천이 될 수 없다. 결국 블라스토스의 해석에 따르면 소크라테스는 기존의 구신들의 비도덕적인 개념을 파괴하고

---

492 Platon, *Ap.*, 27c-d.

493 G. Vlastos(2000), 55-73.

도덕화된 새로운 신 개념을 만들고자 했다는 점에서 종교적 개혁론자의 입장을 보였고, 이것이 불경건죄의 혐의로 기소된 원인이 되었다.

종교적 해석을 취하면서도 블라스토스와 다른 주장을 하는 학자들로 브릭하우스와 스미스[494]를 들 수 있다. 이들은 공히 신들에 관한 소크라테스의 도덕적 개념화는 인정하고 있지만, 그것이 곧 소크라테스를 법정에 기소할 정도의 위협적인 근거로 작용했는지에 대해서는 회의적이다. 소크라테스에 대해 보고하고 있는 고대의 어떤 학자들도 소크라테스의 종교적인 도덕적 개혁을 문제 삼아 그것을 기소의 원인이 되는 증거로 제시하고 있지 않기 때문이다. 이들 학자에 따르면 고대의 여러 자료들에서 소크라테스 역시 공적 영역과 사적 영역 모두에서 관습적으로 행해진 종교 의식이나 기도를 행하는 평범한 모습으로 그려지고 있다는 점에서 소크라테스의 종교적 입장은 기존 아테네의 전통적 종교관과 일치한다. 이런 이유로 이 두 학자는 소크라테스에 대한 불경건죄는 블라스토스가 주장하는 것처럼 신을 도덕적으로 변형시킨 개혁적 신관 때문이 아니라, 소크라테스의 사적인 신성한 소리 즉 다이모니온이 문제가 되는 것으로 본다. 브릭하우스와 스미스의 주장에 따르면 다이모니온은 소크라테스가 어렸을 때부터 매우 자주, 사소한 것에서조차 무언가 이익이 되지 않는 잘못된 것을 행하려고 하면 그를 제지하는 내적인 신성한 소리이자 신호(sign)로 나타나곤 했다. 그럴 때마다 소크라테스는 다이모니온이 명령하거나 지시하는 소리에 더 이상의 의문을 제기하지 않고 복종하였다. 그렇기 때문에 이들 학자에 따르면 소크라테스의 이성에 대한 확고한 신념은 항상 다이모니온의 명령을 능가할 수 없다. 소크

---

494 T. C. Brickhouse, N. D. Smith(2000), 74-88, T. C. Brickhouse, N. D. Smith(2002), 209-219.

라테스가 『변론』 편에서 자신의 정치 불참여의 이유로 제시하는 것 역시 다이모니온의 제지이다. 결국 소크라테스의 불경건죄의 실질적인 원인은 신의 도덕적 변형을 통한 종교적 개혁에서가 아니라, 그의 개인적인 신으로서의 다이모니온에서 찾아야 한다는 것이 브릭하우스와 스미스의 종교적 해석이라 말할 수 있다.

상술한 두 진영 학자들의 상반된 주장은 다양한 문헌학적 자료들에 근거해 각기 필요한 텍스트적 논거를 통해 정당화되고 있으며, 또 그런 점에서 각기 어느 정도 설득력이 있는 것으로 판단된다. 그러면 블라스토스가 주장하는 것처럼 소크라테스는 당시의 관습적인 아테네 폴리스의 종교관을 합리적인 도덕적 신관으로 만들기 위한 종교 개혁가이기 때문에 불경건죄로 기소된 것으로 이해해야 할까? 이 물음에 대한 가능한 답을 찾기 위해서 소크라테스가 살던 기원전 4세기 그리스인들의 종교관을 간단하게나마 짚어 보는 것이 도움이 될 것 같다. 이와 관련하여 먼저 학자들이 관심을 갖는 것은 과연 '이 시기에 현재의 종교처럼 믿음(beliefs)의 교리(dogma) 체계가 존재했었는가' 하는 것이다.[495] 이에 대한 학자들의 견해는 부정적이다.[496] 이 당시의 그리스 종교는 믿음에 근거한 종교 형태라기보다는 기도나 헌주와 같은 실천적인 의미의 의식(ritual) 활동 속에 구현된 종교적 특성이 강하기 때문이다. 이것은 곧 종교적 믿음이나 신념의 관점에서 고대 그리스의 종교가 규정되기 어려움을 의미한다. 고대 그리스 종교를 단적으로 믿음과 같은 교리 체계에 전혀 근거하지 않은 것으로 보기는 어렵지만, 어디까지나 제의나 의식과 같은 실천적 활동을 통한 종교관이 강하다고 볼 수 있다는 것이다. 이

---

495 이와 관련해서는 M. Giordano-Zecharya(2005), 326-327 참조.

496 C. Sourvinou-Inwood(2000), 22 이하 참조, L. B. Zeidman, P. S. Pantel(1989), 176 이하 참조.

처럼 종교를 신을 숭배하는 제의적 실천 활동의 관점에서 볼 때, 소크라테스가 그러한 종교적 실천 활동에 참여하지 않은 것으로 보기는 어렵다. 앞서 살펴본 것처럼 소크라테스가 신의 존재를 부정한 것도 아니고, 그렇다고 신에 대한 제의적 활동에 동참하지 않은 것도 아니기 때문이다.[497] 이것은 특히 『에우티데모스(*Euthydemos*)』 편에서 소크라테스와 디오니소도로스의 대화 내용을 통해 알 수 있다. 이곳에서 디오니소도로스는 다른 아테네인들에게는 있는 조상신들이나 사당이 소크라테스에게도 있는지를 묻는다. 이 물음에 소크라테스는 분명하게 "나는 내 자신의 제단, 가족과 조상의 성소 그리고 다른 아테네인들처럼 그 밖의 모든 다른 것들을 갖고 있다네"[498]라고 말하고 있다.

그렇다면 브릭하우스와 스미스가 주장하는 것처럼 소크라테스의 불경건죄에 대한 기소는 그의 사적인 신령인 다이모니온과 더 연관이 되는 것으로 보아야 하지 않을까? 다른 여러 보고자들의 소크라테스의 기소명에 나타난 공통점이 바로 소크라테스가 다이모니온이라는 새로운 신을 도입했다는 것이고, 이러한 신령한 소리로서의 다이모니온은 아테네 시민들이 믿는 전통적인 신의 유형이 아닌 것으로 볼 수 있기 때문이다. 그렇다면 소크라테스 자신의 내적인 신성한 소리로서의 다이모니온이 불경건죄의 실질적인 원인이 되어야 함을 주장하는 브릭하우스와 스미스의 견해가 더 설득력이 있어 보인다. 소크라테스의 내적인 신성한 소리인 다이모니온은 소크라테스가 무신론자라는 비판을 피하게 할 수 있을지는 몰라도, 그것이 아테네의 수호신으로 말할 수 있는 제우스 신이나 아테네 여신 또는 포세이돈 신과 동일시될 수는 없기 때문이다. 요

---

497 Xenophon, *Apologia*, 11, *Memorabilia*, I.1.2.

498 Platon, *Euthydemos*, 302c.

컨대 아테네 시민들이 보기에 소크라테스는 아테네 폴리스가 섬겨 왔던 전통적인 신들과는 다른 다이모니온이라는 자신만의 신비적인 신령을 믿고 그것에 따라 행동을 한 불경건한 철학자로 간주될 수 있다. 그러나 여전히 남는 문제는 '그렇다면 소크라테스의 다이모니온과 같은 개인적인 신이 모두 아테네 법정에 불경건죄로 기소되었는가' 하는 것이다.[499]

이와 관련하여 우리는 일단 당시 아테네의 자유로운 종교적 분위기를 지적할 수 있다.[500] 고서(A. Gocer)가 주장하는 것처럼 아테네 민주주의는 종교적 다원주의가 인정된 종교·문화적 상황하에서 어느 정도 개인의 신비적인 종교관도 허용된 것으로 볼 수 있다. 또한 신이 인간에게 말하는 다양한 수단들을 고려할 때도 그렇다. 어떤 사람들에게 신은 신탁이나 천둥, 새의 소리나 다른 신호들을 통해 말하고, 소크라테스에게 신은 다이모니온의 소리를 통해 뜻을 전한 것으로 볼 수 있다.[501] 그렇다면 소크라테스의 다이모니온과 같은 신비적인 사적 신관은 기존 아테네의 정통 종교를 위협하거나 그에 도전하는 개혁적 종교론으로 보기 어려워진다.[502] 개인적인 신의 개념에 근거한 종교가 아테네 폴리스에 의해 승인된 신 개념과 일치하지 않음으로써 아테네의 전통적인 종교적 실천에

---

499 이와 관련하여 몇 가지 불경건죄 재판이 소크라테스 재판이 있던 시기와 그 이전에 있었던 것으로 알려져 있다. 특히 안도키데스와 니코마코스 재판이 소크라테스 재판과 유사한 불경건죄 재판으로 알려져 있다(R. Waterfield, 2009, 32-33).

500 고서에 따르면 기원전 4세기에 그리스에서 정통 종교와 이교(heterodoxy)라는 구분이 있었던 것으로 보기는 어렵다. A. Gocer(2000), 115-129.

501 Xenophon, *Apologia*, 12-13, *Memorabilia*, I.1.4, *Symposion*, VIII.5, Platon, *Phaidros*, 242c, *Euthydemos*, 272e, *Politeia*, 496c, *Theaitetos*, 151a.

502 이미 크세노파네스와 같은 급진적 종교론을 개진한 철학자가 있었는데 소크라테스의 다이모니온이 아테네인들에게 그렇게 위협적인 것으로 생각될 이유는 없을 것이라는 추정이 가능하다. 이것은 고서의 설명에 따르면 당시 그리스 사회에 신비적인 것에 대한 오랜 관행이 있어 왔던 문화적 상황과도 무관하지 않다(A. Gocer, 2000, 125 이하 참조).

변화를 가져왔다는 분명한 증거를 찾기가 어렵기 때문이다.

앞서 살펴본 것을 종합하면, 우리는 소크라테스가 아테네에서 전통적으로 행해지던 종교 의식, 즉 국가가 인정하고 숭배하는 신들에게 드리는 제사나 제의에 동참했음을 알 수 있다. 그렇다면 그는 아예 종교 의식을 거부하거나 신들을 부정한 인물이 아니었다. 따라서 소크라테스를 '급진적으로 전통 종교를 부정하거나 개혁하려 한 자'로 간주하여, 불경건죄라는 죄목으로 재판에 세우기에는 그 근거가 부족하다. 당시의 고대 그리스 종교가 아직까지 믿음의 교리 체계에 의해 정의되기 어려웠다는 상황 역시 이러한 점을 뒷받침한다. 무엇보다 고대 그리스의 다신론적인 종교적 관용이 허용된 사회·문화적 상황하에서, 소크라테스의 다이모니온만이 당시 아테네 폴리스의 종교적 체계를 뒤흔들 정도의 이단(異端)과 같은 위험한 신관으로 법적인 기소의 대상이 된다고 보기는 어렵기 때문이다.

청년 타락죄와 관련하여

소크라테스의 두 번째 기소명은 아테네 청년 타락죄이다. 앞서 살펴본 것처럼 이러한 청년 타락죄 고발에 대해 소크라테스는 다음과 같은 반론을 제시한다. 첫째, 소크라테스는 자신이 소피스트들과 달리 돈을 받고 지식을 가르친 것이 아니라고 말한다.[503] 두 번째 반론은 소위 '앎에 근거한 기술 비유'를 통한 답변이다. 즉 소크라테스의 주장에 따르면 말을 훈련시킬 수 있는 사람은 말에 관한 지식을 갖고 있는 조련사인 것처럼,[504] 청년들을 교육할 수 있는 적임자는 지식을 소유한 사람이다.

---

503 Platon, *Ap.*, 19d-20c 참조.

504 Platon, *Ap.*, 25a-c.

소크라테스의 세 번째 반론은 청년 타락죄의 의도성 여부 논제이다. 소크라테스는 자신과 같은 선한 사람이 다른 사람을 해롭게 할 수도 없을 뿐더러, 그러한 행위로 해서 결과적으로 그 해가 자신에게 올 것을 알고서도 그러한 악행을 범할 리가 없다는 것이다. 따라서 만약 불의가 이루어졌다면, 그것은 '고의적이 아닌' '무지'에 의한 행위라는 것이다. 그리고 불의로운 행위가 무지에 의한 것이라면, 그것은 가르침이나 훈계를 통해 깨닫게 해 주어야 할 문제지, 처벌의 대상이 아니라는 것이 소크라테스의 반론이다.[505]

그렇다면 소크라테스의 고발의 실질적인 원인을 아테네 청년 타락죄로 볼 수 있을까? 이와 관련하여 핵포스(R. Hackforth)는 도덕적인 관점에서 아테네 청년 타락죄를 소크라테스의 고발명으로 이해한다.[506] 다시 말해 핵포스는 소크라테스가 법정에 기소된 이유를 그가 아테네 정체의 가부장적 권위 질서를 새로운 윤리 질서로 바꾸려고 한 위협적인 인물이었기 때문인 것으로 주장한다.[507] 핵포스의 주장은 소크라테스가 아테네 폴리스의 전통적인 규범적 가치를 부정하고 개혁하려는 새로운 도덕 철학을 가르침으로써 청년들을 타락시켰다는 것이다. 다시 말해 기존의 전통적인 부자 관계나 가족 관계의 전통적 윤리를 부정하거나 회의하게 만드는 도덕 철학을 가르쳤다는 것이다. 아리스토파네스의 『구름』 편에서 우리는 이러한 윤리적 해석의 가능성을 발견하게 된다. 소위 소크라테스의 철학 학교라고 말할 수 있는 프론티스테리온(phrontistḗrion)에서 새로운 궤변술을 배운 스트렙시아데스의 아들 페이

---

505 이상은 Platon, *Ap.*, 25c-26a 참조.

506 R. Hackforth(1933), 76.

507 R. Hackforth(1933), 76.

디피데스는 채권자들의 빚을 갚지 않을 뿐만 아니라, 더 나아가 아버지를 구타하는 것으로 기술되고 있기 때문이다. 페이디피데스의 다음과 같은 말은 가부장적 도덕 질서가 부정되고 있음을 확인시켜 준다.

∞∞

그럼 말해 보세요, 마찬가지로 내가 아버지를 염려하여 아버지를 때리는 것도 정당하지 않겠어요? 염려하는 것이 때리는 것이라면 말예요. 아버지의 몸은 매를 맞아서는 안 되는데 내 몸은 왜 맞아야 되죠? 나도 자유인으로 태어났어요. 아이들은 맞아도 아버지는 맞아서는 안 된다고 생각하세요? 아버지는 아이들이 맞는 것이 관습이라고 말하겠지만, 나는 이렇게 반박하겠어요. 노인들은 도로 아이들이 된다고, 그래서 노인들은 실수할 경우 잘못이 더 크니까 당연히 젊은이들보다 더 심하게 맞아야 된다고 말예요.[508]

∞∞

결국 아들에 의해 구타를 당한 아버지 스트렙시아데스는 아들의 비도덕적인 행위의 원인을 소크라테스에게 돌리고 소크라테스의 철학 학교를 불태운다. 소크라테스로부터 배워 지식을 갖게 된 아들이 무지한 아버지의 말에 복종하지 않고 오히려 그에 맞서 새로운 가치를 주장하고 있기 때문이다. 이러한 청년 타락죄의 혐의는 플라톤의 『메논(Menon)』 편에서도 엿볼 수 있다. 이 대화편에 등장하는 세 명의 주요 고발자 중 한 명인 아뉘토스(Anytos)는 소크라테스에게 주지주의적인 덕 교육의 위험성을 강하게 경고한다. 아뉘토스는 소크라테스가 덕에 관한 새로운 윤리와 도덕을 청년들에게 가르침으로써 청년들을 타락시키고 있다고

---

508 Aristophanes, *Nephelai*, 1411-1418.

간주하기 때문이다.[509]

　그러면 우리는 핵포스가 주장하는 것처럼 소크라테스가 기존의 가부
장적 도덕 질서를 부정하는 도덕 철학을 청년들에게 가르침으로써 그들
을 타락시켰기 때문에 기소된 것으로 이해해야 할까? 이 물음에 긍정적
인 답을 주기는 어려워 보인다. 청년 타락죄와 같은 도덕·교육적 해석
은 당시 상대주의적이며(프로타고라스) 회의주의적인(고르기아스) 또는 진
보적인(히피아스, 안티폰) 주장을 제기하면서 교육적 역할을 행했던 소피
스트들이 존재하는 상황에서 왜 소크라테스만이 청년을 타락시킨 나쁜
교사로 기소되었는가에 대한 결정적인 근거를 제시하지 못하기 때문이
다. 다시 말해 우리는 소크라테스보다 더 급진적인 도덕적 내지 윤리적
이론을 가르친 소피스트들이 소크라테스 이전이나 이후에 기소가 되었
을 것으로 생각해야 하는데 그 실질적인 증거를 찾기 어렵다.[510] 지금까
지의 논의를 종합할 때 소크라테스에 대한 기소명으로서의 불경건죄와
청년 타락죄는 일면 그것의 법적 기소명의 실증성이 부정되기 어려운
동시에, 두 기소명의 실질적 유효성 역시 인정되기 어려운 것으로 볼 수
있다. 이제 아래에서 다른 한 가지 해석 방식으로 고려해 볼 정치적 해
석이 이 문제와 관련한 아포리아를 해결할 수 있는지를 검토할 것이다.

(3) 소크라테스의 죽음의 원인으로서의 정치적 기소

　소크라테스의 죽음의 원인을 궁극적으로 어디에서 찾을 수 있는가의

509　Platon, *Menon*, 94e 이하 참조.

510　예를 들어 상대주의 또는 회의주의적 철학을 가르친 프로타고라스와 고르기아스를 들 수 있
　　다. 안티폰은 더 나아가 기존의 계급, 인종, 성에 따른 관습적 정의를 비판하면서 자연적 정의
　　를 주장한다는 점에서 진보적인 도덕 철학을 내세웠다고 볼 수 있다. 소피스트에 대한 상세
　　한 논의는 J. 커퍼드(1981) 참조.

문제는 생각보다 단순하지 않다. 특히 '말의 자유'를 정체의 기본적인 정신으로 내세우는 아테네 민주주의를 고려할 때 그러하다. 플라톤이 말하는 것처럼 아테네 민주정은 다른 어떤 폴리스보다 말과 사상의 자유가 넘쳐 나고,[511] 또 이러한 이유로 그리스의 학교라고 일컬어진 것이 사실이다. 또한 우리가 아는 것처럼 소크라테스는 아고라와 같은 광장이나 시장 거리에서 아테네의 많은 시민과 대화를 나누면서 일생을 산 로고스, 즉 말의 철학자이다. 그러므로 어떤 면에서 소크라테스는 아테네 민주주의 정신을 가장 잘 실천한 모범적인 시민이라고 말할 수 있다.

그런데 여기서 제기되는 중요한 물음은 '말의 자유를 사랑하는 아테네 민주정이, 어떻게 말의 대화를 사랑하고 그것을 가장 잘 실천한 소크라테스를 죽여야만 했는가' 하는 것이다. '어떤 면에서 소크라테스의 대화 활동은 금지가 아닌 오히려 권장되어야 하는 모범적인 시민 행위가 아닌가?' 하는 의문이 들기 때문이다. 그런데 어떻게 아테네 시민들은 소크라테스를 언론의 자유를 가장 잘 실천한 훌륭한 시민으로 자랑스러워하지 않고 그에 대한 분노의 감정을 가지게 되었을까? 소크라테스는, 과연 세 명의 주요 고발자들이 주장하는 것처럼 신에 대한 불경건죄와 아테네 청년을 타락시킨 죄를 지은 철학자였는가? 소크라테스에게 유죄 판결을 내려 독 잔을 들게 한 아테네 시민배심원단의 판결은 과연 우중들의 집단적 광기가 일으킨 한 철학자에 대한 마녀재판에 불과한 것인가? 아래에서 나는 소크라테스의 기소명으로 말해지는 불경건죄와 청년 타락죄를 아테네 민주정하에서 발생했던 이와 유사한 사례들과 비교하여 기소의 진위와 타당성을 검토할 것이다.

먼저 소크라테스 재판에 관한 흥미로운 기록이 있는데, 그것은 휘페

---

511 Platon, *Gorgias*, 461e, *Nomoi*, 641e, *Kriton*, 44d, 47e-48c.

레이데스(Hypereides)가 아우토클레스(Autokles)에 대항하는 연설이다.[512] 여기서 휘페레이데스는 아테네 시민들에게 소크라테스가 '말 때문에(epi lopois)' 처벌을 받았음을 상기시킨다.[513] 그런데 우리가 앞서 살펴본 것처럼 말과 양심의 자유는 아테네 민주정의 핵심적 가치이자 이상이다. 특히 모든 것에 대해 자유롭게 말할 수 있는 파레시아는 아테네 민주주의의 핵심적 가치가 된다. 이것은 아테네의 유명한 연설가인 데모스테네스가 스파르타 정체와 아테네 정체의 기본적 차이점을 말하는 데서 알 수 있다. 그에 따르면 아테네에서는 스파르타 정체와 삶의 방식을 칭찬하는 것이 자유지만, 스파르타에서는 스파르타 정체 이외에 어떤 다른 정체를 칭찬하는 것이 금지된다.[514] 이렇듯 말의 자유는 아테네 민주정의 가장 소중한 가치였다. 그러면 어떤 이유에서 소크라테스의 말의 자유가 문제가 되어 그에 대한 기소가 이루어졌다는 것인가?

앞선 연구를 통해 알 수 있었던 것처럼 아테네 민주정에서 말의 자유는 그것이 현대의 자유 언론권과 동일한 것으로 이해되어서는 곤란하다. 즉 현대의 언론 자유가 법에 의해 보장된 것과 달리 아테네 민주정에서의 말할 자유는 개인의 권리로서 인정된 것이 아니다. 이것은 아테네 민주정에서의 말할 자유는 책임의 문제가 뒤따름을 의미한다. 특히 그것이 민주정의 공동선과 정체의 정치적, 법적 원리를 부정하는 말인 경우에 문제가 될 수 있다. 아테네 시민이 아테네 민주정의 제도를 부정하면서 스파르타 정체의 제도나 법을 찬양했을 때 그렇다. 소크라테스가 관직자들은 추첨이 아닌 투표로 뽑아야 한다고 했던 말도 문제가 된

---

512 M. H. Hansen(1995), 19.

513 Hypereides, *Kat' Autokleous Prodosias*, fr. 59.

514 Demosthenes, *Kata Leptinou*, 105-108.

다. 아테네와 스파르타 정체 사이의 기본적인 차이점은 스파르타에서는 관직자들을 투표로 선출하지만, 아테네에서는 추첨을 통해 선출하기 때문이다.

그러면 소크라테스는 어떤 이유로 관직자를 추첨으로 선출하는 것을 반대하는가? 소크라테스에 따르면 통치를 하기 위해서는 통치에 관한 지식, 즉 정치술(poltikē technē)[515]을 소유해야 한다. 그런데 아테네 정체에서는 통치술에 무지한 어리석은 자가 추첨에 의해 관직자로 임명된다. 이것은 마치 조타술을 모르는 선원에게 항해의 키잡이를 맡도록 하는 것처럼 어리석은 일이다. 앞서 언급한 것처럼 소크라테스의 이러한 소위 전문가 지배론은 플라톤 대화편 『고르기아스』 편에서 소크라테스가 폴리스의 의사를 선출할 경우에 의술에 관해 무지한 연설가가 자신의 수사술을 이용해서 나라의 의사로 선출될 수 있음을 비난하는 것에서도 알 수 있다.[516] 또한 같은 대화편에서 소크라테스는 페리클레스나 테미스토클레스와 같은 정치 지도자를 거명하면서 이들이 아테네인들을 게으르고 비겁하고 돈을 좋아하게 만들었다고 비판한다.[517] 이러한 소크라테스의 말에 대화 상대자인 칼리클레스가 되받아서 하는 말이 우리의 주목을 끈다. 그것은 아테네 민주정의 정치가에 대한 소크라테스의 비판이 뭉개진 귀를 가진 자들한테서 들은 말과 같다는 것이다.[518] 여기서 뭉개진 귀는 스파르타적인 삶의 방식을 찬양하거나 모방하는 사람들에

---

515 플라톤의 소크라테스가 생각하는 정치적 기술에 관한 상세한 논의는 손병석(2003), 49-80 참조.

516 Platon, *Gorgias*, 456a-c.

517 Platon, *Gorgias*, 515c-517a, *Menon*, 92d-94e, T. C. Brickhouse, N. D. Smith(2002), 194-196 참조.

518 Platon, *Gorgias*, 515e.

대해 사용되는 잘 알려진 수식어이다.[519] 분명 소크라테스의 아테네 관직 선출 제도와 아테네 민주정의 정치 지도자에 대한 비난은 아테네인들의 마음을 불편하게 했을 것이다.

그러나 앞서 살펴본 것처럼 말의 자유는 아테네 민주정의 가장 소중한 가치였다. 그리고 소크라테스 역시 70세까지 아테네 민주정의 말의 자유를 누리면서 살았다는 것은 말의 자유가 허구적인 것이 아님을 방증한다. 조지 그로테(G. Grote)가 말하는 것처럼 '만약 소크라테스가 플라톤의 유토피아 중 하나인 곳에서 시민이었다면, 그는 결코 70세까지 살지 못했을 것이다'.[520] 그런데 어떤 이유에서 소크라테스의 재판이 유일하게 그가 말한 것에 대한 기소가 될 수 있는 것인가? 우리가 아는 한에서 많은 시민과 거류 외국인들, 예를 들어 아리스토텔레스나 프로타고라스와 같은 소피스트가 아테네에서 말의 자유를 즐겼지만, 그들에 대한 기소가 이루어지지 않았다는 점에서 더욱 의아하다.

그러나 소크라테스와 마찬가지로 말의 자유를 누린 프로타고라스나 아리스토텔레스 또는 플라톤 사이 한 가지 중요한 차이점이 있다. 그것은 후자는 철학 교사로서 그들의 말의 자유가 그들 학교에 모인 사람들을 대상으로만 가르쳐졌다는 것이다. 이와 달리 소크라테스의 경우 그의 활동은 아고라와 같은 열린 공간에서 다수의 일반인을 상대로 이루어졌다.[521] 이런 이유로 희극 작가 아리스토파네스가 『구름』 편에서 묘사하듯이 소크라테스는 이미 아테네 시민들에게 잘 알려진 인물이었다. 아테네인들이 소크라테스를 다른 철학자들과 달리 아테네 민주정에

---

519 Xenophon, *Apologia*, 15, Platon, *Kriton*, 52e 참조.

520 G. Grote(1846-1856), 9.86, M. H. Hansen(1995), 21, 각주 98에서 재인용.

521 M. H. Hansen(1995), 21.

위험한 인물로 간주한 것도 이와 관련된다. 그는 반민주적인 정치 철학을 아고라와 같은 일상적인 공간에서 다수를 향해 전파했기 때문이다. 그렇다면 아테네인들은 통치술을 조타술에 비유하면서 통치자 선출을 조타수와 같은 전문가를 선출하는 것처럼 해야 한다는 소크라테스의 주장에 대해 우호적인 생각을 갖지 않았을 것이다. 소크라테스와 달리 아테네 시민들에게 추첨 선출 방식은 관직자들의 권력을 제한하기 위한 순기능의 목적이 크다. 그것은 기본적으로 모든 사람이 동등하게 전문가는 아니지만 선출될 수 있는 정도로는 전문가라는 생각에서, 그러한 추첨 방법에 따라 통치자들의 견제되지 않는 무소불위의 권력이 자신들을 향한 무기가 되지 않도록 만드는 것이다.[522]

여기서 '소크라테스의 불경건죄가 아테네 민주정에서 기소된 유일한 불경건죄 재판인가'의 물음을 던질 수 있다. 실상 이 질문에 답하기는 쉽지 않은데, 불경건죄(graphe asebeias)에 관한 명확한 문헌 자료가 존재하지 않기 때문이다. 아낙사고라스, 프로타고라스, 프로디코스, 스틸폰, 테오도로스, 아리스토텔레스 그리고 테오프라스토스와 같은 여러 철학자들이 언급되고 있기는 하지만 공적인 기소를 위한 증거나 정보에 관한 신뢰할 만한 근거 자료를 찾기 어렵다. 이 중 아낙사고라스의 경우를 불경건죄의 예로 좀 더 고려해 볼 수 있다. 플라톤 『변론』 편에서 소크라테스는 기소자인 멜레토스에게 자신을 아낙사고라스처럼 태양은 돌이고 달은 흙이라고 믿는 무신론자로 생각하는지를 묻고 있기 때문이다.[523] 실제로 무신론자를 처벌하는 불경건죄에 대한 법령이 정확하지는 않지만 약 기원전 437/436년 또는 434년 또는 432년에 디오페이테

---

522 M. H. Hansen(1995), 21-22.

523 Platon, *Ap.*, 26d-e.

스(Diopeithes)의 발의에 의해 제정된 것으로 말해진다.[524] 플루타르코스는 『페리클레스』에서 디오페이테스가 종교를 무시하거나 새로운 신에 관한 교리를 가르치는 경우 공적인 기소가 가능한 법을 제안했다고 전한다.[525] 그런데 플루타르코스는 아낙사고라스에 대한 고발이 순수하게 무신론적인 종교적 이유가 문제가 되어 이루어진 것으로 말하지는 않는다. 아낙사고라스에 대한 고발을 그의 불경건한 사상이 문제가 되었다기보다는 그에게 철학적 가르침을 받았던 페리클레스를 공격하기 위한 정적들의 고발로 말하기 때문이다. 즉 디오페이테스 법이 페리클레스에게 정치적인 타격을 가하기 위한 목적에서 제정되었다는 의혹을 배제하기 어렵다. 달리 말하면 아테네 민주정하에서 보통은 아테네인들이 신성을 모욕하거나 또는 헤르메스 상을 절단한 것과 같은 불경한 행위를 범하지 않는 한에서는 일반적으로 신에 대해 생각하거나 말한 것을 크게 문제 삼지 않았음을 의미한다.

아낙사고라스 재판과는 별도로 무신론자로 기소되어 확증된 다른 경우가 있었다. 디아고라스(Diagoras) 재판이 그것이다. 그러나 엄밀하게 말해 디아고라스는 무신론자로 기소된 것이 아니라 다른 사람들과의 신비적 모임 활동을 한 것으로 기소되었다.[526] 플라톤 『변론』편에서 소크라테스와 법정에서 대화를 나누었던 멜레토스가 디아고라스가 아닌 아낙사고라스를 전통적인 신을 믿지 않은 철학자로 인용한 것이 그 이유가 될 것이다. 다른 불경건죄 기소도 있었는데 기원전 399년 소크라테스 재판이 있기 몇 개월 전 안도키데스(Andokides)의 불경건죄 기소가 그

---

524 W. R. Connor(1991), 50.

525 Ploutarchos, *Perikles*, 32.2-5, Diogenes Laertius, II.12

526 M. H. Hansen(1995), 25.

324   5장 _ 고대 아테네 민주정은 우중정체인가?

것이다. 아테네인들은 그의 불경건죄에 대해 무죄를 내렸다. 같은 해에 니코마코스(Nikomachos) 역시 불경건죄로 기소되었다.[527] 이렇듯 기원전 400/399년에는 종교적인 위반과 관련된 법적 기소가 몇 번 있었다.

소크라테스 재판의 경우도 디오페이테스의 법령에 근거한다는 것이 아직까지 공통된 믿음이다.[528] 그러나 한센이 말하는 것처럼 "아테네 법 조문이 기원전 403/402년에 개정되었고, 이 개정된 조문에 포함되지 않은 법은 더 이상 유효하지 않다는 것을 고려할 필요가 있다."[529] 그런데 앞서 우리가 살펴본 것처럼 소크라테스의 기소명은 단순히 불경건죄만 명시된 것이 아님에 주목할 필요가 있다. 소크라테스의 기소는 불경건죄와 함께 "젊은이들을 타락시켰다"라는 청년 타락죄로 기소된 예이다. 이것은 종교적인 불경건한 사상을 젊은이들에게 가르친 경우 문제가 되는 것으로 이해할 수 있다. 아테네 민주정이 아테네 시민들의 다양한 종교적 믿음을 인정한 것은 사실이다. 그러나 개인의 종교적 자유가 아테네 시민들에게 영향을 미치는 경우에까지 종교적 관용을 베푼 것으로 보기는 어렵다. 특히 소크라테스처럼 다이모니온과 같은 새로운 신 사상을 젊은이들에게 유포하는 활동을 한 경우가 여기에 해당할 수 있다. 몇 가지 사례가 이것을 확인해 준다. 첫 번째 경우로 프뤼네(Phryne)는 새로운 신성을 도입했고 이에 일군의 젊은 동조자들이 그녀를 따랐다는 이유로 불경건죄로 기소되었다.[530] 그녀는 재판에서 무죄로 방면되었다. 두 번째 경우는 메네클레스(Menekles)가 사제녀인 니노스(Ninos)를 불

---

527 Andokides, *Peri ton Mysterion*, Lysias, *Kata Nikomachou*, R. Waterfield(2009), 32-33, M. H. Hansen(1995), 19 참조.

528 W. R. Connor(1991), 50-51.

529 M. H. Hansen(1995), 25.

530 Hypereides, *Kat' Autokleous Prodosias*, fr. 102-110.

경건죄로 기소했는데, 그녀가 묘약을 젊은 추종자들에게 주었기 때문이다. 그녀는 사형을 받았다.[531] 마지막으로 렘노스의 테오리스 역시 니노스와 같은 죄를 지은 것으로 고발되었다. 그녀 역시 사형을 받았다.[532]

앞서 언급한 사례들을 고려하면 소크라테스의 신에 대한 불경건한 견해보다는 그가 자신의 다이모니온에 따른 말의 자유를 70세까지 젊은이들에게 전파한 것이 문제가 된다. 즉 아테네인들은 소크라테스가 개인적으로 생각하고 말한 것을 신경 쓴 것이 아니라 그의 생각과 말이 아고라와 같은 공적인 장소에서 청년들에게 전달되는 것을 용인하려고 하지 않았다. 요컨대 사법적 관점에서 볼 때 소크라테스에 대해 가해진 가장 중대한 기소는 그가 젊은이들을 타락시켰다는 것이다. 소크라테스는 무신론자로서 고발된 것이 아니라 교사로서 기소된 것이다. 여기서 다음과 같은 두 가지 중요한 질문이 던져질 수 있다. 하나는 소크라테스 주변에 모여들어 그의 철학 강의를 들은 젊은이들은 누구인가, 다른 하나는 소크라테스는 젊은이들에게 무엇을 말했는가 하는 것이다.

첫 번째 물음과 관련해 『변론』 편에서 소크라테스는 배심원들에게 그의 추종자들은 대부분 젊고 부자들이라고 말한다. 왜냐하면 그들이 매주 아고라에 참석할 수 있는 여유 시간을 가지고 있었기 때문이다. 그렇다면 소크라테스 주변에서 강의를 들었던 부자인 젊은이들은 구체적으로 누구인가? 플라톤 대화편에서 거명되는 소크라테스와의 대화자나 참가자들은 대략 60명 정도 된다. 그중 아테네 민주정에 위협적인 인물들도 있는데, 대표적으로 기원전 404년 30인 참주정권의 주도자인 크리티아스(Kritias)와 카르미데스(Charmides)를 들 수 있다. 이들은 아테네 민

---

531 Demosthenes, *Kata Boiotou*, 2, 40.9.

532 Demosthenes, *Kata Aristogeitonos*, 79.

주정을 전복시키고 과두정권을 수립하였고, 8개월의 짧은 시기 동안에 1,500명 이상의 아테네 시민 남성들을 숙청하였다. 이들 외에 아테네 민주정에 중대한 해를 끼친 인물로 알키비아데스와 멜레시아스를 들 수 있다. 플라톤의『변론』편에서 언급되는 "내가 주장했다고 비난하는 사람들은 내 제자들이다",[533] "부자 자식들로서 여가가 아주 많은 젊은이들이 자진해서 나를 따라다니게 되었는데"[534]와 같은 언급은 알키비아데스와 크리티아스를 염두에 둔 말로 볼 수 있다.

그렇다면 아테네 민주정의 적대자들로 볼 수 있는 제자들과의 관계가 소크라테스의 재판과 연이은 죽음의 근거로 작용하지 않았다고 볼 이유는 없을 것 같다. 부정할 수 없는 사실은 아테네 민주정에 막대한 손실을 끼친 인물이 크리티아스와 카르미데스 그리고 알키비아데스였다는 점이다.[535] 사실상 아테네 시민들이 소크라테스를 이러한 반민주적인 인물들과 관련시켜 이해하는 데는 충분한 이유가 있다. 이들 모두는 소크라테스의 철학적 대화의 주요 인물들이기 때문이다. 소위 아리스토파네스가『구름』에서 말하는[536] 소크라테스의 철학 학교, 즉 프론티스테리온의 주요 구성원들인 것이다. 크리티아스는 30인 폭정의 리더였으며, 플라톤 대화편에서 소크라테스에게 매력적인 인물로 나타난다.[537] 카르미데스 역시 마찬가지로 30인 폭정의 주요 인물이다. 그리고 소크라테스와 한동안 연인 관계를 유지한 것으로 보이는 알키비아데스는 시켈리

---

533 Platon, *Ap.*, 33a4-5.

534 Platon, *Ap.*, 23c.

535 알키비아데스와 크리티아스의 정치적 행보 그리고 이들의 소크라테스와의 관계에 대한 상세한 논의는 R. Waterfield(2009), 4-8장 참조. 특히 181-190 참조.

536 Aristophanes, *Nephelai*, 94, 266.

537 Platon, *Prot.*, 316a5, 336d6, 337a2, *Charmides*, 156a7-8.

아 원정 당시 아테네 법정에서 사형 선고를 받고 적국인 스파르타로 망명한 장군이다.[538]

이러한 소크라테스의 제자들을 염두에 둘 때 앞에서 제기한 두 번째 물음, 즉 '소크라테스는 부자인 젊은 제자들에게 무엇을 가르쳤을까'에 대한 답이 어렵지 않게 말해질 수 있다. 잘 알려진 것처럼 소크라테스는 민주적인 제도와 법에 대한 신랄한 비판을 해 왔다. 앞서 살펴본 플라톤 대화편 『국가』 편의 배의 비유를 통해 알 수 있는 것처럼 소크라테스는 아테네 민주정이 우중들의 정체라고 비판하였다.[539] 그 대신에 그는 '아는 자'에 의한 전문가 통치론을 주장하였다. 이러한 그의 엘리트 전문가 통치론은 젊은 과두주의적 생각을 가진 그의 제자들에게 매력 있는 정치 철학적 논리와 이데올로기를 제공하였을 것이다. 아테네인들의 관점에서 소크라테스가 강변하는 70세까지의 그의 헤라클레스적인 노역은 실상 아테네 민주정의 이데올로기와 이상을 강조하고 가르치는 교육 강의가 아니었다. 그 반대로 아테네인들에게 그의 일생에 걸친 강의는 젊고 부자인 젊은이들에게 민주정을 전복시켜야 한다는 생각을 심는 반민주적인 정치 철학 강의로 판단되었을 것이다. 소크라테스의 아테네 민주정에 대한 비판은 부자인 젊은이들 사이에서 널리 알려졌을 것이고 이것이 아테네인들을 계속해서 걱정시켰을 것이다. 이들 소크라테스의 부자인 제자들은 민주정보다는 과두정을 선호했기 때문이다. 그리고 그러한 아테네 시민들의 우려는 기원전 411년과 404년에 실제로 한때 소크라테스의 열성적인 제자였던 크리티아스와 카르미데스에 의해 현실로 나타났다. 알키비아데스 역시 시켈리아 원정 시 스파르타로 도망쳐

---

538 Platon, *Symposion*, 217a2-219d2.

539 Platon, *Politeia*, 488a-489a.

서 이후에 페르시아를 위해 활동한 것을 고려할 때 아테네 민주정에 큰 해를 끼친 인물이다. 이들의 반민주적인 행위는 이들과 대화를 나누었던 소크라테스의 그림자를 아테네 데모스에게 상기시켰을 것이다. 그리고 그러한 아테네 시민들의 우려와 의심은 소크라테스 재판이 있기 2년 전인 기원전 401년에 다시 3번째 과두주의 세력에 의한 아테네 민주정 전복 시도가 있게 되면서 더 증폭되었을 것이다. 소크라테스는 기원전 399년 청년 타락죄로 아테네 법정에 기소될 때까지도 계속해서 아고라에서 젊은이들을 모아 놓고 반민주적인 철학 강의를 하고 있었다.

상술한 것을 고려할 때 소크라테스에 대한 고발은 실질적으로 정치적인 기소로 보는 것이 타당하다. 이에 관한 중요한 텍스트적 전거가 소크라테스가 죽은 지 약 반세기 후에 웅변가 아이스키네스의 반(反)티마르코스에 대한 간결하면서도 짧은 연설에서 발견된다.

◇◇◇

당신들 아테네인들은 소크라테스를 소피스트로 처형했는데 그 이유는 그가 민주정을 쓰러트린 30인 폭정자들의 한 명인 크리티아스의 스승이었기 때문이다.[540]

◇◇◇

크세노폰 역시 『메모라빌리아』에서 소크라테스의 죽음의 주요 원인이 소크라테스가 알키비아데스와 크리티아스에게 반민주적인 사상을 가르친 스승이었기 때문이라고 다음과 같이 기술한다.[541]

---

540 Aischines, *Kata Timarchou*, 173.

541 소크라테스가 죽고 10년 뒤에 폴리크라테스 역시 소크라테스가 알키비아데스를 가르쳤기 때문에 죽었다고 전한다(J. Burnet, 1950, 187). 그러나 어윈을 비롯한 학자들은 소크라테스가 자신이 덕이 무엇인지 모르는데 그들에게 덕을 가르쳤다고 볼 수도 없고, 그들에게 성공적으로 가르쳤다고도 볼 수 없기 때문에 이러한 비판에서 소크라테스를 면제시켜야 함을 주장한다 (T. H. Irwin, 1989, 201).

◇◇◇

소크라테스는 아테네의 법을 경멸하도록 가르쳤을 뿐만 아니라, 확립된 정체를 업신여기고 폭력적으로 힘을 사용하여 체제를 전복시키도록 만들었다. 그리고 타락한 젊은이의 대표적인 예인 30인 독재의 주도적 인물이었던 크리티아스, 알키비아데스를 보라. 아무도 국가에 그토록 많은 악을 행하지는 않았다. 소크라테스는 젊은 추종자들에게 폭군과 악인이 되도록 가르쳤던 것이다.[542]

◇◇◇

소크라테스의 재판과 죽음의 원인을 규명하고자 하는 현대의 대표적 학자는 스톤(I. F. Stone)이다. 스톤의 주장에 따르면 소크라테스의 실질적인 기소는 종교적이거나 도덕적인 이유가 아니라 정치적인 이유다.[543] 즉 소크라테스와 반민주적인 정치적 행위를 한 크리티아스나 카르미데스 또는 알키비아데스의 관계가 문제가 되었다는 것이다. 스톤에 따르면 아테네 민주정이 기원전 411년, 404년 그리고 401년에 과두주의자들에 의해 전복되어 그로 인해 많은 아테네 시민들이 죽임을 당했을 경우에도 소크라테스는 자신의 제자들의 부정의한 악행을 비판하거나 말리지 않았다. 그는 자신의 제자에 의해 수천의 아테네 시민이 목숨을 잃는 상황에서도 철저하게 침묵하며 그 시기를 보냈다.[544] 그래서 스톤은 "예수는 예루살렘을 위해 울었지만, 소크라테스는 아테네를 위해 울지 않았다"[545]라고 말한다.

---

542 Xenophon, *Memorabilia*, I.2.9-I.2.12.

543 스톤의 정치적 해석에 관한 상세한 설명은 손병석(2013), 243-246 참조.

544 I. F. Stone(1988), 248, G. Vlastos(1994), 127-133 참조. 소크라테스의 파레시아 정신과 민주주의의 상관관계에 대한 논의는 Son, Byung Seok(2009), 222-229 참조.

545 I. F. Stone(1988), 146. 스톤에 따르면 소크라테스는 정치적 소극성을 보여 주었다. 기원전

같은 맥락에서 아테네 시민들이 소크라테스에 대해 호의적인 견해를 갖기 어려운 한 까닭은, 기원전 404년 30인 폭정이 실시될 때 소크라테스가 다른 민주주의자들과 함께 망명의 길을 떠나지 않았다는 사실이다.[546] 이것은 소크라테스가 민주정의 옹호자라기보다는 친과두주의자라는 혐의를 갖게 만든다.[547] 물론 어윈(T. H. Irwin)이 말하는 것처럼 우리가 알지 못하는 어떤 것을 우리가 알고 있지 않는 한 이것 역시 하나의 가정에 불과할 수 있다. 다시 말해 과두정의 골수 추종자들을 제외한 모든 사람들이 아테네를 떠난 경우로 가정하지 않는 한, 소크라테스가 아테네를 떠나지 않은 것을 과두정을 지지하고 민주정에 대한 강한 혐오를 가진 것으로 해석하는 것은 문제가 있을 수 있다.[548] 오히려 배의 선장이 배를 버리지 않듯이 모국(母國) 아테네 정체를 버리지 않은 것으로 볼 수도 있기 때문이다. 또는 이와 달리 워터필드(R. Waterfield)가 가정하는 것처럼[549] 우리는 소크라테스가 지식을 가진 '아는 자'에 의해 선과 정의가 구현된 좋은 나라의 건설을 30인 과두정권에 기대했기 때문에 아테네에 머무른 것으로 생각해 볼 수도 있다. 어떤 면에서 소크라테스는 아는 자의 통치를 자신이 아닌 알키비아데스나 크리티아스와 같은 유능한 청년들을 통해 실현하고자 하는 목적을 갖고 그들의 영혼을 선과 정의로 정향시키는 철학 강의를 한 것으로 볼 수 있기 때문이다. 아

404년 반혁명과 멜로스(Melos)에서의 다수의 인명 살상이 이루어지고 있었을 때 소크라테스는 굼뜬 말을 깨우는 등에와 같은 아테네의 계몽가 역할을 수행하지 않았다는 것이다(I. F. Stone, 1988, 100-101).

546 이하 학자들의 주장은 손병석(2013), 252-253에서 재인용했음을 밝힌다.

547 J. Burnet(1950), 186.

548 T. H. Irwin(1989), 199.

549 R. Waterfield(2009), 183-184.

마도 소크라테스는 한때 알키비아데스나 크리티아스와 같은 유능한 젊은이들의 정치적 지식을 통해 자신이 주창하는 '아는 자'의 정체를 실현할 수 있을 것으로 기대했는지도 모른다. 크세노폰의 다음과 같은 보고는 그 가능성을 엿볼 수 있게 한다.

◇◇◇

언젠가 안티폰은 소크라테스에게 "그 자신이 정치에 참여하지 않을 때 그가 다른 사람들을 정치에서 훌륭하게 만드는 것이 어떻게 가능한가"를 물었다. … 소크라테스는 다음과 같이 답했다. "어느 것이 내가 정치에 참여하는 보다 효율적인 방법인가, 즉 나 혼자 정치에 참여하는 것인가 아니면 가능한 많은 사람들이 정치에 참여하는 것을 내 일로 만드는 것인가?"[550]

◇◇◇

플라톤 『국가』 편에서 소크라테스는 이러한 자신의 행위를 의식해서인지 폭풍우가 몰려올 때는 몸을 담장 옆에 잔뜩 웅크리고 폭풍우가 지나가기를 기다려야 한다고 말한다.[551] 폭풍우는 세 번의 과두주의자들의 민주정 전복에 의한 살상 행위를 의미하는 것으로 이해할 수 있다. 이러한 상황에서 소크라테스가 정치적 참여를 거부한 기본적인 생각은 "정의를 위해 정말로 싸우고자 하는 사람은 그가 잠시나마 살기 위해서 공적인 삶이 아닌 사적인 삶에 인도되어야만 하기 때문이다"[552]라는 것이다. 그런데 이해하기 어려운 점은 소크라테스는 내내 아테네 시민들에게 얼마만큼 오래 사는가가 중요한 것이 아니라 '어떻게 살아야만 하

---

550 Xenophon, *Memorabilia*, I.6, 15, 2.1, 3.1-7.

551 Platon, *Ap.*, 31c-32a.

552 Platon, *Ap.*, 32a1-3.

는가(pōs bioteon)'가 중요하다고 역설해 왔다는 것이다.[553] 그리고 소크라테스는 『변론』 편에서 부정의하게 사는 것은 죽는 것보다 못한 삶이라고 말해 왔다. 그래서 그는 아테네 시민들의 영혼을 좋음과 정의로 정향시키고자 일생에 걸친 헤라클레스적인 노역을 해 왔다고 자부한다.[554] 그렇다면 자신의 제자였던 크리티아스가 기원전 404년 30인 폭정의 주동자로서 부정의한 악행을 자행할 때 소크라테스는 침묵하는 대신에 제자의 잘못된 행위를 비판하고 질책했어야 할 것이다.

소크라테스의 재판과 죽음은 여전히 우리에게 많은 물음을 남겨 둔다. 소크라테스의 죽음이 아테네 민주정에 씻을 수 없는 하나의 큰 오점을 남긴 것은 사실이다. 민주주의의 핵심적 원리가 말할 자유이고 그것이 설사 반민주적인 말이라 할지라도 참된 민주주의라면 반대 의견도 포용할 수 있어야 할 것이다. 그러나 또한 간과해서는 안 되는 중요한 점도 존재한다. 그것은 가장 지혜롭고 경건하고 정의로웠던 소크라테스를 가장 어리석고 부정의한 아테네 데모스가 죽인 것이 아니라는 사실이다. 적어도 앞서 언급한 세 번의 과두정권하에서의 많은 아테네 시민들의 희생과 소크라테스의 침묵을 고려할 때 부정의한 아테네 데모스가 가장 정의로웠던 소크라테스를 죽인 것으로 보기는 어렵다. 즉 소크라테스의 죽음을 아테네 우중들의 부정의한 사법적 살인으로 단언하기는 어려워 보인다.

---

553 Platon, *Ap.*, 32a, d1-3.

554 Platon, *Ap.*, 30a-b.

6장

고대 아테네 민주주의는
어떤 유형의 민주주의인가?

　　본 저술의 6장에서는 아테네 민주정이 어떤 유형의 민주주의인가를 정치 지도자의 지도력을 통해 살펴본다. 이러한 작업을 위해 아테네 민주정을 세 가지 유형의 민주주의로 구분하여 고찰한다. 페리클레스(Perikles) 유형 민주주의, 알키비아데스(Alkibiades) 유형 민주주의, 그리고 니키아스(Nichias) 유형 민주주의가 그것이다. 이러한 세 유형의 민주정에 대한 고찰은 두 가지 주요한 기준을 갖고 접근된다. 하나는 훌륭한 리더십의 요소가 무엇인가이고, 다른 하나는 정치 지도자와 아테네 시민의 역학 관계이다. 전자인 지도자의 리더십은 특히 지적인 측면뿐만 아니라 도덕적 측면에서의 덕 역량을 갖추고 있는지의 문제를 갖고 검토한다. 후자인 지도자와 데모스의 관계는 양자의 견제와 균형의 원리 구현 문제를 고려하여 검토가 이루어진다.

　첫 번째 유형인 '페리클레스 민주주의'에 관한 고찰은 페리클레스의 정치적 리더십의 핵심적 요소가 무엇인지의 관점에서 진행된다. 이에 관한 고찰은 투키디데스의 『펠로폰네소스 전쟁사』에서의 보고가 주된 검토 대상이 된다. 페리클레스의 성품과 덕에 관한 평가는 아리스토텔레스와 플루타르코스의 보고를 참조한다. 이러한 검토를 통해 페리클레스 유형 민주주의는 데모스와 정치 지도자의 협치를 통한 호모노이아, 즉 '일치된 마음'이 실현된 '질 높은' 민주주의 모델임을 밝힐 것이다.

다음 두 번째 민주주의 유형으로 '알키비아데스 민주주의'를 고찰한다. 먼저 알키비아데스의 정치적 리더로서의 역량을 파악하기 위해 플라톤 대화편 『알키비아데스』 1권을 분석한다. 이 대화편의 분석을 통해 알키비아데스가 정의와 절제와 같은 자기 인식의 영혼의 덕을 소유하고 있는지, 그래서 폴리스를 통치할 수 있는 정치가의 역량과 도덕적 성품(ethos)을 갖추고 있는지를 밝힐 것이다. 다음으로 투키디데스가 『펠로폰네소스 전쟁사』에서 보고하는 시켈리아 원정을 둘러싼 민회에서의 알키비아데스의 연설을 분석한다. 이러한 검토는 무엇보다 시켈리아 원정이 제기된 당시의 정치, 현실적 배경, 그리고 시켈리아 원정을 주창하는 알키비아데스의 목적과 진의를 밝히는 작업이 될 것이다. 결론적으로 알키비아데스형 민주주의는 정치적 야망과 탐욕에 눈이 먼 정치가와 오만한 데모스의 잘못된 결합에 의한 질 낮은 민주주의 유형임이 밝혀질 것이다.

세 번째 민주주의 모델로 '니키아스 민주주의'를 검토한다. 먼저 투키디데스가 『펠로폰네소스 전쟁사』에서 언급하고 있는 니키아스의 언행에 관한 보고를 분석한다. 니키아스의 시켈리아 원정과 관련된 검토는 다시 두 부분으로 나누어 진행된다. 한 부분은 민회에서의 시켈리아 원정을 둘러싼 니키아스의 두 번의 연설이고, 다른 부분은 시켈리아 출정 이후 비극적인 최후를 맞이할 때까지의 군사 지휘관으로서의 니키아스의 판단과 활동이다. 그래서 전체적으로 민회에서의 니키아스의 소극적인 태도와 시켈리아에서의 무능한 지휘관으로서의 장군 역할에 대한 비판적 평가가 이루어진다. 다음으로 니키아스의 성품과 용기(andreia)의 덕에 관한 검토를 플라톤 대화편 『라케스(*Laches*)』 편과 『국가』 편을 통해 살펴본다. 그래서 니키아스의 흠 있는 용기관이 결국 시켈리아 원정에서의 그의 비겁하고 무능력한 실패의 원인이 되었음을 밝힌다. 이러한 검토를 통해 니키아스 유형 민주주의는 참된 리더십이 부재한 질 낮은 민주주의 유형임이 제시될 것이다.

상술한 3가지 형태의 민주주의는 아테네 민주주의사에 하나의 민주주의가 아닌 다양한 종류의 민주주의 형태가 있었음을 보여 준다. 그리고 아테네 민주정이 공동선을 실현할 수 있는 질 높고 최적화된 민주주의 형태의 필요충분조건이 무엇인지를 생각하게 해 주는 중요한 사례를 제공한다. 본 연구는 아테네 민주정의 성공과 실패가 공동선과 정의에 정향된 시민의식과 최고 정치 지도자의 리더십의 조화로운 결합에 달려 있음을 밝힐 것이다.

1. 세 가지 유형의 아테네 민주주의

아테네 민주정의 길흉화복의 관건은 정치 지도자와 데모스의 함수 관계에 달려 있다고 해도 과언이 아니다. 이것은 정치 엘리트와 데모스는 서로를 필요로 하면서도 견제해야 하는 이중적 관계에 있음을 의미한다. 즉 그들은 상호 의존적이면서도 경쟁해야 하는 관계에 놓여 있다. 아테네 민주정에서 정치 지도자들은 일반적으로 부유하고 교육받은 엘리트들이었다. 그들은 계속해서 자신들이 데모스의 이익에 충실하게 봉사하고, 아테네 정체를 이끄는 적임자임을 데모스에게 확신시켜야만 했다. 4장에서 살펴본 것처럼 그들은 언제든지 에이산겔리아나 오스트라키스모스와 같은 아테네 정체의 법에 의해 벌금이나 추방 또는 사형에 처해질 수 있었다. 기원전 480년 살라미스 해전을 이끈 테미스토클레스(Themistoklēs)가 결국 오스트라키스모스, 즉 도편추방법에 의해 추방된 경우가 이를 말해 준다.[555] 다시 말해 탁월한 지도력을 갖추었더라도 데모스의 지지를 못 받으면 도편추방을 당하거나 민회나 법정에 기소되어 탄핵과 처벌을 받을 가능성에 항상 노출되어 있었다. 이런 점에서 그들은 아테네 데모스가 설치한 줄에서 아슬아슬하게 작두타기를 해야 하는 곡예사의 위치에 있었다고 해도 과언이 아니다.

이와 다른 관점에서 아테네 민주정 정치 지도자의 위상에 대한 평가도 가능하다. 즉 엘리트 정치가를 데모스의 종속변수가 아니라 실질적인 주도권을 행사한 주체로 볼 수도 있다. 투키디데스나 플라톤이 비판하는 것처럼 아테네 민주정은 '명목상으로만 데모스의 정체이지 실상은 1인 엘리트에 의한 왕정이나 귀족정과 같을 수 있다'. 아테네 정체의 실질적인 힘은 다수의 시민에게 있는 것이 아니라 어디까지나 부와 명문가문에 근거한 전문적인 교육을 받은 엘리트에게 있다는 것이다. 이것은 민회에서의 데모스의 결정이 실상은 군사와 외교 분야에 관한 전문지식을 갖춘 정치 엘리트의 주장에 따라 이루어졌고, 그래서 데모스는 거수기 부대의 역할만 하는 종속적 위치에 있었음을 의미한다.

---

555 기원전 480년 페르시아와의 살라미스 해전에서 아테네 민주정의 승리를 이끈 대표적인 장군은 테미스토클레스이다. 그는 아테네 정체가 스파르타를 이길 수 있는 방법이 해군력 증강에 있음을 강조하며 민회에서 아테네 시민을 설득한 훌륭한 리더십을 보인 인물이다. 그의 리더십은 무엇보다 비전과 공동체에 대한 헌신의 적절한 균형이 중요함을 보여 준다. 그러나 이후 기원전 472/471년에 그는 페르시아와 공모했다는 혐의로 에이산겔리아로 기소되고 결국 도편추방을 당한다. 테미스토클레스의 예는 아테네 민주주의가 강력하고 혁신적인 리더십에 의존했지만 그 책임에서 자유롭지 않음을 보여 준다. J. Ober(2003), 27-31. 테미스토클레스의 일생과 반역죄 기소와 관련된 논의는 A. J. Podlecki(1975), 변정심(2009), 5-45 참조할 것.

본 연구자가 보기에 상술한 아테네 민주정과 정치 지도자의 관계에 대한 상반된 평가나 해석은 극단적인 이분법적 평가라는 문제가 있어 보인다. 전자는 정치 엘리트를 데모스의 꼭두각시로 보려고 한다는 점에서, 그 반대로 후자는 데모스를 정치 엘리트의 이익을 위한 수단으로서 수동적인 위치에 있는 것으로 규정한다는 점에서 그렇다. 이러한 상반된 평가는 데모스와 정치 엘리트의 역동적인 관계를 간과하고 있다는 점에서 아테네 민주정에 대한 총체적인 이해가 아닌 획일적이며 파편적인 이해가 될 수 있다. 앞으로의 논의를 통해 밝혀지겠지만 아테네 민주정의 여정에서 데모스와 정치 엘리트의 관계는 어느 한쪽이 일방적인 주도권을 갖는 것으로 평가할 수 없는 함수 관계를 보여 준다. 그것은 한편으로 공동선을 향한 협치의 조화정신을 보여 주기도 하지만, 다른 한편으로는 각자의 이익을 향한 변질된 관계를 보여 주기도 한다. 중요한 점은 아테네 민주주의의 성공과 실패가 데모스와 정치 지도자의 관계가 어떻게 구성되는가에 크게 영향을 받는다는 점이다. 아래에서 데모스와 정치 지도자의 역학 관계에 따라 나타나는 세 가지 형태의 민주주의 모델을 살펴보도록 하겠다.

1) 페리클레스 유형 민주주의

첫 번째 유형의 민주주의로 기원전 5세기의 정치가이자 장군인 페리클레스 유형을 생각해 볼 수 있다. 그는 아테네 민주정하에서 약 40년에 걸친 정치 활동 기간에 최고 정치가 내지 장군으로서 막강한 리더십을 발휘하였다.[556] 모름지기 서양의 민주주의사를 말하면서 페리클레스를 빼놓을 수 없는 이유가 여기에 있다. 그렇다면 페리클레스는 과연 아

---

556 페리클레스의 리더십에 관한 논의는 손병석(2009), 27-55 참조.

테네 정체에서 자유와 평등 그리고 데모스의 지배라는 민주주의의 핵심적 이념을 온전하게 구현하는 데 앞장섰을까? 그래서 아테네 민주정을 헬라스의 다른 모든 폴리스가 모방코자 하는 민주주의의 본으로 만드는 데 기여한 위대한 지도자일까? 일단 긍정적인 답이 주어질 수도 있지만, 생각보다 아테네 민주정하의 페리클레스의 정치적 위상을 단적으로 규정하기는 그리 간단치 않다. 아테네 민주정을 페리클레스에 의한 '일인 통치(monarchē archē)'로 본다면, 플라톤이 비판하는 것처럼 아테네 민주정은 말뿐인 민주정이고, 따라서 페리클레스는 일종의 대중 선동가로서 실질적인 의미에서 독재자에 유사한 인물로 볼 여지가 있기 때문이다. 요컨대 페리클레스는 아테네 민주정에서 지도자의 가면을 쓴 참주로 평가될 수 있다는 것이다. 아래에서 페리클레스에 대한 상반된 평가의 진위를 좀 더 파악하기 위해서 플라톤과 투키디데스의 견해를 검토해 보도록 하겠다.[557]

(1) 플라톤의 페리클레스에 대한 평가

페리클레스에 관한 전거로 고려될 수 있는 몇몇 사상가들의 견해 중에서도, 특히 철학자 플라톤과 역사가 투키디데스의 견해는 주목할 가치가 있다. 먼저 플라톤은 수사술에 관한 그의 대화편 『고르기아스』에서[558] 페리클레스를 아테네 폴리스의 '좋음'을 위해 일한 '훌륭한 인물(agathos anēr)'이 결코 아니라고 평가한다. 플라톤의 견해로 페리클레스는 지식에 근거한 정치적 기술[559]을 소유하지 않은, 단지 무지한 청중들

---

557 이하 부분은 손병석(2009), 29-48에서 선택하여 재인용했음을 밝힌다.

558 Platon, *Gorgias*, 455d-e, 459b-c, 462c, 465a, 472b, 503c, 515c, 518e-519b 참조할 것.

559 플라톤에게 있어 '참된 정치가와 정치적 기술(politike)'의 밀접한 관계성에 관해서는 손병석 (2003), 63-73 참조할 것.

을 설득하는 경험의 요령술 내지 아첨술로서의 수사술만을 소유한 자이다. 그리고 페리클레스는 이러한 아첨의 수사술을 이용해 아테네 시민들을 '덕'의 관점에서 '더 낫게(beltion)' 만든 것이 아니라 '더 나쁘게(cheironon)' 만든 인물이다. 다시 말해 페리클레스는 아테네 다중의 욕구적 쾌락만을 만족시키는 설득의 특정한 메커니즘을 발견해서 자신의 정치적 야망을 달성하는 수단으로 이용한 혹세무민의 대중 선동가에 불과하다. 이런 이유로 플라톤은 페리클레스가 아테네 시민들을 게으르고, 겁 많고, 말 많은 변덕쟁이로 만든 교활하면서도 나쁜 정치꾼에 불과하다고 비판한다.

플라톤의 페리클레스에 대한 부정적 평가는 일종의 페리클레스의 추도 연설문에 대한 비판적 대응 작품으로 간주될 수 있는 『메넥세노스』에서도 확인할 수 있다.

◇◇◇

어떤 자는 그것을 민주정체라 부르고 어떤 자는 자기 마음에 드는 다른 이름으로 부르지만, 실상 그것은 대중의 찬성이 수반된 귀족정(aristokratia)입니다. 사실 우리에게는 한편으로는 항상 왕들이 있어 왔습니다. 이 사람들은 어떤 때는 세습되었지만 어떤 때는 선거로 뽑힌 사람들입니다. 그리고 다른 한편으로는 대중이 국가의 일 대부분을 장악하고 있으면서 그때그때 가장 훌륭하다고 생각되는 사람들에게 관직과 권력을 부여해 왔던 것입니다.[560]

◇◇◇

이 인용문에서 플라톤은 '어떤 사람은 아테네 정체를 민주정이라 부르지만, 실제로 그 정체는 다수의 동의에 따른 귀족정'이라고 말한다.

---

560 Platon, *Menexenos*, 238c-d.

페리클레스의 추도 연설문을 연상케 하는 이 부분에서 플라톤의 진의는 아테네 정체가 실제로 지혜롭고 선한 자에 의해 통치되는 것이 아니라, 다만 그렇게 '보이는(doxa)' 자에 의해 통치되고 있다는 것에 대한 비판이다. 즉 플라톤은 페리클레스를 '사이비(pseudo)' 대중 선동가로 희화화하는 것이다. 페리클레스는 덕과 지혜에 관한 지식을 갖고 있지 않음에도 불구하고, 아첨의 요령술인 수사술을 통해 불의를 정의로, 악한 것을 선한 것으로 보이도록 속임으로써 아테네 시민 위에 군림한 실질상의 귀족주의적인 대중 선동가일 뿐이다. 요컨대 플라톤의 견해를 통해 본다면 페리클레스는 아테네 데모스의 형식적인 동의를 얻어 마치 민주주의적인 정치가인 것처럼 행세하지만, 실질적으로는 절대 권력을 휘두르고 있는 '독재자' 내지 참주에 불과하다. 플라톤은 데모스의 수호자를 자처하는 대중 선동가가 데모스가 주인인 민주정체하에서 역설적이게도 왕과 같은 영향력을 행사하고 있다고 생각하는 것 같다. 즉 데모스의 주권 원리와 소위 데모스의 수호자라 일컬어지는 자에 의해 무력화되는 양태를 보여 주고 있다. 플라톤의 관점에서 페리클레스는 아첨의 수사술을 통해 데모스가 무절제하게 추구하는 자유에의 쾌락을 맘껏 충족시켜 줄 수 있는 참주형 인간과 유사하다. 이것은 플라톤이 『국가』편에서 비판하는 것처럼[561] 조타술에 관한 기술을 갖고 있지 않으면서 '귀가 약간 먼(hupokopos)' 배의 선주인 데모스를 속여 배의 키를 잡고 잘못된 항해를 하는 대중 선동가로서의 페리클레스를 연상케 한다. 요컨대 플라톤의 관점을 통해 가능한 결론을 내려 본다면 페리클레스는 아테네 민주정의 옹호자 내지 지도자라기보다는 참주에 가까운 인물로 간주될 수 있다.

---

561 Platon, *Politeia*, 488a-489a.

(2) 투키디데스의 페리클레스에 대한 평가

그렇다면 투키디데스의 페리클레스에 대한 평가는 어떠한가? 투키디데스는 그의 『펠로폰네소스 전쟁사』 2권, 소위 '페리클레스의 장례식 추도 연설사'[562]에서 아테네 정체는 "이름은 민주정이지만, 사실상 그것은 제일인자에 의한 통치이다"라고 기술하고 있다. 투키디데스에게 페리클레스는 말과 행동에 있어 아테네인들 중 첫째로 '가장 강한(dunatotatos)' 영향력을 가진 인물이었다.[563] 이 점에서 투키디데스는 플라톤의 페리클레스에 대한 견해를 공유하는 것처럼 보인다. 투키디데스 역시 아테네 정체가 명목상으로는 민주정으로 불릴 수 있지만, 실질상으로는 페리클레스 일인에 의해 통치되는 비민주적인 특성을 가진 정체라고 보고 있기 때문이다. 그러면 우리는 투키디데스의 페리클레스에 대한 정치적 지도력의 평가를 플라톤의 견해와 동일한 것으로 볼 수 있을까? 아래의 인용문을 검토하는 것이 이 질문에 가능한 답을 구하는 데 도움이 될 수 있다.

◇◇◇

그 이유는 페리클레스가 평판과 합리적 판단력과 같은 능력을 갖추고 있었고, 더욱이 돈 문제에 관한 한 철저하게 청렴결백했기 때문에 자유인에 적합한 방식으로 다중을 통제할 수 있었다는 것이다. 그래서 그가 다중에 의해 이끌린 것이 아니라, 그 자신이 그들을 이끈 것이다. 그 이유는 그가 부적절하게 다중의 쾌락에 아첨하는 말을 함으로써 권력을 차지한 것이 아니라, 다중의 분노에 이성적으로 대응함으로써 자신의 명성을 유지하였기 때문이다. 실제로 그는 다중이 적절치 않게 과도한

---

562 Thoukydides, *Hist.*, II.65.10.

563 Thoukydides, *Hist.*, I.139.4.

오만함을 보인다고 느낄 때는, 그들을 위협하여 공포심을 갖도록 하였다. 그 반대로 다중이 비합리적으로 두려워할 때는 그들이 자신감을 갖도록 북돋아 주었다. 그래서 아테네는 명목상으로는 민주정이지만, 실질상으로는 일인에 의한 통치가 되었다.[564]

∞∞

위 인용문에 따르면 투키디데스는 페리클레스 지도력에 대한 중요한 몇 가지 덕목을 제시한다. 첫째는 페리클레스의 합리적인 판단 능력이다. 투키디데스에 따르면 페리클레스는 '무엇을 해야만 하는지를 알고 그것을 설명할 수 있는 능력'을 갖고 있었다.[565] 무엇을 해야만 하는지를 안다는 것은 주어진 상황에서 아테네 정체의 이익을 위한 효과적인 정책 결정을 할 수 있는 지적인 판단 능력과 합리적 추론을 통한 선견지명의 능력을 갖췄음을 의미한다. 페리클레스가 아테네 데모스에 끌려다니지 않고 데모스를 이끌 수 있었던 것은 바로 이러한 지적인 판단 능력을 갖추었기에 가능했다. 투키디데스가 '페리클레스는 다중의 변덕이나 쾌락에 대한 욕망을 실현시켜 주거나, 시민들의 분노를 자극하여 권력을 차지하지 않았다'라고 말하는 것도 이러한 맥락에서다. 페리클레스는 어디까지나 그의 '이성적 판단'에 근거한 통찰력과 고결한 정신에 따라 정치적 리더십을 발휘한 것으로 볼 수 있다. 다시 말해 페리클레스는 아테네 데모스의 잘못된 의견에 근거한 분노나 비겁함을 이성적 논증으로 지적하고 설득함으로써 아테네 시민들을 '좋음'과 '정의'로 이끈 지도자라는 것이다.[566]

---

564 Thoukydides, *Hist.*, II.65.8-9.

565 Thoukydides, *Hist.*, II.60.5.

566 Thoukydides, *Hist.*, II.22.1.

두 번째 페리클레스 리더십의 중요한 능력은 그의 설득력이다. 아무리 좋은 정치적 판단을 내리더라도 그것을 대중에게 설명해서 설득하지 못한다면 정치가로서의 능력은 한계가 있다. 훌륭한 리더라면 자신이 제안하는 정책을 대중에게 잘 설명해서 이해시키고 지지하도록 만들 수 있어야만 한다. 아무리 공동선을 위한 정책을 제안하더라도 대중을 설득시키지 못한다면 그 정책은 실질적인 효과를 기대할 수 없다. 페리클레스는 이러한 설득 능력을 갖추었고, 그래서 "폴리스를 안전하게 유지했고", "위대함으로 이끌었다."[567] 투키디데스의 유명한 추도 연설문에서 알 수 있듯이 페리클레스는 데모스가 과도한 오만함을 보일 때는 그들을 자제하도록 설득하였고, 그들이 비합리적으로 두려워할 때는 자신감을 갖도록 설득하였다. 이처럼 페리클레스는 중요한 시기마다 자신의 정치적이며 군사적인 판단을 관철할 수 있도록 연설을 통해 데모스를 설득하는 데 성공하였다. 페리클레스의 정치적 설득력이 얼마만큼 강했는지는 스파르타와의 개전 초기에 아테네 밖 근교에 있는 아테네 시민들을 성곽 안으로 이주하도록 하자 모두 그의 지시에 따랐다는 것을 통해서도 알 수 있다. 그들은 처자식을 데리고 성안으로 오도록 요구하는 페리클레스의 설득에 따른 것이다.[568] 실상 페리클레스의 지도력에 대한 신뢰가 없었다면 평생을 시골에서 살면서 재산을 일구어 왔던 아테네 시민들이 농토와 집을 버리고 성안으로 들어오는 결정을 내리기는 결코 쉽지 않았을 것이다.

세 번째로 페리클레스의 공선사후 정신을 들 수 있다. 즉 페리클레스는 자신의 이익보다 아테네 폴리스의 이익을 가장 우선시한 정치가이

---

567 Thoukydides, *Hist.*, II.65.5.

568 Thoukydides, *Hist.*, II.13-14.

다. 모든 정치적 판단이나 정책 결정에서 자신의 사적 이익이 아니라 아테네 정체의 공동 이익을 최우선으로 했기 때문에 페리클레스는 당당하게 아테네 데모스의 눈치를 보지 않고 자신의 주장을 관철시킬 수 있었다. 뒤에서 살펴보겠지만 알키비아데스나 니키아스처럼 공동 이익이 아닌 사적 이익을 우선시할 경우 데모스의 욕망에 맞춘 연설을 하게 마련이다. 그러나 이와 달리 페리클레스는 데모스의 잘못된 욕망이나 분노에 순종하여 말하거나 행위하지 않았다. 이것은 페리클레스가 아테네 시민들의 이익이 폴리스의 이익과 조화됨을 통해 가능함을 역설하는 것에서도 알 수 있다. 개인의 이익과 행복이 공동체의 안정과 번영을 통해 실현될 수 있다고 보는 것이다. 그렇기 때문에 페리클레스는 아테네 정체의 최선의 이익을 우선시하는 원칙을 자신의 신념으로 믿고 실천했다고 볼 수 있다. 미국의 역사학자 케이건은 페리클레스에 대해 다음과 같이 평가하고 있다.

◇◇◇

페리클레스는 아테네인들에게 개개인의 이익과 공동체의 이익이 불가분의 관계에 있으며, 국가가 안정되고 번영하지 않으면 그들도 안전할 수 없고 번영할 수 없다는 것, 평범한 사람은 자신이 속한 사회가 위대해져야만 자신의 위대함을 성취할 수 있다는 것을 가르치고자 했다. 그가 수행한 모든 것과 그가 아테네를 위해 추구한 모든 것이 이런 교육의 일부분이었다. 페리클레스는 무력이나 공포로 강제하는 것이 아니라 자신의 상상력과 강한 인성, 이성을 활용하는 설득력 있는 웅변가로서 남달랐던 재능을 발휘해 새로운 사회와 새로운 유형의 시민을 만들고자 노력했다.[569]

◇◇◇

---

569 D. Kagan(1998), 7.

마지막으로 페리클레스의 중요한 자질로 꼽을 수 있는 것은 그의 도덕적인 충실성(integrity)[570]이다. 무엇보다 돈의 유혹 때문에 부패하지 않는 청렴결백함이다. 위 인용문에서 투키디데스가 묘사하는 것처럼 페리클레스는 돈에 타락한 정치가가 아니다.[571] 그래서 아테네인들은 처음에 그에게 벌금을 물려 그를 권력에서 물러나게 했으나, 곧이어 모든 계급적 이해관계를 초월해 폴리스 전체의 공익을 위해 일할 수 있는 정치가는 페리클레스뿐임을 인식하고 그를 다시 아테네의 지도자로 복권시켰다.[572] 이처럼 페리클레스가 오랜 기간 아테네 정체의 장군이자 정치가로서 활동할 수 있었던 것은 이렇듯 그의 개인적인 인테그리티, 즉 자기 충실성 내지 순결성이 존재했기 때문에 가능했다. 뒤에서 알키비아데스의 리더로서의 자질과 관련해서 비교하겠지만, 페리클레스가 알키비아데스와 달리 리더로서의 우월한 평가를 받는 중요한 요소가 그의 청렴결백함이다. 즉 페리클레스는 돈에 의해 타락하지 않은 청렴한 태도를 공직에 있는 동안 보여 주었다. 그리고 그가 아테네 정체의 공동 이익을 우선시할 수 있었던 힘도 바로 돈에 휘둘리지 않는 영혼의 순결성에서 비롯된 것이었다. 위에서 말한 탁월한 판단력, 설득력, 공선사후 정신 그리고 청렴결백함에 관한 페리클레스의 신념을 투키디데스는 다음과 같이 보고한다.

---

570 integrity는 한 개인이 어떠한 외적인 강제 속에서도 믿고 지지하는 도덕적 원칙과 신념에 대한 충실성 또는 순결성이다. 이는 한 개인의 강한 도덕적 신념으로서 자신의 인생이나 가치관의 내적 구성 요소가 된다. 예를 들어 '어떤 경우에도 살인이나 거짓말을 해서는 안 된다'와 같은 도덕적 원리에 대한 신념이다. 이와 관련해서는 손병석(2016), 60-79 참조할 것.

571 Thoukydides, *Hist.*, II.60.5.

572 허승일 외(2007), 205-207 참조할 것.

◇◇◇

> 여러분은 내게 화를 내지만 나야말로 누구 못지않게 무엇이 필요한지 볼 수 있는 식견이 있고, 본 것을 설명할 수 있는 능력이 있으며, 조국을 사랑하고 돈에 초연한 사람이라는 것이 내 생각입니다. 식견은 있으나 명료하게 설명할 수 없다면 아예 생각이 떠오르지 않는 것이나 다를 바 없습니다. 이 두 가지 자질은 갖고 있으나 애국심이 없다면 아마도 공동체의 이익을 위해 말하지 않을 것입니다. 애국심이 있다 해도 뇌물에 약하다면 이 한 가지를 위해 무엇이든 다 팔아 버릴 것입니다. 그러니 여러분이 내가 이런 자질에서 다른 사람들보다 조금은 낫다고 믿고 전쟁을 하자는 내 권고를 받아들인 것이라면 지금 와서 잘못했다고 나를 비난하는 것은 옳지 못합니다.[573]

◇◇◇

위 인용문은 훌륭한 리더의 자격 조건에 관한 중요한 정보를 시사하고 있다. 투키디데스의 보고에 따른 페리클레스의 훌륭한 리더의 자질은 지적인 판단 능력, 설득력, 애국심 그리고 돈에 초연함이다. 그런데 이러한 자격 요소들은 단순히 동등한 요소로 이해되어서는 곤란하다. 페리클레스는 이러한 요소들 간의 상호관계에 중요한 점을 강조한다. 그것은 공동체에 대한 애국심이 없다면, 지적인 판단 능력과 설득력은 공동체에 유익하지 않을 것이라는 점이다. 선견지명과 설득력이 개인적인 이익이 아니라 공동선에 기여하는 방향에 맞추어져 있지 않기 때문이다. 그런데 중요한 점은 페리클레스가 탁월한 판단 능력이나 효과적인 설득력, 그리고 공선사후의 애국심 역시 도덕적인 청렴결백함이 전제되지 않으면 충분하지 않다고 강조한다는 것이다. 페리클레스가 생각

573 Thoukydides, *Hist.*, II.60.5-6.

하기에 앞의 능력이나 자질들이 개인적인 부를 늘리는 수단으로 사용된다면 의미가 없기 때문이다. 즉 돈의 유혹에 넘어가게 되면 공적인 지도자로서 갖추어야 할 효과적인 능력들이 공직을 이용해서 개인의 경제적 부를 확대하는 수단으로 악용될 수 있다는 것이다.

상술한 것처럼 페리클레스가 아테네 민주정하에서 훌륭한 리더십을 보여 준 지도자로 평가되는 중요한 몇 가지 이유가 있었다. 그것은 그의 정치적, 군사적 차원에서의 지적인 판단 능력인 선견지명과 탁월한 설득력, 공선사후의 애국심, 그리고 무엇보다 아테네 데모스가 그를 믿고 따를 수 있도록 만든 청렴결백함과 같은 도덕적 완결성이다. 아테네 시민들이 지성과 용기를 갖고 자신들의 약점을 강점으로 만들어 아테네 민주정을 발전시킬 수 있었던 데에는 이렇듯 페리클레스의 리더십이 있었다. 투키디데스가 페리클레스를 이후에 아테네 정치사에서 일인자가 되고자 한 다른 정치인들, 예컨대 클레온(Kleon)이나 알키비아데스와는 다른 유형의 정치가로 평가하는 이유가 바로 그 때문이다.[574] 이제 필자는 뒤에서 페리클레스의 정치적 위상과 그의 리더십의 진위성을 좀 더 판가름하기 위해 페리클레스의 아레테, 즉 덕과 그의 에토스가 어떠했는지를 고찰할 것이다. 이것은 페리클레스의 정치적 지도력이 그의 에토스나 덕론과 결코 분리된 것이 아니라는 필자의 믿음 때문이다. 이러한 접근 방식에 도움을 주는 유용한 텍스트적 전거를 필자는 아리스토텔레스와 플루타르코스의 보고 속에서 발견할 수 있다고 생각한다.

---

574 Thoukydides, *Hist.*, VI.12.2.

(3) 아리스토텔레스와 플루타르코스에 따른 페리클레스의 덕

실천이성을 소유한 정치가로서의 페리클레스

아리스토텔레스의 페리클레스에 관한 언급은 『니코마코스 윤리학』 6권 1140b8행에서 발견된다. 이곳에서 아리스토텔레스는 정치적 공동체의 훌륭한 통치자의 전형적인 인물로 페리클레스를 언급하면서 그를 실천이성을 소유한 프로니모스(phronimos)로 규정한다.[575] 그런데 여기서 우리가 주목해야 할 점은 아리스토텔레스가 페리클레스를 훌륭한 정치가로 평가하는 자격 기준을 프로네시스(phronēsis), 즉 실천이성에서 찾고 있다는 것이다. 다시 말해 페리클레스가 공동체의 훌륭한 리더로 평가될 수 있는 이유는 바로 그가 '실천이성'이라는 덕에 근거해 정치적 역량을 발휘하였기 때문이다.[576]

그러면 실천이성이란 어떤 덕인가? 아리스토텔레스에 따르면 실천이성은 '지적인 덕(dianoetikē aretē)'들 중에서 유일하게 '성품적 덕(ēthikē aretē)'과 관련을 맺는 덕이다.[577] 다시 말해 실천이성은 올바른 이성으로서 중용에 따른 올바른 실천을 가능케 하는 지적인 덕이라 말할 수 있다. 아리스토텔레스에 따르면 실천이성의 주요한 특성은 '숙고(bouleusis)'와 '결정(proairesis)' 능력이다. 불레우시스, 즉 숙고란 주어진 구체적인 상황 속에서의 목적 실현을 위한 구체적인 수단에 대한 탐구와 검토 과정이라 말할 수 있다. 예를 들어 전투의 목적이 승리라 할 때, 어떤 전술적 행위

---

575 Aristoteles, *EN*, 1140b8, "dia touto Periklea kai tous toioutous phronimous oiometha einai."

576 아리스토텔레스는 『정치학』 1277a14-31행에서 정체에 따른 '훌륭한 시민(spoudaios polites)'의 정의가 다를 수 있음에도 불구하고, 훌륭한 시민이 '선한 인간(agathos aner)'과 일치될 수 있는 것으로 본다. '훌륭한 통치자(spoudaios archōn)'가 그러한 인간으로 제시된다. 이때의 훌륭한 통치자는 정치적이며 공적인 영역에서 적극적으로 politikē, 즉 '정치술'을 발휘하는 '적극적인 시민(active citizen)', 즉 참된 정치가나 입법가라고 말할 수 있다(T. H. Irwin, 1990, 81-83 참조).

577 Aristoteles, *EN*, 1144b21-32, 1106b14 계속 참조.

가 "가장 쉽고 가장 훌륭하게"[578] 적을 섬멸시킬 수 있는지에 관한 가능한 수단들을 비교, 검토하는 지적인 판단 과정이다.[579] 실천이성의 두 번째 특성인 선택·결정[580]은 숙고의 과정이 있은 다음에 이루어지는 단계로서 가장 적합한 수단을 선택하거나 결정하는 과정이다. 아리스토텔레스가 실천이성의 행사에 있어 결정 과정을 중시하는 이유는 인간의 행위는 단순히 이성적인 판단에 의해서만 이루어지는 것이 아니라 여기에 욕구의 일치가 함께해야만 하기 때문이다. 이성적인 판단을 올바르게 내려 놓고서도 욕구에 굴복해서 자제하지 못하는 아크라시아(akrasia) 현상이 얼마든지 가능하다. 아리스토텔레스가 덕행은 "올바른 이성에 따르는 것이 아니라 올바른 이성과 함께하는 것이다"[581]라고 말하는 이유도 바로 참된 이성뿐만 아니라 올바른 욕구가 함께 일치해야 함을 강조하기 위한 것이다.[582]

그런데 아리스토텔레스에게서 실천이성은 그 대상에 따라 다시 몇 가지 종류로 구분될 수 있음에 유의할 필요가 있다. 이것은 아리스토텔레스가 『니코마코스 윤리학』 6권에서 실천이성은 그 대상에 따라 개인적인 실천이성뿐만 아니라 폴리스에 관한 정치적 실천이성이 있음을 말하는 데서 알 수 있다. 아리스토텔레스는 정치적 실천이성을 다시 입법적 실천이성과 숙고적이며 사법적인 실천이성으로 나누고 있다. 그리고 전

---

578 Aristoteles, *EN*, 1112b17.

579 Aristoteles, *EN*, 1140a25-28. 실천지의 단계에 관한 보다 자세한 논의는 손병석(2000b), 23-32 참조할 것.

580 Aristoteles, *EN*, 1113a4-5, 1139a31.

581 Aristoteles, *EN*, 1144b26-27.

582 이런 이유로 아리스토텔레스는 proairesis를 '욕구적 지성(orektikos vous)'이나 '이성적 욕구(orexis dianoetike)' 또는 '숙고된 욕구(bouleutike orexis)'라고 표현한다(*EN*, 1113a9-14, 1139b4-5).

자의 입법적 실천이성은 폴리스의 통치자가 가져야 할 최고의 규율적이며 기획적인 실천이성이, 후자의 실천이성은 다수의 시민이 갖춰야 할 법령과 같은 개별적인 것들과 관련된 실천이성이 된다. 그렇다면 아리스토텔레스가 페리클레스를 사려 있는 정치가로 말할 때의 프로네시스는 입법적 실천이성으로 볼 수 있다. 이것은 『정치학』 3권 4장에서 기술되고 있는 '다른 덕들은 통치자와 피통치자에게 공통되게 속하는 것으로 볼 수 있으나', "실천이성은 통치자의 고유한 덕이다"[583]라는 아리스토텔레스의 말을 통해 알 수 있다. 그리고 이때의 실천이성은 폴리스의 전체적이며 공동인 것에 적용, 발휘되는 입법적 실천이성으로 이해될 수 있다. 그렇다면 결국 페리클레스가 소유한 실천이성은 정치적 실천이성 중에서도 '입법적 실천이성'이 되는 것으로 볼 수 있다.

그러면 '정치적 실천이성'을 소유한 페리클레스를 과연 플라톤이 비판하는 것처럼 아테네의 페이시스트라토스나 페르시아의 캄비세스와 같은 참주 내지 독재자로 간주할 수 있을까? 상술한 실천이성의 특성에 관한 아리스토텔레스의 설명을 고려할 때 우리는 페리클레스를 민주정의 독재자 내지 참주로 보기 어렵다. 이것은 필자가 아는 한에서 아리스토텔레스가 그의 작품 어느 곳에서도 페리클레스를 군주나 참주로 언급한 적이 없다는 데서도 분명해진다. 또한 폴리스가 잘 경영되는 것이 바로 공적 지도자의 에토스에 의해 가능하다는 이소크라테스의 말을 고려할 때도,[584] 공동선을 실현할 실천이성과 같은 덕을 소유한 것으로 말해지는 페리클레스를 아테네 민주정에 '최대의 악'을 행사한 참주나 독재자로 볼 수 없다. 반대로 그는 실천이성이 그 덕의 본성상 지향하는 아테

---

583 Aristoteles, *Pol.*, 1277b25-29.

584 Isokrates, *Nicocles*, 2.31, 4.122, 7.41.

네 민주정의 목적, 즉 모든 데모스의 행복과 공동 이익을 실현코자 했을 것이며, 이런 점에서 아테네 민주정에 최대의 선을 베푼 시혜자나 지도자[585]로 보는 것이 더 타당한 해석이 될 것이다. 이것은 아리스토텔레스가 『아테네 정체』 28장 1-3행에서 "페리클레스가 민중을 이끄는 동안, 정체의 일들은 더 나아졌으나, 그가 죽은 뒤에는 훨씬 나빠졌다"라고 말하는 것을 통해서도 알 수 있다.

이제 필자는 아래에서 계속해서 플루타르코스의 페리클레스에 관한 보고를 검토하면서 페리클레스의 지도력을 근거 지우는 덕이 무엇인지, 그리고 그러한 덕이 그의 정치적 역정 속에서 어떻게 구체적으로 적용되어 발휘되었는지를 살펴보도록 하겠다.

온화함(praotēs)과 고상한 정신(megalophrosunē)의 소유자로서의 페리클레스

플루타르코스의 『비교 영웅전(Bioi Paralleloi)』은 그리스 로마사에 등장한 위대한 영웅들의 삶에 관한 전기이다. 그러나 이 책은 단순히 위대한 인물들의 일생을 소개하는 영웅담의 모음집이 아니다. 플루타르코스가 이 책을 저술하면서 가진 특별한 동기는 각 인물들의 삶을 그들이 소유한 영혼이나 성품 또는 덕의 관점에서 살펴봄으로써 인간에게 바람직한 삶의 전형을 보여 주고자 한 것이다. 이것은 플루타르코스가 영혼의 탁월성으로서의 성품이나 덕이 인간을 말과 행동 속에서 사려 있고, 정의롭고 선하게 만들어 줄 뿐만 아니라 더 나아가 명예와 권력까지 주는 것으로 생각하기 때문이다.[586] 달리 말해 플루타르코스는 그리스와 로마

---

585 Aristoteles, *Pol.*, 1273b32-33, 1325b40-1326a5.

586 Ploutarchos, *BP*, 1.3-4, 2.2.

의 정치가나 왕이 쟁취한 위대한 명예와 정치적 지도력을 그들이 소유한 도덕적 에토스와 덕의 소산으로 본다.

이러한 이유로 필자는 플루타르코스의 페리클레스에 관한 보고가 페리클레스의 정치적 지도력에 대한 중요한 정보를 제공할 수 있다고 생각한다. 왜냐하면 플루타르코스가 『비교 영웅전』에서 각각의 여러 인물들의 지도력을 비교 평가하면서 중요한 기준으로 삼고 있는 것은 각 인물이 '폴리스의 건설자인가 아니면 파괴자인가' 또는 '다수의 시민을 설득을 통해 지도하는가 아니면 물리적 폭력을 통해 강제하는가' 혹은 '폴리스와 시민의 조화에 기여하는가 아니면 분열과 불화를 조장하는가'와 같은 내용과 관련되기 때문이다. 플루타르코스는 이러한 양자택일적인 물음이 제기되는 상황에서 각각의 인물이 어떻게 대처했는가를 우연한 사건이나 일화 또는 재치 있는 농담 등을 통해 살피고자 한다. 어떤 인물의 일생에 걸쳐 나타난 우연한 사건이나 일화 또는 농담이 그 인물의 에토스와 영혼의 탁월성을 보다 분명하게 드러낼 수 있다는 것이 플루타르코스의 확신이기 때문이다. 그렇다면 플루타르코스가 생각하는 페리클레스의 에토스와 덕은 어떤 것인가?

페리클레스의 에토스와 관련하여 주목해야 할 부분은 그의 에토스의 변화와 관련된 플루타르코스의 언급이다. 『비교 영웅전』 15장에서 플루타르코스는 정적인 멜레시오스의 투키디데스가 도편추방을 당한 후에 페리클레스는 이전과는 다른 사람이 되었다고 말한다. 즉 페리클레스는 더 이상 바람처럼 변덕스러운 대중의 욕구를 들어주려 하지 않았다는 것이다. 다시 말해 아테네의 최고 통치자가 된 후, 그는 이제까지의 느슨하고 무른 통치 형태를 귀족주의적이고 왕정적인 통치 형태로 바꾸고자 하였다. 이것은 페리클레스가 친(pro)데모스적인 이전까지의 민주적인 에토스를 귀족정이나 왕정에 걸맞은 소위 권위주의적 에토스로 바꿨음을 의미한다. 사실상 페리클레스는 정치에 입문했을 때부터 자신이 페이시스트라토스와 같은 참주와 유사한 정치인으로 보이지 않도록 여러 가지 친민주적인 정치적 조치를 취한 것이 사실이다.[587] 특히 그는 당시 정적인 키몬과 투키디데스와의 권력 싸움에서 자신의 정치적 입지가 미약함을 인식하고 데모스의 지지와 공감을 받고자 아테네 시민들에게 우호적인 정책을 취했다. 법정 참석에 대한 수당 지급과 같은 페리클레스의 급진민주정하 일련의 정치적 조치는 분명 키몬을 능가하고자 하는 정치적 의도에서 이루어진 것으로 볼 수 있기 때문이다. 그리고 우리는 플루타르코스가 이러한 페리클레스의 정치적 행위를 일종의 정치적 기회주의로 보면서 그를 대중 선동가의 이미지를 가진 정치인으로 비판적으로 보고 있음을 어렵지 않게 읽어 낼 수 있다. 그런데 여기서 중요한 점은 '플루타르코스가 페리클레스의 이러한 귀족주의적인 에토스로의 변화를 정치적 지도력의 관점에서 어떻게 평가하고 있는가'이다.

작품의 전체적인 맥락을 분석할 때 플루타르코스의 페리클레스의 리더십에 대한 판단은 부정적이지 않은 것으로 볼 수 있다. 왜냐하면 플루타르코스는 같은 책 15장에서 페리클레스의 에토스의 변화를 언급한 뒤에 곧이어 페리클레스가 자신의 신념에 따라 정치적 권력을 아테네 정체의 최상의 이익을 위해 확고하면서도 정직하게 사용한 것으로 평가하기 때문이다. 그리고 그는 이런 이유로 아테네 시민들은 대체로 자진하여 페리클레스의 설득과 지시에 따랐다고 보고하고 있다. 그렇다면 페리클레스의 에토스의 변화에 관한 플루타르코스의 언급은 다른 각도에서 해석될 필요가 있다. 그것은 페리클레스가 기원전 443년 이전에 처한 정치적 상황과 사태들을 있는 그대로 직시해야 함을 말한다. 즉 그의

---

587 Ploutarchos, *BP*, 7.

정치적 라이벌인 키몬이나 투키디데스와의 권력을 두고 벌어진 특별한 정치적 상황[588]과 이에 대한 그의 개인적 반응이나 응전 사이의 상관관계를 직시해야 한다. 페리클레스의 급진민주정 역시 이러한 키몬과 투키디데스에 대한 상대적인 정치적 파워의 미약함에서 비롯된 조치로 볼 수 있을 것이다. 그러나 그 역시 권력을 추구하는 정치인으로서 정적들과의 경쟁에서 명예욕과 승리욕이 강한 인물이었음이 완전히 배제될 수는 없다.[589]

　그러나 플루타르코스의 보고에서 좀 더 주목되어야 할 부분은 아테네의 최고 권력자가 된 이후의 페리클레스에 대한 플루타르코스의 평가가 어떻게 내려지고 있는지이다. 만약 에토스의 근본적인 변화가 있었고, 그것이 자신의 본성에 맞는 귀족주의적인 에토스로의 복귀라면 이후의 페리클레스의 정책은 반민주적인, 달리 말해 친귀족적이거나 친과두주의적인 노선이 지향되었어야 할 것이다. 그러나 이후에 페리클레스가 보여 준 일련의 정책에 대한 플루타르코스의 기술과 평가는 예상과 다르다. 즉 페리클레스는 다수 시민의 격정과 단견에 이끌리지 않고 자신의 이성적 판단과 미래에 대한 통찰력을 통해 아테네 정체의 지도자의 모습을 보여 주었다는 것이다. 이제 필자는 이것이 플루타르코스가 페리클레스에 관한 전기를 쓰면서 페리클레스의 고유한 탁월성으로 강조하는 프라오테스(praotes) 즉 '온화함'과, 메갈로프로시네(megalophrosyne) 즉 '고상한 정신'에 관한 기술 속에서 확인될 수 있다고 생각한다.

　플루타르코스에 따르면 페리클레스를 무엇보다 페리클레스답게 만들어 준 덕은 '프라오테스'이다.[590] 아리스토텔레스에 따르면[591] 이 덕은

588　Ploutarchos, *BP*, 9-14.

589　Ploutarchos, *BP*, 13.31.

분노와 관련된 중용의 덕이다. 즉 프라오스(praos)한 사람은 무감정도 아니고, 그렇다고 감정에 휩쓸리지도 않고 자신의 감정을 이성에 의해 조절할 수 있는 자이다. 요컨대 프라오테스라는 덕은 감정을 잘 통제할 수 있는 영혼의 이성적 능력이다. 플루타르코스의 보고에 따르면 페리클레스는 이성적 능력의 덕인 프라오테스를 소유하였기 때문에 급박하면서도 위험한 전쟁 중에도 데모스와 그의 정적들이 그에게 쏟아붓는 분노와 비난을 자신의 냉정한 '이성적 판단(logismos)'에 따라 의연히 대처함으로써 위기를 극복할 수 있었다.[592] 이러한 페리클레스의 이성에 근거한 온화한 정신은 그가 권력을 잡은 후에 보여 준 여러 행동에서 나타난다. 앞에서 언급한 것처럼 15장에서 기술되고 있는 페리클레스의 데모스에 대한 태도 변화가 그 대표적인 경우다. 즉 페리클레스가 자신의 통치 형태를 귀족주의적이고 왕정적인 형태로 바꿨음에도 불구하고, 데모스가 이러한 통치 형태에 저항하지 않고 자발적으로 페리클레스의 설득과 지식에 따랐다는 플루타르코스의 보고가 그것이다. 그리고 이것은 플루타르코스의 분석에 따르면 페리클레스가 프라오테스라는 이성적인 덕에 근거해 자신의 권력을 아테네의 최상의 이익을 위해 사용했기에 가능한 것이었다.

플루타르코스는 이러한 현상을 페리클레스가 일종의 폴리스의 병을 고치는 현명한 의사로 등장하는 비유를 들어 설명한다. 즉 페리클레스는, 마치 현명한 의사가 만성병 환자에게 어떤 때는 무해한 달콤한 약을, 또 다른 때는 병의 치료에 효과가 큰 쓴 약을 처방하듯이, 데모스의

---

590 P. A. Stadter(1975), 77-85 참조.

591 Aristoteles, *NE*, 1125b26 계속 참조.

592 플루타르코스의 보고에 따르면 이것은 이성의 철학자인 아낙사고라스와 엘레아 철학자인 제논 그리고 소피스트인 프로타고라스의 영향을 받은 것으로 추정할 수 있다(*BP*, 4-6, 8, 36).

희망과 공포를 두 개의 키처럼 이용해 그들이 오만할 때는 그들을 규제하고, 의기소침할 때는 북돋워 주고 격려하였다는 것이다. 플루타르코스는 페리클레스가 자신의 웅변술을 통해 데모스의 영혼을 격정과 어리석음으로부터 선과 정의로 성공적으로 전회시켰다고 평가한다.[593] 플루타르코스에 따르면 이것은 페리클레스가 이성적 능력으로서의 '온화함'을 견지하고 그것에 따라 공무를 처리했기에 가능한 것이었다. 페리클레스는 이러한 온화함의 덕을 통해 데모스의 신뢰와 명성을 얻었고, 그럼으로써 아테네 민주정의 지도자로 인정받을 수 있었다는 것이다.

페리클레스가 프라오테스와 같은 이성적인 덕을 갖춘 합리성의 지도자라고 하는 사실은 『비교 영웅전』 33장을 통해서도 알 수 있다. 이곳에서 플루타르코스는 라케다이모니아의 왕 아르키다모스가 6만 명의 대군을 이끌고 아테네를 공격했을 때 페리클레스가 보여 준 냉정하면서도 합리적인 판단을 기술하고 있다. 페리클레스는 아테네의 안전을 위해 라케다이모니아 연합군과 싸우지 않는 전략을 채택하는데, 이것이 아테네 시민들과 그의 정적들이 페리클레스를 공격하게 한 이유가 되었다. 그러나 페리클레스는 이들의 분노에 자신의 이성적인 판단으로 맞선, 마치 배의 조타수처럼 폴리스를 구하고자 한 참다운 프라오스였다는 것이다.[594] 달리 말해 성난 바다에서 폭풍이 배를 덮쳤을 때, 배의 조타수가 겁에 질린 승객의 눈물과 간청을 무시하고 오직 자신의 조타술에 의지하여 배를 운행하고자 하듯이, 페리클레스는 오직 자신의 이성적인 판단에 따라 성안 사람들의 고함이나 그에 대한 모욕, 적대감을 의연하게 참아 냈다. 플루타르코스에 따르면 페리클레스는 자신을 겁쟁이

---

593 Ploutarchos, *BP*, 15, 34.

594 Ploutarchos, *BP*, 33.

로 몰아붙이는 이러한 비난에 '나무는 베거나 잘라도 금세 자라나지만 사람은 죽고 나면 다시 살릴 수가 없다'고 강변하였다고 한다. 요컨대 플루타르코스가 보기에 페리클레스는 다중과 정적이 비난하는 것처럼 결코 겁쟁이가 아니라 현명하게 상황을 직시하고 데모스의 욕구와 분노를 "진정시켰다(katepraunein)"는 점에서 프라오스의 덕을 실천한 지도자의 면모를 보여 주었다.

그래서 플루타르코스는 펠로폰네소스 전쟁에서 지나친 욕심을 내다 보면 결국 국력이 쇠해져 패배하게 될 것이라는 페리클레스의 예언이 맞았다고 결론을 내리고 있다.[595] 이 밖에도 플루타르코스는 일식과 관련된 일화[596]나 사모스 전쟁 전사자들에 대한 추도 연설[597]의 예를 들면서 페리클레스의 합리적 정신과 논리적 사고를 강조하고 있다. 이러한 이유로 플루타르코스는 페리클레스를 로마의 장군 파비우스(Fabius)

---

595 Ploutarchos, *BP*, 34. 파비우스와의 비교편 3 참조할 것.

596 아테네에 역병이 돌기 시작하고 그 원인이 페리클레스가 농촌 주민을 성벽 안으로 이주시켰기 때문이라는 비난이 일게 되자 이것을 만회하기 위해 페리클레스는 백쉰 척의 전함을 출항시키고자 한다. 이때 해가 가리어지는 이상한 전조가 나타나고, 페리클레스의 배를 모는 키잡이가 겁을 먹고 떨게 된다. 그러자 페리클레스는 자신의 외투로 키잡이의 눈앞을 가리고 이것이 무서운 일의 전조라고 생각되는지 물었고, 키잡이가 그렇지 않다고 하자 "그렇다면 이것과 일식 사이에 무슨 차이가 있겠는가? 일식은 내 외투보다 더 큰 것에 의해 발생한다는 것 말고 말일세"라고 말했다고 한다. 이것은 자연에 대한 신비적이고 주술적인 믿음이 근거가 없으며, 자연에 대한 합리적 이해가 필요함을 페리클레스가 보여 주고자 한 일화로 소개된다(*BP*, 35).

597 플루타르코스는 페리클레스가 올림포스의 주인으로 칭해질 수 있었던 것은 그의 탁월한 웅변술 덕분이라 말한다. 그리고 이러한 그의 웅변술은 아낙사고라스의 이성에 관한 이론을 활용하여 적용한 것임도 덧붙인다. 페리클레스는 연설을 하면서 주제에 벗어난 말을 결코 하지 않으려고 노력했다는 것이다. 사모스 전쟁 전사자들에 대한 추도 연설은 이러한 페리클레스의 논리적이고 합리적인 웅변술을 단적으로 보여 주는 예이다. 그는 이 연설에서 전사자들은 신들처럼 불사의 존재임을 찬양했는데, 그것은 신들이 보이지는 않지만, 신들이 받는 명예와 축복을 통해 그들이 불사의 존재임을 믿을 수 있는 것처럼, 전사자들 역시 조국을 위해 목숨을 바친 행동으로 인해 불사의 존재임을 논리적으로 귀결시켰다(*BP*, 8).

와 비교하는 마지막 장에서 '현재 상황에 대한 대처 능력과 미래에 대한 올바른 판단력에 있어 페리클레스에 비견할 만한 장군은 없다'고 평가한다.[598]

플루타르코스에 따르면 페리클레스의 영혼의 탁월성을 보여 주는 또 다른 덕은 프로네마(phronema) 또는 메갈로프로시네로 표현되는 '고상한 정신'이다. 이 덕은 페리클레스의 위대한 정신을 보여 주는 영혼의 탁월성이다. 플루타르코스는 『비교 영웅전』 39장에서 "페리클레스는 수많은 업무와 주위의 심한 적대감 속에서도 합리성과 온유함을 견지했기 때문에 칭송받아 마땅할 뿐만 아니라, 고상한 정신으로 인해 더욱 찬탄받아 마땅하다. 왜냐하면 그는 방대한 권력을 행사하면서 시기와 증오가 자신의 행동에 영향을 미치지 못하게 했고, 어떤 적도 화해할 수 없는 적으로 대하지 않았기 때문이다"라고 말하고 있다. 이러한 페리클레스의 고상한 정신을 보여 주는 사건은 같은 책 여러 곳에서 발견된다. 그 대표적인 예 중의 하나는 17장에서 기술되고 있는 아테네 사절단에 관한 이야기이다. 이곳에서 플루타르코스는 페리클레스가 아테네 데모스로 하여금 더 큰 포부와 위대한 일을 해낼 수 있다는 자신감을 갖게 하기 위해 모든 헬라스인들에게 아테네 회의에 참가하기를 권유하는 사절단을 파견하는 법안을 발의하고, 실제로 20명의 사절을 파견하였다는 것이다. 라케다이모니아의 반대로 그 노력은 무산됐지만 플루타르코스는 이것이 페리클레스의 기백과 원대한 정신을 보여 주는 것이라고 말한다. 또한 10장에서 페리클레스는 추방된 키몬을 소환하는 법을 직접 발의하여 그를 돌아오게 한다. 그래서 키몬이 라케다이모니아와 협정을 성공적으로 맺도록 하였는데, 이것 역시 사익보다 아테네의 공익을 우

---

598 파비우스와의 비교편 3.

선시하는 페리클레스의 '큰 정신'을 보여 주는 것으로 묘사되고 있다. 플루타르코스는 이러한 고상한 정신을 가진 페리클레스가 에피알테스의 살인을 사주했다는 이도메네우스의 고발은 전혀 근거 없는 모함이라고 지적하면서 그러한 일은 페리클레스처럼 고상한 정신의 에토스를 가진 지도자에게 전혀 맞지 않는 것이라고 평한다.

특히 플루타르코스가 페리클레스의 고결한 정신을 강조하기 위해 제시하는 청렴결백함은 주목할 만하다. 플루타르코스는 페리클레스가 아테네 데모스들로부터 높은 신뢰를 받으면서 아테네를 가장 크고 부유한 폴리스로 만들고 다른 어떠한 왕과 참주를 능가하는 권력을 유지할 수 있었던 데에는 뇌물에 초연하고 무관심했던 페리클레스의 청렴결백함이 그 바탕에 있었다고 말한다. 만약에 페리클레스가 각국의 왕과 귀족들 그리고 여러 동맹국으로부터 오는 선물과 돈을 다 받기만 했어도 엄청난 부자가 될 수 있었다는 것이다. 이런 이유로 플루타르코스는 그러한 기회를 가져 본 사람도 없었지만, 그런 기회를 얻고서도 돈에 관해 페리클레스만큼 초연할 수 있었던 사람도 이 세상에 없었을 것이라고 진술하고 있다. 그래서 플루타르코스는 페리클레스와 파비우스를 비교하는 마지막 장에서 로마에서 최고 권력을 누렸던 아우구스티누스 시대까지 건설됐던 로마의 모든 건물을 다 합쳐도 페리클레스 통치하에 세워졌던 공공 건물보다 못하다고 평한다. 그리고 이것이 가능했던 이유로 아버지가 물려준 재산을 일 드라크마도 더 늘리지 않았던 페리클레스의 돈에 초연한 아디아포론(adiaphoron)적인 고상한 영혼과 원대한 정신을 들고 있다.[599]

---

599 파비우스와의 비교편 3. 페리클레스의 고상한 정신에 관한 언급은 Ploutarchos, *BP*, 7, 15-17, 28, 36-38 참조할 것.

플루타르코스의 페리클레스에 관한 지금까지의 보고를 종합할 때 플라톤이나 그의 정적들이 비난하는 것처럼 페리클레스를 아테네 민주정의 독재자나 참주로 규정하기는 어렵다고 판단된다. 이것은 플루타르코스가 페리클레스를 '올림포스의 주인(Olympion)'으로 찬양하는 말이나 또는 그를 아테네 민주정을 지켜 주었던 '보루(eruma)'로 평가하는 말을 통해서도 알 수 있다.[600] 그리고 플루타르코스의 페리클레스에 대한 이러한 긍정적인 견해는 페리클레스가 생전에 보여 주었던 프라오테스와 메갈로프로시네와 같은 '덕에 따른 행위(erga ap' aretes)'를 고려할 때 정당한 평가로 생각된다.

(4) 페리클레스 리더십과 시민정치의 조화

지금까지 필자는 페리클레스의 정치적 지도력과 그의 도덕적 자질을 평가하기 위해 몇몇 철학자들과 역사가의 견해를 살펴보았다. 플라톤의 견해를 통해 본다면 페리클레스는 참주에 가까운 대중 선동가의 이미지에서 벗어나지 않은 인물로 간주할 수 있다. 이와 달리 투키디데스에게서 페리클레스는 아테네 민주정의 올바른 정치적 지도력과 도덕적 자질을 갖춘 인물로 평가된다. 아리스토텔레스와 플루타르코스의 눈을 통해 본 페리클레스 역시 덕에 따른 지도력을 발휘한 아테네 민주정의 정치 지도자로 평가된다. 그렇다면 우리는 페리클레스를 어느 유형에 가까운 인물로 평가할 수 있을까? 플라톤이 비판하는 것처럼 페리클레스는 아테네 민주정의 필연적 귀결인 참주에 가까운 독재자인가? 아니면 투키디데스나 아리스토텔레스 또는 플루타르코스가 보고하는 것처럼 이성적인 판단과 도덕적 덕을 소유한 일종의 참된 리더십의 본을 보여 준 인

---

600 Ploutarchos, *BP*, 39.

물인가?

이러한 물음들은 페리클레스와 아테네 시민의 관계를 어떻게 이해해야 하는가의 문제와 관련된다. 즉 플라톤이나 투키디데스가 말하는 것처럼 "이름은 민주정이지만 사실상 그것은 제일인자에 의한 통치이다"[601]라는 말은 민주정의 주권자인 아테네 시민들의 통치가 무력화되었다는 뜻으로 볼 수 있다. 그래서 실질적으로 데모스에 의한 지배 원리가 작동되지 않은 것으로 볼 수 있다. 그렇다면 투키디데스는 데모스와 페리클레스의 관계를 어떻게 규정한 것으로 볼 수 있을까? 투키디데스는 페리클레스에 의해 통치된 당시의 아테네 민주정을 본질적으로 데모스의 통치가 아니라 강한 카리스마를 가진 일인의 정치 엘리트에 의한 통치로 간주했을까? 아니면 페리클레스의 정치적 통치 능력은 어디까지나 데모스의 의지와 결정에 종속된 한 시민의 지도력에 불과한 것으로 보았을까?[602]

이러한 물음들과 관련해서 투키디데스가 『펠로폰네소스 전쟁사』 2.65.8에서 데모스와 페리클레스의 관계를 언급하는 것에 주목할 필요가 있다. 투키디데스는 페리클레스가 "대중을 자유롭게 통제할 수 있

---

601 Platon, *Menexenos*, 238c, Thoukydides, *Hist.*, II.65.10.

602 이에 관한 학자들의 의견은 상이하다. 예를 들어 파라는 투키디데스가 민주정의 지지자로서 민주정의 정신을 갖고 역사를 쓴 것으로 해석한다. 그렇기 때문에 그녀에 따르면 투키디데스는 페리클레스의 통치 시기를 아테네 민주정의 황금기로 간주했다. 즉 파라의 주장에 따르면 투키디데스는 페리클레스 당시나 또는 그의 사후 어떤 정치가도 페리클레스만큼 아테네 민주정의 발전에 기여한 인물은 없다고 본다. 그러나 투키디데스가 아테네 민주정에 비판적이었으며, 따라서 페리클레스의 통치를 사실상의 전제적인 군주정으로 보았다는 주장 역시 다른 학자들에 의해 제기된 바 있다. 투키디데스의 페리클레스에 대한 입장을 둘러싼 학자들의 상반된 해석은 아테네 민주정하에서 데모스와 페리클레스의 관계에 대한 이해를 어렵게 하는 것이 사실이다. C. Farrar(1988), 158-177, R. K. Balot(2006), 131, J. Ober(1989), 86-91, H. D. Westlake(1968), 23-42, L. Mitchell(2008), 17-18 참조할 것.

었으며(kateiche to plēthos eleutherōs), 그들에 의해 이끌려졌다기보다는 그가 대중을 이끌었다"라고 말한다. 여기서 elelutherōs, 즉 '자유롭게'의 의미를 풀어 볼 필요가 있다. 하나는 페리클레스가 무엇이 옳고 그른지에 대한 자신의 원칙을 포기하지 않고 또는 데모스의 욕구에 굴복하지 않고 데모스의 판단이나 결정에 영향을 줄 수 있다는 자유의 의미로 이해할 수 있다. 다른 하나는 자신의 의지를 대중들에게 강요하지 않거나 또는 데모스의 민주정 시민으로서의 자유를 제한하지 않고 자신의 정책을 공동선으로 향하도록 이끌 수 있었다는 의미로 이해할 수 있다. 전자는 페리클레스의 자유에, 후자는 데모스의 자유에 방점이 두어지는 것으로 이해된다. 즉 전자의 의미는 페리클레스가 자신의 원칙과 판단을 자유롭게 행사했는가에, 후자의 의미는 데모스가 부자유스러운 상황에서 결정을 내렸는지의 여부에 초점이 맞추어진다. 인용된 말의 맥락을 고려하면 엘레우테로스는 페리클레스가 데모스의 환심을 사기 위해, 다시 말해 그들의 '어떤 쾌락에 영합하여 말할(pros hēdonēn ti legein)' 필요가 없이 자신의 자유로운 의지를 갖고 데모스를 이끌었다의 의미로 이해할 수 있다. 그런데 오해해서는 안 될 점은 페리클레스에 의한 주도적인 행위가 데모스에 대한 강요나 구속으로 이해되어서는 곤란하다는 것이다. 페리클레스는 데모스의 자율성을 인정하고 존중하면서도 아테네 시민들에게 영향을 줄 수 있는 리더의 역량을 갖추고 있었기 때문이다. 이것은 페리클레스와 데모스의 관계를 주종 관계처럼 권력에 의한 강압적인 통제와 복종의 상하 관계로 보는 것은 올바른 이해가 아님을 의미한다. 앞서 케이건이 말한 것처럼 '페리클레스는 무력이나 공포로 강제하는 것이 아니라 자신의 품성과 이성을 활용한 설득력 있는 웅변술을 통해 아테네 시민들을 이끌고자' 했기 때문이다.[603]

앞에서 살펴본 것처럼 페리클레스와 데모스의 관계에 대한 이해는

『펠로폰네소스 전쟁사』에서 페리클레스의 '설명(hermēneusai)'과 '가르침 (didaxas)'의 능력에 대한 언급을 통해서도 알 수 있다.[604] 이곳에서 페리 클레스는 먼저 자신이 알고 있는 것을 대중들에게 설명할 수 있는 능력 이 있음을 강조한다. 페리클레스는 자신의 연설이 청중의 욕망에 놀아 나지 않고, 거짓된 희망이나 기대를 불러일으키지 않으며, 자신의 정치 적 이익을 확보하기 위해 청중을 기만하지 않는다는 점을 강조한다. 그 것은 무엇보다 자신의 연설이 아테네 정체에 대한 애국심과 도덕적인 청렴결백함에 근거해서 말해지기 때문이다. 그는 연설을 통해 자신에 대한 민중의 분노를 불러일으킬 위험을 감수하면서까지 공동선에 가장 도움이 되는 정책을 청중에게 가르치는 것을 목표로 삼았다. 아테네 시 민은 페리클레스가 주장하고 결정한 모든 일이 그의 개인적인 욕망을 실현하려는 것이 아니라 무엇보다 시민 모두의 이익을 위한 것임을 파 악하고 그에 대한 지지를 표현하였다고 볼 수 있다.

다음으로 페리클레스와 데모스의 관계에서 데모스가 페리클레스의 연설을 듣고 판단하는 아테네 민회에서의 관행은 데모스의 적극적인 역 할을 강조한다. 즉 데모스는 페리클레스의 제안을 수동적으로 수용하는 존재가 아니다. 그 반대로 페리클레스가 제안한 가치를 평가하고 그들 의 열망, 가치, 신념에 따라 특정 정책의 옳고 그름을 결정한다는 점에 서 능동적인 시민의 역할을 수행한다. 다시 말해 데모스는 페리클레스 의 설명을 들은 후 그가 주장하는 정책의 타당성을 판단하고 어떤 행동 을 취해야 할지를 결정한다. 이런 점에서 페리클레스의 연설은 일종의 교육적 관점에서 데모스가 책임감 있게 독립적으로 결정하도록 훈련하

---

603 D. Kagan(1998), 7.

604 Thoukydides, *Hist.*, II, 60, 5-6.

고 습관화하는 민주 시민 교육의 성격을 갖는 것으로 볼 수 있다.[605] 즉 페리클레스 연설의 설득 목적은 단순히 일방적인 명령이나 지시가 아닌, 설명을 통해 데모스의 판단과 결정에 대한 이해를 증진하는 데 있으며 데모스 스스로 자유롭게 주인의식을 갖고 결정하고 실천하도록 장려하거나 동기를 부여한다. 따라서 페리클레스는 지적 능력, 공동선에 대한 관심, 청렴한 성품을 바탕으로 아테네 민주정의 번영을 촉진하기 위한 정책을 고안하고 데모스가 그 정책을 지지하고 실행하도록 이끌었다. 그의 리더십은 데모스의 자율성을 존중했고, 그의 교육적인 수사술은 데모스의 의사 결정 능력을 향상시키고 공동선에 대한 이해를 공유하게 했다. 이러한 자질과 행동으로 페리클레스는 데모스와 강한 신뢰 관계를 구축하고 오랫동안 영향력을 유지할 수 있었던 것으로 보인다.

상술한 것을 고려한다면 페리클레스가 참주와 같은 대중 선동가로 평가되는 것은 온당치 않다. 페리클레스를 아테네 시민들을 오도(誤導)한, 그래서 실질적으로 폭력이나 물리적인 강제력을 사용해서 일인 독재정을 실시한 사이비 정치가로 보기는 어렵기 때문이다. 그보다는 투키디데스가 보고하는 것처럼 페리클레스는 어디까지나 아테네 민주정의 발전과 공동선을 위해 그의 지도력을 발휘한 것으로 볼 수 있다.[606] 뒤에서 자세히 설명하겠지만 이것은 투키디데스가 페리클레스를 알키비아데스와 비교하는 데서도 분명해진다. 투키디데스에 따르면 알키비아데스는 자신의 사적인 야욕을 위해 시켈리아 원정을 감행해서 결과적으로 아테네 민주정의 쇠락을 앞당긴 인물이다.[607] 그러나 페리클레스는 자

---

605 D. Kagan(1998), 7.

606 Thoukydides, *Hist.*, II.65.7, J. Ober(2003), 30-31, C. Farrar(1988), 158-177 참조.

607 Thoukydides, *Hist.*, VI.12.2, 15.2-3, 60.1.

신의 이익이 아닌 폴리스 전체의 공동선을 위해 자신의 지도력을 발휘한 정치가이다. 투키디데스에게 페리클레스는 플라톤이 주장하는 것처럼 수사술을 통해 아테네 시민들을 격정과 분노로 몰아넣음으로써 자신의 정치적 야욕을 만족시킨 혹세무민의 대중 선동가가 아니다. 마찬가지로 아테네 시민들이 거짓된 수사술을 이용한 페리클레스에 의해 기만되거나 조종된 것으로 이해되어서도 곤란하다.

상술한 것을 종합할 때 아테네 민주정은 말뿐이지 실질상 페리클레스에 의한 일인 독재정이라는 플라톤의 비판은 올바른 주장이 아니다. 크게 두 가지 이유에서 그렇다. 하나는 플라톤의 주장이 타당하기 위해서는 참주정을 탄생시킨 당시의 아테네 민주정이 우중들의 정체라는 전제가 필요하다. 그러나 당시의 아테네 시민단의 판단과 결정을 어리석은 무지의 정치로 규정하기는 어려운 것으로 보인다. 이것은 특히 아테네 민주정하에서 다수의 숙고를 통한 현명한 정책 결정을 위해 도입된 이세고리아 즉 동등하게 말할 수 있는 권리와, 파레시아 즉 '바른말 하기'와 같은 비판적인 언론의 자유 정신을 구현하기 위한 제도를 고려할 때 그러하다.[608] 다시 말해 아테네 시민들은 이러한 언론의 자유에 근거해 페리클레스의 수사술을 활용한 통치가 사적 이익을 위한 것인지 아니면 폴리스의 공동선을 위한 것인지를 판단할 수 있는 아리스토텔레스의 '집합적 지혜'를 가졌다고 볼 수 있고, 이것은 곧 페리클레스와 아테네 데모스의 관계가 왕과 신민의 관계로 규정되서는 안 됨을 의미한다.[609]

---

608 이와 관련해서는 Thoukydides, *Hist.*, II.35-46, Herodotos, *Historiai*, V.78, Isokrates, *Areopagiticos*, 20. 이 밖에도 E. Berti(1978), 348, J. Ober(1989), 72-73, 78-79, 87, 296-339 참조할 것.

609 이와 관련해서는 Aristoteles, *Pol.*, 3권 11-15장 참조할 것. 보다 자세한 논의는 손병석(2000a), 135-161.

다음으로 아테네 민주정의 정치적 권력이 전적으로 페리클레스에게 전유된 것으로 볼 수만은 없다는 점이 고려되어야 할 것 같다. 물론 투키디데스와 플루타르코스가 말하는 것처럼 페리클레스가 아테네 민주정하에서 최고 일인자로서 상당한 권력을 행사한 것이 부정될 수는 없다. 그리고 이러한 이유에서 오랜 기간 최고 권력을 행사한 페리클레스가, 설사 위민(爲民) 정치를 행했다 할지라도, 그를 민주주의자로서의 지도자로 평가할 수 있을까의 문제 역시 충분히 제기될 수 있다. 오히려 플라톤이 신랄하게 비판한 것처럼 페리클레스에 의한 통치는 어쩌면 다수의 동의에 따른 실질상의 귀족정일 가능성이 크다. 그러나 초점이 페리클레스 통치 자체가 아닌 형식적인 차원에서의 아테네 시민단과 아테네 제도와의 상관관계에 맞추어진다면, 페리클레스는 아테네 시민단에 의해 위임된 장군직과 같은 제한된 권력을 행사했기 때문에 그를 제왕적인 독재자로 보기는 어렵다. 앞서 살펴본 것처럼 무엇보다 정치적, 법적 차원의 에이산겔리아나 도편추방법 역시 페리클레스의 정치력을 제한할 수 있는 현실적 수단으로 항존하고 있었음이 중요하게 고려될 필요가 있다.

  상술한 것을 고려할 때 페리클레스는 민주정하에서 상당한 권력을 행사한 '권위주의적 정치가'로 평가될 수 있다. 다시 말해 페리클레스는 강한 통치력을 통해 아테네 민주정의 발전과 '데모스를 위한(for the demos)'[610] 리더십을 발휘한 것으로 이해할 수 있다. 그러나 이것을 곧 플라톤이 말하는 것처럼 페리클레스를 아테네 민주정의 권위주의적 독재자로 평가할 수 있는 근거로 제시하는 것은 타당한 해석이 아니다.[611]

---

610 G. B. Kerferd(1981), 152.

611 L. Mitchell(2008), 23-25 참조할 것.

이것은 전시 상황에서 한 국가의 통수권자로 상당한 권위주의적 권력을 행사했던 링컨이나 처칠 또는 루스벨트를 히틀러나 스탈린과 같은 독재자로 평가하는 것이 옳지 않은 것과 같다. 처칠이나 루스벨트가 권위주의적 정치력을 행사했음에도 그들이 독재자가 아닌 국가의 보루로 인정되듯이, 페리클레스는 타 정치가에 비해 상당한 권력을 행사한 것이 사실임에도 불구하고 아테네 민주정에 최대의 선을 가져다준 인물로 볼 여지가 충분히 있다. 요컨대 페리클레스는 아테네 민주정하에서 약 15년간 최고 통수권자의 역할을 수행하였으나, 그러한 통치는 참주로서가 아니라 어디까지나 '데모스의 첫 번째 옹호자(protos prostates tou demou)'로서 수행된 것으로 볼 수 있다.

그러나 또한 페리클레스의 통치가 사실상의 '일인 통치'라는 투키디데스의 표현에서 우리가 간과하지 말아야 할 중요한 의미가 있다. 그것은 아테네 시민은 민주정의 발전과 안정을 위해 페리클레스와 같은 정치 엘리트의 지도력이 현실적으로 필요함을 인정하면서도, 동시에 그러한 특출한 정치가의 통치술이 결과적으로 전제적인 독재로 언제든지 변질될 수 있음을 간파하고 있었다는 것이다.[612] 다시 말해 '법 앞의 동등한 권리'를 목적으로 삼는 이소노미아 정신에 근거한 '다수의 통치' 원리가 일인의 통치 원리에 의해 무력화되거나 대체됨으로써 민주주의의 왜곡과 변형이 이루어질 수 있다는 것이다. 앞서 말한 것처럼 아테네 데모스가 에이산겔리아나 오스트라키스모스와 같은 정치적, 법적 조치를 통해

---

612 이 점에서 투키디데스는 다수 시민의 잘못된 판단과 분노를 '선(agathon)'과 '정의(dikaiosyne)'로 재정향시킬 수 있는 페리클레스와 같은 현명한 지도자가 민주정의 안정을 위해 필요함을 인정하면서도, 동시에 그러한 특출한 인물이 참주나 독재자로 변질됨으로써 민주정의 종식을 앞당길 수 있다는 역설을 간파해 낸 현실주의자로서의 안목을 갖고 있었다고 말할 수 있다. L. Mitchell(2008), 27-30 참조할 것.

최고 통치자의 전횡을 방지하고자 한 것도 이러한 이유에서다.

지금까지 살펴본 것을 통해 우리는 페리클레스를 아테네 민주정하의 훌륭한 리더십을 보인 정치 지도자로 평가할 수 있다.[613] 요컨대 플루타르코스의 전언을 통해 알 수 있는 것처럼 페리클레스는 당시의 아테네 민주정을 최고 절정기에 올려놓은 인물이며, 이것은 그가 갖춘 인간적 덕들과 에토스에 의해 가능했다는 점이 강조될 필요가 있다. 이런 점에서 필자는 당시 아테네 민주정에 비판적인 입장을 가졌던 귀족주의적인 성향의 이소크라테스가 그의 『안티도시스(*Antidosis*)』234에서 페리클레스를 극찬하는 다음의 인용문에 귀 기울일 필요가 있다고 생각한다.

◇◇◇

아름답고 웅장한 신전이나 기념물들로 아테네를 장식한, 그래서 아테네를 방문한 사람들이 아테네가 헬라스뿐만 아니라 전 세계를 통치하는 것이 가치가 있다고 생각하게 만든 페리클레스는 최고의 웅변가(aristos rhetor)이자 훌륭한 지도자(agathos demagogos)이다.[614]

◇◇◇

2) 알키비아데스 유형 민주주의

아테네 민주정사에서 기원전 5세기와 4세기에 걸쳐 페리클레스와 더불어 빼놓을 수 없는 중요한 인물이 알키비아데스이다.[615] 그가 중요한 인물인 이유는 아테네 민주정이 전쟁 중에 내린 가장 중요한 정치적, 군사적 결정에서 보이는 그의 주도적인 역할 때문이다. 페리클레스처럼

---

613 필자와 유사한 견해는 김진경의 글에서도 나타난다. 김진경(1991), 248-249.

614 이와 유사한 견해는 Isokrates, *Peri Eirenes*, 126에서도 발견된다.

615 알키비아데스에 관한 일반적인 논의는 D. Gribble(1999), L. Mitchell(2008), 1-30, J. Wilburn(2015), 1-36, H. Syse(2006), 290-302, D. C. Stimson(2018), 228-260 참조할 것.

알키비아데스 역시 군사적인 전략과 웅변술이 뛰어나다. 그러나 그에 대한 평가는 단적으로 말하기 어려운 복잡한 성격을 보여 준다. 보는 관점에 따라 알키비아데스는 한편으로 매우 유능하고 추진력이 강한 지휘관이면서도, 다른 한편으로 어리석고 야망이 지나치며 매우 위험한 참주적인 인물로 평가될 수 있기 때문이다. 그런데 우리가 알고 있는 것처럼 그는 평생 정치적 풍운아로서 비극적으로 삶을 마쳤다. 시켈리아 원정을 진행하는 도중에 사형죄를 피해 적국인 스파르타로 망명했고, 거기서도 연정 문제로 다시 페르시아로 피신했다. 그리고 다시 아테네 정체로 돌아와서 그의 군사적 기술로 아테네 함대를 이끌었다가 패한다. 결국 그는 기원전 404년에 페르시아 암살자에 의해 살해당한다.

아리스토파네스는 그의 희극 작품 『개구리들』에서 알키비아데스에 관한 유명한 말을 다음과 같이 전한다. "그들(아테네인들)은 그를 갈망했고, 그를 증오했고, 그리고 그들은 그를 갖기를 원했다(pothei, echthairei, bouletai echein)."[616] 왜 아테네인들은 알키비아데스에 대한 애증의 이중적인 마음을 갖고 있는 것일까? 알키비아데스의 어떤 매력이 아테네인들로 하여금 그를 그리워하게 만들었고, 어떤 문제가 아테네인들에게 증오의 마음을 갖도록 하였을까? 무엇이 한때 아테네 시민들의 촉망의 대상이었던 알키비아데스가 아테네 민주정을 저버리고 적국 스파르타에 협조하다가 끝내 암살당하는 비극적 결론에 이르게 했는가? 이러한 물음들에 대한 답을 찾기 위해 먼저 플라톤의 『알키비아데스』에 나타난 그의 영혼의 품성과 도덕적 자질을 살펴본다. 이어서 알키비아데스의 정화되지 않은 영혼과 그의 도덕적 품성의 문제가 아테네 민주정에 어떤 비극적 결과를 초래하게 되는지를 투키디데스의 『펠로폰네소스 전

---

616 Aristophanes, *Batrachoi*, 1425.

쟁사』에 나타난 시켈리아 원정에 초점을 두어 검토한다.

(1) 플라톤이 본 알키비아데스의 영혼(psychē)과 덕

플라톤 대화편 『알키비아데스』는 알키비아데스가 아테네 민주정에서 참된 정치가의 역할을 할 수 있는 자격을 갖추었는지에 대한 중요한 내용을 담고 있다. 무엇보다 알키비아데스가 추구하는 '정의(dikaiosynē)'와 '이익(sympheron)'이 무엇인지에 관한 내용을 담고 있다. 아래에서 이 대화편에 나타난 소크라테스와 알키비아데스의 대화를 통해 그의 성품과 영혼이 어떤 상태인지를 알아보도록 하겠다.

대화편 『알키비아데스』 시작 부분에서 우리는 아테네 정체의 지도자가 되기를 희망하는 젊은 알키비아데스를 만나게 된다. 그리고 소크라테스는 이제 막 스무 살이 된 청년 알키비아데스에게 다가가서 깊은 사랑의 마음을 전한다.[617] 그의 알키비아데스에 대한 사랑은 육체적인 것에 대한 것이 아니라 영혼에 대한 것이다. 그리고 소크라테스가 알키비아데스에게 접근하는 이유는 아테네의 지도자가 되기를 희망하는 알키비아데스가 얼마만큼 정말로 지도 역량을 갖추고 대중 앞에 말할 준비가 되어 있는지를 알 필요가 있다고 생각하기 때문이다.[618] 그런데 무엇보다 소크라테스가 생각하기에 알키비아데스의 문제점은 그가 동료 시민들을 무시하는 오만함을 보인다는 것이다. 그의 그러한 오만함의 원인은 좋은 가문 출신, 페리클레스와의 친분, 출중한 외모, 부나 타고난 카리스마에서 비롯한다.[619] 그래서 이런 우월한 장점들을 소유한 알키

---

617 Platon, *Alk.*, 105a-b, 106c3-5.

618 Platon, *Alk.*, 103a-104c.

619 Platon, *Alk.*, 104a1-c.

비아데스는 자신이 아테네 시민들 앞에 나서게 되면 페리클레스보다 더 큰 영예와 권력을 차지할 수 있다고 믿는다. 더 나아가 알키비아데스의 야망은 아테네를 통치하는 것뿐만 아니라 당시 알려진 세계의 다른 모든 지역까지 지배하길 원한다는 것이다.

소크라테스는 자신이 지금까지 알키비아데스를 떠나지 않고 신의 허락하에 이제야 그에게 온 이유를 밝힌다.[620] 그것은 알키비아데스가 아테네 정체에서 절대적인 가치를 가진 자임을 보여 준다는 목적을 달성하려면 우선 자신과의 대화를 통해서 참된 리더의 자격 요건이 무엇인지를 알아야 하기 때문이다. 위에서 말한 것처럼 소크라테스가 알키비아데스와의 대화를 통해 알고자 하는 것은 알키비아데스가 참된 지도자로서의 역량을 갖추고 있는지이다. 이것은 알키비아데스의 야망과 재능이 참된 리더십을 발휘할 수 있는 통치술[621]에 관한 앎과 일치할 수 있는가라는 주제가 된다.

이것을 알기 위해 소크라테스가 묻는 첫 번째 질문은 '알키비아데스가 무엇을 데모스에 조언해 줄 수 있는가?' 하는 것이다. 즉 민회와 같은 곳에서 데모스의 숙고가 필요할 때 그가 아테네 시민들에게 어떤 주제와 관련해서 '잘 숙고할 수 있는 능력'[622]을 갖춘 조언자나 정치가의 역할을 할 것인지 하는 것이다. 숙고의 대상은 폴리스의 중요 정책 결정과 관련된 사안이 될 것이고 무엇보다 전쟁의 경우가 여기에 해당한다. 당시의 정치적 상황이 펠로폰네소스 전쟁 직전인 점을 고려하면 전쟁과 평화에 관한 것이 중요한 주제가 된다고 볼 수 있다. 그렇다면 데모스가

---

620 Platon, *Alk.*, 105a-106a.

621 Platon, *Alk.*, 125d12.

622 Platon, *Alk.*, 125e10.

전쟁과 평화에 관한 정치적 숙고와 결정에서 알키비아데스에게 필요로 하는 능력은 전쟁과 평화에 관한 앎을 갖고 조언하는 것이다. 다시 말해 '전쟁과 평화와 관련된 국가의 공적인 사안과 관련해서 조언하는 것'이다. 이것은 곧 평화가 더 좋은 것인지 아니면 전쟁이 더 좋은 것인지의 문제이며, 결국 정의로운 방식에 의한 전쟁인가 아닌가와 관련된다.

◇◇◇

"어떤가? 자네는 아테네 사람들, 더러 어느 쪽 사람들과 전쟁을 벌이라고 조언할 텐가? 정의롭지 못한 짓을 저지르는 자들을 상대로 하라고 할 텐가? 아니면 정의로운 것들을 행하는 자들을 상대로 하라고 할 텐가?"

"선생님은 까다로운 질문을 하시는군요. 설사 어떤 이가 정의로운 것들을 행하는 자들을 상대로 전쟁을 해야 한다고 생각한다 해도 그것을 인정하지는 않을 테니까요." …

"그러면 전쟁을 벌이는 것 여부와 관련해서 즉 누구와는 전쟁을 벌여야 하고 누구와는 그러면 안 되는지, 그리고 어느 때는 그래야 하고 어느 때는 그러면 안 되는지와 관련해서 내가 조금 전에 물은 '더 나은 것'이란 '더 정의로운 것'일 수밖에 없겠지? 그렇지 않은가?"[623]

◇◇◇

위 인용문에서 소크라테스가 알키비아데스와의 문답을 통해 알고 싶은 것은 알키비아데스가 정의에 관해 아는 자인가 하는 것이다. 더 정의로운 것과 더 정의롭지 못한 것을 식별할 수 있는 앎을 소유하지 않고 대중들에게 정의에 관한 조언을 해 줄 수는 없기 때문이다. 이것은 질병에 관한 조언은 그것에 관해 알고 있는 의사가 적임자이고, 항해할 것인가에 관한 조언은 항해술에 관한 지식을 갖춘 선장이 적임자인 것과 같

---

623 Platon, *Alk.*, 109b-c.

다.[624] 따라서 알키비아데스가 전쟁이나 폴리스와 관련된 공적인 문제들에 대해 건전한 조언을 하기 위해서는 정의에 관한 지식을 소유한 전문가가 되어야 한다. 즉 알키비아데스가 아테네 정체에 유익한 인물이 되기 위해서는 그 자신이 동료 시민이나 적들보다 정의에 관해 더 유능해야 함을 의미한다.[625] 그러나 소크라테스와의 대화를 통해 드러난 알키비아데스의 대답은 실망스럽다. 그는 정의와 부정의에 관한 어떤 내용도 이해하고 있지 못하며, 그래서 무엇이 가장 옳고 또한 어떤 행위가 가장 이익이 되는지를 동료 시민들에게 조언할 수 있는 앎을 결여하고 있기 때문이다.[626]

이것은 특히 『알키비아데스』 113a-116e에서 제시되는 '정의와 이익의 동일성' 여부에 관한 대화 내용에서 알 수 있다. 정의와 이익의 동일성 논제와 관련해서 알키비아데스는 같지 않다는 견해다. 즉 정의로운 것이 때로 이롭지 않고, 그 반대로 불의한 것이 이로울 수 있다는 것이다. 두 사람 사이 오고 간 문답의 핵심적인 내용을 간단하게 정리하면 다음과 같다.

전제 1: 어떤 것이 정의롭다면 그것은 반드시 아름다운 것이다.

전제 2: 어떤 것이 아름답다면, 그것은 또한 좋은 것이다.

전제 3: 좋은 것은 이익이 된다.

결론: 어떤 것이 정의롭다면, 그것은 또한 이익이 된다.

---

624 Platon, *Alk.*, 107c-d.

625 Platon, *Alk.*, 109b6-d1.

626 Platon, *Alk.*, 109e2-113d1.

정의와 이익의 동일성 논증을 위해 소크라테스가 도입하는 다른 개념 쌍은 아름다운 것과 추한 것이다. 먼저 소크라테스는 정의로운 것은 모두 아름다운 것이고, 아름다운 것은 모두 좋은 것인지를 묻는다. 알키비아데스는 정의로운 것이 아름다운 것임에는 동의하지만, 아름다운 것이 모두 좋은 것임에는 동의하지 않는다. 아름다운 것들 중 어떤 것은 나쁜 것일 수 있다는 것이다. 예를 들면 전쟁터에서 동료나 친구를 구출하려다 상처를 입거나 죽는 경우다. 이 경우 오히려 구하지 않는 것이 이익이 될 수 있다. 구하는 행위는 아름다울 수 있으나 그것은 좋은 것이 아니라 오히려 나쁜 것이 된다. 따라서 구하는 행위는 아름답지만 나쁜 것이다. 그런데 덕의 관점에서 보면 '구하는 행위'는 용기 있는 행위지만, 구하지 않는 행위는 비겁한 행위이다. 이 경우 용기는 아름다운 것이고 좋은 것이지만, 비겁함은 추한 것이고 나쁜 것이다. 그렇다면 앞서 말한 전쟁터에서 구하는 행위는 용기 있는 행위로서 그것은 한편으로는 아름다운 것이되 다른 한편으로는 나쁜 것이 된다. 그런데 앞서 용기는 아름다운 것이면서 좋은 것이라고 말했기 때문에 친구를 구하는 행위는 좋은 것이면서 동시에 나쁜 것이 된다는 모순된 결론에 이르게 된다. 따라서 친구를 구하는 행위는 아름다우며 좋은 것이고, 이익이 되는 행위로 보아야 한다. 마찬가지로 정의로운 것은 아름다운 것이고, 아름다운 것은 좋은 것이며 그것은 이로운 것이 된다고 보아야 한다. 이것은 앞서 알키비아데스가 주장한 정의로운 것은 이로울 수도 있지만 해가 될 수도 있다는 '정의와 이익의 비동일성'과 배치된다.

결국 소크라테스와의 문답법적 대화를 통해 알키비아데스는 정의란 무엇인가와 관련해서 정의에 대한 지식이 없음이 밝혀진다. 그런데 소크라테스가 보기에 알키비아데스의 더 큰 문제는 그가 자신의 무지를 인식하지 못하고 있다는 것이다. 그래서 소크라테스는 다음과 같이 말한다.

◇◇◇

딱하군 그래, 알키비아데스, 이게 무슨 꼴인가. 내가 그것을 딱히 뭐라고 부르긴 주저되지만, 그럼에도 우리끼리만 있으니까 말해야겠네. 잘난 친구야, 우리의 논의도 자네를 탓하고, 자네 자신도 자기를 탓하고 있듯이, 자네는 무지를 그것도 가장 극단적인 무지를 끼고 살고 있는 셈이네. 그러니까 자네는 교육을 받기 전에 정치에 달려든 셈이지. 그런데 자네만 이런 꼴인 게 아니라 나랏일을 행하는 이들 가운데 대다수 역시 그런 꼴이라네. 아마도 자네 후견인인 페리클레스를 포함한 소수의 사람들을 빼고는 말일세.[627]

◇◇◇

위 인용문에서 소크라테스는 알키비아데스를 포함한 많은 정치인들의 진짜 문제는 특정한 종류의 무지가 있다는 것이다. 다시 말해 나라를 통치하고자 하는 많은 자는 정작 지혜롭지 못한 어리석은 자들이라는 것이다. 그들은 모두 자신이 무엇을 하고 있는지 모르면서 그 반대로 잘 안다는 확고한 신념에 눈이 멀어 있다. 알키비아데스의 양아버지 페리클레스 정도만 예외적인 정치가라고 말할 수 있을 뿐이다. 소크라테스의 이러한 비판에 대해 알키비아데스는 정치인은 운동 선수와 다르다고 말한다. 운동 선수가 훈련을 해서 올림픽 경기에 나오는 것과 달리 정치인은 배우는 수련 과정을 가질 필요가 없다는 것이다. 알키비아데스의 주장에 따르면 정치인은 자신의 카리스마에 의존해서 사람들 앞에 나타나 설득하면 된다. 그리고 알키비아데스는 의심할 여지 없는 외모와 같은 자신의 자연적 능력을 갖추고 있고 그래서 경쟁자들을 쉽고 확실하

---

627 Platon, *Alk.*, 118b-c.

게 이길 것이므로 걱정할 필요가 없다고 주장한다.[628]

이러한 알키비아데스의 반론에 대해 소크라테스는 알키비아데스가 경쟁 상대로 생각하면서 이기고자 하는 대상은 삼단노선의 수병들이 아니라 라케다이몬이나 페르시아의 왕들임을 주지시킨다. 소크라테스는 자신의 주장을 뒷받침하기 위해 한 여성의 권위를 내세우는데 크세르크세스왕의 아내이자 그의 후계자 아르톡세륵스의 어머니인 페르시아의 여왕 아메스트리스(Amēstris)이다. 그리고 소크라테스는 아메스트리스가 알키비아데스가 어떤 우월성에 의해 자신의 아들 아르톡세륵스에게 맞붙을 생각을 하게 되는지를 의아해할 것이라고 말한다. 소크라테스가 생각하기에 그녀는 "이 작자가 돌봄(epimeleia)과 지혜(sophia)만을 믿고서 도전하는군, 이것들이 유일하게 그리스 사람들이 내세울 만한 것이니까"[629]라고 말할 것이다. 그런데 소크라테스는 아메스트리스가 알키비아데스가 아테네 정체에서뿐만 아니라 페르시아를 상대로 승리할 수 있다고 장담한다면 또한 의아해할 것이라고 말한다. 그것은 그녀가 생각하기에 알키비아데스는 이제 막 스무 살이 넘었고, 교육을 전혀 받지 못했으며, 더군다나 소크라테스의 말도 귀담아 듣지 않으면서, 단지 그 청년이 자신의 외모에 만족하면서 자신의 자질이 대왕을 상대할 수 있을 만큼 충분하다고 생각하기 때문이다. 그래서 알키비아데스가 신체적 미모, 키, 가족, 부, 그리고 그의 재치가 자기 능력의 구성 요소라고 한다면 아메스트리스는 알키비아데스가 미쳤음에 틀림없다고 생각할 것이라고 소크라테스는 결론을 내린다.

이러한 반론을 통해 알키비아데스를 꾸짖으면서 소크라테스가 목표

---

628 Platon, *Alk.*, 119b.

629 Platon, *Alk.*, 123d.

로 하는 것은 분명하다. 그것은 알키비아데스의 오만함을 무너뜨리고, 정치적 문제에 대한 그의 무지를 폭로하는 것이다.[630] 실제로 알키비아데스는 소크라테스와의 대화를 통해 자신이 공공의 업무 통치 및 행정 문제에 대해 배운 적도 없고 알기 위해 노력한 적도 없음을 인정한다. 그런데도 그는 소크라테스와의 대화 이전에 그러한 문제에 대한 자신의 지식과 능력을 의심한 적이 없었다. 이제 소크라테스는 알키비아데스에게 자신을 부끄럽게 생각하고 델포이에 새겨진 글귀를 마음에 새겨야 한다고 강조한다. 그것은 그노티 사우톤(gnōthi sauton),[631] 즉 '너 자신을 알라'이다. 자기 자신을 아는 것은 곧 자신의 돌봄과 앎이다. 이것을 결여한다면 알키비아데스가 헬라스인들이나 이방인들 사이에서 얻기를 가장 원하는 것, 즉 명예를 얻지 못할 것이라고 소크라테스는 말한다.

◇◇◇

> 돌봄과 기술 앎이 아니라면 다른 그 무엇으로도 그들을 능가할 수 없네. 이것들을 결여한다면 그리스인들 사이에서든 이방인들 사이에서든 자네가 명성을 얻는 일 역시 결여하게 될 걸세. 내가 보기에 어느 누가 그 무엇을 사랑하는 것보다 자네가 더 사랑하는 것으로 보이는 그 명예 말일세.[632]

◇◇◇

결국 알키비아데스는 자신의 모순된 대답으로 큰 혼란에 빠지게 된다. 그래서 소크라테스는 알키비아데스가 이중의 무지로 고통받고 있다

---

630 Platon, *Alk.*, 103a1-135e8.

631 Platon, *Alk.*, 124b.

632 Platon, *Alk.*, 124b.

고 주장한다. 하나는 그가 가장 중요한 것들에 대해 모르고 있다는 것이고, 다른 하나는 그가 자신의 무지조차 모르고 있다는 것이다. 이 모든 문제의 원인은 알키비아데스가 자신이 그러한 것들에 관해 잘 알고 있는 전문가라고 생각했기 때문이다.[633] 알키비아데스는 마침내 소크라테스가 옳다는 것을 다시 한번 인정하고 자신의 야망을 성취할 방법은 자신을 돌보는 것을 통해 자신의 무지한 상태를 개선하려고 노력하는 것임을 깨닫는다.[634]

이러한 대화를 통해 알키비아데스는 소크라테스에게 어떤 종류의 돌봄의 지식을 갖고 있어야 하는지를 묻고자 한다. 이에 대해 소크라테스는 먼저 알키비아데스가 민중의 애인, 즉 찬사, 명성, 영광의 애인이 됨으로써 스스로 타락하고 영혼이 추악하게 변하게 될 것을 걱정한다.[635] 이러한 운명을 피하기 위해 소크라테스는 알키비아데스에게 자신이 권하는 해독제를 갖고 나랏일에 나서야 한다고 말한다.[636] 즉 먼저 아테네의 정사(政事)를 성공적으로 관리하기 위해 알아야 할 것이 무엇인지 배운 다음, 실제로 중요한 공적 리더의 역할을 맡는 것이다. 소크라테스는 알키비아데스에게 이 순서대로 진행하면 그 자신에게나 아테네에 끔찍한 일이 일어나지 않을 것이라고 조언한다. 소크라테스의 주장에 따르면 알키비아데스가 해독제로 갖추어야 하는 앎은 바로 자기 자신을 돌보는 것이다. 그리고 그것은 영혼을 돌보는 것이다. 참된 돌봄은 신체나 돈이나 명예에 대한 돌봄이 아니라 자신의 가장 소중한 영혼을 돌보는 것이고 영혼을 아는 것이다. 소크라테스는 눈동자 비유를 통해 이것을

---

633 Platon, *Alk.*, 116e2-119b1.

634 Platon, *Alk.*, 124b1-10.

635 Platon, *Alk.*, 132a.

636 Platon, *Alk.*, 132b.

좀 더 확실하게 이해시키고자 한다.

∞

> 눈이 자신을 보려고 한다면 눈을 들여다봐야 하고, 눈의 훌륭함이 나타
> 나는 그 영역을 들여다봐야 하네. 이것이 눈동자겠지? … 영혼도 자신을
> 알려면 영혼을 들여다보아야 하고 무엇보다도 영혼의 훌륭함, 즉 지혜
> 가 나타나는 영혼의 이 영역을 들여다보아야 하며 또 이와 닮은 다른 것
> 을 들여다봐야 하네.[637]

∞

위 인용문에서 소크라테스는 자기 자신을 안다는 것은 영혼을 안다는
것인데, 이러한 영혼을 '눈의 동공'에 비유하여 설명한다. 즉 눈이 자신
을 보려고 한다면 바로 다른 눈을 들여다봐야 하는 것처럼, 눈의 훌륭함
이 나타나는 눈동자를 들여다보아야 한다. 이것은 눈을 들여다보는 사
람의 얼굴이 마치 거울 속에서처럼 맞은편 사람의 눈동자 안에 나타나
는 것과 같다. 이런 식으로 영혼도 자신을 알기 위해 다른 영혼을 바라
보아야 한다. 그리고 소크라테스는 영혼의 가장 좋은 부분, 다른 말로
하면 신적인 중요한 부분이 '아는 것(to eidenai)'과 '분별(to phronein)'이라고
말한다. 그리고 소크라테스는 자신을 아는 것이 바로 '절제(sophrosyne)'라
고 말한다.[638] 소크라테스에 따르면 절제는 자기 지식이며, 합리적 질서
에 대한 지식이다. 즉 절제는 영혼에 의한 육체적 욕망이나 감정을 통제
할 수 있는 자제력의 덕이다. 소크라테스에 따르면 자신을 모르는 사람
은 다른 사람의 것도 모르고 나라의 것도 모른다. 훌륭한 정치가가 되기
위해서는 자기 자신을 알아야 하고, 그것은 자신의 영혼의 가장 소중한

---

637 Platon, *Alk.*, 133b2-6.

638 Platon, *Alk.*, 133c18.

덕을 아는 것이다.

소크라테스에 따르면 '자기 지식'은 자신에만 한정된 앎이 아니라 타인에 대한 앎까지 포함하는 것이다. 눈과 영혼의 비유를 통해 알 수 있듯이 자신에 대한 앎은 타인을 통해 가능하다. 이것은 자기 지식이 개인의 이익을 넘어 타인과 공동체 전체의 이익까지 포함해야 함을 의미한다. 그래서 소크라테스는 '만약 알키비아데스가 폴리스를 올바르고 적절하게 관리하려면 덕을 습득해야 할 뿐만 아니라 또한 시민들에게 자신의 덕을 전수해야 한다'고 말한다.

∞∞

알키비아데스, 나라가 행복해지고자 한다면, 훌륭함(aretē) 없는 성벽도, 삼단노 군선도, 조선소도, 이런 것들의 많음과 큼도 소용없네. … 그러니 자네가 나랏일을 정의롭고 아름답게 행하려면 시민들에게 덕을 나눠 주어야 하네. … 자네 자신이든 다른 누구든 사적으로 자신과 자신의 것에 속하는 것들만 다스리고 돌보는 게 아니라 나라와 나라에 속하는 것들까지 다스리고 돌보고자 하는 사람은 우선 덕부터 갖추어야 하네. … 그러니 자네가 자네 자신과 나라에 갖추어 주어야 할 것은 원하는 것이면 무엇이든 할 수 있는 자유와 권력이 아니라 정의와 절제일세.[639]

∞∞

소크라테스에 따르면 알키비아데스가 자신의 정치적 야망을 달성하기 위해 갖추어야 할 것은 부나 외모가 아니라 덕이고 그것은 정의와 절제의 덕이다. 중요한 것은 그가 자신을 아는 것이고, 이것은 자신의 영혼을 아는 것이다. 그것은 절제의 덕에 의해 이루어지며, 절제를 통해 자신의 영혼을 돌볼 수 있는 것이다. 그리고 자신의 영혼을 보기 위해

---

639 Platon, *Alk.*, 134b-c.

타인의 영혼을 보아야 하는 것처럼, 알키비아데스는 동료 시민의 덕을 함양하는 데 관심을 가져야 한다. 이것은 알키비아데스 자신이 먼저 덕을 갖추어야 가능한 일이다. 자신이 덕을 갖추고 있지 않으면 시민들에게 나누어 줄 덕도 없기 때문이다. 즉 나누어 줄 수 있는 자가 먼저 정의와 절제를 갖추고 있어야 한다.

소크라테스에 따르면 원하는 것은 무엇이든 할 수 있는 자유는 갖고 있으면서 덕을 갖추지 못한 개인과 나라에는 행복이 아니라 불행이 있게 된다. 이것은 마치 배를 조정할 자유는 있으나 선장이 정신과 덕을 결여할 때 그 자신과 동료 뱃사람에게 명백히 불행한 결과가 있게 되는 것과 같다. 마찬가지로 자신이나 나라가 행복해질 수 있는 것은 덕 때문이지, 권력에 의한 것이 아니다. 요컨대 훌륭한 지도자가 된다는 것은 권력이나 권위와는 거의 관련이 없으며, 오히려 절제와 정의와 관련이 있다. 이를 무시하고 자신의 이익이나 폴리스의 이익을 위해 비윤리적으로 행동하는 것은 신탁의 명령을 정면으로 거스르는 것이며, 자신과 공동체에 무엇이 좋은지 모르는 무지한 행동이다. 결론 부분에서 소크라테스는 알키비아데스의 현재 상태가 자유인에 적합한 훌륭함과 덕을 갖춘 상태가 아님을 직시하고 그것을 벗어나고자 노력해야 한다고 조언한다. 알키비아데스는 소크라테스의 사랑스럽고 지혜로운 말에 감동을 받고, 그 자리에서 지금까지의 방식을 버리고 자신은 이제부터 오직 정의만을 돌보기 시작할 것이라고 약속한다. 하지만 소크라테스는 낙관적이지 않다. 자신의 최후는 물론 알키비아데스와 아테네를 기다리고 있는 어두운 운명을 직감한 소크라테스는 다음과 같이 말한다.

∞∞

나는 자네가 그 일을 계속했으면 하네. 하지만 자네의 자질이 못 미더워서가 아니라 나라의 위세를 보니 나와 자네가 나라의 지배를 받는 처지

가 되지 않을까 우려되네.[640]

◇◇◇

지금까지 살펴본 플라톤 대화편『알키비아데스』에서 우리는 아직까지 알키비아데스가 아테네 정체를 이끌 수 있는 지도자의 역량과 덕을 갖추고 있지 못함을 확인할 수 있었다. 그런데 중요한 점은 대화편 끝에서 알키비아데스가 아테네 정체의 지도자가 되기 위한 덕의 함양과 영혼의 전회에 매진할 것을 소크라테스에게 약속하고 있다는 것이다. 그러나 위 인용문에서 알 수 있는 것처럼 알키비아데스의 이러한 약속에 소크라테스는 회의적인 견해를 피력하면서 대화편이 끝나고 있다. 이제 남는 물음은, 그러면 알키비아데스는 정말로 자신이 약속한 것처럼 정의와 절제의 덕을 보살펴서 향후 아테네 정체의 훌륭한 리더의 모습을 보여 주었을까 하는 것이다. 이 물음에 대한 가능한 답을 찾기 위해 아래에서 투키디데스의『폴로폰네소스 전쟁사』에 기술된 알키비아데스의 행적을 분석하도록 하겠다.

(2) 투키디데스의 알키비아데스에 대한 보고

기원전 415-413년의 시켈리아 원정은 아테네 민주정체에 의해 행해진 군사 작전 중 가장 큰 단일 군사 작전이었다.[641] 그러나 큰 기대를 안고 시켈리아에 상륙한 지 2년 후, 아테네군은 시라쿠사 연합군과 스파르타 동맹군에 의해 격퇴당했다. 시켈리아 원정 실패는 아테네인들의 사기와 민주주의에 대한 신뢰에 큰 영향을 미쳤다. 아테네에 재난 소식이 전해졌을 때 시민들은 한동안 믿지 못하는 상태에 머물러 있었다. 전

---

640 Platon, *Alk.*, 135e.

641 Thoukydides, *Hist.*, VII.87 이하 계속 참조.

투에서 탈출한 군인들이 사건에 대해 믿을 만한 설명을 하고 있긴 했지만, 그 정도의 대참패는 불가능한 것으로 생각되었다. 그러나 마침내 무슨 일이 일어났는지 깨달았을 때, 그들은 먼저 자신들이 투표하지 않은 것처럼 원정을 열정적으로 주장한 정치인들에게 화를 냈다. 그리고 그들의 분노의 대상이 바로 시켈리아 원정을 둘러싼 민회에서의 논쟁에서 시켈리아를 정복할 수 있을 거라는 희망과 믿음을 준 알키비아데스였다.

무엇보다 역사가 투키디데스의 알키비아데스에 대한 평가가 어떤지 살펴볼 필요가 있다. 투키디데스는 『펠로폰네소스 전쟁사』 2권 65.7에서 페리클레스 사후 아테네 정치에 대해 다음과 같이 상당히 부정적으로 묘사한다.

∞∞

페리클레스는 전쟁이 나고 2년 6개월을 더 살았고, 전쟁에 관한 그의 선견지명은 그가 죽은 뒤 더욱 널리 인정받았다. 왜냐하면 그는 아테네인들이 은인자중하며 함대를 증강하고, 전쟁 동안에는 제국을 확장하려 하지 않고 폴리스를 위험에 빠뜨릴 모험을 하지 않는다면 승리할 것이라고 말했기 때문이다. 그러나 아테네인들은 모든 점에서 정반대로 했으며, 분명 전쟁과 무관한 다른 업무에서도 개인적인 명예나 이익에 이끌린 나머지 아테네에도 그 동맹국들에도 해로운 정책을 추구했다. 그런 정책은 성공하면 개인들에게 명예와 혜택을 더 가져다주고, 실패하면 국가의 전쟁 수행 능력을 훼손한다.[642]

∞∞

위 인용문에서 투키디데스가 페리클레스의 사후 그와는 정반대의 정

---

642 Thoukydides, *Hist.*, II.65.7.

책을 이끌었던 인물이 누구인지를 명시적으로 거론하지는 않는다. 중요한 점은 페리클레스 이후 아테네 민주정의 정책 결정에서 주도적인 역할을 한 인물들이 "개인적인 명예와 개인적인 이익(kata tas idias philotimias kai idia kerdē)"을 염두에 두고 정책을 수행했다는 것이다. 문제는 그러한 정책이 정체의 공동 이익이 아닌 개인들의 야망이나 이익을 목적으로 한 것이고, 그래서 실패할 경우 그것은 정체에 큰 피해를 주어 위험해질 수 있다는 것이다. 그러면 투키디데스가 염두에 둔, 아테네 민주정치에서 페리클레스 이후 주도적인 역할을 한 인물은 누가 있을까? 알키비아데스가 그에 적합한 인물이라 볼 수 있다. 이것은 『펠로폰네소스 전쟁사』 2권 65.11에서 투키디데스가 시켈리아 원정을 언급하는 데서 엿볼 수 있다.

◇◇◇

> 페리클레스의 후계자들은 수준이 그만그만했으며, 서로 일인자의 자리를 차지하려고 국가 정책조차 민중의 기분에 맡겼다. 그런 태도는 제국을 다스려야 하는 큰 도시에서는 여러 가지 실수를 유발하게 마련인데, 대표적인 예가 시켈리아 원정이다.[643]

◇◇◇

투키디데스에 따르면 페리클레스의 사후 그의 공백을 메우면서 정체의 일인자가 되기를 원하는 후계자들이 있었다. 그들은 모두 비슷했으며 첫 번째 지도자가 되기를 열망했지만, 지도자로서의 역량에서 페리클레스에게 미치지 못했다. 그들은 한결같이 데모스에 아첨하면서 권력을 잡고자 하였다.[644] 특히 그들은 페리클레스와 다르게 개인적인 야망

---

643 Thoukydides, *Hist.*, II.65.11.

644 Thoukydides, *Hist.*, II.65.10.

과 이익을 위했다.[645] 투키디데스에 따르면 어쨌든 데모스의 참피온이 되기를 원하는 이러한 개인적인 행위들이 결국 아테네 민주주의를 파멸로 이끌었고 전쟁에서의 패배로 이어졌다.[646] 그러면 아테네 민주정을 궁극적으로 몰락시키는 데 주요한 원인이 되었던 시켈리아 원정을 감행하게 한 대표적인 인물이 누구인가? 『펠로폰네소스 전쟁사』 6권 15에서 투키디데스는 시켈리아 원정을 둘러싼 논쟁에서 원정을 지지한 알키비아데스를 언급한다. 투키디데스가 보기에 앞서 말한 "개인적인 명예와 개인적인 이득"을 갖고 시켈리아 원정을 주장한 인물은 알키비아데스이다.

◇◇◇

원정의 가장 열렬한 지지자는 클레이니아스의 아들 알키비아데스였다. 그는 늘 자신과 정견을 달리하며 방금 연설을 통해 자신을 인신공격한 니키아스에게 반대하고 싶기도 했지만, 무엇보다도 장군이 되기를 열망했다. 그러면 그는 시켈리아와 카르케돈을 정복하게 될 테고, 또 그런 성공에 힘입어 개인적으로도 부와 명예를 얻게 되리라고 생각했다. 그는 시민들 사이에 인기가 있었고 그래서 경주마들을 먹이는 일과 다른 사치에 대한 열정이 그의 재력으로는 감당할 수 없을 정도였다. 실제로 그의 이러한 사치는 훗날 아테네 정체가 몰락한 주요 요인이었다. 대중은 관습에 얽매이지 않는 그의 쾌락주의적 생활 방식이 지나치고 무슨 일에 개입하든 그가 번번이 엄청난 야망을 드러내는 것에 두려움을 느낀 나머지, 그가 참주가 되려는 줄 알고 그를 적대시했다. 그래서 그가 공인으로서는 탁월한 전략가였음에도 시민들은 개인적으로 그의 생활 방식

---

645 Thoukydides, *Hist.*, II.65.7.

646 Thoukydides, *Hist.*, II.65.11.

에 혐오감을 느끼고 그를 다른 사람들로 대치함으로써 오래지 않아 정체가 몰락하게 했던 것이다.[647]

∞∞

위 인용문에서 투키디데스는 크게 두 가지 이유에서 알키비아데스가 시켈리아 원정을 지지했다고 보고한다. 하나는 그의 경쟁자인 니키아스가 시켈리아 원정에 부정적이었으므로 이에 반대하고자 해서였다. 더 큰 다른 이유는 자신이 장군이 되고 싶었기 때문이다. 문제는 이 두 가지 이유 모두가 어디까지나 알키비아데스의 개인적인 동기와 관련되지 아테네 민주정을 위한 이유는 아니었다는 점이다. 무엇보다 투키디데스는 알키비아데스가 장군이 되고자 하는 좀 더 근본적이며 중요한 이유를 기술하고 있다. 그것은 그가 시켈리아를 정복하는 데 성공할 경우 경제적인 "부와 명예를 얻을 수 있다(chrēmasi kai doxēi ōphelēsein)"는 것이다. 즉 알키비아데스는 시켈리아 원정이 실패할 경우 아테네 민주정이 위험해질지도 모를 상황에서 자신의 개인적인 부와 이익을 우선시하고 있다. 페리클레스의 정책 결정이 항상 아테네 민주정의 전체 이익의 관점에서 이루어진 것이라면, 알키비아데스의 정치적 판단과 결정은 모두 자신의 개인적인 야망, 즉 부나 명예를 위한 것이라는 점에서 분명한 차이가 있다.[648] 이것은 시켈리아 원정을 둘러싼 민회의 논전에서 알키비아데스에게 대립각을 세웠던 니키아스에 의해서도 다음과 같이 우회적으로 비판되고 있다.

∞∞

이 자리에 장군으로 선출된 것을 좋아하며 무엇보다도 장군이 되기에는

---

647 Thoukydides, *Hist.*, VI.15.4.

648 D. Gribble(1999), 177.

아직 너무 젊은 까닭에 이기적인 이유에서 원정을 가야 한다고 사주하
는 자가 있다면, 그리고 그가 자신이 먹이는 경주말들을 통해 사람들에
게 경탄받기를 원하고 또 그런 일에는 큰 비용이 드는 까닭에 장군직에
서 이익을 얻기를 바란다면, 여러분은 그런 사람이 혼자 멋 부리느라 폴
리스를 위험에 빠뜨리도록 내버려두어서는 안 됩니다. 또한 그런 사람
들은 개인의 사치를 위해 공금을 횡령한다는 점과, 이번 일은 젊은 사람
에 의해 결정되거나 서둘러 행동에 옮기기에는 너무나 중대하다는 점을
여러분은 명심하십시오.[649]

◇◇◇

위 인용문에서 니키아스는 알키비아데스가 '자신의 개인적인 이익만
을 목적으로(to heautou monon skopōn)' 삼고 있다고 비난한다. 즉 알키비아
데스가 장군이 되고자 하는 실질적인 이유가 자신의 호사스러운 삶의
방식을 계속해서 누리고자 하는 데 있다는 것이다. 그것은 그가 경주말
들을 통해 경기에서 승리함으로써 아테네 시민들의 경탄을 받고자 하는
허식적인 마음과 같은 것이다. 그래서 니키아스는 아테네 시민들에게
개인적인 목적을 달성하기 위해 원정을 주창하는 알키비아데스에게 장
군이 될 기회를 주어 아테네 정체를 위험에 빠뜨리지 말도록 신중하게
판단할 것을 요구한다. 이러한 니키아스의 비판적 연설에 대해 알키비
아데스는 즉각적으로 다음과 같은 자신의 발언을 통해 대응한다.

◇◇◇

아테네 여러분, 나는 누구 못지않게 장군이 될 권리가 있으며 나야말로
그럴 자격이 있다고 생각합니다. 니키아스의 인신공격 때문에 이렇게
연설을 시작할 수밖에 없습니다. 내가 비난받고 있는 일들이 내 선조들

---

649 Thoukydides, *Hist.*, VI.12.2.

과 나 자신에게는 명예를, 우리 조국에는 이익을 가져다주기 때문입니다. 헬라스인들은 우리 폴리스가 전화를 입어 피폐한 줄 알았는데 올림피아 축제에서 내가 사절로서 훌륭한 연출을 한 덕분에 우리 폴리스의 실력을 실제 이상으로 평가했습니다. 그때 나는 지금까지 어느 개인이 출전시킨 것보다 더 많은 전차 7대를 출전시켜 1등, 2등, 4등을 차지했고, 그 밖의 다른 일도 내 성적에 어울리게 연출했습니다. 그러한 성공은 통상적으로 명예를 안겨 줄 뿐 아니라 그런 일을 해낼 수 있었다는 사실은 그럴 만한 실력이 있다는 인상을 주게 마련입니다.[650]

◇◇◇

위 연설문에서 알키비아데스는 자신의 뛰어난 능력과 성과에 의해 아테네 조국이 영광을 갖게 되었다고 강조한다. 올림피아 축제에서 자신이 전차 7대를 출전시켜 우수한 성적을 거두었기 때문에 헬라스인들이 아테네 정체의 능력을 높게 평가했다는 것이다. 즉 알키비아데스는 자신이 없었으면 아테네 시민들이 성공의 기쁨을 누릴 수 없었다고 생각한다.[651] 요컨대 알키비아데스는 자신의 개인적인 승리와 영예가 간접적으로 아테네 폴리스의 이익에 이바지했음을 주장한다. 이런 방식으로 알키비아데스는 자신의 사적 욕망과 아테네 시민들의 공적 욕망의 관계를 재구성하려고 한다. 그것은 공적 이익보다는 사적 이익을 중심에 두면서 개인의 이익 실현이 곧 아테네 정체의 공익 실현과도 일치될 수 있다는 것이다. 이러한 알키비아데스의 견해는 페리클레스가 공동 이익을 통해 개인의 이익이 실현될 수 있다고 주장하는 다음과 같은 연설과 대조된다.

---

650 Thoukydides, *Hist.*, VI.16.

651 Thoukydides, *Hist.*, VI.16.1-18.7, VIII.47.2-48.1, 53.3-54.2.

시민 개개인은 번영하지만 국가 전체가 넘어질 때보다는 국가 전체가 똑바로 서는 편이 개인에게도 더 도움이 된다는 것이 내 생각입니다. 한 개인이 아무리 잘나간다 해도 국가가 망하면 그도 총체적인 파국에 휩쓸리고 말 것입니다. 그러나 국가가 안전하다면 개인은 불행을 당해도 회복할 기회가 얼마든지 있습니다.[652]

◇◇◇

투키디데스가 보기에 페리클레스의 후계자로 말해지는 알키비아데스는 아테네 정체의 공동 이익을 우선하기보다는 자신의 이익을 우선시한다. 알키비아데스의 이러한 자기 잇속 챙기기는 무엇보다 개인적 야망과 명예 또는 평판에 대한 욕구에서 비롯한다.[653] 그리고 이러한 그의 개인적인 동기들은 모두 금전적 이득과 물질적 풍요를 통해 자신의 사치스러운 삶의 방식을 계속 유지하고자 하는 욕구에 맞추어져 있다. 현실적으로 지나친 쾌락이나 과도한 명예에 대한 욕구는 그것을 충족하기 위한 현실적인 수단이 필요하며, 그것은 경제적인 부가 확보되지 않고서는 어렵다. 물론 사치스러운 삶의 방식을 유지하면서도 뇌물이나 돈에 대한 탐욕이 강하지 않을 수 있지만, 알키비아데스가 이러한 예외적인 경우에 해당한다고 보기는 어렵다. 이런 점에서 투키디데스에게 알키비아데스는 페리클레스와는 상반된 인물로 평가될 수 있다. 페리클레스가 정직함과 청렴결백함으로 특징지어질 수 있다면 알키비아데스는 돈과 타락으로 특징지어질 수 있기 때문이다. 무엇보다 투키디데스가

---

652 Thoukydides, *Hist.*, II.60.2-3.

653 Thoukydides, *Hist.*, II.65.7, VI.12.2, 15.2.

페리클레스는 "돈보다 강하며(chrēmatōn kreissōn)"[654] 그래서 그는 "명백하게 돈에 타락하지 않음(chrēmatōn diaphanōs adōrotatos)"을 증명하였다[655]고 한 언급을 통해 알 수 있다. 페리클레스가 돈의 유혹에 더 강한 사람이라는 것은 '부를 정치의 목적으로 삼거나 정치를 위해 부를 이용하지 않는다'는 것을 의미한다. 이와 달리 알키비아데스는 정치를 이용해 자신의 부를 늘리는 것을 목적으로 삼거나 또는 부를 통해 자신의 권력을 유지하고자 한다고 말할 수 있다. 요컨대 알키비아데스는 아테네 민주정의 희생이 있더라도 자신의 부와 명예가 달성될 수 있는 길을 걸어갈 인물임을 시사한다. 이러한 알키비아데스의 삶의 방식은 페리클레스가 추구한 원칙과 삶의 방식과는 다른 길이다.

지금까지 살펴본 것을 종합할 때 알키비아데스는 아테네 민주정의 참된 지도자로 자리매김하기 어렵다. 무엇보다 그는 장군이라는 공적인 업무를 이용하여 사적인 이익을 추구했다는 점에서 공선사후의 정신이 결여되어 있다. 알키비아데스가 시켈리아 원정을 열정적으로 주장한 이면에는 그의 사치스러운 삶을 유지하려는 동기가 강하게 작용했기 때문이다.[656] 물론 민회에 참석한 아테네 시민, 데모스가 시켈리아 원정을 강하게 원한 점도 부정하기 어렵다. 그러나 문제는 데모스의 욕망을 이용하여 알키비아데스가 자신의 재정 상태를 개선하려 한 것이다. 시켈리아 원정의 위험성이나 그 실패가 불러올 아테네 민주정의 피해의 가능성을 알려서 데모스의 욕구를 만류하는 대신에, 그는 데모스가 원하는 대로 맞추어 원정의 필요성을 지지한 것이다. 알키비아데스는 아테

---

654 Thoukydides, *Hist.*, II.60.5.

655 Thoukydides, *Hist.*, II.65.8.

656 Thoukydides, *Hist.*, VI.15.2.

네 정체의 안전을 희생하는 것을 방임한 무책임한 모습을 보인 것이다.

뒤에서 다시 언급되겠지만 이 점에서 그는 원정의 무모함을 지적하면서 원정 결의를 재고할 것을 촉구하는 니키아스보다 신중함이나 절제의 덕을 결여하고 있다. 마찬가지로 페리클레스가 데모스의 욕망이나 변덕에 이끌리지 않고, 그 반대로 데모스를 이끈 것과도 대비된다. 앞서 언급한 것처럼 이것은 알키비아데스가 페리클레스가 보여 준 돈에 초연한 태도, 달리 말해 청렴결백함의 덕목을 결여하고 있는 데 그 근본적인 원인이 있다. 페리클레스는 장군과 같은 공직을 통해 경제적인 부를 얻으려고 하는 마음이 전혀 없었다. 그러므로 그는 설사 자신의 주장이 데모스에게 반대되는 것이라도 공동 이익을 위해 필요하다고 생각하면 그것을 견지했다.[657] 페리클레스는 사심을 갖고 말하는 것이 아니므로 데모스의 욕망에 영합할 필요를 느끼지 않았기 때문이다. 그러나 알키비아데스에게 이러한 공선사후 정신과 청렴결백함의 덕목은 없었고, 그래서 데모스가 원하는 대로 맞추어 자신의 이익을 도모한 것이다. 페리클레스에게 공동선과 폴리스의 이익이 개인의 이익보다 우선한다는 원칙이 견지되었다면, 알키비아데스에게서는 사적인 이익이 우선적인 원칙이었다. 이런 점에서 투키디데스가 『펠로폰네소스 전쟁사』 6권 15에서 알키비아데스의 야망과 정치적 동기, 그리고 돈에 대한 집착을 언급한 것은 그의 독선적이고 이기적인 사고방식이 아테네 민주정에 큰 위협이 된다는 메시지를 담고 있는 것으로 볼 수 있다. 상술한 것을 종합할 때 알키비아데스는 아테네 민주정의 정치적 지도력을 보여 주기에는 결함이 있는 인물이었다. 알키비아데스의 자기 중심적인 성격과 야망은 아테네 데모스에 위험한 것으로 간주되었고, 끝내 시켈리아 원정에서 전

---

657 Thoukydides, *Hist.*, II.65.8.

쟁 지휘관의 역할을 제대로 행사하지도 못하고 적국인 스파르타로 망명하게 만든다. 결국 앞에서 살펴본 플라톤 대화편 『알키비아데스』에서의 영혼의 계몽과 덕의 계발을 위한 정진 약속은 헛된 것이었고, 소크라테스의 우려는 비극적인 현실로 나타났음을 알 수 있다.

3) 니키아스 유형 민주주의

(1) 투키디데스의 니키아스에 대한 보고

시켈리아 원정과 실패의 책임이 누구에게 있는가? 이 물음과 관련해서 페리클레스와 알키비아데스 다음으로 살펴볼 필요가 있는 인물은 니키아스이다. 앞서 알키비아데스를 살펴보면서 알 수 있었지만 시켈리아 원정을 둘러싼 민회에서 알키비아데스와 논쟁을 벌인 주요한 인물이 니키아스라는 점에서 더욱 그렇다. 먼저 시켈리아 전쟁 실패의 원인이 아테네 데모스의 무지에 있었다는 주장이 있다. 이 주장은 투키디데스가 『펠로폰네소스 전쟁사』에서 아테네 시민들이 시켈리아의 지리나 기후에 대해 무지했다고 말하는 것을 근거로 든다.[658] 그러나 『펠로폰네소스 전쟁사』 3권의 언급들을 고려할 때 아테네 시민들이 시켈리아에 대해 무지했다는 것은 설득력이 떨어진다. 아테네는 시켈리아의 정복 가능성을 파악하기 위해 6차례 이상 군대를 보냈기 때문이다. 특히 기원전 427년에는 20척의 배를,[659] 424년에는 40척의 아테네 함대를 보냈으며, 대략 5,000명의 아테네인이 3년 동안 시켈리아에 머물면서 그곳을 탐사했다.[660] 요컨대 투키디데스가 보고하는 것처럼 시켈리아 원정은 무지

---

658 Thoukydides, *Hist.*, VI.1.1.

659 Thoukydides, *Hist.*, III.86.1.

660 Thoukydides, *Hist.*, III.115.4.

한 아테네인들이 내린 무모한 결정이 아니다. 또한, 처음부터 아테네가 시켈리아섬의 완전 정복을 목표로 원정을 결정했다는 말도 사실에 비추어 볼 때 맞지 않는다.[661]

좀 더 설명하면 원정 이전에 시켈리아의 에게스타 사절단이 아테네에 도움을 청하러 오자 시켈리아의 상황을 좀 더 파악하기 위해 아테네 사절단이 파견되었다. 그리고 아테네 사절단이 돌아와서 민회에 관련된 보고를 하였다. 민회에서 보고를 듣고 논의해서 아테네인들은 최종적으로 60척의 함선을 시켈리아로 보내기로 결의한다. 그리고 원정대 지휘관으로 알키비아데스, 니키아스 그리고 라마코스를 장군으로 임명하였다. 나흘 뒤에 민회가 다시 개최되었고, 이때 니키아스는 자신의 의향에 반해 지휘관으로 선출되었으며, 무엇보다 아테네 데모스가 시켈리아 전체를 정복하고자 하는 잘못된 판단을 내렸다고 생각하고 아테네인들의 마음을 바꿔 보려고 다음과 같이 연설하였다.

◇◇◇

이번 민회는 우리가 시켈리아로 항해하려면 어떤 준비가 필요한지 논의하기 위해 소집되었습니다. 하지만 나는 함대를 파견하는 것이 과연 바람직한 일인지 재고할 필요가 있다고 생각합니다. 우리는 이런 중대사를 심사숙고해 보지도 않고 이방인들의 말만 믿고는 우리와 무관한 전쟁에 말려들지 말아야 합니다.[662]

◇◇◇

위 인용문을 놓고 볼 때 니키아스는 시켈리아 원정을 위한 함대 파견

---

661 시켈리아 원정에서 아테네 데모스의 무지에 관한 투키디데스의 언급과 관련한 비판적 논의는 D. Kagan(1981), 159-166, D. G. Smith(2004), 33-70 참조할 것.

662 Thoukydides, *Hist.*, VI.9.1.

결정이 문제가 있다고 보고 결정을 재고해야 함을 주장한다. 무엇보다 지난번 결정이 심사숙고하지 않고 단지 도움을 요청한 에게스타 사절단의 말에만 의존해서 결의된 것임을 지적한다. 니키아스는 계속되는 자신의 연설을 통해 과거부터 지금까지 자신은 명예를 얻기 위해 신념에 반한 발언을 하지 않았음을 역설하고 이번 연설 역시 마찬가지임을 강조한다. 이러한 니키아스의 연설은 직접적으로 원정의 반대를 강력하게 주장하지는 않았지만 분명 시켈리아 원정을 지지하지 않는 태도를 피력하는 것으로 볼 수 있다. 투키디데스의 보고에 근거할 때 적어도 여기까지의 니키아스의 연설은 비겁하게 자신의 본심을 숨기면서 말하고 있는 것으로 보기는 어렵다. 문제는 니키아스가 자신의 주장을 관철하기 위한 용기를 갖고 아테네 데모스를 적극적으로 설득하고자 하는 의지를 보이지는 않는다는 것이다. 투키디데스는 니키아스의 이러한 소극적인 연설을 다음과 같이 보고한다.

◇◇◇

내 언변이 여러분의 성향을 바꿀 수 있을 만큼 강력하지 못하고, 여러분에게 이미 가진 것을 지키고 불확실한 미래 때문에 현재의 이익을 위험에 내맡기지 말라고 조언해도 소용없으리라는 것을 알고 있습니다. 그래서 나는 지금은 그런 모험을 할 때가 아니며, 여러분이 지금 추구하는 것은 쉽게 얻어질 수 있는 것이 아니라는 점만 지적할까 합니다.[663]

◇◇◇

위 인용문에서 니키아스는 자신의 연설이 아테네 시민들의 원정에 대한 열의를 잠재울 정도의 설득력을 갖지는 못하는 한계가 있다고 고백한다. 니키아스는 처음부터 자신이 아테네 데모스를 설득할 수 없다고

---

663 Thoukydides, *Hist.*, VI.9.3.

생각하고 말하는 것이다. 그런데도 니키아스는 아테네 데모스가 원정을 통해 얻고자 하는 것을 쉽게 차지하기는 어렵다고 말한다. 그러므로 미래의 불확실한 성공 가능성을 기대하면서 현재의 것들을 위험하게 해서 현재의 것마저 잃지 않도록 하는 것이 현명하다고 권고한다. 그는 원정보다 가만히 있는 것이 더 좋은 이익이 됨을 강력한 논거를 통해 주장하지 않는다. 니키아스는 자신이 원정에 반대하는 좀 더 솔직한 마음을 표현하고 시켈리아 원정을 포기하도록 데모스를 설득하려는 마음을 갖고 있지 않은 것이다. 이 점에서 니키아스의 솔직하지 않은 모습은 페리클레스와 분명 대비된다. 페리클레스는 자신이 옳다고 하는 바를 데모스에게 솔직하게 말하고 데모스가 자유롭게 판단해서 따르도록 설득술을 발휘했기 때문이다.

이어진 연설에서 니키아스는 원정대가 시켈리아로 향하게 되면 크게 두 가지 위험이 발생하게 된다고 주장한다. 첫째는 현재의 라케다이몬인들과의 평화조약이 위태롭게 되어 적들의 공격을 받을 수 있는 위험이 존재한다는 것이다. 따라서 아테네 제국을 확고히 하기 전에 시켈리아를 정복하려는 시도는 위험한 모험이 될 수 있다. 라케다이몬인들은 과거 수모를 당해 어떻게 하면 아테네에 일격을 가할 것인가를 절치부심하고 있으므로 아테네 군대가 나누어지게 되면 그 기회를 이용해 공격해 들어올 수 있다는 것이다.[664] 둘째는 원정대가 성공적으로 시켈리아를 정복했더라도 이후에 지배를 안전하게 유지하기 어렵다는 것이다. 시켈리아는 아테네에서 멀리 떨어져 있고, 인구가 많으므로 정복한다 해도 지배할 수 없으며, 실패하면 이전보다 아테네 정체를 더 어려운 상황으로 이끌 수 있다.[665] 이러한 이유로 니키아스는 최선은 시켈리아

---

664 Thoukydides, *Hist.*, VI.10.1-5.

로 가지 않는 것이고, 차선은 그곳에 가서 무력시위를 한 다음 바로 그
곳을 떠나는 것이라고 주장한다.[666]

　계속해서 니키아스는 원정을 적극적으로 찬성하며 지지하는 알키비
아데스를 염두에 두면서 그의 시켈리아 원정 주장의 숨은 의도를 지적
한다.[667] 그것은 앞서 살펴본 것처럼 알키비아데스가 자신의 경제적 이
익과 같은 사적인 욕망을 극대화하기 위한 주장이라는 것이다. 그래
서 니키아스는 민회에 모인 나이 많은 시민들에게 전쟁에 반대해 줄 것
을 호소한다. 니키아스에 따르면 욕심은 실패하고 선견지명은 성공한
다.[668] 이러한 니키아스의 연설 메시지를 놓고 보면 그가 원정에 반대하
지 않은 것으로 보기는 어렵다. 상술한 것처럼 니키아스는 아테네 시민
들이 원정에 대한 지지를 포기하도록 하고자 연설한 것으로 볼 수 있다.
이것은 니키아스가 첫 번째 연설 마지막에서 다음과 같이 말하는 것을
통해서도 알 수 있다.

∞∞

　그러니 의장님, 폴리스의 이익을 보살피는 것이 그대의 업무라고 생각
하고, 그대가 진정한 애국자임을 보이고자 한다면, 이 안건을 다시 표결
에 부쳐 아테네인들이 이 안건을 토론하게 해 주십시오. … 그리고 그대
는 오도된 조국을 위해 의사 노릇을 하고 있으며, 훌륭한 공직자는 조국
을 위해 최선을 다하지, 알면서 조국에 해를 끼치지 않는다는 점을 명심
하십시오.[669]

∞∞

665　Thoukydides, *Hist.*, VI.11.1-2.

666　Thoukydides, *Hist.*, VI.11.4.

667　Thoukydides, *Hist.*, VI.12.2.

668　Thoukydides, *Hist.*, VI.13.1.

669　Thoukydides, *Hist.*, VI.14.

앞에서 살펴본 것처럼 니키아스는 민회에서 첫 번째 연설을 통해 시켈리아 원정 결정의 문제점을 지적하면서 원정을 포기할 것을 주장한다. 그러나 니키아스는 다른 연설자들이 원정 지지를 주장하고 있고, 특히 데모스가 원정에 대한 강한 열의를 보이기 때문에 자신의 설득이 성공하기 어렵다고 판단한다. 이런 상황에서 시켈리아 원정에 장군으로 참전하고 싶지 않았던 니키아스는 다음과 같이 말한다.

◇◇◇

시켈리아가 우리보다 특히 유리한 것은, 마필의 수가 많고 식량을 자급 자족해 외부에서 수입하지 않는다는 것입니다. 그런 세력을 상대하려면 대규모 보병이 함께해야 합니다. 처음에 계획을 잘못 세운 탓에 패하여 철수하거나, 증원 부대를 파견해 달라고 요청하는 것은 창피한 일입니다.[670]

◇◇◇

위 인용문에서 알 수 있듯이 니키아스는 아테네 시민들의 원정에 대한 마음을 돌리기 위해 원정 준비의 크기를 최대로 해야 하고, 그래서 더 많은 병력이 출정해야 한다고 주장한다. 니키아스의 본심은 시라쿠사의 전력을 더 큰 것으로 생각하도록 만들어 일종의 적에 대한 두려움을 갖도록 하는 것이다. 원정을 위해 더 많은 병력이 파견되어야 한다고 말함으로써 아테네 시민들이 더 큰 어려움에 부닥친 것으로 만들어 원정을 포기할 수 있도록 하고자 했다. 구체적으로 그는 원정에는 "최소 100척의 삼단노선과 5천의 중장보병과 궁수와 투석병이 필요하다"[671]라고 말한다. 그러나 '원정을 위한 충분한 준비와 대비'를 언급하면서 원정

---

670 Thoukydides, *Hist.*, VI.20-22.

671 Thoukydides, *Hist.*, VI.24.3.

을 포기하게끔 하고자 한 니키아스의 생각과 달리 아테네 시민들은 대규모의 병력이 동원되면 시켈리아 원정이 더 안전하게 수행될 것으로 생각하였다. 더욱이 니키아스의 행운까지 합해지면 원정은 성공적으로 이루어질 것이라는 믿음을 더 강하게 갖게 되었다. 니키아스가 첫 번째 연설에서 아테네 데모스의 마음에 두려움을 갖게 하여 원정을 포기하게 하고자 한 것이 뜻대로 이루어지지 않은 것처럼 그의 두 번째 연설은 아테네 데모스의 마음에 더 큰 원정에의 욕망을 갖게 하였다.

∞∞

> 그러나 아테네인들은 준비 과정이 힘들다고 해서 원정에 대한 열정이 식기는커녕 원정에 더 열을 올렸으니, 그의 연설은 역효과를 내고 말았다. 그들은 니키아스의 조언이 훌륭하다고 생각했지만, 이제는 원정이 아주 안전하다고 믿었다. 그래서 모두가 출항하고 싶은 욕망에 사로잡혔다. 장년층은 자신들이 공격하러 가는 도시들을 정복할 때, 적어도 그런 대군이 해를 입지는 않으리라 생각했다. 청년층은 먼 나라들을 보고 겪고 싶었으며, 자신들은 무사히 귀환하리라고 확신했다. 일반 병사들은 당장에는 일당을 받고 제국을 키워 놓으면 앞으로도 항구적으로 일당을 받고 근무하게 된다고 생각했다. 이렇듯 다수가 원정에 열을 올리자 원정에 반대하는 소수는 반대표를 던지다가는 비애국적인 인사로 낙인찍힐까 두려워 함구무언했다.[672]

∞∞

결과적으로 투키디데스가 보기에 니키아스의 두 번째 연설은 역효과를 불러일으켰다. 아테네 데모스의 원정에의 욕망은 대부분의 사람에게로 확장되었고 그 욕망은 과도한 욕망으로 바뀌었다. 즉 아테네 장년층

---

672 Thoukydides, *Hist.*, VI.24.

은 대규모 병력이 적어도 패하지 않으리라고 믿게 되었고, 멀리 떨어진 나라들을 보고 듣고자 하는 열의에 사로잡혀 있던 젊은이들은 안전하게 귀환할 수 있다는 확신을 더욱 강하게 갖게 되었다. 니키아스의 연설은 그의 의도와는 전혀 상관없이 데모스 각자 모두가 원하는 바를 얻을 수 있을 것이라는 희망을 주었고 마음속에 있던 조금의 불안감마저 사라지게 했다. 그래서 원정은 처음 생각보다 훨씬 더 큰 규모로 이루어졌고, 아테네 역사상 가장 큰 규모의 원정대가 구성된 것이다. 요컨대 니키아스 연설의 정치적 결과는 아테네인들이 시칠리아에서 성공을 거두기 위해 데모스의 숙고나 지휘관들의 덕 역량보다는 무력에 의존하게 되었다는 점이다.

뒤에서 좀 더 살펴보고 최종적인 평가를 하겠지만, 이런 점에서 원정 실패에 대한 니키아스의 책임은 알키비아데스에 비해 적지 않다. 니키아스가 시칠리아 원정에 관한 토론에서 데모스를 설득하지 않으려고 한 것은 아니다. 그러나 그의 설득은 데모스의 원정에의 욕망이 아테네 정체를 위기로 이끄는 비합리적인 판단임을 비판하지 않는다. 그는 페리클레스처럼 대중에 맞서 올바른 말을 할 수 있는 지도자의 리더십을 보여 주지 못했다. 이런 점에서 니키아스는 소위 아테네 데모스의 꼭두각시 역할을 한 것에 불과하다. 앞서 살펴본 것처럼 니키아스는 아테네 데모스가 원정을 부추기는 알키비아데스에게 휩쓸리고 있음을 알았다. 그래서 니키아스는 민회에 참석한 시민들이 올바른 판단을 하지 못하고 있음을 알았음에도 불구하고, 결국 그들의 '과도한 욕망에 이끌려(agan epithymia)' 원정에의 열정을 통제하지 못했다.

그러면 시칠리아섬에 도착한 후의 실패의 책임은 누구에게 있는 것으로 보아야 할까? 이 역시 니키아스의 책임을 부정하기 어렵다. 알키비아데스는 헤르메스 신상 사건으로 인해 아테네로 소환되지만 소환에 불응하고 스파르타로 도망간다. 그래서 아테네군의 작전 지휘권이 실질적으로 니키아스에게 있게 되지만 이후 일련의 그의 전쟁 지휘관으로서의 역할은 합리적인 판단과 작전 수행으로 이어지지 못했기 때문이다. 투키디데스가 보고하는 니키아스의 주요한 몇 가지 실수는 다음과 같다.

첫째, 니키아스의 전쟁에의 의지 결여다. 이것은 시켈리아섬에 도착해서 니키아스가 시라쿠사를 공격할 기회를 놓친 것과 관련된다. 그가 배를 띄웠다가 머물렀다를 반복하지 않고 즉각적으로 시라쿠사를 공격했다면 승리할 가능성이 컸다.[673] 이런 점에서 실기(失期)의 책임은 전적으로 니키아스에게 있는 것으로 볼 수밖에 없다. 둘째, 전쟁 수행을 위해 필요한 기병을 데리고 오지 않았다는 것이다. 민회에서의 시칠리아 원정을 둘러싼 연설에서 니키아스는 처음에 기병이 필요함을 주장했지만, 정작 원정대가 구성되고 출정하는 과정에서 기병대를 포함시키지 않았다. 니키아스는 처음부터 싸울 생각이 없었다. 이 밖에도 에피폴라이 전투에서 승전한 아테네가 승기를 잡은 상황에서 스파르타 장군 귈립포스가 섬에 도착하는 것을 막지 못했다. 니키아스는 코린토스와 스파르타 함선 4척과 스파르타의 장군 귈립포스가 도착하는 것을 알고 있었으나 함선 수가 적은 것을 가볍게 보고 파수병을 배치하지 않았다.[674] 이 틈을 이용해서 귈립포스는 아테네 원정대의 약점을 이용하여 그들의 함대 기지와 물품 창고를 공격했다. 결국 귈립포스의 도착을 사전에 막지 못함으로써 이후 전투에서 원정대가 패배하게 되고 이로 인해 병사들의 사기가 떨어지게 된 것은 니키아스의 실수이다.

무엇보다 니키아스의 가장 큰 실수는 시켈리아에서의 퇴각과 관련해

---

673 Thoukydides, *Hist.*, VI, VII.4.4-5.

674 Thoukydides, *Hist.*, VI.104.1-2.

서 보이는 그의 잘못된 판단과 결정이다. 니키아스는 기원전 414년 가을이 되자 시라쿠사를 정복할 생각을 포기하고 안전하게 탈출할 방법을 모색했다. 그런데 니키아스는 본국에 다음과 같이 편지를 쓴다. "여러분은 우리를 소환하든지, 아니면 지난번과 같은 규모의 병력과 거액의 군자금은 물론이고 내 후임자도 보내 주어야 합니다. 나는 콩팥에 병이 생겨 이곳에 머무를 수 없기 때문입니다."[675] 니키아스는 원정의 실패는 자신들의 잘못이 아니며 가장 좋은 해결책은 더 많은 군자금과 다른 후임자를 보내는 것이라고 말한다. 그는 아테네군이 처한 어려운 상황이 부족한 군자금과 군인들이 아니라 자신의 전투 의지 결핍과 잘못된 작전 계획임을 인정하지 않는다. 그는 솔직하게 시켈리아 원정의 실패 가능성을 인정하고 철수해야 한다는 제안을 하지 않았다. 이때 니키아스가 시켈리아 원정의 실패를 용기 있게 인정하고 전원 즉각적인 철수를 강력하게 요청했다면 더 큰 희생과 타격을 막을 수 있었을 것이다. 그러나 니키아스는 데모스가 철수를 원하지 않을 것을 알면서도 더 큰 병력과 군자금을 보내 줄 것을 선택지로 제시한다.

결국 니키아스는 아테네군의 전투 의지를 강화하기 위한 전술이나 군을 결집할 수 있는 구체적인 방안을 제시하지 못했다. 그의 정치적 목표가 단순히 그가 가진 것을 유지하고 지원군이 도착할 때까지 버티는 것이었기 때문이다. 니키아스도 그렇지만 아테네군 역시 싸우려는 의지를 잃었다. 예상했듯이 아테네 데모스는 니키아스를 그대로 두면서 2차 지원군을 보낸다. 그러나 아테네에서 지원군이 온 후에도 계속해서 패하자 다른 장군들이 니키아스에게 철병을 요청한다. 니키아스가 이 요청을 받아들이기는 했지만, 문제는 니키아스가 철군해서 아테네로 돌아

---

675 Thoukydides, *Hist.*, VI, VII.15.1.

갈 경우 자신에게 패전의 책임을 물을 것을 두려워하여 철병을 계속해서 미뤘다는 사실이다. 그러다가 어쩔 수 없이 철병을 결심하지만 니키아스의 또 한 번의 결정적인 중대 실수가 있게 된다. 그것은 "원정대가 막 출항하려고 할 때 마침 만월이던 달이 어둠에 가리자"[676] 니키아스가 점술가의 말을 믿고 철군을 27일이나 미룬 것이다. 실제 상황보다 일식과 같은 징조에 의존한 오판은 현실과 동떨어진 니키아스의 미신적 성격을 보여 준다. 그가 철군을 미루지 않고 시켈리아를 떠났다면 아테네는 원정 실패로 인한 타격을 최소화할 수 있었을 것이다.

이사이 시라쿠사는 원정대의 해로를 차단하고 결국 아테네 함대는 해전에서도 패배했다. 해로를 포기하고 육로를 선택한 니키아스의 판단은 잘못된 것이다. 디오도로스에 따르면 니키아스는 해로를 통한 후퇴를 주장하는 데모스테네스에 반대해서 육로를 선택했다고 한다. 그래서 디오도로스는 원정 실패의 책임이 니키아스에게 있다고 보고한다. 투키디데스는 이러한 비극적인 결과를 다음과 같이 기술한다.

◇◇◇

그들은 니키아스와 데모스테네스를, 귈립포스의 반대를 무릅쓰고 목을 베었다. 포로들의 수를 정확히 말하기는 어렵겠지만 분명 7천 명을 밑돌지는 않았다. 이 사건은 이번 전쟁 전체를 통틀어, 아니 내가 보기에는 기록에 남은 헬라스 역사를 통틀어 가장 중요한 사건으로, 이긴 자들에게는 가장 빛나는 승리였지만 패한 자들에게는 비할 데 없는 재앙이었다. 아테네인들은 모든 전선에서 완패했고, 그들의 고통은 엄청난 것이었다.[677]

◇◇◇

---

676 Thoukydides, *Hist.*, VII.50.4.

677 Thoukydides, *Hist.*, VII.86.2-87.

상술한 것을 종합할 때 시켈리아 원정대의 실패는 니키아스의 실수에 의한 것으로 볼 수 있다. 무엇보다 출항 이전 민회에서의 니키아스의 표리부동한 태도를 주목할 필요가 있다. 그는 원정대 출항을 반대함에도 아테네 시민들의 지지 열의에 반대해서 자신의 견해를 분명하게 주장하는 용기를 보여 주지 못했다. 그래서 자신의 생각과 달리 대규모의 원정대가 꾸려져서 출항하게 했다. 이후 시켈리아에 도착해서 보여 준 일련의 군사적인 전략상 실수를 고려할 때, 니키아스는 용기가 없는 무책임한 지휘관이라는 오명을 벗어나기 어렵다. 즉 시켈리아 도착 초반 시라쿠사 공격을 계속해서 미룬 점, 개인적인 책임을 회피하기 위하여 철병을 미룬 점, 일식이라는 자연 현상을 두고 점술가의 말을 맹신하여 철수 시기를 놓친 점, 후퇴를 해로가 아니라 육로로 선택한 점은 분명히 전쟁의 최고 책임자인 니키아스의 큰 잘못들이다. 이것이 니키아스를 페리클레스처럼 올바른 리더십을 보여 준 인물로 보기 어려운 이유다. 그는 페리클레스가 보여 주었던 정직하면서도 용기 있는 지도력, 합리적인 선견지명이 없었다는 점에서 실패한 지도력을 보여 주었다. 니키아스가 용기의 덕을 갖고 더 단호하면서도 결기 있는 지휘술을 발휘했다면 시켈리아 원정의 결과는 달라졌을 것이다. 여기서 우리는 니키아스가 아테네군의 지휘관으로서 용기의 덕을 갖춘 장군인지를 물어볼 수 있다. 니키아스는 과연 아테네 장군으로서 보여 주어야 할 용기의 덕을 소유하고 있었는가 하는 것이다. 이러한 물음에 우리는 '용기'에 관한 주제를 다루고 있는 플라톤 대화편 『라케스』 편과 『국가』 편의 튀모스(thymos), 즉 '기개'에 관한 정의를 통해 니키아스의 용기관에 대한 비판적 평가를 시도할 것이다.

(2) 플라톤의 니키아스의 용기관에 대한 평가

『라케스』 편에서의 니키아스의 용기관

플라톤 대화편 『라케스』는 흥미로우면서도 우리의 관심을 끄는 대화편이다. 흥미로운 점은 '용기란 무엇인가'의 주제를 다루고 있다는 점이고, 관심을 끄는 이유는 펠로폰네소스 전쟁에서 중요한 역할을 했던 아테네의 장군 라케스와 니키아스가 등장하여 용기에 관한 견해를 제시하고 있기 때문이다. 이 대화편에서 뤼시마토스와 멜레시아스는 자식에게 중무장 전투술을 배우게 하는 것이 좋을지에 관한 조언을 얻고자 한다. 이에 당대의 유명한 두 장군인 라케스와 니키아스에게 이것에 관한 교육적 조언을 구한다. 그리고 라케스와 니키아스의 권유로 소크라테스가 대화에 참여하게 된다. 소크라테스는 아테네의 역사적인 두 장군 라케스와 니키아스에게 그들 각자가 생각하는 용기관이 무엇인지를 묻는다.

라케스는 '용기란 대오를 지키면서 도망치지 않고 싸우는 것'[678]이며 '용기란 영혼의 인내'[679]라고 말한다. 라케스는 용기를 이론적이며 논리적인 관점이 아닌 경험과 행동의 관점에서 규정한다고 볼 수 있다. 소크라테스는 라케스의 용기관, 즉 "기꺼이 자기 위치를 지키고 적과 끝까지 싸우고 도망치지 않는 것"이라는 답변에 비판적 의문을 제기한다. 소크라테스가 보기에 어떤 상황에서도 끝까지 도망치지 않고 적과 싸우는 것은 무모한 행위이지 용기 있는 행위로 볼 수 없기 때문이다. 그 반대로 스파르타인들이 페르시아군을 상대로 싸우다가 때로 후퇴하고 되돌아서 싸워 이기는 행위야말로 용기 있는 행위일 수 있다.

---

678 Platon, *Laches*, 190e.

679 Platon, *Laches*, 192b-c.

그러면 니키아스의 용기관은 무엇이며 이에 대한 소크라테스의 반응은 어떻게 기술되고 있는가? 라케스와 달리 니키아스는 용기를 지식의 관점에서 정의하고자 한다. 그래서 그는 '용기란 두려워할 것과 대담하게 할 수 있는 것들에 대한 앎'[680]이라고 정의한다. 일견 용기를 지식의 측면에서 보는 니키아스의 견해는 『프로타고라스』 편에서의 소크라테스의 용기와 지식의 동일성 주장에 비추어 볼 때[681] 소크라테스의 용기관과 같은 것으로 볼 수도 있다. 용기에 관한 니키아스의 이러한 주지주의적 견해는 소피스트 다몬에게서 지적인 영향을 받은 것으로 보인다.[682] 이런 점에서 니키아스의 지적인 측면이 다른 정치 지도자들과 비교해서 부족하다고 보기는 어렵다. 이것은 앞서 살펴본 것처럼 투키디데스가 『펠로폰네소스 전쟁사』에서 시켈리아 원정 이전의 니키아스를 지능이 부족한 인물로 묘사하지 않는다는 점에서도 알 수 있다. 실제로 투키디데스는 니키아스가 말이나 행동을 하기 전에 다양한 결과를 생각한 후 실행하는 모습을 보인 것으로 말한다. 그래서 시켈리아 원정 이전의 니키아스의 정치적 성공은 종종 행동하기 전에 신중하게 상황을 분석하는 능력 덕분이라고 말한다.

그런데 『라케스』 편에서 용기를 지식으로 보는 니키아스의 견해에 대해 소크라테스는 문제가 있다고 말한다. 그것은 무엇보다 용기를 지식과 동일시할 경우 실상 절제나 정의나 경건과 같은 다른 덕들과의 차이를 보여 주지 못하기 때문이다. 용기처럼 절제나 정의 또는 경건 역시 모두 앎의 관점에서 정의되고 있다. 따라서 니키아스의 용기는 덕의 부

---

680 Platon, *Laches*, 194e-195a.

681 Platon, *Prot.*, 349e 이하 계속 참조.

682 Platon, *Laches*, 200a.

분이 아니라 덕 전체의 정의를 말하고 있고, 이것은 대화 모두(冒頭)에서 용기가 덕의 부분이라는 전제에 반하는 문제를 발생시킨다.[683] 요컨대 『라케스』 편에서의 소크라테스의 용기에 대한 견해는 용기를 앎이나 지혜의 관점에서만 이해하는 것은 충분하지 않다는 것이다. 달리 말하면 라케스가 용기의 본성을 인내와 같은 감정의 측면에서만 강조하는 것도 문제가 있지만, 니키아스가 주장하는 것처럼 용기의 본성을 지식으로만 환원시켜 이해하는 것도 문제가 있다는 것이다. 그러므로 『라케스』 편에서의 니키아스의 용기관은 플라톤이 생각하기에 용기의 참된 의미를 결여한 불완전한 정의이다.

그렇다면 플라톤이 생각하는 용기는 무엇이며, 그는 니키아스적인 용기가 어떤 점을 결여하고 있다고 보는 것인가? 이것에 대한 검토를 위해서는 플라톤이 『국가』 편에서 말하는 튀모스적 용기를 이해할 필요가 있다. 이를 통해 니키아스가 간과하고 있는 용기의 정의와, 어떻게 그가 시켈리아 원정에서 장군으로서의 용기를 보여 주지 못했는지를 좀 더 밝힐 수 있을 것이다.

『국가』 편에서의 플라톤의 용기관

플라톤 『국가』 편에서 플라톤의 용기에 관한 견해는 그의 영혼삼분설에 근거해서 제시된다. 영혼삼분설은 인간의 영혼이 세 부분, 즉 이성적인 부분, 기개적인 부분 그리고 욕구적인 부분으로 구성되어 있다는 것이다. 플라톤에 따르면 영혼의 이 세 부분이 각자의 기능을 탁월하게 발휘하게 되면 지혜, 용기 그리고 절제의 덕이 존재하게 된다. 그리고 『국가』 편 4권에서 플라톤은 지혜를 소유한 자는 통치자 계급, 용기를 소유

---

683 Platon, *Laches*, 190d.

한 자는 전사 계급에 상응하며 절제의 능력은 모든 계급이 공유해야 하지만, 특히 생산자 계급이 갖게 되면 정의로운 국가가 건설될 수 있다고 주장한다. 즉 플라톤에 따르면 이상 국가를 정초시키는 정의 원리는 이 세 계급이 "각자 자신의 것을 갖고 행하는 것(to ta autou prattein, he tou oikeiou te kai eautou echein te kai praxis)"[684]이다. 달리 말해 정의 원리에 따라 통치자는 통치하고, 보조자는 통치자를 도와 나라를 수호하며, 생산자 계급은 나라의 의식주를 담당하는 것이다. 이 세 계급이 각자의 맡은 바 임무를 잘 수행하기 위해서는 각각의 탁월성으로서의 덕을 소유해야 한다. 통치자 계급은 지혜를, 보조자 계급은 용기를, 그리고 절제라는 덕은 모든 계급이 소유해야 하지만, 특히 목수나 제화공과 같은 장인 계급이 갖추어야 한다.[685]

여기서 우리가 관심을 갖는 것은 『국가』 편에서의 플라톤의 용기에 대한 정의가 『라케스』 편에서의 니키아스의 용기와 어떤 의미론적 편차가 있는지다. 그것은 니키아스의 용기 규정이 어떤 점에서 불충분한 용기 관인지에 대한 용기의 준거점을 찾기 위한 것이다. 앞서 언급한 것처럼 『국가』 편에서 플라톤이 언급하는 용기는 보조자 계급이 자신의 기능을 잘 발휘하기 위해 갖추어야 할 덕으로 제시되는 용기이다. 용기의 덕은 전쟁터의 전사처럼 나라의 보조자 계급이 적을 향해 두려워하지 않고 달려가 용맹하게 싸울 수 있게 하는 덕이다. 그렇기 때문에 한 나라가 용기 있는 나라로 불리기 위해서는 나라를 위해 전쟁을 하는 전사 계급이 용기의 덕을 갖추고 있어야 한다.[686] 플라톤에 따르면 용기란 "두려

---

684 Platon, *Politeia*, 433b, 433e-434a.

685 Platon, *Politeia*, 428e 이하 참조.

686 Platon, *Politeia*, 429a-b 참조.

위할 것들과 두려워하지 않을 것들에 관한 바르고 준법적인 판단의 지속적인 보전과 그런 능력"[687]이다. 이러한 판단의 보전은 고통이나 쾌락에 처해서도, 또는 욕망이나 공포에 처해서도 이를 버리지 않고 끝끝내 견지하여 가짐을 의미한다.[688] 중요한 점은 플라톤이 용기의 발휘가 바로 영혼 속의 '기개적인 부분(thymoeides)'에 의해 가능하다고 본다는 것이다.[689] 이것은 "말이든 개이든 또는 그 밖의 어떤 동물이든 격정적이지 못한 것이 용맹스러워지겠는가?"[690]라는 소크라테스의 말을 통해 알 수 있다. 결국 정의로운 나라 건설에서 훌륭한 보조자 계급이 될 수 있는가의 여부는 보조자 계급이 자신의 영혼 속에서 튀모스를 탁월하게 발휘할 수 있는가에 달려 있다. 그리고 바로 이러한 이유로 플라톤은 이상국가 건설을 위한 청사진에서 보조자 계급으로 하여금 용기의 덕을 갖도록 하기 위해 영혼의 기개적인 부분에 대한 교육의 중요성을 역설한다고 말할 수 있다.

그러면 플라톤에게 있어 용기의 덕 발휘의 원동력이 되는 영혼의 기개적인 부분의 교육은 어떻게 이루어져야 하는가? 튀모스 교육이 중요한 이유는 무엇보다 튀모스적인 부분이 이중적 속성을 갖고 있기 때문이다. 즉 튀모스는 한편으로 거칠고 야만적인 속성을, 다른 한편으로 좋음을 실현할 수 있는 고상한 속성을 모두 갖고 있다. 거친 튀모스와 고상한 튀모스라는 두 속성은 그것이 순기능뿐만 아니라 역기능으로 표출될 수 있음을 의미한다. 따라서 플라톤에게서 튀모스 교육의 중요한 목표는 거친 튀모스가 아닌 고상한 튀모스의 육성과 도야에 있다. 고상한

---

687 Platon, *Politeia*, 430b.

688 Platon, *Politeia*, 429d.

689 Platon, *Politeia*, 375a-b, L. R. Rabieh(2006), 97 참조.

690 Platon, *Politeia*, 375a.

튀모스에 의해 바로 전사 계급은 용기를 발휘할 수 있기 때문이다. 그러면 이러한 고상한 튀모스를 형성하기 위한 기개적인 부분에 대한 교육은 구체적으로 어떤 방식에 의해 이루어지는 것일까? 거칠고 과도한 튀모스적 성향은 어떻게 용기를 발휘할 수 있는 온화하면서도 대담한 튀모스로 변화될 수 있을까? 이러한 물음들과 관련해서 먼저 튀모스의 인식론적 위상이 어떻게 되는지를 알아보고 이후에 계속해서 튀모스 교육을 위한 구체적인 플라톤의 제안을 검토해 보도록 하겠다.

먼저 플라톤에게서 기개적인 영혼의 부분이 작동되어 나타나는 앎의 종류는 독사, 즉 신념이나 의견의 영역에 속한다. 이것은 앞서 살펴본 것처럼 『라케스』편에서 니키아스가 용기를 일종의 지식이나 지혜로 규정한 것과 대비된다. 즉 튀모스의 인식론적 위상은 '독사의 영역(doxaston)'에 있지 '이성적인 영역(noeton)'에 속하는 것이 아니다. 이것은 독사의 존재론적 위상이 존재와 비존재 사이에 있음을 의미한다. 그렇기 때문에 인식론적 측면에서 독사적 판단은 늘 진리와 무지의 사이에서 동요하는 특성을 보인다. 그래서 독사적 앎은 필연적이며 절대적인 지식이 아니며 항상 다르게 될 수 있다는 오류 가능성의 특성을 가진다.[691] 튀모스는 바로 이러한 독사의 존재론적 또는 인식론적 특성에 기반하고 있는 것이다. 그리고 이러한 독사적 판단에 의존하는 튀모스는, 그렇기 때문에 진리와 정의 자체를 인식할 수 있을 정도의 영혼의 능력을 담보하지 못하는 한계를 가진다.[692] 튀모스는 선과 정의에 관한 참된 의견을 가질 수 있을 뿐이지, 그 자체의 힘으로 직접 참된 지식을 터득할 수는 없기 때문이다.[693] 따라서 튀모스의 선과 정의에 대한 인식이

---

691 독사의 인식론적 위상과 관련해서는 Son, Byung Seok(1997), 182-199 참조.

692 J. A. Donaghy(1990), 74-75, 114-115 참조.

올바른지를 보장받기 위해서는 진리를 볼 수 있고, 지혜를 사랑하는 부분인 이성적인 부분의 도움이 필요하다.[694] 이성이 힘 있게 욕구적인 부분을 통제하고 다스리기 위해 튀모스의 협조를 필요로 하는 것처럼, 튀모스는 참된 판단을 견지하기 위해 이성의 지도가 필요한 것이다.

다음으로 플라톤의 튀모스 교육과 관련해서 주지주의적인 측면뿐만 아니라 감정의 측면이 중요하게 고려되고 있다. 플라톤이 튀모스 교육을 성공적으로 성취하기 위해 제시하는 구체적인 교육법이 바로 무시케(mousikē) 즉 시가 교육과, 김나스티케(gumnastikē) 즉 체육 교육이다.[695] 플라톤에 따르면 장차 수호자가 될 젊은이는 시가 교육과 체육 교육을 통해 영혼을 조화롭게 만들 수 있다. 그렇지 않고 이 두 교육 중 어느 한쪽의 교육만 받게 되면 영혼의 올바른 교육이 이루어질 수 없다. 플라톤에 따르면 "순전히 체육 교육만 받은 사람들은 마땅한 정도 이상으로 사나워지게 되는 반면에, 시가 교육만 해 온 사람들은 자신들을 위해 좋은 정도 이상으로 부드럽게 되기 때문이다."[696] 그렇기 때문에 전자의 체육 교육만을 받은 젊은이는 시가 교육을 통해 튀모스적 부분을 보다 부드럽게 만들어 주어야 하고, 그 반대로 후자의 시가 교육만을 필요 이상으로 많이 받은 젊은이는 체육 교육을 통해 기개적인 부분을 좀 더 용감하게 만들어 줄 필요가 있다. 이렇듯 플라톤은 시가 교육과 체육 교육을 적절하게 이루어지게 함으로써 튀모스가 용기의 덕으로 발현될 수 있는 방법을 제시하고자 한다.

그런데 여기 플라톤의 튀모스적 용기 교육에서 니키아스의 주지주의

---

693 Platon, *Politeia*, 430b-c 참조.

694 T. H. Irwin(1977), 194-195.

695 Platon, *Politeia*, 376e 이하 참조.

696 Platon, *Politeia*, 410d.

적 용기관과 관련해 간과해서는 안 될 중요한 차이점이 있다. 그것은 플라톤이 용기를 향한 튀모스적 교육에서 지나친 시가 교육을 경계하고 있다는 점이다. 그 이유는 지나친 시가 교육은 영혼을 너무 부드럽게 만들어, 이러한 영혼을 가진 자는 대담함이 결여되고 너무 유약해질 수 있기 때문이다. 시가 교육만이 너무 과도하게 이루어지는 것을 경계하는 플라톤의 생각은 음악 연주의 경우를 통해 다음과 같이 설명되고 있다.

◇◇◇

어떤 이가 자신을 음악에 내맡기고서 아울로스를 연주케 하여 … 달콤하고 부드럽고 비탄조인 선법들로 이루어진 선율을, 마치 깔때기를 통해서처럼, 그의 귀를 통해 영혼에 쏟아 넣게 할 경우, 그래서 전 생애를 통해 계속해서 흥얼흥얼 노래를 하여 노래에 흠뻑 매료된 상태로 보낼 경우, … 나중엔 어느새 자신의 기개를 녹여서 흐물흐물해지게 만들어서는, 마침내는 이를 야윈 상태로 만들어, 마치 힘줄을 잘라 내듯, 영혼에서 도려내어 나약한 창병으로 만들어 버릴 걸세. … 만약에 어떤 사람이 성향에 있어 처음부터 기개가 없는 영혼을 지니고 있다면, 이 과정은 빨리 진행될 걸세. 그러나 설령 기개 있는 영혼을 지니고 있다고 할지라도, 그의 기개를 약화시켜서 신경질적으로 만들어서는 사소한 일로도 대뜸 격해졌다간 수그러진다네. 그러니까 이런 사람들은 기개가 있기보다는 화를 잘 내고 성마르게 되어서는 불만으로 가득 차게 될 걸세.[697]

◇◇◇

이 인용문에서 플라톤은 지나친 시가 교육을 음악에서의 아울로스 연주의 경우를 들어 설명한다. 그것은 마치 비탄조의 선법들로 이루어진 선율을 깔때기를 통해 듣는 자의 귀에 들려줄 경우, 그의 영혼 속의 튀

---

697 Platon, *Politeia*, 411a-c.

모스가 너무 유약해질 수 있는 것과 같다. 비탄조의 지나친 음악 교육과 같은 시가 교육은 결국 영혼을 너무 무르게 만들어 기개가 없는 영혼을 만든다는 것이다. 이것은 영혼 내에 처음부터 기개적인 요소가 없는 경우 더 빠르게 나약한 상태의 영혼으로 변한다. 설사 그 영혼이 기개가 있었다 할지라도 지나친 시가 교육이 있게 되면 그 영혼은 점차 사소한 일에도 화를 내고 성마르게 되는 문제점을 보여 준다고 말한다. 중요한 것은 플라톤에 따르면 시가 교육만 받은 사람은 고상한 튀모스를 소유할 수 없게 된다는 것이다. 이것은 달리 보면 튀모스가 갖고 있는 다른 측면, 즉 대담성과 같은 성향 자체까지 부정될 필요는 없음을 의미한다. 아킬레우스의 과도한 분노로 인한 부작용 때문에 아킬레우스가 트로이와의 전투에서 보여 준 용맹함의 튀모스적 기질까지 부정될 필요는 없다는 것이다. 튀모스의 비합리적이면서도 과도한 분노적 측면만 보고 튀모스 자체를 부정하는 것은 마치 '물과 함께 아기까지 던져 버리는 우'를 범하는 것으로 볼 수 있기 때문이다.

그렇다면 지나친 시가 교육은 수호자의 영혼을 너무 부드럽게 만들어 용기가 아닌 비겁하고 대담하지 못한 행위를 보여 준다는 경고라고 말할 수 있다. 나라의 수호자는 모든 고난과 역경을 헤쳐 나가거나 극복해야 하는데, 시가 교육만 받게 되면 이러한 용감함의 튀모스를 갖추지 못하게 되는 것이다. 이런 이유로 플라톤은 튀모스를 용기의 덕으로 정향시킬 수 있는 이야기에 적합한 대상을 모방해야 한다고 말한다.[698] 용맹함을 체화시킬 수 있는 모델을 모방하도록 전사자들에게 더 좋으면서 올바른 이야기를 해 주어야 하는 것이다. 플라톤은 특히 죽음에 대한 두려움을 갖지 않도록 교육시키는 것이 중요하다고 말한다. 이런 관점에

---

698 Platon, *Politeia*, 377b, 378c-d.

서 그는 자신의 교육론이 기존의 전통적인 의미의 교육 방식과는 다름을 분명히 한다. 그 단적인 예로 호메로스가 그의 작품에서 기술하는 것처럼 죽음을 두려워하는 이야기를 해 주어서는 안 된다는 것이다.[699] 대표적으로 영웅 시대의 전사인 아킬레우스의 "죽은 자들의 모든 혼령의 왕이 되느니, 차라리 농노로서 남의 머슴살이를 하는 것이 낫다"[700]라는 말이 삭제되어야 한다는 것이다. 용기 있게 되기 위해서는 죽어서 하데스로 내려가는 것을 두려워하지 말아야 하는데, 용맹함에서 타의추종을 불허하는 아킬레우스마저 죽음을 두려워하는 것으로 말한다면 누가 전장에서 목숨을 걸고 싸우려고 할 것인가[701]의 문제가 발생하기 때문이다. 그렇기 때문에 플라톤은 파트로클로스가 어둠 속에서 정신없이, 소리 없이 헤맨다거나, 신들도 하데스를 싫어한다는 말[702]과 같은 죽음에 관한 부정적인 묘사들은 수호자들을 위한 교과서 내용으로 적합하지 않기 때문에 가르쳐서는 안 됨을 역설한다. 플라톤이 이처럼 시가 교육에서 영웅들이 죽음을 두려워하거나 친구를 잃어 슬픔과 비탄에 젖거나 하는 언행을 가르쳐서는 안 됨을 주장하는 중요한 이유는 바로 이러한 것들이 튀모스를 유약하게 만들기 때문이다. 플라톤이 생각하기에 이러한 교육 내용들은 영혼의 기개적인 부분을 유약하게 만들어 미래의 나라의 수호자들로 하여금 용기를 발휘하지 못하게 만들기 때문에 문제가 있다. 그러면 영혼의 기개적인 부분을 보다 효율적으로 강화시킬 수 있는 교육 방법은 어떤 것인가?

플라톤이 영혼의 대담함의 성향을 강화시킬 수 있는 방법으로 제시하

---

699 Platon, *Politeia*, 386a-b.

700 Platon, *Politeia*, 386c, Homeros, *Od.*, XI.489.

701 Platon, *Politeia*, 386a-b.

702 Platon, *Politeia*, 386d.

는 것이 체육 교육이다. 플라톤은 "수호자가 어떤 악조건 속에서도 능히 견디어 낼 수 있는 신체의 훈련을 해야 되고, 체육은 그의 본성 안에 있는 기개적인 부분을 양육하기 위한 것"[703]임을 분명히 한다. 나라를 수호하려는 자가 병약해서는 자신의 역할을 충실하게 해낼 수 없기 때문이다. 그러나 플라톤에게서 나라의 수호자가 되기 위한 체육 교육은 운동 선수들이 힘을 위해 먹고 운동하는 것과 다르다. 그 대신에 체육으로 육체를 보살피는 것은 영혼의 기개적인 부분을 염두에 두고 그것을 일깨우기 위해 힘쓰는 것이어야 한다.[704]

그러면 플라톤이 그의 교육론에서 기개적인 부분과 이성적인 부분의 조화를 그렇게도 강조하는 이유는 무엇일까? 이 질문에 대한 가능한 답을 찾기 위해서는 아래의 인용문을 검토하는 것이 필요할 듯하다.

◇◇◇

"그러니까 우리가 전사 계급들을 선발하여 시가와 체육에 의한 교육을 했을 때도, 우리는 능력이 닿는 데까지 그런 일을 하고 있었다는 걸 이해하게. 우리가 강구한 바는 다름이 아니라 이런 것이었다고 생각하게나. 즉 어떻게 하면 이들이 우리에게 설복되어, 마치 물감을 받아들이듯, 법률을 받아들이기를 최대한으로 잘하게 될까 하는 것이었다고 말일세. 이는, 이들이 적성을 갖추고 적절한 양육을 받은 덕분에 두려워할 것들이나 또는 다른 것들에 관한 이들의 소신이 짙게 물들어서는, 세척에 있어서 강력한 이런 세제들도, 즉 이런 세척 작용에서 어떤 소다나 잿물보다 더 강력한 쾌락도, 그리고 또 그 어떤 세제보다 강력한 고통과 공포 및 욕망도 이들의 염색을 탈색시키지 못하도록 하기 위해서라고 말일

---

703 Platon, *Politeia*, 410b.

704 Platon, *Politeia*, 410b-c.

세. 두려워할 것들과 두려워하지 않을 것들에 관한 바르고 준법적인 판단의 지속적인 보전과 그런 능력을 나로서는 용기라 부르며 또한 그렇게 간주하네. 만일에 달리 할 말이 자네에게 없다면 말일세." … "저는 그게 용기인 것으로 받아들입니다." "시민적 용기로서 받아들이게나."[705]

◇◇◇

위 인용문에 나타난 것처럼 플라톤이 시가와 체육 교육의 조화를 강조한 중요한 이유는 나라의 전사 계급으로 하여금 '시민적 용기(politike andreia)'[706]를 갖추도록 하기 위한 것이다. 이러한 시민적 용기를 갖출 때만 비로소 향후 나라 통치자의 이성의 명령에 설득되어 이상 국가를 실현할 용기를 발휘할 수 있기 때문이다. 플라톤은 시가와 체육 교육을 올바르게 교육받은 전사 계급은 고상한 튀모스를 소유하고 있다고 본다. 따라서 어떤 상황에서도 그 어떤 강력한 고통이나 공포 또는 욕망에 휘둘리지 않고 굳건하게 올바른 판단과 능력을 통해 탁월한 용기를 발휘할 수 있다고 주장한다. 이것은 마치 천이 제대로 된 과정을 거쳐 자주색으로 염색되었을 경우, 어떠한 강력한 세제에 의해서도 탈색되지 않는 것과 같다. 우리가 앞에서 살펴본 것처럼 이러한 시민적 용기는 기개적인 부분이 시가 교육과 체육 교육을 통해 적절하게 조화되지 않으면 가능하지 않음을 알 수 있다.

지금까지 살펴본 『국가』 편에서의 플라톤의 용기에 관한 견해를 고려할 때 『라케스』 편에서의 니키아스의 용기에 대한 정의는 중요한 점을 간과하고 있다. 그것은 플라톤이 생각하는 용기는 단순히 이성적인 판단에만 의존해서 발휘되는 것이 아니라는 점이다. 플라톤에게서 용기는

---

705 Platon, *Politeia*, 429e-430b.

706 Platon, *Politeia*, 430c.

무엇보다 영혼의 이성적인 부분에 속하는 것이 아니라 기개적인 부분에 속한다. 즉 용기는 기본적으로 이성적인 것이 아니라 기개와 관련된 것으로서 용기의 올바른 발휘에는 기개의 올바른 발휘가 중요하다. 앞서 살펴본 것처럼 플라톤이 분노와 같은 감정을 숭고한 분노로 정향시키기 위한 체육 교육을 강조한 것도 이러한 이유에서다. 플라톤이 용기의 덕의 인식론적 위상을 이성이 아닌 독사, 즉 의견의 부분에 속하는 것으로 보는 것도 마찬가지 이유에서다. 따라서 용기 있는 행위는 인지적인 판단에 의해서만 발휘되는 것이 아니라 무엇보다 영혼의 기개적인 부분, 즉 격정과 같은 비이성적인 부분의 올바른 사용을 통해 가능하다. 무엇보다 플라톤에게서 용기는 숭고한 목적을 향한 영혼의 탁월성이라고 말할 수 있다. 그리고 이때의 숭고한 목적은 폴리스의 공동 이익과 시민 전체의 행복으로 볼 수 있다. 이러한 플라톤의 『국가』 편에서의 용기관을 고려할 때 우리는 니키아스가 시켈리아 원정에서 보여 준 최고 지휘관으로서의 행위는 참된 용기가 아니라 사이비 용기를 보여 준 것으로 평가할 수 있다.

2. 좋은 리더십이란 무엇인가?

좋은 리더십이란 무엇인가? 이 물음이 중요한 이유는 위에서 살펴본 세 유형의 민주주의와 리더십이 밀접한 관계가 있기 때문이다. 페리클레스, 알키비아데스 그리고 니키아스는 아테네 민주정의 대표적인 지도자로서 각자의 리더십을 발휘했고, 그러한 리더십에 따라 아테네 민주정의 흥망성쇠가 이루어진 것으로 볼 수 있다. 이제 좋은 리더십 또는 훌륭한 리더십은 무엇에 의해 이루어지는지를 『비교 영웅전』으로 잘 알려진 그리스의 철학자이자 역사가 플루타르코스의 견해를 통해 살펴보고자 한다. 이후에 플루타르코스의 리더십 관점에서 페리클레스와 알키비아데스 그리고 니키아스의 리더십에 대한 전체적인 비교 평가를 시도할 것이다.

플루타르코스에 따르면 좋은 리더십은 크게 세 가지 요소로 구성된다. 동기와 성품 그리고 기술이다.[707] 이 세 가지 요소는 공공 리더십의 영역에서 개별 지도자를 이해하고 평가할 수 있는 핵심적 기준이 된다.[708] 먼저 동기(proairesis)는 '왜 정치와 같은 공적 영역에서 리더가 되고자 하는가?'와 관련된다. 즉 '정치적인 영역에 무엇을 위해 입문하고자 하는가'이다. 공적인 영역에 참여하고자 하는 목적이 명예나 이익을 위한 것인지, 아니면 공동 이익을 위한 것인지 선택의 동기를 묻는 것이다. 플루타르코스에 따르면 동기는 공직의 출발점으로서 그것은 이성적으로 선택되어야 하는 근본적 원칙이다. 따라서 정치적 활동의 동기는 정치 지도자의 확고하면서도 강력한 철학적 근본이 되며, 그의 공직 경력을 통해 지속적이고 중대한 영향을 미친다.

다음으로 성품(ethos)은 지도자의 영혼의 상태로서 지도자가 '어떤 사람이어야 하는가'의 도덕적 원리가 된다. 플루타르코스는 "어떠한 지배도 받지 않는 자는 아무도 다스릴 수 없다(oude archein hyph' oudemias

---

707 이와 관련해서는 플루타르코스의 *Moralia*(1936), "정치 행위를 위한 지침서(Praecepta gerendae reipublicae)", "무지한 통치자에게(Ad principem ineruditum)", "철학자는 특히 권력자들과 대화해야 한다(Maxime cum principibus philosopho esse disserendum)", "노인이 정치에 참여해야 하는가(An seni respublica gerenda sit)" 참조할 것. 이 밖에도 플루타르코스의 일반적인 덕론과 교육론과 관련해서는 T. Duff(1999), S. A. Xenophontos(2016), M. E. Promisel(2021), 277-302 참조할 것.

708 Ploutarchos, *Praecepta gerendae reipublicae*, 798c.

archēs)"[709]라고 말한다. 그리고 절제나 정의 또는 실천적 지혜와 같은 덕을 지도자의 내면의 '법(nomos)'이라 부른다.[710] 즉 절제나 정의 또는 실천적 지혜와 같은 덕은 통치자의 영혼 안에서 이성이 감정이나 욕망을 지배한 상태이다. 따라서 통치자가 이러한 덕을 결여하고 있으면 공적인 영역에서의 질서 수립을 위한 온전한 리더십의 발휘가 어렵다. 따라서 플루타르코스에게 덕은 '항상 깨어 있는 내부의 파수꾼' 또는 '법 이전의 법'으로서 통치 기술을 정화·조정하는 근본 규범이다.[711] 요컨대 플루타르코스에 따르면 지도자의 정치적 리더십은 덕에서 나온다.

마지막 요소는 기술(techne)이며, 이것은 공동체를 '어떻게 통치할 것인가'의 원리이다. 다시 말해 시민들을 이끄는 지도자의 실천적 기교 능력을 의미한다. 대중을 설득할 수 있는 수사학적 기술이나 전쟁에서의 전술이 여기에 해당된다. 그래서 플루타르코스는 '정치가는 다른 사람의 목소리가 필요하지 않을 정도로 스스로 조타하는 마음과 명령을 내릴 수 있는 연설 능력을 갖춰야 한다'[712]고 말한다. 상술한 것을 종합할 때 플루타르코스가 생각하는 좋은 리더십은 공익을 향한 명확한 동기, 덕에 뿌리내린 성품, 그리고 상황을 파악하고 행위할 수 있는 실천 기술이 조화를 이루어 완성된다고 볼 수 있다. 여기서 우리는 다음과 같은 물음을 던질 수 있다. '그러면 좋은 리더십을 발휘할 수 있는 이러한 세 가지 요소를 갖추는 방법은 무엇일까?'

이 물음과 관련해서 플루타르코스는 리더십의 세 가지 요소를 갖추기 위해 공적인 지도자가 배워야 할 중요한 두 가지 교육을 제시한다. 철학

---

709 Ploutarchos, *Ad principem ineruditum*, 780f-781a

710 Ploutarchos, *Ad principem ineruditum*, 780c-d.

711 Ploutarchos, *Ad principem ineruditum*, 780c-d.

712 Ploutarchos, *Praecepta gerendae reipublicae*, 801f.

교육과 정치적 경험이 그것이다. 먼저 철학적 가르침은 앞서 말한 리더십의 세 가지 요소를 갖추는 데 필요하다. 첫째, 철학적인 훈련은 적절한 동기를 드러내고, 그러한 동기를 공적인 삶이 진행되는 동안에 보존할 수 있게 해 준다. 다시 말해 철학적 훈련을 받은 사람은 합리적 성찰에 근거한 확고한 신념과 추론으로 사적 이익을 넘어 '공동 이익(koinon sympheron)'을 추구할 수 있다.[713] 요컨대 철학 교육을 통해 정치 지도자는 공공 행위의 올바른 목적과 진실 그리고 좋음에 대한 인식을 함양할 수 있다.

철학 교육은 또한 리더십의 두 번째 요소인 덕스러운 성품을 함양하는 데도 도움을 준다. 즉 철학은 이성의 지시와 통치를 따르도록 우리의 영혼과 성품을 단련한다. 이것은 절제나 정의와 같은 덕이 철학적 탐구의 결실임을 의미한다. 만약에 지도자의 통치가 이성적 원리에 의해 작동되지 않는다면 결과적으로 그의 공적인 행동은 감정과 망상의 변덕에 휘둘리기 쉽다.[714] 이런 이유로 철학 교육을 통한 덕의 연마 없이는 통치자의 권력은 무절제하고, 부정의하게 된다. 이처럼 통치자가 이성의 지배를 받지 않고 또 다른 원칙의 지배를 받게 될 경우의 문제를 플루타르코스는 다음과 같이 묻는다.

◇◇◇

주권자는 먼저 자신을 다스리고, 자신의 영혼을 다스리며, 자신의 성품을 확립한 다음, 신하들을 자신의 본보기에 맞게 만들어야 한다. 넘어지는 자는 다른 사람을 일으켜 세울 수 없고, 무지한 자는 가르칠 수 없으며, 교양 없는 자는 문화를 전수할 수 없다. 무질서한 자는 질서를 만들

---

713 Ploutarchos, *Praecepta gerendae reipublicae*, 798c.

714 M. E. Promisel(2021), 288.

수 없으며, 통치받지 않는 자는 통치할 수 없다. 그러나 대부분의 사람들은 어리석게도 통치의 첫 번째 이점이 통치받지 않는 자유라고 믿는다. … 그렇다면 누가 통치자를 통치할까?[715]

◇◇◇

위에서 플루타르코스는 지도자가 자신의 이익을 넘어선 공동선을 위해 봉사하고자 한다면, 그 자신의 성품이 더 높은 원칙의 지배를 받아야 한다고 말한다. 그것은 이성의 지배를 받는 것이다. 플루타르코스에 따르면 철학 교육은 바로 공적 리더의 동기를 순화하고 고귀한 품성을 함양하는 합리적 원칙을 제시한다.

철학 교육의 마지막 장점은 리더십의 마지막 구성 요소인 기술에도 적용된다. 철학은 리더가 우발적인 현실의 본질을 파악하고 명확한 사고력을 발휘할 수 있도록 한다는 점에서 리더십의 기술적 요소에 도움이 된다. 플루타르코스는 합리적 원칙에 따라 성찰하는 훈련을 받지 않은 리더는 시민들에게 좋은 숙고적 조언을 하기 어렵다고 지적한다. 다시 말해 철학적으로 훈련된 영혼은 다른 사람의 의견을 수용하고 평가할 수 있는 열린 마음을 갖고, 분산된 전문 지식을 통합하고 숙고해서 지도력을 발휘할 수 있다.[716] 이상에서 살펴본 것처럼 철학 교육이나 철학적 훈련은 공공 리더십의 세 가지 필수 요소인 동기, 성품, 기술을 계발하는 데 도움을 준다.

철학적 훈련과 더불어 플루타르코스가 좋은 리더십을 발휘하기 위한 중요한 교육으로 강조하는 것이 '경험(empeiria)'이다. 이것은 상아탑에서 배운 철학 교육만으로는 좋은 리더십을 발휘하기 어렵고, 공적 영역에

---

715 Ploutarchos, *Ad principem ineruditum*, 780b-c.

716 M. E. Promisel(2021), 289.

서의 충분한 경험이 함께 뒷받침되어야 한다는 것이다. 플루타르코스는 다음과 같이 말한다.

∞∞∞

항해술에 관한 논문이, 겨울밤 거듭되는 바람과 파도와의 싸움을 선미 (船尾)에 서서 지켜본 적도 없는 이를 선장으로 만들어 주지는 않는다. … 마찬가지로 젊은이가 뤼케이온 학교에서 정치학을 읽거나 정치 이론에 관한 글을 써 보았다고 해서, 그러나 실제로 여러 번 운전자의 고삐를 잡아 본 적도 없고, 조타수의 조종 노 옆에 서서 이 방향 저 방향으로 기울여 보지도 않았다면, 위험과 어려움 속에서 필요한 지식을 몸소 익힌 정치가와 장군과 겨루지 않고서, 국가를 똑바로 통치하고 민회나 원로원을 설득할 능력을 갖추었다고 말할 수 있겠는가? 아무도 그렇다고 단언할 수 없을 것이다.[717]

∞∞∞

위 인용문에서 알 수 있듯이 플루타르코스에 따르면 정치학에 관한 철학 교육만으로는 좋은 리더십을 발휘하기 어렵다. 철학적 훈련은 경험을 통해 현실적인 정치적 행위로 이루어져야 한다. 이것은 항해술에 관한 이론 공부만 하고, 추운 겨울밤 바다에서의 거친 파도나 바람과 싸운 경험이 없다면 배를 안전하게 항해시킬 수 없는 것과 같다. 실제 폭풍 속에서 배를 다뤄 본 사람만이 온전한 의미의 선장이 될 수 있다는 것이다. 마찬가지로 제대로 된 통치 리더십을 발휘하기 위해서는 공적인 영역에서의 오랜 경험이 중요하다. 다시 말해 정치 지도자는 서가(書架)를 넘어, 민심과 현장 문제를 '몸으로' 겪으며 배워야 한다는 것이다. 그래야만 전쟁과 같은 위기 상황에서 민회에 참석한 다수의 시민들을

---

717 Ploutarchos, *An seni respublica gerenda sit*, 790d-e.

설득하고 이끌 역량 있는 리더십을 발휘할 수 있기 때문이다.

플루타르코스는 오랜 공직 생활을 통해 축적된 풍부함과 깊이를 전달하기 위한 강력한 은유로 오래된 나무 뿌리를 제시한다. 그에 따르면 '오랜 공직 경력은 마치 오래된 나무와 같아서 뽑아 올리기 어렵고, 뿌리가 많고 여러 가지 일로 얽혀 있어 공직에서 물러나는 사람보다 공직에 남아 있는 사람에게 더 많은 문제와 고통을 안겨 준다'.[718] 이 말은 깊게 내린 거목의 뿌리는 한번 뽑히면 주변 토양에까지 문제를 불러일으킬 수 있다는 것이다. 다시 말해 오랜 공직 경험을 한 원로 정치가의 리더십은 그의 경험을 다른 사람이 쉽게 익혀 대체할 수 없기 때문에 그가 공직에서 물러나게 되면 많은 문제를 발생시킬 수 있다.

플루타르코스가 경험을 강조하는 더 중요한 다른 이유가 있다. 그것은 공적인 삶에서의 경험이 지도자의 성품을 계발할 수 있기 때문이다. 즉 지도자가 갖추어야 할 절제나 정의의 덕목은 실천과 경험을 통해 함양될 기회를 가질 수 있다. 아래의 인용문에서 플루타르코스의 활과 영혼의 메타포는 이러한 그의 생각을 알 수 있게 해 준다.

◇◇◇

활은 너무 팽팽하게 당기면 부러지지만, 영혼은 너무 느슨해지면 부서진다. … 공직자들의 성품, 즉 숙고, 사려 깊음, 정의 그리고 이러한 경험과 더불어 적절한 순간과 말을 찾아내는 경험, 그리고 설득력을 만드는 힘은 끊임없이 말하고 행동하고, 이성적으로 추론하고 판단하는 것을 통해 유지된다.[719]

◇◇◇

---

718 Ploutarchos, *An seni respublica gerenda sit*, 790d-e.

719 Ploutarchos, *An seni respublica gerenda sit*, 792d.

이 인용문에서 플루타르코스는 활에 영혼을 비유하여, 과도한 긴장과 과도한 이완 모두가 위험하다고 지적한다. 즉 활의 과도한 긴장이나 영혼의 과도한 이완이나 모두 극단으로서 적절한 중용을 벗어났다는 점에서 문제가 있다는 것이다. 그래서 플루타르코스는 특히 공적인 역할을 맡은 지도자는 숙고함이나 사려, 정의 같은 덕목뿐 아니라 경험을 통한 실천적 지혜를 갖춰야 한다고 말한다. 그리고 이러한 경험을 통해 발효된 실천적 지혜는 단지 시간이 흐른다고 생기는 것이 아니라, 끊임없이 말하고 행동하며 사고하고 판단하는 '실천' 속에서 만들어지고 유지된다고 역설한다. 결국 플루타르코스에 따르면 지도자의 훌륭한 성품은 현실 정치 속 끊임없는 긴장과 이완 사이에서의 경험을 통해 배양되어야 하고, 그 과정에서 지도자의 품성과 역량이 성장한다는 점이 중요하다.

더 나아가 플루타르코스에 따르면 경험은 리더십의 세 번째 요소인 기술을 연마하고 숙달할 기회를 제공한다. 플루타르코스에 따르면 목수나 건축가가 시간과 연습을 통해 기술을 연마하는 것처럼, 공적인 지도자도 경험 속에서 실천적 기술을 익히는 것이 필요하다.[720] 즉 지도자는 경험 속에서 얻은 효과적인 실천적 기술을 통해 시민들을 효과적으로 이끌 수 있다. 이제 지금까지 살펴본 플루타르코스의 리더십론을 페리클레스와 알키비아데스 그리고 니키아스에게 적용할 때 어떤 평가가 가능한지를 생각해 보도록 하겠다.

먼저 좋은 리더십의 세 가지 구성 요소 중 첫 번째 기준인 동기를 갖고 평가할 때 페리클레스와 알키비아데스의 차이점은 분명해 보인다. 플루타르코스에 따르면 공직에 진출하고자 하는 정치가는 무엇보다 개인의

---

720 Ploutarchos, *Praecepta gerendae reipublicae*, 807d.

이익이나 영예가 아니라 공동 이익을 우선시해야 한다. 이 점에서 페리클레스는 공동 이익을 우선시한 올바른 동기를 갖고 있었던 반면에 알키비아데스는 경제적인 부와 영광을 더 우선시한 왜곡된 동기를 갖고 있었다고 평가할 수 있다. 플루타르코스의 리더십의 두 번째 요소인 성품 역시 알키비아데스나 니키아스가 페리클레스보다 더 나은 성품을 소유한 것으로 보기 어렵다. 페리클레스가 정의와 절제, 용기 그리고 실천적 지혜의 덕을 일생에 걸친 정치적 활동을 통해 보여 주었다면, 알키비아데스는 절제와 정의의 덕을 결여하고 있었고, 니키아스는 용기의 덕을 결여하고 있었기 때문이다. 리더십의 세 번째 요소인 정치적 기술의 관점에서도 페리클레스는 자신의 합리적 신념에 따른 설득술이나 전술을 실천한 반면에 알키비아데스나 니키아스는 공동선을 향한 설득술이나 전술을 보여 주지 못했다. 페리클레스가 공선사후 정신을 보여 주었다면 알키비아데스나 니키아스는 자신의 이익과 보신(保身)만을 더 중요하게 생각하였기 때문이다.

페리클레스가 알키비아데스나 니키아스와 달리 참된 리더십을 보여 줄 수 있었던 배경에는 무엇보다 플루타르코스가 강조한 철학 교육의 영향이 큰 것으로 보인다. 잘 알려진 것처럼 페리클레스의 철학적 멘토는 아낙사고라스였다. 아낙사고라스는 철학사에서 처음으로 누스(nous), 즉 이성이란 개념을 통해 우주 생성과 자연 세계를 설명하고자 시도한 철학자이다. 한때 소크라테스가 젊었을 때 아낙사고라스의 누스 철학을 접하고 그에게 매료된 것을 고백했을 정도로 아낙사고라스는 이성의 철학자라고 말할 수 있다. 페리클레스는 아낙사고라스와의 우정을 오랫동안 유지한 것으로 말해지며, 따라서 그에게서 영향을 받았을 것을 어렵지 않게 추측할 수 있다. 아테네 민주정이 중대한 국가적 결정을 할 때마다 아테네 시민들이 페리클레스의 주장과 결정을 자발적으로 따르고 지지한 데에는 그의 냉철한 이성적 판단과 인식에 대한 강한 신뢰가 있었다.

이와 달리 알키비아데스는 앞서 살펴본 플라톤의 『알키비아데스』에서 알 수 있는 것처럼 정의가 무엇인지 알지 못했고, 무엇보다 자신의 무지에 대한 인식이 되어 있지 않았다. 알키비아데스에 대한 애정을 갖고 그의 영혼을 정의와 절제로 이끌고자 했던 소크라테스의 열정과 바람은 끝내 이루어지지 못한 것이다. 니키아스 역시 소피스트인 다몬의 영향을 받은 것으로 보이지만, 그의 용기에 대한 인식은 시켈리아 전쟁에서 최고 군 지휘관으로서의 역량을 보이기에 충분하지 못했다. 월식을 불길한 징조로 보고 27일간 철군을 미룬 것에서 알 수 있듯이 그는 합리성보다는 미신에 더 사로잡힌 지휘관이었다. 그의 그러한 비합리적인 믿음과 지나친 신중함은 아테네 전군이 전멸하는 결과를 가져올 정도로 어리석은 것이었다. 니키아스는 장군이 갖춰야 할 용기의 덕을 제대로 보여 주지 못한 무능력한 지휘관이었다. 용기의 관점에서 페리클레스가 이성에 따른 참된 용기를 보여 주었다면, 알키비아데스는 지나친 만용을, 니키아스는 결핍된 비겁함을 보여 준 것으로 평가할 수 있다. 또는 플라톤의 영혼삼분설의 기준을 갖고 평가하면, 페리클레스는 영혼의 이성적인 부분을 통해 아테네 시민들을 이끈 위대한 지도자로, 알키비아데스는 영혼의 욕구적인 부분이 강한 통치를 한 탐욕스러운 지도자로, 그리고 니키아스는 영혼의 그릇된 기개적인 부분에 따른 사이비 용기관을 지녔던 담대하지 못한 지도자로 평가할 수 있다.

앞서 살펴본 것처럼 플루타르코스에게서 '좋은 리더십'은 시민들의 신뢰를 기반으로 한다. 즉 좋은 리더십은 지도자의 카리스마적인 일의적 특성의 관점이 아니라 지도자와 시민 사이의 신뢰 관계적 측면에서 이해될 필요가 있다. 신뢰 관계적 측면에서 리더십을 규정한다는 것은 무엇보다 시민이 지도자에게 권력을 위임할 때 그에 대한 특정한 신뢰 관계를 전제한다는 것이다. 그것은 통치자에게 위임된 권력이 통치자의 것이 아닌 시민 모두의 공동 이익 추구를 위한 공적 권력이라는 신뢰가 공유될 때 가능하다. 일찍이 공자가 무신불립(無信不立), 즉 '믿음이 없으면 설 수 없다'를 말하면서 통치자와 피치자 사이에 신뢰가 없으면 나라가 제대로 설 수 없음을 강조한 것과 같은 맥락에 있다. 이런 점에서 신뢰는 기본적으로 지도자와 시민 사이의 능동적이고 상호적인 '하나 된 마음의 상태'이다. 플루타르코스에 따르면 이러한 신뢰는 지도자가 덕을 갖고 그것을 실천할 때 가능하다. 즉 지도자가 영혼의 내면의 법인 절제와 정의 그리고 실천적 지혜와 같은 덕을 통해 공동선을 달성하고자 할 때 시민의 신뢰를 얻을 수 있다. 이런 관점에서 플루타르코스의 눈에 페리클레스는 통치 권력이 선을 지키는 방법을 보여 준 인물이다. 즉 페리클레스는 공동 이익을 향한 이성적 동기와 도덕적 충실성, 특히 청렴결백함과 같은 성품, 그리고 시민의 동의와 지지를 끌어낼 수 있는 설득술을 통해 좋은 지도력을 보여 주었다. 따라서 페리클레스는 리더십의 세 가지 요소를 갖춤으로써 데모스의 신뢰를 확보하였고, 그에 기반해서 데모스에 끌려다닌 것이 아니라 데모스를 이끈 리더십을 발휘한 정치가로 볼 수 있다. 그래서 플루타르코스는 페리클레스를 관대함과 철학적 이성을 겸비해서 아테네 정체를 황금기로 이끈 모범적인 지도자로 평가한다. 반면에 알키비아데스는 덕이나 이성이 아닌 과도한 권력에의 욕망과 부에 대한 탐욕으로 시민의 신뢰를 얻지 못했고, 결국 자신의 재능을 온전히 발휘하기 전에 비극적인 삶을 마친 실패한 지도자이다. 마찬가지로 니키아스 역시 데모스의 신뢰를 얻었음에도 종교적인 미신과 비겁할 정도의 신중함으로 인해 결정적 순간에 결단력 있는 용기를 보여 주지 못함으로써 아테네 정체에 막대한 피해를 안겨 준 무능력한 지도자이다. 투키디데스는 『펠로폰네소스 전쟁사』에서 페리클레스 사후 그에 필적할 만한 훌륭한 지도자가 없음을 개탄한다. 오늘날 좋은 리더십을 찾기 어렵다는 한탄이 들린다. 플루타르코스의 좋은 리더십에 관한 말뭉치가 우리에게 더 절실하게 다가오는 이유는 무엇일까?

나가며

우리는 고대 아테네 민주주의에서
무엇을 배울 수 있는가?

　우리는 민주주의를 믿는가? 특히 오늘날의 자유 민주주의는 미래에도 인간 정부의 최종 형태가 될 수 있는가? 이러한 물음들에 우리는 적어도 현재 지구상의 많은 국가와 민족이 한결같이 민주주의를 표방하며 민주주의에 대한 헌신과 충성심을 맹세한다는 점에서 긍정적인 답변을 줄 수 있다. 이제 민주주의는 마치 정체에 관한 단일 국제 표준으로 사용된다고 해도 과언이 아니다. 그런데 정말 민주주의는 인간의 존엄성, 자유, 평등 그리고 행복을 보장해 줄 수 있는 보편적인 이념이자 정치 형태라고 말할 수 있을까? 처칠(W. Churchill)에 따르면 "민주주의는 모든 정부 형태 가운데 가장 나쁜 편에 속한다. 다만 인류가 시도해 본 다른 형태를 제외하고는 말이다."[721] 처칠의 이 말은 과거부터 경험해 온 왕정

---

[721]　이 말은 처칠이 1947년 11월 11일 영국 하원(House of Commons)에서 발언한 의회 연설이다. 그런데 이 말은 처칠 자신이 처음으로 창안한 말은 아니다. 이미 1940년 이전부터 미국과 영국의 신문, 사설, 정치 에세이 등에서 이와 유사한 표현들이 자주 등장하기 때문이다. 더 나아가 이미 아리스토텔레스가 정체 분류에서 민주정은 그릇된 정체이지만 현실적으로 그 실용

이나 귀족정 또는 독재정과 같은 정부 형태와 비교할 때 민주주의가 더 나은 정체라는 것이다. 결국 처칠은 민주주의가 가장 나쁜 형태의 정체이지만 인류가 경험해 온 다른 정체 형태와 비교해서는 역설적으로 가장 나은 정체임을 주장한다.

그러면 현재의 민주주의는 왕정이나 귀족정 또는 독재정과 같은 다른 정체와의 경쟁에서 어떻게 압도적인 승리를 차지할 수 있었을까? 과거 플라톤과 같은 철학자에 의해 그토록 신랄한 비판을 받았던 민주주의가 어떤 이유로 오랜 불신과 악명을 떨쳐 내고 오늘날 전 세계적인 (ecumenical) 헌신과 존경을 받는 매력적인 정체가 되었을까? 민주주의가 보편적 가치이자 바람직한 정체의 상징으로서 찬양과 명예의 대상이 될 수 있었던 힘은 무엇인가? 본 저술은 이러한 물음들에 대한 가능한 답을 찾기 위한 작업을 지금까지 진행하였다. 그리고 나는 이 물음에 대한 가능한 답을 민주주의의 뿌리이자 철학적, 제도적인 영감의 원천을 제공하였던 역사상 '최초의 민주주의', 즉 '고대 아테네 민주주의'를 통해 찾고자 시도하였다. 이제 지금까지의 고대 아테네 민주주의에 관한 연구가 현대 민주주의에 시사하는 중요한 교훈이 무엇인지를 정리해 보도록 하겠다. 그래서 최초의 민주주의가 갖는 현재적 적실성을, 더 정확하게는 우리의 민주주의가 나아가야 할 방향이나 성찰해야 할 문제가 무엇인지를 비판적 관점에서 생각해 보도록 하겠다.

성과 안정성에서 참주정이나 과두정보다는 나은 정체로 평가한다는 점에서도 철학적 공명을 이룬다고 해석할 수 있다(*Pol.*, 1293b30-1294a10).

1. 주권재민(主權在民) 원리

고대 아테네 민주주의가 보여 준 민주주의의 핵심적인 첫 번째 의미는 민주주의는 '시민의 적극적인 정치적 참여'를 통해 실현될 수 있다는 것이다. 고대 아테네 민주주의는 오늘날처럼 선출된 대표자들이 아니라, 시민들이 직접 정치적 결정 과정에 참여하는 직접민주주의였다. 이것은 민주주의의 핵심적 원리가 '시민주권(kratos tou dēmou)'에 있었음을 의미한다. 시민주권 원리는 통치의 최종 결정권이 시민 전체에 있다는 것이다. 이러한 시민주권 원리는 시민 스스로가 통치한다는 의미에서 '타치(他治)'가 아니라 '자치(自治, self rule)'이다. 즉 최고 권력의 원천이 신이나 왕, 귀족 또는 부자가 아니라 데모스, 즉 자유롭고 평등한 일반 시민의 전체 의지에 있다는 것이다.

본 저술의 4장에서 살펴본 것처럼 아테네 민주주의는 이러한 시민주권 원리를 실현하기 위한 구체적인 정치적 제도와 법적 조치를 두고 있었다. 아테네의 정치 의사 결정 기구였던 민회와 시민 법정 그리고 평의회가 그것이다. 18세 이상의 모든 아테네 시민 남성은 40일마다 소집된 에클레시아, 즉 민회에 참석해 공동체의 중대 사안을 직접 결정하였다. 법률이나 전쟁 또는 장군과 같은 전시의 최고 지도자 선출 또는 국가 사업의 재정 승인 등의 문제에 관해 민회에서 시민 누구나가 직접 발언하고 투표했다. 마찬가지로 아테네 시민은 시민 법정에 참석해 모든 법적 분쟁이나 공직자 기소를 스스로 판단하고 결정하였다. 즉 30세 이상의 아테네 시민이라면 누구나가 평등하게 추첨에 의해 사법 주권을 행사할 수 있었다. 500인 평의회 역시 아테네 시민이라면 누구나가 한 번은 추첨으로 행정 업무의 주체가 될 수 있었다. 그래서 민회의 중요 안건에 대한 사전 안건 작성과 행정 결정의 집행 및 감독을 맡는 행정 주권의 주체가 될 수 있었다. 이처럼 고대 아테네 민주주의는 현재의 민주주의 국가들에서 생각하기 어려울 정도의 시민의 높은 정치 참여율을 기록했다.

상술한 것을 통해 알 수 있듯이 참된 민주주의라면 '데모스에 의한 통치(dēmo-kratia)', 즉 시민 모두의 정치적 참정권을 충족시킬 수 있어야 한다. 즉 강한 민주주의를 구현하고자 한다면 시민의 정치적 권력에의 참여 요건을 충족시킬 필요가 있다. 고대 아테네 민주주의가 demokratia 의 의미에 충실한 정체로 자리매김할 수 있는 중요한 이유가 바로 주권 재민의 원리를 실현하였기 때문이다.

그러면 민주주의의 본질적 특성으로 제시된 정치적 참여를 통한 시민 주권 원리는 현대 민주주의에서도 실현되고 있는가? 주지하는 것처럼 현대 민주주의에서 고대 아테네 직접민주주의를 실현하기는 어려운 것이 사실이다. 무엇보다 메갈로폴리스라는 거대한 형태로 수천 또는 수억의 인구가 직접 정치에 참여해서 모든 의사 결정을 내리는 일이 어렵기 때문이다. 그리고 이런 이유로 현대의 대부분 국가가 선거를 통해 대표자에게 권력을 위임한 '대의제 민주주의(representative democracy)' 형태를 선택하고 있다. 그런데 문제는 오늘날 민주주의의 핵심 지표 중 하나로 널리 알려진 '투표 선거'가 과연 '정치적 참정권을 통한 주권재민의 원리를 제대로 실현하고 있는가' 하는 것이다. 이와 관련해서 일찍이 아리스토텔레스는 고대 아테네 민주주의에서 선거는 과두제적인 것으로 간주되었고, 그래서 아테네 정체에서는 공직자의 약 7분의 1만 선출되었다고 말한다.[722] 아테네 시민들에게 선거는 부유한 상류층 출신의 남성이 지배하는 경향이 있다고 인식되었다. 선거는 왕조 계승보다는 분명히

---

722 Aristoteles, *Pol.*, 1294b7-11, *Athenaion Politeia*, 62.1.

시민들에게 더 개방적이었지만, 그 자체로는 광범위한 대중 참여를 보장할 수 없었다. 선거제에 대한 비판적 입장과 관련해서는 근대의 프랑스 철학자 루소가 그의 『사회계약론(The Social Contract)』에서 다음과 같이 말한 것을 곱씹어 볼 필요가 있다.

∞∞

영국 국민은 자신들이 자유롭다고 생각하지만, 그들은 큰 착각을 하고 있다. 그들은 단지 국회의원을 선출할 때만 자유롭다. 일단 선출되고 나면, 국민은 노예가 되며, 그들은 아무것도 아니다.[723]

∞∞

위 인용문에서 루소는 영국인들이 몇 년마다 한 번 투표할 수 있다는 이유로 자신들이 자유롭다고 생각하지만, 그것은 착각이라고 말한다. 즉 루소가 보기에 실상 투표를 통해 대표자를 뽑는 것은 시민이 정치적 주체로서 권리를 행사하는 것이 아니다. 시민들은 투표 이후에 정치적 결정에서 배제되며, 결국 자신들이 뽑은 자들에게 권력을 양도함으로써 권력자들의 지배만 받는 노예 상태로 전락하기 때문이다. 시민이 법을 만드는 데 직접 참여하지 못하는 형식적인 투표에 기반한 대의제 민주주의에서는 진정한 시민 자유가 보장되지 않는 것이다. 대의제 민주주의의 허구성에 대한 루소의 이러한 비판은 오늘날에도 유효하다. 대부분의 민주주의 국가의 시민은 투표일 외에 실질적인 국가 결정에 영향력을 행사하지 못하는 것으로 보이기 때문이다. 즉 대의제 민주주의의 현실적인 효율성은 부정하기 어렵지만, 시민 참여가 배제된 정치적 자유는 진정한 자유로 보기 어렵다. 그러므로 현대의 대의제 민주주의는 '선택된 소수가 다수의 이름으로 지배하는 체제'에 불과하며, 이는 진정

---

723 J. J. Rousseau(1994), Book III, 15.

한 '시민주권 원리'가 실현된 것이라 하기 어렵다.

현대 민주주의는 민주주의의 본질적 의미나 개념에 대해 제대로 이해하기 어려울 정도로 정치 공학(political engineering)적인 전문용어로 포장하여 그 의미를 애매하고 모순적인 방향으로 변질시켰다. 이것은 시민 자치나 자유와 평등과 같은 민주주의의 본래적 목적이 복잡한 제도와 정치 전문가의 언어로 포장되어 그 의미를 이해하고 체감하기 어려운 상태가 되었음을 의미한다. 그래서 대의제 민주주의에서 시민은 정치적 판단력을 행사하는 능동적 주체가 아니라 수동적 존재로 전락하였다. 결과적으로 현대 민주주의에서는 제도나 기술 관료 엘리트만 존재하고 실질적인 주권재민 원리가 사라지고 있다.

본 저술에서 살펴본 연구에 따르면 최초의 민주주의, 즉 고대 아테네 민주주의가 추구한 가장 기본적인 첫 번째 원칙은 국가의 주권이 시민에게 있다는 주권재민 원리이다. 이것은 시민 참여의 방식과 수준이 민주주의의 질을 결정하며, 그래서 투표 참여뿐 아니라 공적 결정에 적극적으로 참여하는 시민을 만드는 것이 민주주의의 핵심적 목표임을 말해 준다. 그렇다면 현대의 대의제 민주주의가 민주주의적인 삶의 방식을 실현하기 위해 무엇보다 강구해야 할 것은 시민 참여를 높이기 위한 다양한 방식이며, 더불어 참여의 실질적인 수준을 제고해야 하는 과제를 갖는다. 대한민국은 과연 주권재민 원리를 온전히 실현하고 있는가? 대한민국 헌법 제1조는 다음과 같다. "1. 대한민국은 민주공화국이다. 2. 대한민국의 주권은 국민에게 있고, 모든 권력은 국민으로부터 나온다." 헌법 제1조는 '누가 국가의 주인이고, 최종 권한을 갖는가?'에 대한 명확한 답을 제시하고 있다. 아테네 민주주의가 추구했던 주권재민 원리를 우리가 실로 구현하고 있는지 다시 상기해야 할 중요한 이유이다.

2. 추첨제를 통한 '정치적 평등'의 실현

두 번째로 고대 아테네 민주주의의 중요한 특징은 '추첨제'를 통한 정치적 평등을 실현했다는 것이다. 즉 아테네 민주주의는 시민 모두가 통치에 참여할 수 있는 동등한 권리를 지닌다고 믿었기 때문에, 추첨제를 통해 주권재민의 원리를 실질적으로 실현하고자 하였다. 그래서 클레로테리온(klērōtērion), 즉 추첨으로 혈연이나 재력 또는 출신과 무관하게 일반 시민들에게 공직에 직접 참여할 기회를 평등하게 부여했다. 아테네인들은 모든 사람이 시민의 자격을 갖더라도 실질적인 정치적 권력을 행사하지 못하면 시민주권 원리를 행사하는 것으로 인식하지 않았기 때문이다. 이것은 왕정이나 귀족정에서도 정체의 구성원들이 시민이 될 수 있지만, 실질적인 권력은 시민이 아닌 소수의 왕이나 귀족에게만 주어진 것에서도 알 수 있다. 이런 이유로 평의회 위원이나 법정 배심원 그리고 다수의 행정직은 무작위로 추첨을 통해 선발하였다. 이를 통해 평범한 시민들도 정치적 책임과 경험을 얻고, 민주주의 체제에 대한 주인의식을 가지게 했다. 이런 점에서 추첨에 의한 합당한 권력 배분과 임기 제한을 통한 권력 제한은 주권재민 원리를 실현하기 위한 효율적 발명으로 평가할 수 있다.

고대 아테네 민주주의가 추첨제를 도입한 주된 목적은 다음과 같다. 첫째는 앞서 언급한 것처럼 정치적 권력에의 평등한 참여이다. 혈연, 부, 신분 등의 차이에 따른 선출 방식은 소수의 귀족이나 부자와 같은 엘리트에게만 권력을 독점시킨다. 추첨제는 이러한 특정 집단의 권력 독점과 그로 인한 다수 시민의 정치적 권력 분배에서의 소외 문제를 방지할 수 있다. 둘째로 추첨제는 정치적 권력을 수단으로 부나 이익을 얻고자 하는 데서 발생하는 타락이나 부패 문제를 방지할 수 있다. 본 저술의 4장에서 살펴본 것처럼 아테네 민주주의는 공정한 법정 판결을 위해 배심원의 배정을 철저하게 당일 무작위 추첨으로 진행하였다. 이렇게 함으로써 배심원의 매수로 인한 부정의한 판결을 원천적으로 차단할 수 있었다. 추첨제는 오늘날의 정경유착과 같은 부정부패의 가능성을 제도적으로 불가능하게 만든 것이다. 셋째로, 추첨제는 시민의 책임감과 공공선 지향 의식을 강화하였다. 아테네 시민이라면 일생에 한 번은 무작위 추첨 방식에 의해 공직에 선발될 가능성이 있다는 것을 인지하고 있었다. 그래서 시민 모두는 더 높은 정치적 책임감을 느끼고 적극적으로 공공 사안에 관심을 두고 공적인 일에 참여하게 된다. 즉 무작위로 뽑힌 시민들은 특정 세력이나 특정 계파의 이익을 염두에 둔 편파적 판단보다는 공적 이성에 근거한 공동체 전체의 이익, 즉 공공선을 고려할 가능성이 크다.

그러면 고대 아테네 민주주의의 추첨제가 현대의 선거제 중심의 대의제 민주주의에 시사하는 점은 무엇인가? 첫째, 현대 민주주의는 선거를 통해 엘리트 중심으로 정치가 이루어지는 경향이 강하며, 정치 참여가 특정 계층에 독점될 위험성이 높다. 선거는 오늘날 민주주의의 핵심 지표 중 하나로 널리 알려져 있다. 그러나 앞서 언급한 것처럼 아리스토텔레스에 따르면 아테네 시민은 선거는 과두제적인 것으로 간주하였고, 루소 역시 시민의 직접적인 권력 참여가 배제된 선거는 참된 자유 실현이 아닌 것으로 비판하였다. 이런 이유로 아테네 시민들은 평등한 정치적 참여를 통한 시민주권 원리를 달성하기 위해 다른 메커니즘을 찾았고, 그것이 추첨제이다. 따라서 추첨제 도입은 시민 모두가 동등한 정치적 참여 기회를 보장받아야 한다는 민주주의 본연의 정신을 복원하고, 정치의 과두제적 성격을 완화하는 데 도움이 될 수 있다. 둘째, 현대의 대의제 민주주의는 선거를 통해 선택된 대표들이 사회의 다양한 계층이나 계급, 성별, 나이를 온전히 대표하지 못하는 경우가 많다. 추첨제의 도입(시민 의회나 시민배심원단 등)을 통해 다양한 배경을 가진 시민들이 정책 결정에 참여하게 함으로써 민주적 정당성과 대표성, 포용성을 강화할 수 있다. 셋째, 선거제 중심의 현대 민주주의는 후보자들이 유권자의 인기를 얻기 위한 대중영합주의에 빠지거나, 특정 이익집단의 압력에 취약해질 가능성이 크다. 일정 부분 무작위 추첨 방식을 병행함으로써 선거운동이나 정치자금에서 로비 등 부패의 요소를 최소화할 수 있으며, 공공선을 추구하는 정책 결정 구조를 마련할 수 있다. 마지막으로 시민의 정치적 책임 의식을 고양시킬 수 있다. 추첨제에 따라 시민이 정치 과정에 참여할 가능성이 생기면, 정치가 남의 일이 아닌 자신의 삶과 밀접한 연관이 있다는 것을 깨닫게 되어 정치 참여의 질과 책임감을 높일 수 있다. 시민 교육의 강화와 정치적 관심을 촉진하는 데에도 효과적이다.[724]

상술한 것을 종합할 때 고대 아테네 민주주의 추첨제는 현대 민주주의가 안고 있는 여러 가지 근본적 문제들, 즉 시민의 정치적 불신과 무관심, 대표성 부족, 정치 엘리트주의, 포퓰리즘, 과두제적 경향을 극복할 제도적 보완책이 될 수 있다. 따라서 추첨제는 민주주의가 가진 본래의 이상과 정신을 복원할 수 있는 유의미한 제도적 대안이라는 점에서 추첨제가 가진 잠재력을 적극적으로 검토할 필요가 있다.

---

724 몇몇 국가에서는 추첨제를 현대적 맥락에서 재구성해 이용하려는 사례가 있다. 예를 들어 아일랜드의 낙태법 개정 과정이나 프랑스 시민기후협약(Convention citoyenne pour le climat)의 사례가 그것이다.

3. 말의 자유와 토론 그리고 설득

세 번째로 아테네 민주주의의 핵심적 원리는 말의 자유에 근거한 토론과 설득이다. 본 저술의 3장에서 살펴본 것처럼 아테네 민주주의는 모든 시민이 평등하게 말할 자유를 인정하였다. '이세고리아' 즉 '동등하게 말할 자유'와 '파레시아' 즉 '모든 것에 대해 올바르게 말할 자유'는 아테네 민주주의의 핵심적 가치이다. 따라서 아테네 민주주의는 출신이나 세습 권위가 아닌 '말'의 힘에 의한 통치를 원칙으로 삼았다. 그래서 아테네 시민들은 동등하게 말할 자유를 통해 민회에서 공적 이슈와 관련하여 자유롭게 자신의 의견을 발언하고, 생각을 교환하면서 합리적으로 논의하여 결정했다. 이런 점에서 아테네 시민들에게 정치 참여란 각자의 견해를 제시하는 동시에 상대방의 의견을 경청하면서 토론을 통해 합의점을 찾는 과정이라고 말할 수 있다. 즉 아테네 시민들은 민주주의를 유지하려면 '정치적으로 반대자의 의견을 경청하고 존중하는 자세'가 중요하다는 공동의 믿음을 갖고 있었다. 프로타고라스가 말하는 것처럼 폴리스와 관련된 정치적, 사회적 문제와 관련해 우리는 어느 한쪽의 의견이 독단적으로 참임을 확신할 수 없고, 그래서 모든 시민의 의견의 상대적인 타당성을 인정해야 하기 때문이다. 문제는 상대성에 따른 의견의 불일치로 구성원들 사이에 깊은 분열과 다툼이 발생할 수 있다는 것이다. 그러므로 민주주의적인 정치의 본질은 기본적으로 상반된 정치적 의견을 가진 경쟁자의 존재를 인정하고, 상반된 의견을 존중하는 태도와 의무를 갖는 데 있다.

그러면 의견의 다름을 인정하면서 공동의 의견에 이를 수 있는 민주적인 방식은 무엇인가? 이와 관련해서 고대 아테네 민주주의가 의견의 불일치를 인정하면서 평화롭게 공생할 수 있는 민주적인 기술로 강조한 것이 바로 '설득'이다. 즉 설득은 의견의 불일치로 인한 폭력적인 분쟁을 방지하고 동의에 의한 공동의 의견을 통해 질서와 평화를 실현하는 주요한 수단이다. 이런 점에서 설득은 아테네 민주주의의 성공을 위한 중요한 작동 원리가 된다. 고대 아테네 민주주의에서 페이토(Peitho)는 설득의 여신으로 시민 간 정치적 설득의 신격화된 상징으로 받아들여졌다. 아크로폴리스의 아테나 신전 옆에는 페이토 신전이 따로 존재했으며, 이는 설득이 민주정치에서 핵심적인 역할을 했음을 말해 준다. 페이토는 무엇보다 비아(bia), 즉 강제(힘과 폭력)와 대비되며, 이것은 아테네 민주주의가 기본적으로 무력에 의한 권력 행사가 아닌 자유 시민 간의 말로 하는 정치, 즉 설득의 정치를 추구했다는 것을 의미한다. 아테네 민주주의가 무력이 아닌 설득에 기반한 정치를 중요시했음은 아테네의 법률 비문(epigraphy) 속 "데모스의 설득(동의)을 통해(dia tēn peithō tou dēmou) …"[725]와 같은 표현을 통해서도 알 수 있다. 따라서 설득이 중심이 되지 않는 정치란, 민주주의가 아닌 참주정이나 과두정에서와 같은 폭력이나 금권력에 의한 정치를 뜻한다. 요컨대 시민 참여를 통한 시민 주권 행사는 말을 통한 토론과 설득에 기반한다고 볼 수 있다. 아테네 정치의 중심 기관인 민회나 시민 법정에서 시민들은 설득을 통해 자신들의 입장을 피력하고 법을 만들었다. 민회의 공개 토론에서는 '찬성과 반대 연설'을 둘러싼 시민 다수의 동의를 받기 위해 설득 기술이 요구된다. 시민 법정에서의 공개 토론 역시 '누구의 주장이 옳은가'는 다수가 설득된 쪽으로 결정된다.

물론 앞에서 살펴본 것처럼 플라톤은 설득 기술인 수사술을 단순한 아첨술이라고 비판하면서 부정적으로 평가한다. 설득을 진리가 아니라

---

725 *IG*, II² 43.

대중의 감정을 조작하는 혹세무민술로 보았기 때문이다. 이와 달리 아리스토텔레스는 설득은 정치 공동체에서 불가피한 도구이며, 이성, 감정, 성품을 조화시켜 공동선을 지향할 수 있도록 하는 필요한 기술이라 말한다. 이소크라테스와 데모스테네스 같은 연설가 역시 수사술을 민주주의의 성공적 작동을 위한 설득의 유용한 수단으로 보았다. 이런 점에서 설득술은 민주주의와 밀접한 관계를 갖는다. 문제는 말을 통한 설득술이 대중 선동가나 정치 연설가의 사적 이익을 위한 기만의 도구가 될 위험성을 부정하기 어렵다는 것이다. 아테네 민주주의가 이세고리아와 더불어 파레시아 정신을 강조한 이유가 여기에 있다. 파레시아는 '올바른 말' 또는 '진정성 있는 말'로 연설가의 설득의 동기와 목적을 중요시한다. 참된 파레시아스테스는 자신의 이익이 아니라 공동선을 향한 비판적 연설을 통해 다수 시민의 동의를 받을 수 있는 '공적 신뢰'를 확보해야 한다. 본 저술의 6장에서 살펴본 것처럼 페리클레스가 아테네 정체의 최고 통치자로서의 직분을 오랫동안 수행할 수 있었던 중요한 이유는 바로 아테네 시민의 공적 신뢰를 얻었기 때문이다. 그것은 페리클레스의 장군으로서의 역량뿐만 아니라 무엇보다 그의 청렴결백함으로 인한 도덕적 신뢰가 함께 있었기 때문에 가능한 일이었다. 반면에 알키비아데스는 부에 대한 개인적인 탐욕으로 아테네 시민의 공적 신뢰를 얻지 못하고 결국 비극적인 죽음을 맞이한다.

아테네 민주주의의 핵심적 특성을 구성하는 말의 자유와 토론 문화 그리고 설득을 통한 합의의 도출은 현대 대의제 민주주의에서도 재고해 보아야 할 중요한 점을 시사한다.

첫째, 민주주의적인 의미의 정치의 정당성은 설득을 통해 만들어진다. 아테네 민주주의가 페이토를 신격화시켜 표현한 것처럼, 설득이 없는 정치는 곧 폭력의 정치이다. 이런 관점에서 현대의 민주주의에서는 설득이 무너질 때 정치적 양극화, 혐오, 독재적 정치가 판을 치게 된다.[726] 요컨대 민주주의의 위기는 곧 설득의 실패이다. 따라서 현대 민주주의의 선거를 통한 권력의 정당성은 그 과정이 합리적 토론과 설득의 절차를 통해 다수결로 결정되었다는 전제를 충족할 때 가능하다. 이것은 정치적인 권위나 무력(경찰력, 군사력)이 아닌, 시민의 자발적 동의와 설득에 기반한 통치가 참된 민주주의 정신임을 상기시킨다.

둘째, 민주주의의 성공을 위한 올바른 설득은 공동선을 향한 진정성과 책임성을 담보해야 한다. 플라톤이 비판하는 것처럼 설득은 대중 선동가나 사이비 정치인의 대중에 대한 아첨술로 전락할 수 있고, 현대 민주주의에서도 설득은 선동이나 허위 정보를 이용하여 시민의 판단을 오도하는 타락된 설득술로 악용될 수 있다. 무엇보다 설득이 성공적으로 이루어지기 위해서는 지도자와 시민의 공적 신뢰가 담보되어야 한다. 그래서 공자는 『논어』 「안연」 편에서 '무신불립(無信不立)', 즉 '백성들의 신뢰가 없으면 나라가 설 수 없다'고 웅변한다. 과거 베트남 전쟁에서 미국이 패할 수밖에 없었던 주요한 이유 중의 하나도 시민의 대통령에 대한 불신이었다. 일찍이 플라톤이 역설한 것처럼 시민과 지도자의 신뢰를 통한 '한마음'이 존재하지 않으면 그 어떤 외부와의 싸움에서도 결코 승리하기 어려운 이유가 여기에 있다.

---

726 정치적 적대자를 도덕적으로 열등하거나 위협적인 타도 대상이 아니라 공존의 대상으로 인식하고 상호 인정, 신뢰하는 법을 배워야 함을 강조하는 학자로 탈리세를 들 수 있다. 이를 위해 탈리세는 특히 아리스토텔레스의 '시민 친애(civic friendship)'의 개념을 부활시키는 것이 필요하다고 말한다. 자세한 논의는 R. B. Tallise(2021).

4. '견제와 균형, 그리고 책임'의 원칙

고대 아테네 민주주의의 존속과 발전을 위한 핵심적 원칙은 견제와 균형 그리고 책임성 강화 조치이다. 그래서 아테네 민주주의는 권력의 집중과 남용 그리고 무책임을 방지하기 위해 여러 정치적, 법적 장치를 두었다. 고대 아테네 민주주의에는 오늘날의 현대 민주주의에서의 삼권분립 제도가 명확하게 존재하지는 않았지만, 아테네 시민들은 건강한 민주주의를 유지하기 위해서는 견제와 균형의 제도적 장치가 필요하다고 생각했기 때문이다.

먼저 앞서 제시한 민주주의의 핵심적 특징이 되는 추첨제와 임기 제한을 들 수 있다. 추첨은 평등의 원칙에 따른 시민의 참여 확대를 보장함으로써 소수 엘리트에 의한 권력 독점을 견제하였다. 그러나 모든 권력이 데모스에만 전유(專有)되는 것은 아니었고, 특정 분야에서의 전문성을 요구하는 중요 직책은 추첨이 아닌 선거로 선출하였다. 장군직(strategos) 선출이 좋은 예인데, 아테네 시민은 군사적인 전문성을 필요로 하는 장군 직책은 선거로 선출하여 능력 기반의 독립적 통치가 병행되도록 했다. 그 이유는 장군직은 막대한 비용이 드는 전쟁에서 패배할 경우 끔찍한 대가를 치러야 했기 때문이다. 추첨제는 신분이나 부에 의한 권력 독점을 견제하고, 선출제는 전문성을 확보하는 균형 장치였다. 임기 제한 역시 대부분의 행정 관직이 1년 임기로 제한되어, 권력을 장기적으로 독점하지 못하도록 하였다. 장군과 같은 중요 관직은 연임이 인정되었으나 다수가 집단으로 수행하도록 1인이 아닌 10명의 장군단으로 구성하여 상호 경쟁과 견제를 유지하도록 했다. 더 나아가 장군직이나 재무관과 같은 전문직 종사자도 매년 임기 종료 후에 감사를 통해 직무 수행과 제정의 적법성을 검증받도록 하여 견제와 책임의 통제가 이루어지도록 하였다.

이 밖에도 본 저술의 4장에서 살펴본 것처럼 아테네 민주주의는 견제와 균형의 원리에 기반하여 책임성을 담보하기 위한 여러 제도를 만들었다. 오스트라키스모스, 그라페 파라노몬, 도키마시아, 에우튀나, 그리고 에이산겔리아와 같은 것이 여기에 해당한다. 오스트라키스모스, 즉 도편추방제는 권력의 독재화를 막기 위해 시민들이 잠재적으로 위험한 정치가나 독재적 경향이 있는 인물을 시민 투표로 10년 동안 추방하는 제도이다. 그라페 파라노몬은 민회가 통과시킨 법률이나 법안이 기존 법률에 위배될 때 시민이 고발할 수 있도록 한 제도이다. 도키마시아는 공직자의 사전 조사 제도이고, 에우튀나는 공직자가 임기를 마친 뒤, 직무 수행에 대해 재정적·정치적으로 감사를 받도록 한 제도로서 부정부패와 권력 남용을 방지하고 책임 정치를 구현하기 위한 조치이다. 에이산겔리아는 주로 정체에 대해 반역 행위를 한 장군이나 뇌물을 받고 시민을 속인 연설가, 또는 민주정을 전복시키려고 시도한 시민에게 책임을 묻는 공적 절차이다. 마찬가지로 민회와 법정 그리고 500인 평의회의 분립 역시 큰 틀에서 입법, 사법 그리고 행정 기능을 명확히 분리하여 상호 감시·견제 관계를 형성하도록 한 것으로 볼 수 있다.

상술한 것처럼 고대 아테네 민주주의의 핵심적 특성은 권력의 독점화를 막기 위한 견제와 균형, 그리고 책임의 원칙이다. 이러한 원칙이 현대 민주주의와 관련해서 갖는 함의는 무엇보다 민주주의는 개인이나 특정 그룹이 권력을 장악하지 못하도록 끊임없는 견제와 균형을 제도적으로 보장해야 한다는 것이다. 현대의 탄핵제나 임기 제한, 분권화 등은 독재자나 다수당의 전제적이며 폭력적인 권력 행사를 통제하기 위한 법적·제도적 장치라 볼 수 있다. 이것은 강한 민주주의(strong democracy)를 만들기 위해서는 시민이 권력의 감시자이자 공동 통치자가 되어야 하며 그래야만 실질적인 견제와 균형 원리가 작동될 수 있음을 의미한다. 특히 고대 아테네 민주주의가 도편추방제를 통해 민주정의 자기 보존성을 강화했듯이 대의제 민주주의 역시 합법적인 선거를 통해 선출된 '카리스마적, 포퓰리즘적 독재자'에 대한 법적, 제도적 제어 수단을 강화하는 것이 필요하다. 다시 말해 민주주의를 파괴하는 합법적인 포퓰리즘적 독재에 대항할 수 있는 민주주의적인 자기 교정력을 확립해야 한다. 따라서 대의제 민주주의의 구조적 한계를 넘어 강하고 건강한 민주주의를 만들기 위해서는, 우선 시민 주도의 공론장과 정책 결정 메커니즘 참여와 관련한 다각적인 모색이 필요하다. 다음으로 시민의 위임된 권력 행사자에 대한 신뢰는 조건부이어야 하며, 그것은 통치자의 공공선을 위한 실천이 담보되는 한에서 존재한다는 책임성 원칙 구축이 필요하다.

5. 시민주권과 리더십의 조화

민주주의에서 주권재민과 지도력의 조화는 민주정의 존속과 질적 향상을 위한 핵심적인 과제이다. 고대 아테네 민주주의가 성공할 수 있었던 중요한 이유 중의 하나가 바로 시민 통치 원리와 탁월한 지도력이 조화되었다는 사실이다. 즉, 이 둘은 때로 긴장 상태이지만, 잘 조화될 때 민주주의 이상이 실현될 수 있다. 앞서 말한 것처럼 민주주의의 정당성의 원천은 '모든 권력은 시민으로부터 나온다'라는 시민주권에 있다. 아테네 민주주의는 이것을 실현하기 위해 추첨이라는 제도로 모든 시민의 민회나 법정 그리고 평의회에의 직접적인 정치 결정 참여를 보장했다. 동시에 아테네 시민들은 민주주의의 효율적인 운영을 위해 전문 지식이 요구되는 공직의 경우 선출을 통해 자율적인 권한을 인정하였다. 특히 전쟁과 관련해서 군사적인 전문성이 요구되는 장군직은 추첨이 아닌 선출을 거치게 하여 자율적인 통솔권을 부여했다. 장군직의 수행은 탁월한 전략적 판단과 용기, 그리고 실전 경험을 갖추는 것이 필요했기 때문이다. 페리클레스와 같은 지도자가 여러 해 동안 선출을 통해 장군직을 수행한 것이 좋은 예이다. 본 저술의 6장에서 살펴본 것처럼 투키디데스가 페리클레스 같은 지도자가 있었기에 아테네 민주정이 강대해졌다고 평가하는 이유이다. 주지하는 것처럼 플라톤이 철학자 왕에 의한 통치로 이상 국가를 실현할 수 있다고 역설한 것도 같은 맥락에 있다. 전문성을 요구하는 분야에서 다수 시민이 올바른 판단 능력을 갖는 것은 어렵기 때문이다.

그런데 아테네 민주주의에서 좋은 리더십의 발휘는 몇 가지 요건을 충족해야 한다. 첫째, 훌륭한 지도자는 공공의 이익을 우선시하고 책임지는 자세를 가져야 한다. 페리클레스가 알키비아데스와 다른 좋은 리더십을 발휘한 데는 그의 '공선사후'의 자세가 있었다. 무엇보다 페리클레스의 청렴결백한 도덕적 품성이 아테네 시민의 신뢰와 지지를 이끌어낼 수 있었다는 점이 중요하다. 둘째, 시민의 동의를 얻을 수 있는 설득력을 갖추어야 한다. 투키디데스가 평가하는 것처럼 페리클레스 리더십이 성공할 수 있었던 이유는 그가 명령권자로서가 아니라 민회 시민들의 자발적인 동의와 지지를 끌어낼 수 있었던 설득가로서 지도력을 발휘했기 때문이다. 즉 좋은 지도력은 강압적이지 않고 적극적 주권자로서 시민의 자발성과 숙고 능력을 참여로 이끌어 낼 수 있어야 한다. 마지막으로, 좋은 지도자는 단순히 시민의 의견만을 추종하는 것이 아니라 공공선에 대한 방향성과 비전을 제시할 수 있어야 한다. 즉 단순히 '명령받는 하인'이 아니라, 장기적인 관점에서 미래의 공공선의 설계자이면서 실천자가 될 필요가 있다. 좋은 지도자는 또한 이러한 공공선의 추진 과정에서 발생하는 시민의 상충하는 의견이나 이해관계를 조정하고 통합할 수 있는 공동체의 통합자이면서 공동선을 향해 나아갈 수 있도록 이끄는 교육적 계몽가가 되어야 한다.

상술한 것처럼 아테네 민주주의가 성공할 수 있었던 중요한 이유는 시민 다수의 참여와 리더십의 균형이 이루어졌기 때문이다. 요컨대 아테네 민주주의에서 시민주권과 리더십은 양자택일의 문제가 아니라, 반드시 함께 작동해야 하는 쌍두마차이다. 시민이 깨어 있어야 좋은 리더를 뽑을 수 있고, 리더는 공공의 이익에 책임지는 자세를 가질 때 민주주의는 유지되고 진화할 수 있다. 참된 지도자는 시민 참여를 배제하고 자신만의 독단적 통치를 펼치는 것이 아니라 시민과 함께 판단하고 결정하는 상호 존중의 열린 자세를 가져야 한다. 그래서 시민이 공적 세계에 참여해서 더 잘 판단하고 숙고할 수 있도록 덕의 역량을 계발할 정치적, 사회적 여건을 마련해 주어야 한다. 고대의 페리클레스나 근현대의 링컨, 간디, 루스벨트, 그리고 넬슨 만델라 등과 같은 인물이 좋은 지도자로 평가받는 이유는 바로 시민과 소통하면서 설득하고 신뢰와 지지를 통해 지도력을 발휘했기 때문이다.

오늘날 대의제 민주주의에서 좋은 리더십은 더 중요하다. 대의제는 시민주권을 전제로 하지만, 실질적인 통치는 대표자에게 위임하는 체제이기 때문이다. 특히 현대 민주 국가는 입법, 외교, 경제, 복지, 기후 등 매우 전문적이고 복합적인 사안을 다루고 있다. 어느 정도의 전문성을 요구하는 이러한 분야에서 시민 전체가 이 모든 사안을 충분히 이해하고 결정하기는 어렵다. 특히 전쟁, 팬데믹, 금융 위기, 기후 재난 등 위기 시에는 더욱더 신속한 판단력과 책임 있는 결단력을 갖춘 지도력이 필요하다. 따라서 민주주의의 성공을 위해서는 지식과 판단력, 경험을 갖춘 리더의 역할이 필수적이다. 대의제 민주주의의 성공이 시민주권과 책임 리더십의 상호 작용에 있는 이유가 여기에 있다.

6. 민주주의의 성공은
'교육받고 비판적 사고를 갖춘 시민'을 요구한다

본 결론 모두(冒頭)에서 민주주의가 왕정이나 과두정 또는 독재정과의 경쟁에서 승리할 수 있었던 원동력이 무엇인가를 물었다. 나는 그 원동력이 '교육받고 비판적 사고를 갖춘 시민'에 있다고 본다. 인간의 존엄성과 자유 그리고 평등의 가치를 존중하는 깨어 있는 정신을 가진 시민이 바로 민주주의가 오래된 증오와 경멸을 떨쳐 버리고 전 세계적인 찬양과 헌신의 대상이 되도록 만든 힘의 근원이기 때문이다. 즉 고대 아테네 민주주의가 건강하게 오랫동안 지속될 수 있었던 이유는 시민의 공적 의식과 정치적 판단 능력을 위한 질 높은 교육이 존재했기 때문이다. 본 저술의 5장에서 살펴본 것처럼 고대 아테네 민주주의는 이러한 시민을 양성하기 위해 비판과 토론 중심의 교육 훈련을 제공하였다. 그리하여 공적인 책임 의식과 합리적인 정치적 판단 능력을 갖춘 계몽된 시민을 양성하고자 하였다. 요컨대 건강하고 강한 민주주의는 제도나 법에 따라 유지되는 것이 아니라 무엇보다 사람, 정확하게 말하면 '스스로 깨어 있고 책임 있는 시민'에 의해 이루어진다. 페리클레스가 추도사 연설문에서 아테네 민주주의를 찬양하면서 그것이 공적인 일에 관심을 두고 사고와 행위를 조화시켜 실천한 아테네 시민에 의해 가능했음을 역설하는 것이 이를 웅변한다. 아테네 민주주의에서는 시민 개개인이 자율적이고 숙고된 판단을 내릴 수 있도록 다층적이고 실천 중심적인 교육이 이루어졌다. 시민 교육의 목표와 구체적인 함양 능력, 그리고 작동 방식을 짚어 보면 다음과 같다.

먼저, 아테네 민주주의가 합리적이며 비판적 사고 능력을 갖춘 시민 교육을 위해 강조한 것이 아레테, 즉 '덕 교육'이다. 아테네 시민 교육의 철학적 전제는 '시민이 곧 정치의 주체'라는 것이다. 즉 고대 아테네 민주주의는 시민의 통치 형태이므로, 시민이 무지하거나 미숙하면 공동체 전체가 위태로워진다고 본다. 따라서 민주주의의 성공 여부가 시민의 덕 교육에 의존할 수밖에 없다. 그리고 시민의 덕의 내면화 교육은 단순한 지식 전달이 아니라 정치적 판단 능력과 공적 담론 능력을 함양하는 것을 의미한다. 이런 점에서 고대 아테네의 시민 교육은 단지 엘리트 양성이나 지식 주입이 아니라, 공적 삶을 살아갈 수 있는 '자유인'의 덕 형성이 주된 목적이 된다. 아테네 민주주의는 이러한 시민 교육을 위해 공교육과 극장을 시민 교육의 훈련장으로 활용하였다. 공교육은 특히 정치적 판단 능력을 위한 덕 교육의 중요한 수단이었다. 마찬가지로 본 저술의 5장에서 살펴본 것처럼 공연 문화를 꽃피운 디오니소스 극장은 단순한 오락의 장이 아니라 비판적이며 합리적인 판단 능력을 함양한 민주 시민을 양성하는 교육 훈련장이었다. 따라서 고대 아테네 민주주의에서 공교육과 극장은 단순한 형식적 제도 이상의 '정치 참여를 위한 덕 형성의 공간'이었으며, 이러한 덕 교육을 통해 비판적 사고 능력을 갖춘 철학 시민, 문화 시민 양성을 중요한 목표로 삼았다.

다음으로 시민 덕 교육의 주요 목표는 다음과 같은 몇 가지 주요한 능력을 함양하는 데 중점을 두었다. 첫째, 시민 덕은 공선사후의 정치적, 도덕적 판단 능력을 의미한다. 민주주의의 핵심적 가치가 되는 자유와 평등의 실현은 개인의 이익보다 공동 이익을 우선시할 때 가능하다는 공동의 인식이 전제되어야 한다. 따라서 민회나 법정 그리고 평의회에 참가하는 것은 정치적 공동체의 공동선을 실현하기 위한 도덕적 의무가 된다. 둘째, 시민 교육의 주요 내용은 수사술과 설득 기술이다. 앞서 설명한 것처럼 연설을 통한 설득 능력은 정치적 담론 형성이나 민회나 법정에서의 시민 활동을 위한 핵심 역량이다. 연설을 잘한다는 것은 단지 말솜씨가 아니라, 공공선을 추구하고 상대를 설득할 수 있는 이성적 사고 능력을 갖추었음을 의미한다. 그래서 이소크라테스는 수사술 교육이 단순한 말하기 기술이나 변론 수단의 교육이 아니라 시민의 도덕성과 판단 능력을 향상하는 교육이자, '시민 영혼의 훈련'이라 보았다.[727] 덕교육의 또 다른 중요한 능력은 '비판적 사고력(critical thinking)'이다. 비판적 사고 능력은 권위에 맹목적으로 복종하지 않고, 스스로 사고하고 질문하는 능력을 의미한다. 일종의 소크라테스식 문답법을 통한 사고 훈련이다. 아테네 민회나 법정에서 공공의 토론이나 논쟁에 참여하는 것은 비판적 사고 능력을 함양하는 중요한 훈련이다. 극장에서의 비극 연극 관람 역시 비판적 사고 능력을 습관화시킬 수 있는 중요한 역할을 한다. 비극은 옳고 그름의 이분법이 아닌, 불가피한 선택과 상충하는 가치들 간의 충돌을 묘사함으로써, 시민 관객이 도덕적 회색 지대를 인식하고 양가적인 상황을 사유할 수 있게 했다. 비판적 사고는 단순한 정치적 선동에 휘둘리지 않는 시민의 핵심적 능력이다. 아리스토파네스의 희극 작품 역시 당대 정치가, 제도, 사상, 더 나아가 민주주의 자체 등을 풍자함으로써 관객이 권위에 대해 거리를 두며 비판 능력을 갖추게 했다. 이렇듯 비극과 희극 모두 공적 문제에 대한 다양한 입장과 논증 구조를 무대에서 재현함으로써 관객이 정치적·윤리적 사안을 둘러싼 복잡한 논증을 듣고 평가하며 판단하는 능력을 기를 수 있게 했다.

상술한 것처럼 고대 아테네 민주주의의 성공은 무엇보다 합리적이고

---

727 Isokrates, *Antidosis*, 278, Platon, *Gorgias*, 503b.

비판적인 사고 능력을 갖춘 시민이 존재했기 때문에 가능했다. 즉 시민이 정치에 무관심하거나 무지한 순간 민주주의는 그 존립 기반을 잃는다. 그래서 아테네 민주주의는 시민 덕을 함양하기 위한 다양한 시민 교육 제도를 발전시켰다. 오늘날 민주주의의 위기는 시민 교육의 부재에서 비롯한 것으로 말할 수 있다. 시민이 정치를 소수 엘리트 전문가에게 맡기면서 자신들의 일이 아닌 그들만의 일로 간주한다면 민주주의의 위기는 가속화될 수밖에 없다. 그 반대로 교육받고, 비판적이며 책임감을 가진 시민이 많을수록 민주주의는 튼튼해지고, 지속 가능해진다. 현대 민주주의가 직면한 포퓰리즘, 선동, 정치 무관심 등의 문제가 아테네식 시민 교육의 부재와 연결되어 있다고 진단하는 이유이다. 이런 점에서 고대 아테네 민주주의 교육의 경험은 오늘날에도 유효한 교훈을 준다.[728] 무엇보다 단순히 제도나 법을 만들고 유지하는 것이 아니라, 그러한 제도적 장치를 작동시킬 시민을 양성하는 것이야말로 진정한 민주주의의 본질이자 핵심이라는 점에서다. 시민 교육의 복원은 오늘날 무늬만 민주주의이고 실제로 과두주의 또는 독재정으로 변질한 죽어 가는 민주주의를 회생시킬 중요한 해법 또는 치료제가 될 수 있다.

앞서 말한 것처럼 오늘날 민주주의는 '보편적인 이념이자 정체'로 간주되어 심지어 독재 국가조차 스스로를 민주 국가로 자처한다. 그러나 민주주의의 원형인 고대 아테네 민주주의의 관점에서 보면 참된 민주주의는 주권재민, 평등한 정치 권력, 평등한 발언권, 설득 정치, 시민 교육을 충족할 수 있는 제도적, 법적 요소가 충족될 때 가능하다. 따라서 고대 아테네 민주주의가 갖는 상징적 권위와 보편성을 단순히 과거 최초

---

728 고대 아테네 민주주의의 시민 교육 모델을 현대 민주주의에 적용하는 것이 필요하다는 견해는 대표적으로 누스바움과 오버를 들 수 있다. M. C. Nussbaum(2010), J. Ober(2008).

의 민주주의가 누렸던 아름다운 황금빛 영광을 상기시키는 단순한 향수의 차원에서 이해해서는 곤란하다. 그보다는 고대 아테네 민주주의가 직면했던 위기와 그것을 극복하기 위한 실질적인 민주적 대안과 통찰이 무엇인가를 알고 실천하는 것이 중요하다. 그것은 무엇보다 '시민이 스스로 다스린다', '권력은 공개적 감시와 통제가 필요하다', '증오와 폭력이 아닌 토론과 설득을 통해 공존을 모색해야 한다', '자유와 평등은 노력 없이 주어지지 않는다'와 같은 교훈들이다.

물론 아테네인들이 창안한 민주주의는 그 이상을 완벽하게 실현했다고 보기 어렵다. 노예제와 여성과 외국인의 정치적 참정권 제한이 있었다는 점에서 결함이 있는 민주주의였던 것이 사실이다. 아테네인들의 인종과 성, 그리고 민족적 편견과 편향 때문에 그들은 일부 측면에서 민주주의 이상을 완전하게 실현하지 못했다. 현대 민주주의는 보편적 시민권과 인권을 실현했다는 점에서 더 나은 민주주의를 이루었다. 이것은 현실적으로 이상적인 민주주의를 구현하기 위해서는 단순히 '최초의 민주주의의 모방'이 아니라, 아테네 민주주의에 내재된 결함을 비판적으로 성찰하고 개선하는 것이 중요함을 의미한다. 그러나 간과해서는 안 될 점은 현대 민주주의 역시 고대 아테네 민주주의에서 '멀리 떨어져 있다'는 것이다. 즉 현대 민주주의는 정치적 무관심, 시민의 권력 행사 소외, 과잉 대의제화로 인한 엘리트 관료화로 시민의 직접적인 정치 참여와 권력 행사가 강조되던 아테네적 이상과 동떨어져 있다는 의미다. 고대 아테네 민주주의는 시민이 주권자로서 실질적으로 정치에 참여했던 체제로, 오늘날 대의 민주주의가 제도적으로 구현하기는 어려운 이상을 제시한다. 그러나 바로 그 이상이야말로 더욱 민주주의의 본질적 가치로서 성찰되고 재구성되어야 할 과제다. 시민의 정치적 주체성과 능동적 참여를 확대하려는 노력은 오늘날의 민주정이 아테네로부터 계승할 수 있는 가장 중요한 유산 중 하나다.

이런 점에서 고대 아테네 민주주의는 오늘날의 민주주의를 더 명확하게 보는 데 큰 도움이 될 수 있다. 그것은 민주주의가 과연 인간의 보편적 가치 실현을 위해 무엇을 할 수 있는가를 실험해 볼 가능성을 제시하기 때문이다. 즉 아주 오래전, 아주 먼 곳에서 펼쳐졌던 아테네 민주주의의 강점과 한계는 여전히 현재의 우리에게 '민주주의란 무엇인가'를 생각하게 만드는 자극과 영감을 제공한다. 그래서 오늘날 민주주의란 말을 너무나 당연하게 아는 것이자 의심의 여지가 없는 보편적 이념인 것처럼 생각하는 가운데, 과연 '민주적으로 사고하고 행위하는 삶의 방식'이란 무엇인지 상상할 수 있게 이끈다. 민주적인 삶의 방식을 일상속에서 지속적으로 실천해 간다면, 우리는 3천 년 전 아테네에서 시작된 민주주의 이상을 진정으로 계승하는 후손이 될 수 있다.

참고문헌

1차 문헌(번역본)

Aeschines, *Speeches*, C. D. Adams(trans.), Loeb Classical Library, Harvard University Press, 1948.

Aeschylus, *Suppliant maidens, Persians, Prometheus, Seven against Thebes*, 2 vols., H. W. Smyth, H. L.-Jones(trans.), Loeb Classical Library, Harvard University Press, 1992.

Aristophanes, *Frogs, Assemblywomen, Wealth*, J. Henderson(trans.), Loeb Classical Library, Harvard University Press, 1998-2002.

Aristoteles, *Aristotelis Opera*, I. Bekker(ed.), Berlin, 1831-1970.

Demosthenes, *Orations*, 7 vols., J. H. Vince et. al.(trans.), Loeb Classical Library, Heinemann, 1926-1949.

Herodotus, *The Persian Wars*, 4 vols., A. D. Godley(trans.), Loeb Classical Library, Harvard University Press, 1920.

Isocrates, *Volume I-III*, 3 vols., L. R. V. Hook(trans.), Loeb Classical Library, Harvard University Press, 1928.

Laertius, Diogenes, *Lives of Eminent Philosophers*, R. D. Hicks(trans.), Loeb Classical Library, Harvard University Press, 1972.

Lysias, *Lysias*, W. R. M. Lamb(trans.), Loeb Classical Library, Harvard University

Press, 1930.

Platon, *Platonis Opera*, 4 vols., J. Burnet(ed.), Oxford University Press, 1900-1907.

Ploutarch, *The Parallel Lives*, B. Perrin(trans.), Loeb Classical Library, Harvard University Press, 1949.

Thucydides, *History of the Peloponnesian War*, 4 vols., C. F. Smith(trans.), Loeb Classical Library, Harvard University Press, 1923.

Xenophon, *Hellenica*, C. L. Brownson(trans.), Loeb Classical Library, Harvard University Press, 1921.

_____, *Memorabilia, Oeconomicus, Symposium, Apology*, E. C. Marchant, O. J. Todd(trans.), Loeb Classical Library, Harvard University Press, 1958.

2차 문헌

김정수(1979), 「에피알테스의 개혁에 대한 연구」, 『인문과학』 40, 연세대학교 인문학연구원, 143-210.

김진경(1991), 『그리스悲劇과 民主政治』, 일조각.

김진경 외(2011), 『서양고대사강의』, 한울아카데미.

레비츠키, S., D. 지블랫(2018), 『어떻게 민주주의는 무너지는가』, 박세연 역, 어크로스.

류연승(2005), 『클레이스테네스의 필레 개편 의도』, 서울대학교 석사학위논문.

류재국(2018), 『아리스토파네스 희극에 나타난 현실비판의 철학적 의미에 관한 연구』, 중앙대학교 박사학위논문.

문혜경(2016), 「고전기 아테네에서 테테스(thetes)의 해군복무와 민주정 간의 관계」, 『역사와 담론』 77, 호서사학회, 99-130.

_____(2017), 「고대 아테네에서 군사적 전술과 사회문화적 변화」, 『서양고대사연

구』50, 한국서양고대역사문화학회, 7-38.

변정심(2009), 「테미스토클레스의 반역죄 재판」, 『서양고전학연구』37, 한국서양
고전학회, 5-45.

소포클레스(1998), 『소포클레스 비극』, 천병희 역, 단국대학교 출판부.

손병석(2000a), 「아리스토텔레스에 있어서 민주주의와 데모스(demos)의 집합적 지
혜」, 『서양고전학연구』14, 한국서양고전학회, 135-161.

_____(2000b), 「아리스토텔레스에게 있어서 실천지의 적용단계: 숙고와 선택·결
정에서 제기되는 판단과정의 위치설정문제를 중심으로」, 『철학연구』48,
철학연구회, 23-32.

_____(2001), 「아리스토텔레스에 있어서 德(αρετη)의 통일성과 민주주의」, 『철학』
68, 한국철학회, 81-106.

_____(2003), 「정치적 기술(politike techne)과 공적 합리성: 프로타고라스와 플라톤
의 견해를 중심으로」, 『철학』75, 한국철학회, 49-80.

_____(2008), 「전자 민주주의와 참여 민주주의: 몸의 확장을 넘어서 덕(德)의 고양
으로」, 『철학연구』36, 고려대학교 철학연구소, 123-132.

_____(2009), 「페리클레스(Perikles)를 통해 본 지도자론: 민주정의 지도자(prostates)
인가 아니면 독재자(despotes)인가?」, 『서양고전학연구』35, 한국서양고전
학회, 27-55.

_____(2013), 『고대 희랍·로마의 분노론』, 바다출판사.

_____(2015), 「플라톤과 민주주의」, 『범한철학』78, 범한철학회, 39-69.

_____(2016), 『호모 주리디쿠스: 정의로운 인간을 찾아서』, 열린책들.

_____(2019), 『아리스토텔레스《정치학》연구』, 한국문화사.

송문현(1993), 「헥테모로이와 토지보유의 형태: 솔론개혁의 재검토」, 『서양고대사
연구』1, 한국서양고대역사문화학회, 1-26.

스톤, I. F.(1996), 『소크라테스의 비밀』, 손병석·편상범 공역, 간디서원.

아리스토텔레스(2017), 『정치학』, 김재홍 역, 길.

아리스토파네스(2002), 『아리스토파네스 희극전집』(1, 2), 천병희 역, 숲.

456

아이스퀼로스(1998), 『아이스퀼로스 비극』, 천병희 역, 단국대학교 출판부.

양병우(1976), 『아테네 민주정치사』, 서울대학교 출판부.

우드러프, P.(2012), 『최초의 민주주의: 오래된 이상과 도전』, 이윤철 역, 돌베개.

이황희(2015), 「근대 입헌주의의 고전적 기원들: 근본법 사상과 규범통제제도를 중심으로」, 『헌법학연구』 21(3), 한국헌법학회, 447-489.

정재원(1990), 「Orestes의 釋放과 Zeus의 法(Dike)」, 『서양고전학연구』 4, 한국서양고전학회, 27-50.

최자영(2007), 『고대 그리스 법제사』, 아카넷.

최장집(2005), 『민주화 이후의 민주주의』, 후마니타스.

커퍼드, J.(1981), 『소피스트 운동』, 김남두 역, 아카넷.

케이건, D.(2006), 『펠로폰네소스 전쟁사』, 박재욱 역, 까치.

_____(2020), 『페리클레스』, 류현 역, 지식향연.

크세노폰(2012), 『헬레니카』, 최자영 역, 아카넷.

토크빌, A.(2002), 『미국의 민주주의』(I, II), 임효선·박지동 공역, 한길그레이트북스.

포레스트, W.(2001), 『그리스 민주정의 탄생과 발전』, 김봉철 역, 한울아카데미.

플라톤(1997), 『국가·政體』, 박종현 역주, 서광사.

_____(2003), 『에우티프론, 소크라테스의 변론, 크리톤, 파이돈』, 박종현 역주, 서광사.

해밀턴, A. 외(2019), 『페더럴리스트』, 박찬표 역, 후마니타스.

허승일 외(2007), 『인물로 보는 서양고대사』, 길.

Allen, D.(2000), *The World of Prometheus*, Princeton University Press.

Anderson, G.(2003), *The Athenian Experiment: Building an Imagined Political Community in Ancient Attica, 508-490 b.c.*, University of Michigan Press.

Andrewes, A.(1953), "The generals in the Hellespont, 410-07BC," *The Journal of*

Hellenic Studies, 73, 2-9.

Arendt, H.(1958), *The human condition*, University of Chicago Press.

Asmonti, L. A.(2006), "The Arginusae trial, the changing role of strategoi and the relationship between demos and military leadership in late-fifth century Athens," *Bulletin of the Institute of Classical Studies*, 49(1), 1-21.

Balot, R. K.(2004), "Free Speech, Courage, and Democratic Deliberation," *Free Speech in Classical Antiquity*, I. Sluiter, R. M. Rosen(eds.), Brill, 233-260.

_____(2006), *Greek Political Thought*, Blackwell Publishing.

Baltussen H., P. J. Davis(2015), "Parrhesia, Free Speech, and Self-Censorship," *The Art of Veiled Speech: Self-Censorship from Aristophanes to Hobbes*, University of Pennsylvania Press, 1-17.

Barker, A.(2006), "On the Receiving End: the Hidden Protagonist of Plato's *Laches*," *Advice and its Rhetoric in Greece and Rome*, D. Spencer, E. Theodorakopoulos(eds.), Levante Editori, 31-46.

_____(2007), *The Science of Harmonics in Classical Greece*, Cambridge University Press.

Barker, E.(1906), *The Political Thought of Plato and Aristotle*, Oxford University Press.

_____(1918), *Greek Political Theory: Plato and His Predecessors*, Methuen & Co..

_____(1946), *The Politics o f Aristotle*, Oxford University Press.

Berlin, I.(1969), "Two Concepts of Liberty," *Four Essays on Liberty*, Oxford University Press.

Bers, V.(1985), "Dikastic Thorubos," *History of Political Thought*, 6(1/2), 1-15.

Berti, E.(1978), "Ancient Greek Dialectic as Expression of Freedom of thought and Speech," *Journal of the History of Ideas*, 39(3), 347-370.

Borowiak, C. T.(2011), *Accountability and Democracy*, Oxford University Press.

Brebaart, A. B.(1971), "Plutarch and the Political Development of Pericles," *Mnemosyne*, 24(3), 260-272.

Brennan, J.(2016), *Against Democracy*, Princeton University Press.

Brickhouse, T. C., N. D. Smith(2000), "Socrates' God and the Daimonion," *Reason and Religion in Socratic Philosophy*, N. D. Smith, P. B. Woodruff(eds.), Oxford University Press, 74-88.

_____(2002), *The Trial and Execution of Socrates*, Oxford University Press.

_____(2004), *Plato and the Trial of Socrates*, Routledge.

Burian, P.(2011), "Athenian Tragedy as Democratic Discourse," *Why Athens? A Reappraisal of Tragic Politics*, D. M. Carter(ed.), Oxford University Press, 95-118.

Burnet, J.(1950), *Greek Philosophy: Thales to Plato*, London.

Burnyeat, M. F.(1997), "The Impiety of Socrates," *Ancient Philosophy*, 17, 1-12, in T. C. Brickhouse, N. D. Smith(2002), 133-145.

Carawan, E.(2002), "The Athenian Amnesty and the Scrutiny of the Laws," *Journal of Hellenic Studies*, 122, 1-23.

Carter, D. M.(2004), "Citizen Attribute, Negative Right: A Conceptual Difference Between Ancient and Modern Ideas of Freedom of Speech," *Free Speech in Classical Antiquity*, I. Sluiter, R. M. Rosen(eds.), Brill, 197-220.

Cartledge, P.(2007), "Democracy, Origins of: Contribution to a Debate," *Origins of Democracy in Ancient Greece*, K. A. Raaflaub(ed.), University of California Press, 155-169.

Chou, M.(2012), *Greek Tragedy and Contemporary Democracy*, Bloomsbury.

Christ, M.(1998), *The Litigious Athenian*, Johns Hopkins University Press.

Chroust, A. H.(1968), "Aristotle's criticism of Plato's Philosopher King," *Rheinische museum fur philologie*, 111, 16-22.

Cohen, D.(1995), *Law, Violence, and Community in Classical Athens*, Cambridge University Press.

Cole, S. G.(1996), "Oath Ritual and the Male Community at Athens," *Demokratia: a Conversation on Democracies, Ancient and Modern*, J. Ober, C. Hedrick(eds.), Princeton University Press, 227-248.

Connor, W. R.(1991), "The other 399. Religion and the Trial of Socrates," *Bulletin of the Institute of Classical Studies*, 37, Issue Supplement 58, 49-56.

Constant, B.(1988), "The Liberty of the Ancients Compared with That of the Moderns," *Constant: Political writings*, B. Fontanaed(ed.), Cambridge University Press, 308-328.

Danzig, G.(2003), "Apologizing for Socrates: Plato and Xenophon on Socrates' Behavior in Court," *Transaction of the American Philological Association*, 133, 281-321.

Dawson, S.(1997), "The Theatrical Audience in Fifth-Century Athens: Numbers and Status," *Prudentia*, 29, 1-14.

de Coulanges, F.(2001), *The Ancient City*, Batoche Books.

de Ste. Croix, G. E. M.(2005), "Cleisthenes I: The Constitution," *Athenian democratic origins*, Oxford University Press, 129-179.

de Tocqueville, A.(2002), *Democracy in America*, University of Chicago Press.

Donaghy, J. A.(1990), *Spiritedness in Plato's "Republic": The education of to thymoeides*, Boston College.

Duff, T.(1999), *Plutarch's Lives: Exploring Virtue and Vice*, Oxford University Press.

Elster, J.(1999), "Accountability in Athenian Politics," *Democracy, Accountability and Representation*, A. Przeworski et. al.(eds.), Cambridge University Press, 253-278.

Euben, J. P.(1986), "Political corruption in Euripides' Orestes," *Greek Tragedy and*

Political Theory, J. P. Euben(ed.), University of California press, 222-251.

_____(1997), *Corrupting Youth: Political Education, Democratic Culture, and Political Theory*, Princeton University Press.

Farrar, C.(1988), *The origins of democratic thinking*, Cambridge University Press.

Finley, M. I.(1973), *Democracy Ancient and Modern*, Rutgers University Press.

_____(1983), *Politics in the Ancient World*, Cambridge University Press.

Fishkin, J.(2009), *When the People Speak*, Oxford University Press.

Forsdyke, S.(2005), *Exile, Ostracism, and Democracy: the Politics of Expulsion in Ancient Greece*, Princeton University Press.

Foucault, M.(1983), *Discourse and Truth: the Problematisation of Parrhesia*, Notes to the Seminar Given by Foucault at the University of California at Berkeley, Collection of Boston College library.

_____(2001), *Fearless Speech*, Semiotext(e).

Giordano-Zecharya, M.(2005), "As Socrates Shows, the Athenians did not Believe in Gods," *Numen*, 52(3), 325-355.

Gish, D.(2012a), "Defending *demokratia*: Athenian Justice and the Trial of the Arginusae Generals in Xenophon's *Hellenica*," *Xenophon ethical Principles and Historical Enquiry*, F. Hobden, C. Tuplin(eds.), Brill, 161-212.

_____(2012b), "In defense of Democracy," *Democratic decision-making Historical and contemporary perspectives*, D. L. Schaefer(ed.), 57-82.

Gocer, A.(2000), "A New Assessment of Socratic Philosophy of Religion," *Reason and Religion in Socratic Philosophy*, N. D. Smith, P. B. Woodruff(eds.), Oxford University Press, 115-129.

Goldhill, S.(1990), "The Great Dionysia and Civic Ideology," *Nothing to Do with Dionysos?*, Princeton University Press, 97-129.

_____(1997), "The Audience of Athenian Tragedy," *The Cambridge Companionto Greek Tragedy*, Cambridge University Press, 54-68.

Gribble, D.(1999), *Alcibiades and Athens A Study in Literary Presentation*, Oxford University Press.

Griffith, G. T.(1966), "Isegoria in the Assembly at Athens," *Ancient Society and Institutions: Studies Presented to V. Ehrenberg*, Blackwell, 115-138.

Griffith, M.(1998), "The King and Eye: The Rule of the Father in Greek Tragedy," *Proceedings of the Cambridge Philological Society*, 44, 20-84.

Grote, G.(1846-1856), *A History of Greece*, Harper & Brothers.

Hackforth, R.(1933), *The Composition of Plato's Apology*, Cambridge University Press.

Hamilton, A.(1904), *The Works of Alexander Hamilton*, 12 vols., Federal Edition, H. C. Lodge(ed.), G. P. Putnam's Sons.

Hansen, M. H.(1974), *The Sovereignty of the People's Court in Athens in the Fourth Century B.C and the Public Action against Unconstitutional Proposals*, Odense University Press.

_____(1975), *Eisangelia: The Sovereignty of the People's Court in Athens in the Fourth Century B.C. and the Impeachment of the Generals and Politicians*, Odense University Press.

_____(1979), "The duration of a meeting of the Athenian *Ecclesia*," *Classical Philology*, 74(1), 43-49.

_____(1992), *The Athenian Democracy in the Age of Demosthenes*, University of Oklahoma Press.

_____(1995), *The Trial of Sokrates: From the Athenian Point of View*, The Royal Danish Academy of Sciences and Letters.

Hanson, V. D.(1988), *The Western Way of War: Infantry Battle in Classical Greece*, Alfred A. Knopf.

_____(1995), *The Other Greeks: The Family Farm and the Agrarian Roots of Western Civilization*, The Free Press.

Hare, J.(1986), "Aristotelian justice and the pull to consensus," *International Journal of Applied Philosophy*, 3(3), 37‑49.

Harris, E. M.(1992), "Pericles' Praise of Athenian Democracy: Thucydides 2.37.1," *Harvard Studies in Classical Philology*, 94, 157‑167.

_____(2006), "The Rule of Law in Athenian Democracy: Reflections on the Judicial Oath," *Dike* IX, 157‑181.

Henderson, J.(1998), "Attic Old Comedy Frank Speech, and Democracy," *Democracy, Empire, and the Arts in Fifth‑Century Athens*, D. Boedeker, K. Raaflaub(eds.), Harvard University Press, 255‑274.

Herreras, E.(2018), "Greek Tragedy: a Metaphor of Public Debate and Democratic Participation," *Recerca: Revista de Pensament i Anàlisi*, 24, 1‑21.

Hobbes, T.(1840), *Philosophical Rudiments Concerning Government and Society* (1651), in W. Molesworth(ed.), *The English Works of Thomas Hobbes*, vol. IV, John Bohn.

_____(1841), *Elements of Law, Natural and Politic* (1640), in W. Molesworth (ed.), *The English Works of Thomas Hobbes*, vol. II, John Bohn.

Hunt, P.(2001), "The slaves and the generals of Arginusae," *The American Journal of Philology*, 122, 359‑380.

Irwin, T. H.(1977), *Plato's Moral Theory*, Clarendon Press.

_____(1989), "Socrates and Athenian Democracy," *Philosophy and Public Affairs*, 18(2), 184‑205.

_____(1990), "The Good of Political Activity," *Aristoteles' 'Politik'*, G. Patzig (ed.), Vandenhoeck & Ruprecht, 73‑98.

Jones, A. H. M.(1953), "The Athenian Democracy and Its Critics," *The Cambridge Historical Journal*, 11(1), 1‑26.

_____(1957), *Athenian Democracy*, Basil Blackwell.

Kagan, D.(1961), "The Origin and Purpose of Ostracism," *The Journal of the*

American School of classical studies at Athens, 30(4), 393‒401.

_____(1981), *The Peace of Nicias and the Sicilian Expedition*, Cornell Univ. Press.

_____(1987), *The Fall of the Athenian Empire*, Cornell University Press.

_____(1998), *Pericles Of Athens And The Birth Of Democracy*, Free Press.

_____(2004), *The Peloponnesian War*, New York.

Katsimanes, K. S.(1982), "He politike armodioteta tou demou kata ton Aristotele," *Praktika Aristoteles*, vol. III, Athens, 267‒271.

Kerferd, G. B.(1981), *The Sophistic Movement*, Cambridge University Press.

Konstan, D.(2012), "The Two Faces of *Parrhesia*: Free Speech and Self-Expression in Ancient Greece," *Antichthon: Journal of the Australian Society for Classical Studies*, 46, 174‒208.

Kosmin, P. J.(2015), "A Phenomenology of Democracy: Ostracism as Political Ritual," *Classical Antiquity*, 34(1), 121‒162.

Lanni, A.(1997), "Spectator Sport or Serious Politics?," *The Journal of Hellenic Studies*, 117, 183‒189.

_____(2016), *Law and Order in Ancient Athens*, Cambridge University Press.

Lebow, R. N.(2003), *The Tragic Vision of Politics*, Cambridge University Press.

Lewis, J. D.(1971), "Isegoria at Athens: When did it Begin?," *Historia*, 20(2-3), 129‒140.

Lewis, S.(2006), *Ancient Tyranny*, Edinburgh University Press.

Liddell, H. G. et. al.(1901), *Greek-English Lexicon*, Clarendon Press.

Lofberg, J. O.(2010), *Sycophancy In Athens*, Kessinger Publishing.

MacDowell, D. M.(1978), *The Law in Classical Athens*, Cornell University Press.

Markovits, E.(2008), *The Politics of Sincerity: Plato, Frank Speech, and Democratic Judgment*, Pennsylvania State University Press.

Marlein, V. R.(2004), "Socratic Parrhesia and Its Afterlife in Plato's Laws," *Free*

Speech in Classical Antiquity, I. Sluiter, R. M. Rosened(eds.), Brill, 279–312.

Meiggs, R., D. M. Lewis(eds.)(1969), *A Selection of Greek Historical Inscriptions to the End of the Fifth Century B.C.*, Clarendon Press.

Miller, J.(2022), *Democracy in Crisis*, Imprint academic.

Millett, P.(1984), "Hesiod and His World," *Proceedings of the Cambridge Philological Society*, 30, 84–115.

Mirhady, D.(2008), "The Dikasts' Oath and the Question of Fact," *Horkos: The Oath in Greek Society*, A. Somerstein, J. Fletcher(eds.), Liverpool University Press, 48–59.

Mitchell, L.(2008), "Thucydides and the Monarch in Democracy," *Polis*, 25(1), 1–30.

Mitchell, T. N.(2015), *Democracy's Beginning*, Yale University Press.

Momigliano, A.(1973), "Freedom of Speech in Antiquity," *Dictionary of the History of Ideas: Studies of Selected Pivotal Ideas*, 2, Scribner, 252–263.

Monoson, S.(1994), "Frank Speech, Democracy, and Philosophy: Plato's Debt to a Democratic Strategy of Civic Discourse," *Athenian Political Thouhgt and the Reconstitution of American Democracy*, J. P. Euben et. al.(eds.), Cornell University Press, 172–197.

Morris, I.(1996), "The Strong Principle of Equality and the Archaic Origins of Greek Democracy," *Demokratia: A Conversation on Democracies, Ancient and Modern*, J. Ober, C. Hedrick(eds.), Princeton University Press, 19–48.

Morris, I., K. A. Raaflaub(1998), *Democracy 2500?: questions and challenges*, Kendall/Hunt Pub. Co..

Mulgan, R.(1984), "Liberty in Ancient Greece," *Conceptions of Liberty in Political Philosophy*, Z. Pelczynski, J. Gray(eds.), St. Martin's Press, 7–26.

Munn, M.(2000), *The School of History: Athens in the Age of Socrates*, University of

California Press.

Murray, O. (1993), *Early Greece*, 2d ed., Harvard University Press.

Nakategawa, Y. (1988), "*Isegoria* in Herodotus," *Historia*, 37(3), 257–275.

Newmann, W. (1887-1902), *The Politics of Aristotle*, 4 vols., Clarendon Press.

Nichols, M. P. (1992), *Citizens and Statesman*, Rowman & Littlefield.

Nussbaum, M. C. (2010), *Not for Profit*, Princeton University Press.

Ober, J. (1989), *Mass and Elite in Democratic Athens: Rhetoric, Ideology and the Power of the People*, Princeton University Press.

_____ (1996), *The Athenian revolution: Essays on ancient Greek democracy and political theory*, Princeton University Press.

_____ (1998), *Political dissent in democratic Athens*, Princeton University Press.

_____ (1998), *Political dissent in democratic Athens*, Princeton University Press.

_____ (2003), *A Company of Citizens*, Harvard Business school press.

_____ (2004), "I, Socrates··· The Performative Audacity of Isocrates' Antidosis," *Isocrates and Civic Education*, University of Texas Press, 21–43.

_____ (2005), *Athenian Legacies, Essays on the Politics of Going On Together*, Princeton University Press.

_____ (2007), "I Besieged That Man," *Origins of Democracy in Ancient Greece*, K. A. Raaflaub et. al. (eds.), University of California Press.

_____ (2008), *Democracy and knowledge*, Princeton University Press.

_____ (2017), *Demopolis: democracy before liberalism in theory and practice*, Cambridge University Press.

Ober, J., C. Hedrick (eds.) (1996), *Demokratia: A Conversation on Democracies, Ancient and Modern*, Princeton University Press.

Osborne, R. (2010), *Athens and Athenian democracy*, Cambridge University Press.

Ostwald, M. (1969), *Nomos and the Beginnings of the Athenian Democracy*, Oxford University Press.

_____(1986), *From Popular Sovereignty to the Sovereignty of Law: Law, Society, and Politics in Fifth-Century Athens*, University of California Press.

_____(1988), "The Reform of the Athenian State by Cleisthenes," *The Cambridge Ancient History*, 4, J. Boardman et al.(eds.), Cambridge University Press, 303-346.

_____(1996), "Shares and Rights: 'Citizenship' Greek Style and American Style," *Demokratia: A Conversation on Democracies, Ancient and Modern*, J. Ober, C. Hedrick(eds.), Princeton University Press, 49-61.

Pianka, R.(1995), "The Sovereignty of the ΠΛΗΘΟΣ in Aristotle's Politics," *Aristotelian Political Philosophy*, 2, K. I. Boudouris(ed.), Kar-damitsa Publishing Company.

Pickard-Cambridge, A. W.(1968), *The Dramatic Festivals of Athens*, J. Gould, D. M. Lewis(rev.), Oxford University Press.

Podlecki, A. J.(1975), *The Life of Themistocles*, Ares Publishers.

Popper, K. R.(1950), *The Open Society and Its Enemies*, Princeton University Press.

Promisel, M. E.(2021), "How Lives Form Leaders: Plutarch's Tripartite Theory of Leadership Education," *Polis*, 38(2), 277-302.

Raaflaub, K. A.(1996), "Equalites and Inequalites in Athenian democracy," *Demokratia: A Conversation on Democracies, Ancient and Modern*, Princeton University Press, 139-174.

_____(1997a), "Homeric Society," *A New Companion to Homer*, I. Morris, B. Powell(eds.), Leiden, 624-648.

_____(1997b), "Politics and Interstate Relations among Early Greek Poleis: Homer and Beyond," *Antichthon*, 31, 1-27.

_____(1997c), "Soldiers, Citizens, and the Evolution of the early Greek Polis," *The development of the polis in archaic Greece*, L. G. Mitchell, P. J.

Rhodes(eds.), Routledge, 26-31.

_____(1998), "Power in the hands of the people," *Democracy 2500?: questions and challenges*, Kendall/Hunt Pub. Co., 31-66.

_____(2004), *The Discovery of Freedom in Ancient Greece*, Renate Franciscono(trans.), University of Chicago Press.

_____(2007), "Introduction," *Origins of Democracy in Ancient Greece*, University of California Press, 1-21.

Raaflaub, K. A. et. al.(2007), *Origins of Democracy in Ancient Greece*, University of California Press.

Raaflaub, K. A., R. W. Wallace(2007), "People's Power and Egalitarian Trends in Archaic Greece," *Origins of Democracy in Ancient Greece*, University of California Press, 22-48.

Rabieh, L. R.(2006), *Plato and the Virtue of Courage*, The Johns Hopkins Press.

Raubitschek, A.(1951), "The Origin of Ostracism," *American Journal of Archaeology*, 55(3), 221-229.

_____(2001), "Political Thought, Civic Responsibility, and the Greek Polis," *Agon, Logos, Polis: The Greek Achievement and Its Aftermath*, J. P. Arnason, P. Murphy(eds.), Steiner, 72-117.

Rhodes, P. J.(1972), *The Athenian Boule*, Oxford University Press.

_____(1981), *A Commentary on the Aristotelian Athenaion Politeia*, Clarendon Press.

Roberts, J. T.(1977), "Arginusae once again," *Classical World*, 71(2), 107-111.

_____(1994), "The Creation of a Legacy: A Manufactured Crises in Eighteenth Century Thought," *Athenian Political Thought and the Reconstruction of Democracy*, J. P. Euben et. al.(eds.), Cornell University Press, 81-102.

Robinson, E. W.(1997), *The First Democracies: Early Popular Government outside*

Athens, Historia Einzelschriften, 107, Franz Steiner Verlag.

_____(2004), "Democracy in Syracuse," *Ancient Greek Democracy*, E. Robinson(ed.), Blackwell, 140-151.

Roisman, H. M.(2004), "Women's Free Speech in Greek Tragedy," *Free Speech in Classical Antiquity*, I. Sluiter, R. M. Rosen(eds.), Brill, 92-114.

Roisman, J.(2004), "Speaker-Audience Interaction in Athens: A Power Struggle," *Free speech in classical Antiquity*, I. Sluiter, R. M. Rosen(eds.), Brill, 261-278.

Rothchild, J. A.(2007), "Introduction to Athenian Democracy of the Fifth and Fourth Centuries BCE," *Wayne State University Law School Legal Studies Research Paper Series*, 7(32), 1-46.

Rousseau, J. J.(1994), *The Social Contract*, Oxford University Press.

Saxonhouse, A.(2006), *Free Speech and Democracy in Ancient Athens*, Cambridge University Press.

Sherman, N.(1989), *The Fabric of Character*, Oxford University Press.

Sinclair, R. K.(1988), *Democracy and Participation*, Cambridge University Press.

Sluiter, I., R. M. Rosen(eds.)(2004), *Free Speech in Classical Antiquity*, Brill.

Smith, D. G.(2004), "Thucydides' ignorant Athenians and the Drama of the Sicilian Expedition," *Syllecta Classica*, 15, 33-70.

Son, Byung Seok(1997), "Plato's conception of doxa in relation to democracy," *Platonic Political Philosophy*, 24, 182-199.

_____(2009), "Socratic Parrhesia and Democracy," *Greek Philosophy and The Issues of Our Age*, 23, 222-229.

Sourvinou-Inwood, C.(2000), "What is Polis Religion," *Oxford Readings in Greek Religion*, R. Buxton(ed.), Oxford University Press, 13-37.

Stadter, P. A.(1975), "Plutarch's Comparison of Pericles and Fabius Maximus," *Greek, Roman and Byzantine Studies*, 16(1), 77-85.

Stimson, D. C.(2018), *Characterization and Politics in Thucydides*, The University of Michigan.

Stone, I. F.(1988), *The Trial of Socrates*, ANchor Books.

Stuurman, S.(2004), "The Voice of Thersites: Reflections on the Origins of the Idea of Equality," *Journal of the History of Ideas*, 171-189.

Swain, S.(1989), "Character Change in Ploutarch," *Phoenix*, 43(1), 62-68.

Syse, H.(2006), "Plato, Thucydidesm and the education of Alcibiades," *Journal of Military Ethics*, 5(4), 290-302.

Tacon, J.(2001), "Ecclesiastic 'Thorubos': Interventions, Interruptions, and Popular Involvement in the Athenian Assembly," *Greece & Rome*, 48(2), 173-192.

Tallise, R. B.(2021), *Sustaining Democracy: What We Owe to the Other Side*, Oxford University Press.

Tsouni, G.(2019), "Maximising Political Wisdom and the defense of Democratic participation in Aristotle's Politics," *Philosophie fur die Polis*, 5, 277-297.

van Wees, H.(1994), "The Homeric Way of War: The Iliad and the Hoplite Phalanx," *Greece & Rome*, 41(1), 1-18, 41(2), 131-155.

Vernant, J.-P.(1982), *The Origins of Greek Thought*, Cornell University Press.

Vidal-Naquet, P.(2004), *El espejo roto: Tragedia y politica en Atenas en la Grecia Antigua*, Abada Editores.

Vlastos, G.(1953), "Isonomia," *The American Journal of Philology*, 74, 337-366.

_____(1994), "Socrates and Vietnam," *Socratic Studies*, Cambridge University Press, 127-133.

_____(2000), "Socratic Piety," *Reason and Religion in Socratic Philosophy*, N. D. Smith, B. Woodruff(eds.), Oxford University Press, 55-73.

Walker, E. M.(1926), "Athens: the reform of Cleisthenes," *The Cambridge Ancient History*, 4, Cambridge University Press.

Wallace, R. W.(1993), "Athenian Laws Against Slander," *Vorträge zur griechischen und hellenistischen Rech*, Symposion, 109-124.

＿＿＿＿＿＿＿(2004), "The Power to Speak —and Not to Listen— in Ancient Athens," *Free Speech in Classical Antiquity*, I. Sluiter, R. M. Rosen(eds.), Leiden, 221-232.

＿＿＿＿＿＿＿(2007), "Revolutions and a New Order in Solonian Athens and Archaic Greece," *Origins of Democracy in Ancient Greece*, University of California Press, 49-82.

Waterfield, R.(2009), *Why Socrates Died: Dispelling the Myths*, W. W. Norton and Company.

Werhan, K.(2008), "The Classical Athenian Ancestry of American Freedom of Speech," *The Supreme Court Review*, 2008, 293-347.

Westlake, H. D.(1968), *Individuals in Thucydides*, Cambridge University Press.

Whitehead, A. N.(1978), *Process and Reality: an essay in cosmology*, Free Press.

Wilburn, J.(2015), "Problem of Alcibiades: Plato on moral education and the Many," *Oxford Studies in Ancient Philosophy*, 49, 1-36.

Wilson, E.(2007), *The Death of Socrates*, Harvard University Press.

Wood, E. M., N. Wood(1978), *Class Ideology and Ancient Political Theory: Socrates, Plato and Aristotle in their Social Context*, Basil Blackwell.

Xenophontos, S. A.(2016), *Ethical Education in Plutarch: Moralising Agents and Contexts*, De Gruyter.

Yunis, H.(1996), *Taming Democracy: Models of Political Rhetoric in Classical Athens*, Cornell University Press.

Zeidman, L. B., P. S. Pantel(1989), *Religion in the Ancient Greek City*, Cambridge University Press.

찾아보기